KB042985

중서교통사

中西交通史

2

이 책은 (재)한국연구재단의 지원으로 학고방출판사에서 출간, 유통합니다.

한국연구재단 학술명저번역총서 동양편 622

중서교통사

방호(方豪) 저

손준식·유진희 역주

2

學古房

제2편 수·당·오대에서 송대

제1장 수대의 중서교통

제2장 가탐(賈耽)이 기록한 서방으로 가는 세 갈래 길

제3장 당·송시기 중국과 서양의 해양선박[海舶]

제12장 수·당·송시기 전래된 인도의 학술

제13장 당·송과 인도·페르시아·아랍 사이의 정치관계

제14장 당·송시기 아랍인의 중국에 대한 기록

제15장 당·송과 불름의 관계

제16장 수·당·송시기 서양으로 전해진 중국 발명품

제17장 수·당·송시기 서역인의 중국화

제18장 당·송시기의 조로아스터교[火祆敎]

제19장 당·송시기의 마니교(摩尼敎)

제2편

수·당·오대에서 송대

제1장
수대의 중서교통

제1절 수 왕조의 해외교류 목적과 전말

수나라의 해외교류 목적은 《북사(北史)》 권95 〈남만전(南蠻傳)〉[1]에서 확인된다. 즉 "임읍(林邑)·적토(赤土)·진랍(眞臘)[2]·파리(婆利)는 그지역이 강과 산에 가로막혀 중국과 통한 적이 없었다. 수 왕조가 천명을받아 구우(九宇)를 평정하고 양제(煬帝)가 그 대업을 계승하자 위엄이팔황(八荒)에까지 미치게 되었다. (양제가) 멀리 있는 이족(夷族)에게 관심을 보이고 진귀하고 기이한 것을 구하려 했다. 그리하여 유구(流求)로

....

1) 원서에는 《북사》 권83이라 되어있으나 〈남만전〉은 《북사》 권95인 열전
   제83권이다. 그리고 열전 이름도 〈남만전〉이 아니라 〈만(蠻)·료(獠)·임읍
   (林邑)·적토(赤土)·진랍(眞臘)·파리전(婆利傳)〉이다.
2) 진랍(眞臘): 부남에 예속되어있던 크메르족 일파가 6세기 중엽 메콩강 중부
   유역에 세운 나라이다. "진랍(Chenla, Zenla)은 캄보디아에 대한 중국식 명칭
   으로서 《수서》 권4에 처음 등장하며 명나라 때까지 일관되게 사용되었다.
   현재 중국에서 쓰는 캄보디아 명칭은 간포채(柬埔寨)이다.(《주서·수서 외국
   전 역주》, 196쪽)

군대를 보내고 임읍에 군사가 이르렀다." 이 말은 수나라의 해외교류 목적이 멀리 있는 이족의 신복(臣服)과 진귀하고 기이한 물건을 구하려는 것뿐이었음을 보여준다. 그러나 외이(外夷)의 중국 방문은 또한 그 목적이 있었으니, 중국과 외이의 목적을 함께 살펴보면 다음과 같이 분석할 수 있다.

(1) 중국이 사신을 외국으로 파견한 이유는 다른 나라의 풍속을 관찰하고 국위를 선양하고자 한데 있었다. 《수서(隋書)》 권81 〈동이전(東夷傳)〉에는 "대업 3년(607) 양제가 우기위(羽騎尉: 수대의 武散官 이름으로 八尉 중 하나 - 역자) 주관(朱寬)3)에게 명하여 바다로 나아가서 다른 풍속이 있는지 찾게 하였다. …… 그로 인하여 유구국4)에 도착하였으나 언어가 통하지 않아 한 사람을 잡아서 돌아왔다. 다음 해 황제는 다시 주관에게 명하여 (그들을) 위무(慰撫)토록 하였으나, 유구가 따르지 않아 주관은 군사배치 상황만을 조사하고 돌아왔다. …… 황제가 무분랑장(武賁郎將)5) 진릉(陳稜)6)과 조청대부(朝請大夫: 文散官 이름으로 수대에 처음 설치됨 - 역자) 장진주(張鎭州)를 보내 병사를 이끌고 의안(義安: 현 광동성 潮州 - 역자)에서 출항

....

3) 주관(朱寬, 생몰연도 미상): 중국 왕조 역사상 최초로 동남아 군도에 파견된 관원으로 607년 하만(何蠻)과 함께 유구에 도착하였다.
4) 유구국: 《수서》에 나오는 유구국에 대해서는 대만이라는 설과 오늘날의 오키나와군도라는 설, 그리고 대만과 유구를 포함한 중국 동쪽에 있는 섬들의 총칭이라는 설 등이 있다.
5) 무분랑장(武賁郎將): 원명은 호분중랑장(虎賁中郎將)이나 당나라 때 피휘(避諱)하느라 무분(중)랑장이라 불렀다. 황제의 경호를 책임지는 직책으로 한나라 때 설치되었다.
6) 진릉(陳稜, 생몰연도 미상): 노강(盧江) 양안(襄安) 사람으로 수 양제 때 표기장군이 되었고 대업 3년 무분랑장에 임명되었다. 장진주와 함께 유구국을 정벌하였으며, 수가 고구려를 칠 때 동래유수가 되어 양현감(楊玄感)의 반란을 진압하는데 공을 세웠다.

하여 (유구를) 공격하게 했다. …… 그 도성에까지 이르렀는데, 여러 차례 싸워서 모두 물리쳐 그 궁실을 불태우고 남녀 수천 명을 포로로 잡아서 군수물자를 (보관하는 곳에) 싣고 돌아왔다"고 되어있다. 이는 수 양제가 유구와 반드시 교류하려고 먼저 주관을 보냈으나 실패하자 군사를 동원했음을 보여준다. 유구가 현재의 어느 지역인지는 이 책에서 논의할 수 있는 바가 아닐 뿐더러 유구가 중국의 동쪽에 위치함으로 중서교류사의 범위에도 들지 않지만, 《수서》의 이 문장을 발췌한 것은 수양제가 해외로 사람을 파견한 목적이 도대체 어디에 있었는지를 알고자 함이다.

적토에 대해서는 오히려 재물로서 유혹하였으니, 같은 책 권82 〈남만전〉에 보면 "양제가 즉위하고 나서 멀리 떨어진 지역과 통할 수 있는 자를 모집하였다. 대업 3년 둔전주사(屯田主事: 工部의 말단 속관 - 역자) 상준(常駿)과 우부주사(虞部主事: 從九品上에 해당하는 말단 관리 - 역자) 왕군정(王君政) 등이 적토에 사신으로 가기를 청하니, 황제가 크게 기뻐하여 …… 재물(齎物) 5천 단(段)을 가지고 가서 적토 왕에게 하사하도록 하였다"고 한다. 아마도 양제의 재위기간 태평한 시기가 오래 지속되어 국력이 왕성했고 그래서 해외를 경영할 여력이 있었기 때문인 것 같다.

(2) 외이의 자발적인 진공(進貢)으로, 이처럼 자발적으로 공물을 바치고 귀부(歸附)한 이유는 어쩌면 수나라에 대한 공포 때문이었을 수도 있다. 《수서》〈남만전〉에는 "진랍이 …… 대업 12년[7] 사신을 보내 진공하니, 황제가 매우 후하게 사례하였고" 또 "파리가 …… 대업 12년(616) 사신을 보내 조공하였으나 이후 마침내 끊어졌다. 이 때 남쪽 먼 곳에 있던 단단(丹丹)과 반반(盤盤) 두 나라도 찾아와 특산물을 바쳤다"고 적혀있다. 그 외 중국 문화를 배우기 위해 방문한 경우도 있었으니, 예컨

....

7) 원서에는 대업 3년으로 되어있으나 《수서》 원문에 따라 12년으로 바로잡았다.

대 《수서》 권81 〈동이전〉에 기록된 왜국(倭國)이 보낸 사신이 그러하다.

수나라가 외국과 교류한 동기는 이미 명확해졌으니, 이제 각 나라와 교류한 경과를 알아보도록 하자.

《수서》 권81, 82의 열전에 기록된 동남쪽의 각국 가운데 동이 6국(고려·백제·신라·말갈·유구·왜국)은 본서의 범위에 포함되지 않으며, 남만 4국(임읍·적토·진랍·파리) 중 임읍은 중국과 가깝기 때문에 생략하고 기타 3국만 나누어 설명하면 다음과 같다.

(1) 적토: 《수서》 권82 〈적토전〉에 따르면 "적토국은 부남(扶南)의 별종이다. 남해 가운데 있어 바닷길로 백여 일을 가야 닿는데, 도성의 땅색이 대부분 적색이라 그렇게 이름 붙였다. 동쪽에 바라랄국(婆羅剌國), 서쪽에 바라사국(婆羅娑國), 남쪽에 가라단국(訶羅旦國)이 있고 북쪽은 큰 바다가 가로막고 있으니, 영토가 사방 수천 리에 달한다"고 되어있다.

풍승균(馮承鈞)은 《중국남양교통사(中國南洋交通史)》 상편 제5장에서 "상준 등이 적토에 사신으로 갔던" 일을 집중 서술하면서 "상준 등은 광주(廣州)에서 출발하여 안남(安南)의 해안을 따라 가다가 카마오갑(Camao岬)을 지나 섬라만(暹羅灣: 남중국해의 타이만, 즉 Gulf of Siam — 역자)에 들어갔고, 진랍과 면전(緬甸)의 해안을 따라 가다(섬들이 하나씩 이어져 있었기 때문이라는 설명이 아래에 보인다) 말레이반도에 이르러 낭아수국(狼牙須國)[8]의 산을 멀리 바라보면서 남쪽으로 말레이반도 동쪽 해안의 계롱도(鷄籠島)라 부르는 한 섬을 지난 후에 적토국의 경계에

....

8) 낭아수국(狼牙須國): Langasuka. 산스크리트어로 'langkha'는 '빛나는 땅'이라는 의미이고, 'sukkha'는 '천복, 지복'의 의미이다. 고대 동남아시아의 인도화된 국가의 하나이다. 그 영토는 현재 말레이반도 동안의 빠따니(Pattani) 이동과 동북 지역 동경 101도 18분 북위 6도 48분로부터 현재 말레이시아 케다(Kedah)주에 미치는 지역을 포괄하였다.(《주서·수서 외국전 역주》, 193쪽)

도달했다. 따라서 이 적토국은 분명 말레이반도 안에 있다"고 하였는데, 그의 말이 맞다. '낭아수(狼牙須)'는 《양서》에 나오는 '낭아수(狼牙修)', 《속고승전(續高僧傳)》[9]에 나오는 '능가수(棱伽修)', 《남해기귀내법전(南海寄歸內法傳)》[10]에 나오는 '낭가수(郎迦戍)'이다.

〈적토전〉에는 또 대업 3년(607) 상준 등의 여정이 기록되어있으니, 그 전문을 옮기면 다음과 같다.

> "그 해 10월 상준 등이 남해군(南海郡)에서 배를 타고 밤낮으로 20일을 항해하였는데, 매번 순풍을 만나 초석산(焦石山)[11]에 이르렀다. 그 동남 쪽을 지나 능가발발다주(陵伽鉢拔多洲)[12]에 도달하니 서쪽으로 임읍과 서로 마주하고 있고 위에는 신사(神祠)가 있었다. 다시 남행하여 사자석

....

9) 《속고승전(續高僧傳)》: 일명 《당고승전(唐高僧傳)》이라고도 하며 도선(道宣) 이 645년에 쓴 인물전기이다. 혜교(慧皎)의 《고승전(高僧傳)》(522년) 속편으 로 양조(梁朝) 이후 704명의 고승들의 행적을 기술하고 있다. 정전(正傳) 485 명과 부견(附見) 219명으로 구분되어 있는데, 남·북방 승려를 골고루 다루 고 있어 《고승전》의 편파성과 지역적 한계성을 극복했다는 평을 받고 있다. (《실크로드사전》, 416-417쪽)

10) 《남해기귀내법전(南海寄歸內法傳)》: 전 4권. 당대(唐代)의 고승 의정(義淨)이 쓴 구법순례기. 당대의 시류를 따라 부처의 진리를 구하러 해로로 인도에 갔다 다시 해로로 귀국하는 길에 불서국(佛逝國: 현 인도네시아 수마트라 팔렘방 일대)에 머물면서(683-689) 이 책을 저술하였다. 의정의 대표작의 하 나인 이 책에는 인도와 동남아시아의 불교·역사·지리·풍습·의학 등이 생 생하게 기술되어있는데, 특히 당시 인도에서 유행하던 불교학의 기풍과 율 종의 일상의식을 소상히 소개하고 불교학에 관한 자신의 기본인식도 밝히고 있다.(《해상실크로드사전》, 42쪽)

11) 초석산(焦石山): 현재 베트남 중부의 현항(峴港, Danang)이라는 설이 있다. (《주서·수서 외국전 역주》, 193쪽)

12) 능가발발다주(陵伽鉢拔多洲): 현재 베트남의 점파도(占婆島, Cham island)를 지칭하는 것이라는 설이 있다.(《주서·수서 외국전 역주》, 193쪽)

(師子石)13)에 이르니 거기서부터는 도서들이 연접하여 있었다. 다시 2~3일을 항해하자 서쪽으로 낭아수국(狼牙須國)의 산이 멀리 보이면서 곧바로 남쪽의 계롱도(雞籠島)에 도달하니 드디어 적토국의 경계에 이른 것이었다. 그 국왕이 브라만[婆羅門] 구마라(鳩摩羅)에게 선박 30척을 주어 영접하도록 보내니 소라[蠡]를 불고 북을 치며 수나라 사신을 환영하였다. 금 자물쇠[金鎖]로 상준의 배를 묶어두고 한 달 여 만에 그 도성에 도착하자 국왕이 아들 나야가(那邪迦)를 보내 상준 등을 예로서 접견하길 요청하였다. 먼저 사람을 시켜 향화(香花)와 경섭(鏡鑷)을 담은 금반(金盤), 향유(香油)를 담은 금합(金合) 2개, 향수(香水)를 담은 금병(金瓶) 8개 및 백첩포(白疊布) 4장을 보내왔는데, 아마도 사신들에게 세수할 물건들을 제공한 듯했다. 그날 오후 1시에서 3시 사이[未時] 나야가가 또 코끼리 2마리를 몰고 공작(孔雀)양산을 든 채 사신을 영접하러 와서는, 금화(金花)가 깔린 금반(金盤)을 주어 황제의 조서가 든 상자를 받쳐 들게 하였다. 남녀 100명이 소라와 북을 연주하고 브라만 2명이 길을 인도하여 왕궁에 이르렀다. 상준 등이 조서를 바쳐 들고 누각(樓閣)에 오르니 국왕과 신하들이 모두 앉아있었다. 조서의 선포가 끝나자 상준 등을 앉게 하고 천축(天竺)의 음악을 연주하였다. 행사가 끝난 뒤 상준 등이 숙소로 돌아가니 다시 브라만을 시켜 숙소로 음식을 보냈는데, 풀잎으로 만든 쟁반의 크기가 가로세로 1장(丈)이나 되었다. 인하여 상준에게 말하길, '이제부터는 대국의 사람이 되겠으며 다시는 적토국의 사람이라 하지 않겠습니다'라고 하였다. …… 수일 후 상준 등을 연회에 초청하니 의장과 시위, 길잡이 등이 처음 만날 때의 예(禮)와 같았다. 국왕 앞에 상 2개를 차려놓았는데, 상 위에 가로세로 1장 5척이나 되는 풀잎 쟁반이 놓여있었고 그 위에는 황(黃)·백(白)·자(紫)·적(赤) 4색의 떡[餅]과 소고기·양고기·물고기·자라·돼지·바다거북[瑇瑁] 고기 등 백여 가지 요리가 놓여있었다. 상준을 윗자리로 모시고 수행원들은 바닥의 자리에 앉도

....

13) 사자석(師子石): 현재 베트남 남해안의 곤륜도(昆侖島, Condore)나 그 부근의 섬이라는 설이 있다.(《주서·수서 외국전 역주》, 193쪽)

록 하였다. 금종(金鐘)에 담은 술을 모두에게 나누어 주고 여자 악사는 계속해서 음악을 연주하는 등 대접이 매우 융숭하였다. 이윽고 나야가를 보내 상준을 따라 중국에 가서 특산물을 진공케 하면서 금으로 만든 부용관(芙蓉冠)과 용뇌향(龍腦香)[14]도 함께 보냈다. 금을 주조하여 다라엽(多羅葉)[15]을 만들고 양각으로 글을 쓴 표(表)를 만들어 금함(金函)에 넣어 봉하였다. (그리고) 브라만에게 명하여 향기로운 꽃을 뿌리고 소라 노래를 연주하며 배웅토록 하였다. 바다로 들어간 뒤에 녹색 물고기 무리가 물 위를 날아다니는 것이 보였다. 10여 일을 항해하다 임읍 동남쪽에 이르러 산을 끼고 나아갔다. …… 바다의 북쪽 해안을 따라 교지에 도착했다. 상준이 6년(610) 봄에 나야가와 함께 홍농(弘農)[16]에서 황제를 알현하니, 황제가 크게 기뻐하여 상준 등에게 비단 200단(段)을 하사하고 병의위(秉義尉)를 제수했으며 나야가 등에게도 관직과 상을 그 등급에 따라 수여하였다."

《수서》 권2 〈제기(帝紀)〉에는 대업 4년(608) 3월 임술일에 적토와 기타 3국이 모두 사신을 보내 특산물을 진공하였고 병인일에는 둔전주사 상준을 적토로 파견하였으며, 5년(609) 2월 신축일에도 적토국이 사신을 파견하여 특산물을 진공하였고 6년 6월에는 또 실위(室韋)와 함께

....

14) 용뇌향(龍腦香): 학명 Dryobalanops aromatica. 상록교목인 용뇌나무에서 채취한 수지(樹脂)를 건조시킨 무색투명의 향료. 원산지는 말레이반도·브루나이섬·수마트라섬 등지이다. 5-6세기 이후 아랍과 그리스·스페인 등의 문헌에 귀중한 향료로 나오는 것을 볼 때 이때부터 교역품으로 등장했다고 추정된다.(《해상실크로드사전》, 241쪽)

15) 다라엽(多羅葉): 패다라(貝多羅: Pattra, Patra). 팔미라 야자나무(palmyra palm)를 의미하는 산스크리트어 Pattra의 역어인 '다라'에서 유래되었다.(《주서·수서 외국전 역주》, 194쪽)

16) 홍농(弘農): 수대 장안과 낙양 사이에 있던 행정구역 홍농군(弘農郡)의 치소(治所)로 현 하남성 영보시(靈寶市) 중심 지역이다.

사신을 보내 특산물을 진공했다고 되어있다. 사신을 파견한 연월이 〈적토전〉의 내용과 다른데, 〈제기〉의 기록이 맞다.

(2) 진랍: 《수서》 〈남만전〉에는 "진랍은 임읍(한나라 日南郡 象林縣)의 서남쪽에 있고 본래 부남의 속국이었다. 일남군을 떠나 배로 60일을 가면 남쪽[17]으로 차거국(車渠國)과 접해있고 서쪽에는 주강국(朱江國)[18]이 있다. 점차 강성해져 마침내 부남을 겸병하여 소유하였다"고 되어있다. 그 종족에 대해서는 같은 책에 "사람들의 체형은 작고 피부는 검은데, 여자들 중에는 피부가 흰 사람도 있으며 모두들 곱슬머리를 귀까지 늘어뜨렸다"고 적혀있다. 이러한 특징에 근거하면 이들은 말레이 인종인 것 같다. 같은 책에서 "대업 12년(616)[19] 사신을 보내와 진공하니 황제가 매우 후하게 사례하였지만 그 후로는 왕래가 끊어졌다"고 하였다.

(3) 파리: 《수서》 〈남만전〉에 따르면 파리의 위치는 "교지로부터 바다로 나가 남으로 적토와 단단을 지나면 그 나라에 닿는데, 나라의 경계는 동서로 4개월, 남북으로 45일 거리이다"고 되어있다. 진랍보다 1년 먼저[20] 사신을 보내 조공하였으나, 《수서》에는 진랍과 마찬가지로 "이후 마침내 끊어졌다"고 적혀있다.

....

17) 원서에는 서남쪽으로 되어있으나 《수서》 원문에 따라 남쪽으로 바로잡았다.
18) 주강국(朱江國): 메남(Menam)강 하류의 방콕만 연안에 위치하였으며 태국의 고비(古碑)에 등장하는 Sri Chanasa에 부합된다.(《주서·수서 외국전 역주》, 196쪽)
19) 원서에는 대업 13년(617)으로 되어있으나 《수서》 원문에 따라 대업 12년으로 바로잡았다.
20) 저자가 진랍의 조공 연도를 대업 13년으로 잘못 알았기 때문에 이런 표현을 한 것이다.

[부록] 주강(朱江): 주강국이란 이름은 《수서》 권82에 보이는데, 진랍의 서쪽에 위치한다고 하였고 《당회요(唐會要)》 권98에서도 똑같이 언급되고 있다. '주강'은 그 나라 이름의 의역(義譯)이다. 타화라(墮和羅), 독화라(獨和羅), 타라발저(墮羅鉢底), 사화발저(社和鉢底: 杜和鉢底로도 씀), 두화라발저(杜和羅鉢底)라고도 부르는데, 두화(頭和)나 투화(投和)는 모두 드바라바티(Dvaravati)[21]의 음역이다. 진(陳) 지덕 원년(583)에 이미 사신을 보내 특산물을 진상하였음이 《진서(陳書)》 권6 〈후주기(後主紀)〉에 나온다. 《통전》 권188에는 "투화국은 수나라 때 알려졌다"고 되어있다. 이에 대해서는 《가고시마대학 문과보고(鹿兒島大學文科報告)》 제1호에 실린 오기와라 히로아키(荻原弘明)의 〈주강국고(朱江國考)〉를 참고하라.

제2절 수 왕조의 해외교류가 후대에 미친 영향

수 문제가 천하를 통일하고 그 위세가 해외까지 퍼지자, 남해의 여러 나라가 이중 통역을 하면서까지 모두 내조(來朝)하였다. 그 뒤를 이어 양제 때 국력이 더욱 왕성해지면서 진공(進貢)이 끊이지 않았다. 비록 그 후 점차 간혹 중단되는 경우도 있었지만 후세에 끼친 영향은 실로 막대했으니, 간략히 정리하면 다음 네 가지를 들 수 있다.

(1) 화교가 해외에서 발전하는 효시가 되었다. 수나라 이전에도 중국

----

21) 드바라바티(Dvaravati): 중국 서부에 살던 몽고계인 몬족이 지금의 태국 땅에 처음 세웠던 왕국으로 인도문화의 전달자라는 역사적 역할을 담당했다.

은 일찍이 해외로 진출한 적이 있었으니, 본서 제1편에서 《한서》 〈지리지〉의 기록을 통해 한 무제 때 남해와의 교류 상황을 언급했었다. 당시에는 비록 연안 항로만을 사용했지만 중국 선박은 이미 캄보디아까지 갔었고, 혹은 말레이반도에 다다른 연후에 외국 상선을 통해 (다른 나라에) 물건을 보내기도 했다. 그 후 오나라 손권 시기에 강태(康泰)와 주응(朱應) 등이 부남(현 캄보디아 및 그 아래의 南圻 지방)에 사신으로 나간 것이 《양서》 〈해남제국전〉에 보인다.

육조 시기에는 불교가 크게 성하여 남해를 왕래하는 승려가 적지 않았다. 이들이 도착한 곳은 서로 달라서 북으로 산동반도의 동래(東萊)와 장광(長廣)에서부터 남으로 교주(交州)와 광주(廣州)에 이르렀다. 당시 장강(長江)의 양주(揚州)와 강릉(江陵)에도 외국 선박이 출현했었다.

그러나 계획에 따른 항해는 수나라에 이르러 비로소 시작되었다. 오늘날 동남아시아에 거주하는 화교는 비록 명·청시기에 건너간 자가 다수이지만, 최초의 이주는 수대까지 거슬러 올라간다.

(2) 당대(唐代)에 전개된 대외 정벌의 선도가 되었다. 중국은 진·한 이후 오직 당나라만 대제국이라 칭할 수 있는데, 당 이전에는 동진(東晉)이 한쪽 구석에서 명맥만 유지했고 남북조시기에는 남북이 서로 대치하여 천하가 어지러웠던 관계로 해외로의 발전은 더욱 언급할 만한 것이 없었다. 수대에는 민생이 대략 안정되었던 관계로 해외경영의 여력이 있었지만, 아쉽게도 뜻을 품은 뛰어난 군주도 능력 있는 신하도 없어 큰일을 완수하지 못한 채 중원에 도적이 들끓어 끝내 패망하고 말았다. 그러나 기초가 이미 다져져있어 이를 계승하는 것이 용이했으니, 당대의 영토개척은 실로 수나라가 그 단초를 열었다고 할 수 있다.

(3) 중국문화 전파의 선구가 되었다. 수나라 당시에는 인도와 중국만이 원동(遠東) 문화를 대표한다고 할 수 있었다. 일본은 중국 문화를

흠모하여 "나는 바다 서쪽에 대수(大隋)라는 예의지국이 있다고 들은 까닭에 조공을 보냅니다. 나는 오랑캐로서 바다 한구석에 치우쳐 살고 있어서 예의를 듣지 못했습니다. 바라건대 대국이 새롭게 된[惟新] 가르침을 듣고자 합니다"(《수서》권81 〈동이전〉)고까지 말했다. 남양 각국의 문화 수준은 일본보다도 더 낮았기 때문에, 그들 모두 수나라에 조공하고 귀속한 까닭이 두려운 마음에서만 나온 것은 아니었다.

(4) 우월의식이 등장하는 서막이 되었다. 중국은 자고이래로 이적(夷狄)을 사린(四隣)으로 간주하였는데, 한·진(漢晉) 이후 비록 이민족의 침범을 자주 받았지만 결국 문화가 그들보다 높았기에 자존심은 조금도 약해지지 않았다. 수나라가 해외 각국과 교류했으나 남해와 동해의 여러 섬나라 문화가 중국보다 훨씬 낮았기 때문에, 세계에서 중국과 대등할 수 있는 민족은 영원히 없을 것이라 여기게 되었다. 이러한 심리는 실제로 아편전쟁 이전까지 매우 보편화되었으며, 그 결과 스스로 우리 속에 갇혀 제자리걸음만 하였고 심지어 과학조차도 반대하게 만들었다. 청 도광연간 이후 열강에게 연패하면서 중국인의 관념이 비로소 점차 변화하기 시작했지만, 자신을 지나치게 과대평가하는 심리는 실로 수나라 때부터 양성된 것이었다.

제3절 배구(裴矩)[22]가 기록한 불름(拂菻)으로 가는 길

《수서》권67〈배구전〉에는 그가《서역도기(西域圖記)》3권을 편찬한 경과와 그 서문에 기록된 돈황에서 서해(西海)로 가는 세 갈래 노선이 다음과 같이 기록되어있다.

"…… 당시 서역의 여러 번(蕃)들은 대부분 장액에 이르러 중국과 교역을 했다. 황제께서 배구에게 명하여 이 일을 관장하게 했다. 배구는 황제께서 먼 외국의 경략에 뜻이 있음을 알고 교역하러 오는 여러 호족상인들을 유도하여 자기 나라의 풍속 및 산천의 험준함과 평이함을 말하게 하여《서역도기》3권을 편찬하고 입조(入朝)하여 이를 황제께 바쳤다. 그 서문에 이르기를, …… '돈황에서 출발하여 서해에 이르는 데는 무릇 세 갈래 길이 있는데, 각기 산천으로 둘러싸인 요충지가 있다. 북쪽 노선은 이오(伊吾)에서 출발하여 포류해(蒲類海)·철륵부(鐵勒部)·돌궐가한정(突厥可汗庭)을 지나 북류(北流)의 강물을 건너 불름국에 이르면 서해에 도달한다. 중간 노선은 고창(高昌)·언기(焉耆)·구자(龜玆)·소륵(疏勒)에서 출발하여 파미르고원을 넘고 다시 발한(鏺汗)·소대사나국(蘇對沙那國)·강국(康國)·조국(曹國)·하국(何國)·대소안국(大小安國)·목국(穆國)을 지나 파사(波斯)에 이르면 서해에 도달한다. 남쪽 노선은 선선(鄯善)·우전(于闐)·주구파(朱俱波)·갈반타(喝槃陀)로부터 파미르고원을 넘어

....

22) 배구(裴矩, 547-627): 산서성 문희현(聞喜縣) 출신으로 북제·북주·수·당 4 왕조에서 7명의 군주를 섬겼으며 가는 곳마다 황제들로부터 신임을 받았다. 수 양제의 명으로 장액(張掖)에 가서 서역 각국과의 무역을 담당하면서 서역 상인들로부터 들은 사정을 바탕으로《서역도기》를 편찬하였다. 당 태종 때 민부상서(民部尙書)를 지냈다.

다시 호밀(護密)·토화라(吐火羅)·읍달(悒怛)·범연(帆延)·조국을 지나 북바라문(北婆羅門)에 이르면 서해에 도달한다. 이 세 노선 상의 여러 나라 사이에도 각기 길이 있어 남북으로 교류하고 있다. 그 동녀국(東女國) 남쪽의 바라문국(婆羅門國) 등도 서해 가는 길을 따라가면 여러 곳에 도달할 수 있다. 때문에 이오·고창·선선이 모두 서역의 문호임을 알 수 있다. 이 길이 모두 모이는 돈황은 그 목구멍에 해당하는 땅이다.' ……"

배구가 기록한 길은 호족상인을 통해 알게 된 것이다. 자료에 따르면 수 문제 즉위 12년 전 동로마와 서돌궐의 첫 번째 교류가 있었고 즉위 2년 전에 두 번째 답방이 있었다고 한다. 배구가 기록한 바는 동로마 사절의 중국방문 노정이었기 때문에, 그 이전의 중국 사서에 기록된 카스피해 남쪽 길을 따라 파르티아와 페르시아의 서쪽을 경유하는 노선과는 전혀 달랐다.

《회편》 제1책, 121쪽에 소개된 각 지역의 서양식 명칭은 다음과 같다.

발한=페르가나(Ferghana)　　　소대사나=수트리쉬나(Sutrishna)

강국=사마르칸트(Samarkand)　　조국=미탄(Mitan)

하국=페샴베(Peshambe)　　　　대소안국=부하라(Bukhara)

목국=마루(Maru)　　　　　　　갈반타=고르반트(Gorband)

읍달=에프탈(Ephthalite)　　　　범연=바미얀(Bamian)

제4절 《수서(隋書)》에 보이는 서아시아와 중앙아시아

《수서》 권84 〈철륵전(鐵勒傳)〉에는 카스피해 서안과 북안에 위치한 여러 부락의 상황을 다음과 같이 기록하고 있다.

"철륵[23]의 선조는 흉노의 먼 후예이다. 종족이 가장 많아 서해의 동쪽에
서부터 산과 골짜기에 의지해 (사는 부락들이) 곳곳에 끊이지 않는다.
…… 강국(康國)의 북쪽은 아득수(阿得水) 부근인데, 가질(訶咥)[24]·갈절
(曷截)·발홀(撥忽)·비천(比千)·구해(具海)·갈비실(曷比悉)·하차소(何差
蘇)[25]·발야미갈달(拔也未渴達)[26] 등에는 3만여 명의 병사가 있다. 득억
해(得嶷海)[27]의 동쪽과 서쪽에 있는 소로갈(蘇路羯)[28]·삼색인(三索咽)·
멸촉(蔑促)·융홀(隆忽)[29] 등 여러 부족[姓]들은 8천여 명(의 병사를) 갖

....

23) 철륵(鐵勒): 수·당 투르크계 유목민의 총칭이다. 이전 시대에는 丁零·丁靈
·丁令·釘靈·狄曆·敕勒·庫車 등 다양하게 기록되었다. 북위시대에는 이들
이 바퀴가 큰 수레를 탄다고 해서 '高車'라 불렸는데, 당 후기에 가면 개별
유목 부락에 대한 이해가 심화되면서 철륵이라는 총칭은 사용되지 않는다.
주로 바이칼호로부터 서쪽으로 중앙아시아와 몽고 초원 등지에 광범위하게
거주했다.(《주서·수서 외국전 역주》, 338쪽)

24) 가질(訶咥): 남 러시아 초원에 거주했던 고대 투르크계 유목민의 하나. 고대
투르크어로 '아즈(Az)'의 음역으로 추정되는데, 아질(阿跌)으로도 표기한다.
다람갈(多藍葛)의 서북쪽에 위치했다고 한다.(《주서·수서 외국전 역주》,
338쪽)

25) 갈절(曷截)·발홀(撥忽)·비천(比千)·구해(具海)·갈비실(曷比悉)·하차소(何
差蘇): 남 러시아 초원에 거주했던 고대 투르크계 유목민으로 추정되나 확실
한 원음은 알 수 없다.

26) 발야미갈달(拔也未渴達): 볼가강 유역에 위치한 남 러시아 초원에 거주했던
유목 종족으로 추정되나 확실한 원음은 알 수 없다. 《북사》와 《통전》에서는
'拔也末'와 '渴達' 두 개의 집단으로 보았으나 확실한 것은 알 수 없다.(《주서
·수서 외국전 역주》, 342쪽)

27) 득억해(得嶷海): 고대 투르크어 '탱그리(Tengri)'의 음역으로 큰 호수를 의미
했다. 寬田吉思海, 寬定吉思海로도 표기되었다고 한다.(《주서·수서 외국전
역주》, 342쪽)

28) 소로갈(蘇路羯): 고대 투르크계 유목민의 하나로 현재 신강위구르자치구 천
산산맥 부근에 거주하였는데, 용맹하고 기사(騎射)에 능했으며 유목생활을
영위했다고 한다.(《주서·수서 외국전 역주》, 343쪽)

29) 삼색인(三索咽)·멸촉(蔑促)·융홀(隆忽): 고대 투르크계 유목민으로 카스피

고 있다. 불름의 동쪽에는 은굴(恩屈)·아란(阿蘭)30)·북욕구리(北褥九
離)31)·복올혼(伏嗢昏)32) 등이 있는데, 근 2만 명에 가깝다. 북해 남쪽에
는 도파(都波)33) 등이 있다. 비록 성씨는 각기 달랐지만 총칭하여 철륵이
라 부른다. 모두 군장(君長)은 없고 각각 동서 두 돌궐에 나뉘어 속해있
다. 한 곳에 정착하여 거주하지 않고 물과 풀을 따라 이동한다. 사람들의
성정이 난폭하고 기사(騎射)에 능하며 탐욕이 매우 심하여 도적질과 약
탈로 생활한다. 서쪽 변경 가까운 곳에 있는 자들은 나름 농사를 짓기도
하는데, 소와 양은 많은 반면 말은 적다. ……"

　　이상의 여러 지명에 대해 간략히 주석을 달면 다음과 같다. 아득수는
지금의 볼가강으로 돌궐인이 강(江)과 하(河)를 아텔(Atel) 혹은 이딜
(Idil)이라 불렀기 때문이다. 회교 작가들은 모두 이 이름을 썼다. 원나
라 초 천주교 수도사 플라노 카르피니(Plano Carpini)의 여행기에서는
에틸(Ethil)하, 러시아명 볼가강이라 하였다. 또 수도사 루브룩(Rubruck)

해 부근에 거주했다고 하나 확실한 거주지나 그 원음은 알 수 없다.(《주서
·수서 외국전 역주》, 343쪽)
30) 아란(阿蘭): '알라니(Alani)'의 음역으로 고대 투르크계 유목민의 하나이다.
奄蔡, 溫那沙, 闔蘇, 阿思, 阿速·阿宿 등으로도 표기되는데, 모두 '아오르시
(Aorsi)'의 음역이다. 대체로 코카서스산맥 북쪽과 돈강 유역에서 유목생활
을 했던 것으로 추정된다.(《주서·수서 외국전 역주》, 343쪽)
31) 북욕구리(北褥九離): 《북사》와 《통전》에서는 '北褥'과 '九離'를 별도의 집단으
로 구분하고 있다.
32) 은굴(恩屈)·아란(阿蘭)·북욕구리(北褥九離)·복올혼(伏嗢昏): 동로마와 인접
한 흑해 연안의 초원지대에 거주했던 종족으로 추정되나 확실한 족속은 알
기 어렵다고 한다.(《주서·수서 외국전 역주》, 343쪽)
33) 도파(都波): 고대 투르크계 유목민의 하나로 고대 투르크어 '투바(Tuba)'의
음역이다. 독파석(禿巴昔), 도파(都播), 독팔(禿八)로도 표기하는데, 시베리아
예니세이강 상류에 거주했던 집단이라고 한다.(《주서·수서 외국전 역주》,
343쪽)

의 여행기에서도 에틸라(Ethila)하 또는 볼가강이라 불렀다. 《원조비사(元朝秘史)》[34] 권13에서는 역득륵수(亦得勒水)라 하였다.

득억해는 즉 카스피해로 득억해라 부른 이유는 득억수가 카스피해의 동북부에서 유입되었기 때문이다. 득억수의 현재 이름은 우랄(Ural)하이다. 동로마의 여행가 제마르쿠스(Zemarchus)는 그의 《봉사서돌궐행기(奉使西突厥行紀)》에서 이를 Daieh라 불렀는데, 바로 '득억(得嶷)'의 대음(對音)이다. 그 후 표기상 변화가 상당히 많아서 Teix, Jaec, Jagac, Jaic, Jayech, Yak 등으로 쓰였는데, 모두 한 음에서 변화한 것이다.

불름에 대해서는 별도의 장절에서 따로 설명하겠다.

중앙아시아 각국에 관해서는 《수서》 권83에 아래 열거하는 여러 나라가 기록되어있다.

강국(康國): "강거의 후예[康居之後]이다. 옮겨 다니는 것이 무상하여 고정된 거주지가 없다. 한대 이래로 서로 계승하면서 끊어지지 않았다. 그 왕의 본래 성은 온(溫)이고 월지 사람이다. 옛날에는 기련산(祁連山) 북쪽 소무성(昭武城)에 살았는데, 흉노에게 쫓기어 서쪽으로 파미르고원을 넘어 마침내 (오늘날의) 그 나라를 세우게 되었다. 그 지파들은 각자 왕으로 나뉘어졌지만 강국 주변의 여러 나라들은 모두 소무(昭武)를 성(姓)으로 삼음으로써 자신의 뿌리를 잊지 않았음을 나타냈다. …… 강력한 나라로 유명하여 서역의 여러 나라가 대부분 귀부하였으니, 미

....

34) 《원조비사(元朝秘史)》: 성립연대는 13세기 중기(1257년 이후)이고 저자는 알 수 없다. 처음에는 위구르식의 몽고글자로 쓰였으나, 1380년대 명나라 초기에 한자로 음역되고 각 권으로 나누어졌다. 북아시아 유목민족에 의해 편찬된 역사서로서는 최고(最古)로, 몽고족과 칭기즈칸의 선조에 대한 전승(傳承)과 계보, 칭기즈칸의 일생과 태종의 치세가 기록되어있다. 몽고제국 성립 시기 및 초기 역사에 대한 중요한 사료이다.

국(米國)·사국(史國)·조국(曹國)·하국(何國)·안국(安國)·소안국(小安國)·나색파국(那色波國)·오나갈국(烏那曷國)·목국(穆國) 등이 모두 와서 복속하였다. …… 대업연간 처음으로 (중국에) 사신을 보내 특산물을 진공하였으나 이후 마침내 끊어졌다."

이 내용은 《위서》 권102와 《북사》 권97에도 보인다. 강국의 왕은 비록 월지 사람이나 그 백성은 대부분 강거의 후예였기에 '강거지후(康居之後)'라 불렀던 것이다.

안국(安國): "한나라 시기의 안식국이다. 왕의 성은 소무씨(昭武氏)로 강국의 왕과 같은 종족이다. …… 도읍은 나밀수(郍密水)[35]의 남쪽에 있다. …… 양제가 즉위한 후 사예종사(司隸從事) 두행만(杜行滿)[36]을 서역에 사신으로 보내, 그 나라에 가서 오색염(五色鹽)을 얻어 돌아왔다. …… 대업 5년(609) 사신을 보내와 진공하였으나 이후 마침내 끊어졌다."《신당서(新唐書)》 권221하에서는 안국을 포활(布豁) 또는 포갈(捕喝)이라고도 불렀는데, 부하라(Bukhara)의 이역(異譯)으로 보인다. 한나라 때 안식국의 속국이었던 까닭에 '한나라 시기의 안식국'이라 하였던 것이다.

석국(石國): "약살수(藥殺水) 가에 거주한다. …… 대업 5년 사신을 보내 조공하였으나 그 후로 다시 오지 않았다." 석국은 지금의 타슈켄트(Tashkend)이다. 돌궐어 타슈(Tyash)는 석(石)이란 뜻으로 그것이 타슈켄트성(城)으로 변한 것이니, '석국'은 그 의역이다. 사적(史籍)에서는 자

---

35) 나밀수(郍密水): 현 우즈베키스탄의 자라프샨(Zarafshan)강을 가리킨다.
36) 두행만(杜行滿, 생몰연도 미상): 수 양제의 명으로 605년 시어사(侍御史) 위절(韋節)과 함께 서역 사행에 나서 인도의 계빈과 왕사성(王舍城), 중앙아시아의 읍달(挹怛: 현 Tokharistan)·사국·안국·강국 등 여러 나라와 지역을 방문하였다.(《실크로드사전》, 145쪽)

설(者舌), 자지(柘支), 자절(柘折), 자시(赭時) 등으로 쓰기도 하였다. 또 그것이 변해서 차쉬(Chach) 혹은 샤슈(Shash)로 표기되었기에, 《원사(元史)》〈지리지〉의 서북지(西北地) 부록에는 찰적(察赤)으로 적혀있다. 약살수는 악살테스(Axartes)하로 이란인은 시르(Syr)강37)이라 부른다.

발한국(鏺汗國): "대업연간에 사신을 보내 특산물을 진공했다." 《(신·구)당서(唐書)》에는 발한나(拔汗那)로 적혀있으니, 즉 지금의 페르가나(Ferghana)이다.

토화라국(吐火羅國): "대업연간에 사신을 보내 조공하였다." 《위서》에는 토호라(吐呼羅)로 기록되어있다.

읍달국(悒怛國): "도읍은 오호수(烏滸水)38) 남쪽 200여 리에 있고 대월지 종족의 한 지류이다. …… 대업연간 사신을 보내 특산물을 진공했다." 읍달은 간혹 엽달(嚈噠)이라고도 쓴다. (이 나라는) 대업연간 30여 년 이전에 이미 돌궐에게 멸망당했으니, 여기서 말하는 공사(貢使)는 아마도 명의를 사칭한 자가 분명하다.

미국(米國): "옛 강거의 땅에 있다. …… 대업연간에 자주 특산물을 진공했다." 어쩌면 《신당서》〈서역전〉의 미말(彌末)을 말하는 것일 수 있는데, 미말하(弭秣賀)라고도 쓰지만 고증할 수가 없다.

사국(史國) · 조국(曹國) · 하국(何國) · 오나갈국(烏那曷國) · 목국(穆國): 역시 모두 대업연간에 사신을 보내 특산물을 진공했다. 사국은 구사(佉沙) 또는 갈상나(羯霜那)라고도 하고 성(城)일 경우 걸사(乞史)라 하였으

....

37) 시르(Syr)강: 즉 시르다리야(Syr Darya)이다. 다리야(Darya)는 터키어로 '강'이라는 뜻이므로 그냥 시르강으로도 부른다. 원문에서는 Syr를 Sir로 쓰고 있다.
38) 오호수(烏滸水): 중앙아시아의 아무다리야강으로 아무강이라고도 부른다.

니, 모두 Kash의 음역으로 아랍인은 이를 Kiss라 불렀다. 조국은 당나라 때 동서로 나뉘었는데, 서조는 그냥 조라 불렀다. 동조는 솔도사나(率都沙那), 소대사나(蘇對沙那), 소도식익(蘇都識匿)이라 불렀으니, 이는 산스크리트어 수트리쉬나(Sutrishna)의 음역으로 페르가나와 사마르칸트의 사이에 위치하며 현재는 우라 타페(Ura Tape)라 부른다. 하국은 당나라 때 굴상니가(屈霜你迦) 혹은 귀상익(貴霜匿)이라 불렀고, 이란어로는 쿠사닉(Kusanik)이라 하는데 사마르칸트 서북쪽 60마일 지점에 있었다. 오나갈국은 발흐(Balkh)로 B의 발음은 V와 같으니, 이는 매우 많은 민족들에게서 흔히 보이는 바이다. 목국은 한대의 목록성(木鹿城)으로 《원사》에서는 마로(馬魯) 혹은 마리올(麻里兀)이라 썼다. 원래는 강 이름으로 강변에 성(城)이 있으며 원명은 마루(Maru) 혹은 메루(Meru)이다.

이상 안국·발한국·사국·하국·오나갈국 및 목국은 《수서》에 모두 그 왕의 성이 '소무'라 되어있는데, 그 까닭은 앞서 인용한 '강국' 부분에 나온다.

제2장
가탐(賈耽)[1]이 기록한 서방으로 가는 세 갈래 길

제1절 수·당시기 서역에 관한 기록

《구당서》〈배구전〉에 따르면 배구는 황제가 먼 외국의 경략에 뜻이 있고 사이(四夷)를 병탄하고자 함을 알고 서역의 풍속 및 산천의 험이(險易), 군장(君長)의 성씨와 종족, 물산과 복식을 조사하여 《서역도기》 3권을 편찬하고 입조하여 이를 바쳤다고 한다. 《수서》 권83에는 양제 때 시어사(侍御史) 위절(韋節)과 사례종사 두행만을 서번(西蕃)의 여러 나라에 사신으로 파견했는데[2], 계빈에 이르러 마노로 만든 잔[杯]을, 왕

....

1) 가탐(賈耽, 730~805): 당대의 정치가이자 지리학자. 재상으로 13년간 국정을 다스렸으며 위국공(魏國公)에 책봉되었다. 지리학에 관심이 있어 외국 사신이나 외국에 갔다 온 사람에게 그곳의 지리와 풍속을 물어서 많은 저술을 남겼다. 이들 대부분 소실되어 전하지 않으나 지리 부분에 관한 내용만은 《신당서》〈지리지〉에 채록되어있다.
2) 대업 원년(605)경에 파견된 위절 일행의 사명(使命)은 대돌궐(對突厥) 정책을 포함한 수 양제의 서역경략 구상을 위한 사전 조사인 것으로 추측된다.

사성(王舍城)3)에서는 불경을, 사국에서는 10명의 무녀(儺女)와 사자피(師子皮)·화서모(火鼠毛: 화완포의 원료 - 역자)를 얻어 돌아왔다고 되어있다. 위절이 편찬한 《서번기(西番記)》는 《문헌통고》〈사이고(四夷考)〉의 '강거'조에서 일부 인용한 바 있다. 1837년 독일어판 《아시아연구총간》(*Asiatische Studien*)에 실린 노이만(Karl F. Neumann)의 글은 수대 사신의 행로를 고증하고 있다.

그 외 《수서역지(隋西域志)》 3권, 《서역도리기(西域道里記)》 3권, 《제번국기(諸蕃國記)》 17권이 있지만, 그 편찬자가 확실치 않다. 당대에 이르러 왕현책(王玄策)의 여행기 여러 종(자세한 내용은 본서 제2편 13장을 참고)과 정사장(程士章)의 《서역도리기(西域道里記)》 3권, 위홍기(韋弘機)4)의 《서정기(西征記)》(권수 미상), 고종 순경 3년(658) 황명으로 편찬된 《당서역도지(唐西域圖志)》 60권이 있고, 또 개원연간에 안서도호(安西都護) 개가혜(蓋嘉惠)가 편찬한 《서역기(西域記)》 등이 있다. 그밖에 《당고승전(唐高僧傳)》 권2 〈언종전(彦悰傳)〉에는 언종이 배구와 함께 황명을 받아 속수(續修)한 《천축기(天竺記)》가 적혀있다. 《(신)당서》 〈예문지〉에 수록된 것으로는 모두 5종이 있다. 가탐이 지은 《고금군국현도사이술(古今郡國縣道四夷述)》과 《황화사달기(皇華四達記)》, 대두(戴斗)가 쓴 《제번기(諸蕃記)》, 달해통(達奚通)5)이 편찬한 《해남제번행기

....

사행 경로는 알 수 없으나 대체로 인도구법승의 육상노선을 따른 것으로 보인다.
3) 왕사성(王舍城): 현 인도의 라즈기르(Rajgir)로 고대 인도 마가다(Magadha)국의 수도이며 불교 8대 성지 중 한 곳이다.
4) 위홍기(韋弘機, 생몰연도 미상): 당대의 대신으로 옹주(雍州) 만년(萬年) 사람이고 이름은 기(機)이다. 정관 12년(638)부터 3년 간 돌궐과 서역 여러 나라를 유력(遊歷)하고 돌아온 후 《서정기》를 편찬하였다.
5) 달해통(達奚通, 생몰연도 미상): 당대 사람으로 당주자사(唐州刺史)를 지냈

(海南諸蕃行己)》, 고소일(高少逸)⁶⁾이 쓴 《사이조공록(四夷朝貢錄)》인데 현재 모두 산일(散佚)되었다. 이름이 비슷한 책이 있지만 같은 책인지는 역시 확인할 수가 없다.

제2절 안서(安西)에서 서역으로 들어가는 길

《신당서》 권43하 〈지리지〉에 기록된 서방으로 통하는 중요한 노선은 총 세 개로, 모두 정원연간(785~805)에 재상 가탐이 고증한 것 같다. 그밖에 사이(四夷)로 통하는 노선이 따로 네 개가 있는데, 여기서는 생략하겠다.

그 중 안서에서 서역으로 가는 길은 다음과 같다.

"안서(지금의 Kucha) 서쪽에서 자궐관(柘厥關)을 나가 백마하(白馬河: 지금의 Kucha城 서쪽 60리에 나루터가 있음)를 건너고 서쪽으로 180리를 가면 구비라적(俱毗羅磧: 지금의 Hosol사막)에 들어간다. 고정(苦井)을 지나 120리를 가면 구비라성(俱毗羅城: 지금의 Sairam)에 이른다. 또 60리를 가면 아실언성(阿悉言城: 지금의 Bai城)에 이른다. 거기서 다시 60리를 가면 발환성(撥換城: 지금의 Aksou)에 이르는데, 위융성(威戎城) 혹은 고묵주(姑墨州)라고도 부르며 남쪽으로 사혼하(思渾河: 지금의 타림하)를 마주하고 있다. 여기서 서북쪽으로 발환하(撥換河: 지금의 Aksou

....

다. 해외로 출사하여 적토 등 36개국을 둘러보고 《해남제번행기》 1권을 편찬하였다고 한다.
6) 고소일(高少逸, 생몰연도 미상): 당 중엽 때 사람으로 선종 때 관직이 공부상서에 이르렀다.

河 상류)를 건넌다. 강을 거슬러 올라가면[中河] 사혼하에서 북쪽으로 20
리 떨어진 소석성(小石城)에 이른다. 또 20리를 가면 우축(于祝: 원래 于
闐으로 잘못 썼는데 아래 글에 따라 교정하였음) 경내의 호로하(胡盧河:
지금의 Taouchkan河)에 이른다. 또 60리를 가면 대석성(大石城)에 이르
니 우축(于祝) 또는 온숙주(溫肅州: 지금의 Ouch-Tourfan)라고도 한다.
또 서북쪽으로 30리를 가면 속루봉(粟樓烽)에 이르고 다시 40리를 가면
발달령(拔達嶺)을 지난다. 또 50리를 가면 돈다성(頓多城)에 이르는데, 오
손이 다스렸던 적산성(赤山城)이다. 다시 30리를 가서 진주하(眞珠河: 현
시르다리아 상류의 Ajsk-tach하가 분명함)7)를 건너고 서북쪽으로 핍역령
(乏驛嶺: Djitybel嶺이 분명함)을 지나 50리를 가면 설해(雪海: Djitybel령
위의 여러 작은 호수가 분명함)를 지난다. 또 30리를 가면 쇄복술(碎卜
戌)에 이른다. 쇄복수(碎卜水)를 끼고 50리를 가면 열해(熱海: 즉
Issyk-kul호)에 이른다. 다시 40리를 가면 동성(凍城)에 이르고 또 110리
를 가면 하렵성(賀獵城)에 이른다. 다시 30리를 가면 엽지성(葉支城)에
이르고 골짜기를 나오면 쇄엽천(碎葉川: 지금의 Chu강) 입구에 이른다.
거기서 80리를 가면 배라장군성(裴羅將軍城)에 이른다. 다시 서쪽으로 20
리를 가면 쇄엽성(碎葉城: Tokmak의 원래 터 혹은 그 부근)8)에 이른다.
성 북쪽에 쇄엽수(碎葉水)가 있다. 쇄엽수 북쪽 40리에는 갈단산(羯丹山)

....

7) 원서에서는 Syr Darya를 Sirdaria로 쓰고 있다.
8) 쇄엽성(碎葉城, Suyāb): 소엽성(素葉城)으로도 적는다. 서부 천산산맥의 북
쪽 기슭, 이식쿨호 서북부 추(Chu)강 연안에 위치한 오아시스 도시로 현 키
르기스스탄의 토크마크로 비정된다. 예로부터 중가리아와 이리강 계곡, 시
르다리야와 아무다리야 유역에 점재(點在)한 오아시스를 연결하는 초원로
상에 자리하여 유목지대와 오아시스지대가 만나는 접점으로서 교역과 왕래
의 중추적 역할을 해왔다. 6세기 돌궐이 서방 진출의 전초기지로 삼았고 서
돌궐은 아예 왕정(王庭)을 설치한데 이어, 679년에는 안서사진(安西四鎭)의
하나를 설치하였다. 당(唐)에 이어 이곳을 장악한 돌기시(突騎施)는 이를 거
점으로 동진하는 이슬람 세력에 대응하였다. 8세기 중엽 돌기시가 망하자,
10세기에는 카를룩이 등장하였다.(《실크로드사전》, 428-429쪽)

이 있는데, 십성칸[十姓可汗]이 매번 이곳에서 군장(君長)에 올랐다. 쇄엽에서 40리를 가면 미국성(米國城)에 이른다. 또 30리를 가면 신성(新城)에 이르고 다시 60리를 가면 돈달성(頓達城)에 이른다. 거기서 50리를 가면 아사불래성(阿史不來城: 지금의 Achpara강 위의 Tchaldy-war)에 이르고 다시 70리를 가면 구란성(俱蘭城: Tarty 부근이 분명함)에 이른다. 또 10리를 가면 탈건성(梲建城)에 이르고 다시 50리를 가면 달라사성(怛羅斯城: 현 Talas강 위의 Aulie-ata城이 분명함)에 이른다."

이상 각 지명에 대한 주석은 모두 샤반느(Chavannes)가 편찬하고 풍승균이 번역한 《서돌궐사료(西突厥史料)》[9] 제1편 제2장에 근거하였다.

제3절 안남(安南)에서 인도[天竺]로 통하는 길

안남(지금의 베트남 하노이 부근)에서 교지(交趾)와 태평(太平)을 지나 백여 리를 가면 봉주(峯州: 지금의 白鶴)에 이른다. 또 남전(南田)을 지나 130리를 가면 은루현(恩樓縣)에 이른다. 여기서 물길로 40리를 가면 충성주(忠城州)에 이르고 또 200리를 가면 다리주(多利州)에 이른다. 거기서 300리를 가면 주귀주(朱貴州)에 이르고 또 400리를 가면 단당주(丹棠州: 甘棠州로도 씀)에 이른다. 모두 교화되지 않은 요인[生獠]들이다. 또 450리를 가면 고용보(古湧步: 지금의 蠻耗인 듯함)에 이르는데,

....

9) 《서돌궐사료》는 1903년에 편찬되었고 풍승균의 번역본은 1932년 상무인서관에서 출판되었다. 본서 제1편 〈들어가는 말〉에는 민국 40년(1951)으로 적혀있으나 대북(臺北)에서 재판한 것을 말한듯하다.

물길로는 안남에서 1,550리 떨어져 있다. 또 180리를 가서 부동산(浮動山)과 천정산(天井山)(두 산은 蒙自縣 서남쪽 고원인 듯함)을 지난다. 이하 운남성(雲南省) 경내의 여정은 생략한다.

제갈량성(諸葛亮城)에서 서로(西路)와 서남로(西南路)로 나누어진다. 서남로는 다음과 같다.

> "낙성(樂城)까지 200리이다. 거기서 표국(驃國: 지금의 미얀마) 경내로 들어가 만공(萬公) 등 여덟 부락을 지나면 실리성(悉利城: Tagaung성의 남쪽과 Mandalay성의 북쪽이 분명함)까지 700리이다. 다시 돌민성(突旻城)을 지나면 표국(그 도성인 Prome을 가리킴)까지 1,000리이다. 표국에서 서쪽으로 이산(里山: Arakan Range가 분명함)을 지나면 동천축(東天竺)의 가마파국(迦摩波國: 산스크리트어로 Kamarupa 즉 지금의 Assam)까지 1,600리이다. 거기서 서북쪽으로 가나도(迦羅都, Karatoya)강[10]을 지나면 분나벌단나(奔那伐檀那, Pundravardhna?)국까지 600리이다. 다시 서남쪽으로 중천축국 동쪽 경계인 항하(恒河, Ganga: 갠지스강의 힌디어 - 역자) 남안의 갈미올나(羯米嗢羅, Kajingala)국까지 400리이다. 거기서 서쪽으로 마갈타(摩羯陀, Magadha)국까지 600리이다."

서로는 다음과 같다.

> "제갈량성에서 서쪽으로 등충성(騰充城: 지금의 운남성 騰衝)까지 200리 떨어져있다. 거기서 서쪽으로 미성(彌城)까지 100리이다. 다시 서쪽으로 산을 넘어 200리를 가면 여수성(麗水城: 祿眤江 강가에 있었음이 분명함)에 이르고 거기서 서쪽으로 여수(麗水: 즉 祿眤江)와 용천수(龍泉水)를 건너 200리를 가면 안서성(安西城)에 이른다. 거기서 서쪽으로 미락강(彌

....

10) 카라토야(Karatoya)강: 방글라데시 중서부 라지샤히(Rajshahi) 지역의 하천.

諾江)을 건너 1,000리를 가면 대진바라문국(大秦婆羅門國)에 이른다. 다시 서쪽으로 대령(大嶺)을 넘어 300리를 가면 동천축의 북쪽 경계인 개몰노회(箇沒盧回: 즉 서남로의 迦摩波國이다. 그러나 거리가 절반이나 차이를 보이고 있는 것은 아마도 가탐이 근거로 한 자료가 달랐던 까닭인 듯하다)에 이른다. 거기서 서남쪽으로 1,200리를 가면 중천축국 동북쪽 경계인 분나벌단나(奔那伐檀那)국에 이르는데, 표국에서 바라문(婆羅門)으로 가는 길과 합쳐진다."

이상 각 지명에 대한 주석은 풍승균이 번역한 펠리오(Pelliot)의《교광인도양도고(交廣印度兩道考)》(*Duex itinéraires de Chine en Inde à la fin du VIIIe siècle*)에 의거하였다.

제4절 광주(廣州)에서 해로로 가는 길

"광주에서 동남쪽으로 물길 2백리를 가면 둔문산(屯門山: 大嶼山과 香港 두 섬의 북쪽, 해안과 琵琶洲 사이에 있음)에 이른다. 거기서 범선을 타고 서쪽으로 이틀을 가면 구주석(九州石: 훗날의 七洲인 듯함)에 이르고, 다시 남쪽으로 이틀을 가면 상석(象石: 獨珠山 즉 Tinhosa섬이 분명함)에 이른다. 거기서 서남쪽으로 3일을 가면 점불로산(占不勞山: 베트남의 CuLao Cham)에 이른다. 이 산은 환왕국(環王國: 즉 옛날의 임읍, 훗날의 참파) 동쪽 2백리 바다 가운데에 있다. 거기서 남쪽으로 이틀을 가면 능산(陵山: 베트남 歸仁府 북쪽의 Sa-hoi岬)에 이르고, 다시 하루를 가면 문독국(門毒國: 지금의 歸仁을 가리키는 듯함)에 이른다. 거기서 하루를 가면 고달국(古笪國: 지금의 베트남 喬莊의 산스크리트 명 Kauthara의 음역)에 이르고, 반나절을 더 가면 분타랑주(奔陀浪洲: 훗날의 Pan-duranga, 지금의 Phannan성 지역)에 이른다. 거기서 이틀을 가면 군돌농

산(軍突弄山: 훗날의 崑崙山, 지금의 서양 명은 Pulo Condore)에 이르고, 다시 5일을 가면 해협(海峽: 펠리오는 말라카해협, 히르트는 싱가포르해협이라 하였음)에 이른다. 그 지역 사람[蕃人]은 이를 질(質)이라 부르는데, 남북으로 백리에 이른다. 그 북안(北岸)은 나월국(羅越國: 말레이반도 남부에 있었음이 분명함)이고, 남안(南岸)은 불서국(佛逝國: 室利佛逝國의 약칭으로 당시 남해의 대국이었으며 수도는 수마트라의 팔렘방인데 훗날 舊港이라 불림)이다. 불서국에서 동쪽으로 물길을 따라 4~5일을 가면 가릉국(訶陵國: 지금의 Java)에 이르는데, 남중주(南中洲)에서 가장 크다. 또 서쪽으로 해협을 나가 3일을 가면 갈갈승지국(葛葛僧祇國: Brouwers군도 중에 있었던 듯함)에 이르니, 불서국 서북쪽 모퉁이에 있는 별도의 섬이다. 그 나라 사람들은 대부분 난폭하고 노략질을 일삼았기에 항해자들이 두려워하였다. 그 북안은 개라국(箇羅國: 9세기 大食人이 말한 Kalah의 음역으로 Kedah인 듯한데 말레이반도 서안에 있었음이 분명함)이고 개라국의 서쪽은 가곡라국(哥谷羅國: Kedah의 서북 혹은 서남쪽의 한 섬에 있었던 듯함)이다. 또 갈갈승지국에서 4~5일을 가면 승등주(勝鄧洲: 수마트라의 Deli 혹은 Langkat인 듯함)에 이르고, 거기서 서쪽으로 5일을 가면 바라국(婆羅國: 義淨이 말한 婆魯師가 분명함)에 이른다. 다시 6일을 가면 파국가람주(婆國伽藍洲: 아마도 翠藍嶼같은데, 지금은 Nicobar군도라 부름)에 이른다. 거기서 북으로 4일을 가면 사자국(師子國: 지금의 실론)에 이르는데, 그 북쪽 해안은 남천축 대안(對岸)[11]에서 100리 정도 떨어져있다. 또 서쪽으로 4일을 가서 몰래국(沒來國: Malabar 연안 일대가 분명하며 특히 Quilon을 가리키는 듯함)을 지나면 남천축의 최남단이고, 다시 서북쪽으로 10여개의 소국을 지나면 바라문(婆羅門)의 서쪽 경계에 이른다."

이상 각 지명에 대한 주석은 펠리오와 히르트(Hirth) 두 사람의 고증

....

11) 원서에는 '대안(大岸)'으로 되어있으나 오기임이 분명해서 바로잡았다.

에 근거하였다.

　다음은 바라문의 서쪽 경계에서 페르시아만의 동서해안까지 가는 수로로 각 지명의 주석은 위와 동일하다. 아울러 《중국교통사(中國交通史)》[12] (상무인서관, 《中國文化史叢書》 제1집)을 참고하였다.

　"서북으로 2일을 가면 발율국(拔颶國)에 이른다. 거기서 다시 10일을 가면 천축국의 서쪽 경계에 있는 다섯 소국을 지나 제율국(堤颶國: Daibul 혹은 Diul을 가리킴)에 이른다. 그 나라에는 신두하(新頭河: 산스크리트어 Sindhu의 음역)라고도 부르는 미란대하(彌蘭大河: 아랍어 Nahr Mihran의 음역으로 인더스강을 가리킴)가 있다. 북쪽의 발곤산(渤崑山: 《대당서역기》에 나오는 Balor로 보이는데, 지금의 Balfi. 崑崙의 오기일 가능성도 있음)에서 발원하여 서쪽으로 제율국까지 흘러 북으로 바다에 유입된다. 제율국에서 서쪽으로 20일을 가면 20여 개의 소국을 지나 제라로화국(提羅盧和國)에 이르는데, 일명 나화이국(羅和異國)이라고도 불린다. 이 나라 사람들은 바다에 화표(華表: 원래 묘 앞에 세우는 문이나 望柱石 따위를 말함 – 역자)같은 것을 세워서 밤에는 그 위에 횃불을 피워 선원들이 밤에도 길을 잃지 않게 하였다(쿠와바라 지츠조가 쓴 〈波斯灣の東洋貿易港〉의 고증에 따르면 제라로화국은 아랍어 Djerrarah의 음역으로 페르시아만의 Obollah에서 멀지 않다). 거기서 서쪽으로 하루를 더 가면 오랄국(烏剌國: Al-Ubullah 즉 Obollah)에 이르는데, 대식국(大食國: Taji 즉 아랍)의 불리랄하(弗利剌河: Furat의 음역으로 지금의 유프라테스강)가 남쪽으로 바다에 유입된다. 작은 배로 강을 거슬러 이틀을 올라가면 대식국의 주요 도시인 말라국(末羅國, Basra)에 이른다. 거기서 다시 서북쪽으로 육로를 따라 1,000리를 가면 무문왕(茂門王: 대식국 왕의 이름)이 도읍한 박달성(縛達城, Baghdad)에 이른다. 바라문의 남쪽 경계에서 몰래국부터 오랄국까지는 모두 바다의 동안(東岸)을 따라 항해하는데, 그

....
12) 저자는 백수이(白壽彝)이고 1936년 출판되었다.

서안의 서쪽은 모두 대식국이다. 그 서쪽의 최남단은 삼란국(三蘭國)이라 부르며 삼란국에서 정북(正北)으로 20일을 가면 10여 개의 소국을 지나 몰국(沒國)에 이른다. 거기서 다시 10일을 가면 6-7개의 소국을 지나 살이구화갈국(薩伊瞿和竭國)에 이르는데, 역시 바다의 서안에 해당한다. 거기서 서쪽으로 6-7일을 가면 6-7개의 소국을 지나 몰손국(沒巽國)에 이르고, 다시 서북쪽으로 10일을 가면 10여 개의 소국을 지나 발리가마난국(拔離謁磨難國)에 이른다. 거기서 하루를 더 가면 오랄국에 이르러 동안의 길과 합쳐진다.”

가탐은 자(字)가 돈시(敦詩)이고 창주(滄州) 남피(南皮) 사람으로 당 현종 개원 18년(730)에 태어났다. 지리학을 좋아하여 사이(四夷)에서 온 사신이나 사이로 파견되었다 돌아온 사신들에게 꼭 그 산천과 땅에 대해 문의하였다. 저작으로는《농우산남지도조황감량별록(隴右山南地圖洮湟甘凉別錄)》6권,《하서융지록(河西戎之錄)》4편(篇),《해내화이도(海內華夷圖)》,《고금군국현도사이술》,《정원십도록(貞元十道錄)》등이 있다. 순종(順宗) 영정 원년(805) 10월에 76세로 사망하였다.《구당서》권138과《신당서》권166에 모두 열전이 있다. 오승지(吳承志)[13]는《당가탐기변주입사이도리고실(唐賈耽記邊州入四夷道里考實)》5권을 저술했다.

....

13) 오승지(吳承志, 1844-1917): 자는 기보(祁甫)이고 전당(錢塘) 사람이다. 유월(兪越)의 수제자로 중년 이후 역사지리학 연구에 진력하여 많은 저작을 남겼다.

제3장
당·송시기 중국과 서양의 해양선박[海舶]

제1절 당대 전후 중국 해양선박의 발전

중국의 해양선박은 전국시대 오나라가 제나라를, 삼국시대 오나라가 위나라를 공략하려던 것에서 시작되었다. 그리고 진시황이 삼신산(三神山)을 찾았던 것이나 오나라 손권이 단주(亶洲)와 이주(夷洲)를 찾았던 것 모두 해양선박 없이는 불가능한 일이었다.《진서(晉書)》권42〈왕준전(王濬傳)〉에는 진 무제가 오나라 공격을 계획하면서 큰 배를 연결한 방주(舫)를 준비했는데, 사방 120보에 2천여 명이 탈 수 있었고 배 위에서 말을 타고 다닐 수 있었다는 기록이 있다.《태평어람》권77에는《의희기거주(義熙起居注)》를 인용하여 노순(盧循)이 높이 10여 장(丈)에 달하는 4층 누각을 세운 8척의 함선을 만들었다고 기록하고 있다.《수서》권48〈양소전(楊素傳)〉에 보면, 양소[1]가 만든 오아함(五牙艦)에는 높이

....

1) 양소(楊素, 544-606): 수나라의 권신으로 섬서성 위남(渭南) 출신이다. 양견(楊堅)을 도와 수 왕조를 일으키는 데 공헌하였으며 진왕(晉王) 광(廣)과 함께 진(陳)을 토벌하는데 활약하였다. 만년에는 문제(文帝)의 미움을 받았고,

백여 척(尺)에 달하는 5층 누각이 세워졌다고 되어있다. 이런 배들은 당연히 바다로 나갈 수 있었다.

《태평어람》 권769에 인용된 《오시외국전(吳時外國傳)》에서는 "부남국은 나무를 잘라 배를 만드니, 긴 것은 12심(尋: 1심은 8척임 - 역자)이고 너비는 6척이다. 선두와 선미가 물고기를 닮았고 모두 철섭(鐵鍱)을 이용하여 노천(露天)에서 만들었다. 큰 배는 100명을 태울 수 있는데, 길고 짧은 노와 삿대를 각각 하나씩 들고 선두에서 선미까지 배의 크기에 따라 약 50명 혹은 40여명이 늘어서서, 항해할 때는 긴 노를 쓰고 머무를 때는 짧은 노를 쓴다. 수심이 얕은 곳에서는 삿대를 사용하여 함께 배를 미는데, 구령소리가 하나같다"고 하였다.

당시 유럽(로마인)의 배 역시 상당히 컸다. 《태평어람》 권771에 인용된 만진(萬震)의 《남주이물지(南州異物志)》에서는 "변경 밖에서 온 사람들은 배의 크기에 따라 4개의 돛을 만들어 앞뒤에 그것을 달았다. 노두목(盧頭木)이라는 나무가 있는데, 그 잎이 창문처럼 생기고 길이가 한 장(丈) 남짓하여 이것을 짜서 돛을 만들었다. 그 네 개의 돛은 정(正) 전방(前方)을 향하지 않고 전부 기우듬하게 이동하여 서로 모이도록 함으로써 바람의 힘을 얻게 했다. 바람이 뒤에서 돛에 부딪치면 서로 반사(反射)하여 함께 바람의 힘을 받는데, 급한 상황이 생기면 마음대로 증감할 수 있다. 돛을 기울게 펴서 서로 바람을 얻는데다 높아 위태로울 염려가 없기 때문에 항해 시 큰 바람이나 격랑을 피하지 않고 질주할 수 있다"고 하였다.

《일체경음의(一切經音義)》 권1에 인용된 복건(服虔)의 《통속문(通俗

광이 양제(煬帝)로 즉위한 뒤에는 외견상으로는 예우를 받는 듯이 보였으나 실제로는 경원되었다. 훗날 그의 장자인 양현감(楊玄感)이 반란을 일으켰다.

文)》2)에서는 "오나라의 배는 편(艑)이라 부르고 진(晉)나라의 배는 박
(舶)이라 부르는데, 길이 20장에 6-7백 명이 탈 수 있다. 편(艑)의 음은
포(蒲)와 진(珍)의 반절이고 박(舶)의 음은 박(泊)이다"고 하였다. 《일체
경음의》 권10에 수록된 여침(呂忱)의 《자림(字林)》3)에서는 "박(舶)은 큰
배로 지금의 강남 바다를 다니는 배를 일러 박(舶)이라 한다. 곤륜(崑崙)
과 고려가 모두 큰 배를 탔는데, 만곡(萬斛)을 실을 수 있다"고 하였다.

이조(李肇)4)의 《국사보(國史補)》5) 권하에서는 "남해박(南海舶)은 외
국의 배이다. …… 사자국의 선박이 가장 커서 계단이 위 아래로 수 장
(丈)에 달하며 모두 보화(寶貨)를 적재하였다. 선박이 출발한 후 해로에
서는 반드시 흰 비둘기를 길러 소식을 전하는 용도로 쓰는데, 선박이
침몰하면 비둘기는 수천 리라도 돌아올 수 있다"고 하였다.

수 양제가 고구려를 공격할 때 창해도(滄海道) 군사의 "뱃머리가 천리

....

2) 《통속문(通俗文)》: 후한 말 복건(생몰연도 미상)이 지은 중국 최초의 속어
   사전. 양웅(揚雄)의 《방언(方言)》에 버금가는 가치를 지니며 소학사(小學史)
   와 사전학사에 있어 중요한 지위를 차지하나 원서는 전해지지 않는다.

3) 《자림(字林)》: 전 7권. 서진 무제 때 학자 여침(생몰연도 미상)이 《설문해자
   (說文解字)》를 모방하여 만든 사전. 현재 원서는 전해지지 않고 청대 임대춘
   (任大椿)의 《자림고일(字林考逸)》 8권과 도방기(陶方琦)의 《자림고일보본(字
   林考逸補本)》 1권만 남아 있다

4) 이조(李肇, 생몰연도 미상): 당나라 때 사람. 원화연간(806-820) 태상시협률
   랑(太常寺協律郞)에 임명되었고 좌사낭중(左司郞中)과 한림학사(翰林學士)·
   중서사인(中書舍人) 등을 역임했다. 저서에 《국사보》3권, 《한림지(翰林志)》
   1권, 《경사석제(經史釋題)》2권이 있다.

5) 《국사보(國史補)》: 이조가 지은 필기류 저술로 현종 개원연간부터 목종 장경
   연간까지 1백 년 동안의 역사를 다루고 있다. 당시 한인사회의 풍속과 조야
   의 일사(軼事) 및 전장제도 등을 잘 정리한 중당(中唐)시기를 이해하는데 매
   우 중요하고도 특수한 가치를 지닌 책으로 평가된다.

를 이었고 돛을 높이 올려 번개처럼 달렸으며 거함이 구름처럼 몰려 강을 가로질러 막았다"고 하니 당시 해양선박의 거대함을 짐작할 수 있다.

당나라 초기 남해를 왕래하던 상선은 모두 외국인 소유였다고 할 수 있다. 《구당서》 권131 〈이면전(李勉傳)〉[6]에는 '서역박(西域舶)'이라는 이름이 나오고, 《신당서》의 같은 전에는 '서남이박(西南夷舶)'이라 되어 있다. 《구당서》 권177 〈노균전(盧鈞傳)〉[7]에서는 "남해에는 만박(蠻舶)의 이(利)가 있다"고 하였다. 《신당서》 권163 〈공규전(孔戣傳)〉[8]에서는 "번(蕃)의 선박이 머물렀다"고 하였고, 권170 〈왕침전(王綝傳)〉에서는 "여러 번(蕃)의 선박이 왔다"고 하였다.

현응(玄應)이 편찬한 《일체경음의》 권1에서는 "《대방광불화엄경(大方廣佛華嚴經)》 제50권에 …… 선박(舩舶: 음은 碑이고 蒼舶 즉 大舩이다)"고 하였다.

권2에서는 《대반열반경(大般涅槃經)》 제8권을 인용하여 "…… 대박(大舶: 음은 碑이고 蒼舶 즉 大船으로 큰 것은 길이 20장에 6-7백 명을

....

6) 이면(李勉, 717-788): 당대의 관료로 당나라 종실 출신이다. 어려서 경사(經史)에 능통하여 개봉위(開封尉)에 임명되었다. 안녹산의 난 때 숙종을 따라 영무(靈武)에 도착하여 감찰어사가 되었다. 이후 어사대부·공부상서 등을 역임하였다.

7) 노균(盧鈞, 778-864): 당대의 관료로 경조(京兆) 남전(藍田) 출신이다. 급사중(給事中)·화주자사(華州刺史)·산남동도절도사(山南東道節度使)·하동(河東)절도사·산남서도(山南西道)절도사 등을 지냈다. 청렴결백한 관리로 유명하였으며 시박사(市舶司)에서 외국 상선을 직접 관할하는 직무를 맡았지만 간섭하거나 뇌물을 요구하지 않았다고 한다.

8) 공규(孔戣, 753-825): 당대의 관료로 헌종 때 간의대부(諫議大夫)가 되어 이섭(李涉)의 죄를 탄핵하고 이소화(李少和)·최이간(崔易簡)의 옥사를 판결했다. 목종 때 사직하려 하자 한유(韓愈)가 "조정에 공규 같은 인재는 서너 명밖에 되지 않으니 사퇴를 만류해야 한다"고 하였다.

태울 수 있다)"고 하였다.

당 중기 이후 중국 상선 역시 바다로 나아가 무역을 시작했고 당말에 이르면 중국 해양선박이 외국 선박을 훨씬 능가하게 된다. 당 태종 정관 22년(648) 7월 검남(劍南)에서 전함을 제작했는데, 길이 100척에 너비 50척으로 이듬해 고구려 정벌에 사용하기 위해 준비한 것이었다. 이 내용은 범조우(范祖禹)[9]의 《당감(唐鑒)》 권6에 보인다.

중국 배의 재료는 첫 번째가 장목(樟木)이고 그 다음이 침목(枕木)이었다. 바다로 나가는 배는 동선(舸船)이라 불렀다. 유순(劉恂)의 《영표록이(嶺表錄異)》[10] 권하에서는 "매년 광주에서는 항상 동선(銅船)이 출발하여 안남에 가서 무역한다"고 하였는데, '동선(銅船)'은 '동선(舸船)'의 오기인 듯하다. 이시진의 《본초강목》 권34에서는 진장기(陳藏器)[11]의 《본초습유(本草拾遺)》를 인용하여 "강동(江東)의 동선(舸船)은 대부분 장목

....

9) 범조우(范祖禹, 1041-1098): 송대의 관료로 성도(成都) 화양(華陽) 출신이다. 철종 때 급사중·우간의대부(右諫議大夫)·국사원(國史院)수찬(修撰)·한림학사 등을 역임하였다. 저서로 《당감》·《제학(帝學)》·《범태사집(范太史集)》·《명신비전완염(名臣碑傳琬琰)》·《송사본전(宋史本傳)》·《송사예문지(宋史藝文志)》 등이 있다.

10) 《영표록이(嶺表錄異)》: 당 소종(昭宗) 때 광주사마(廣州司馬)를 지낸 유순(생몰연도 미상)이 지은 책으로 《영표록(嶺表錄)》, 《영표록이기(嶺表錄異記)》, 《영표기(嶺表記)》, 《영남록이(嶺南錄異)》 등으로도 불린다. 양광(兩廣)지역의 물산과 소수민족의 생활, 풍토 인정 등을 많이 기록하고 있다. 원서는 이미 산실되었으나 《사고전서(四庫全書)》 편찬 때 《영락대전(永樂大全)》에서 집록(輯錄)하여 3권으로 만든 것이 남아있다.

11) 진장기(陳藏器, 687-757): 당대의 의학자 겸 약학자로 절강성 사명(四明) 출신이다. 《신농본초경(神農本草經)》에 빠진 부분이 많다고 여겨 《본초습유》를 편찬하였는데, 원서는 이미 산실되었으나 그 내용은 《증류본초(證類本草)》에 수록되어 전해진다. 중국 의학의 처방을 10개로 분류한 최초의 인물이기도 하다.

을 사용했다"고 하였고, 또 "침목은 남해의 산골짜기에서 자라며 동선을 만드는데 있어 장목 다음가는 재료이다"고 하였다.

《구당서》권19상 〈의종본기(懿宗本紀)〉에는 당시 해양선박의 상황에 대해 "윤주(潤州) 사람 진번석(陳磻石)이 …… 인하여 상주하기를, '신의 동생 청사(聽思)가 일찍이 뇌주자사(雷州刺史)를 지낼 때 가족들이 해선(海船)을 따라 복건에 갔는데, 왕래하는 큰 배 한 척이 천석(千石)의 곡식을 옮길 수 있었다고 합니다. 복건에서 짐을 실은 배가 한 달도 안 되어 광주(廣州)에 도착하니, 배 수십 척을 구하면 바로 삼만 석을 광주 부로 보낼 수 있습니다'고 하였다"고 기록되어있다.

요컨대 중국의 수상운송은 당대 이후 신속히 발전하였으니, 《구당서》권94 〈최융전(崔融傳)〉에서는 "천하의 여러 나루에 배가 모여 옆으로는 파촉(巴蜀)·한중(漢中)과 통하고 앞으로는 민(閩)·월(越)을 향했다. 칠택(七澤)과 십수(十藪), 삼강(三江)과 오호(五湖)가 황하와 낙수(洛水)를 끌어들이고 회하(淮河)와 해하(海河)도 받아들임에, 수천수만 척의 홍가(弘舸)와 거함(巨艦)이 화물을 교역하며 왕래함이 새벽부터 온 종일 이어졌다"고 하였다.

당 중기 이후 중국 선박 중에는 추진기(推進機)를 이용한 것도 있었다. 대개 위·진시기 이후 선박의 동력은 이미 인력과 축력에서 벗어나 수력과 풍력을 이용할 줄 알게 되었고, 또 단일 톱니바퀴[齒輪, Gear]에서 복수 톱니바퀴로 바뀌었을 뿐 아니라 간단한 추진기를 사용하는 것도 있었다. 마균(馬鈞)[12]은 '수전백희(水轉百戲)'[13]를 만들었고, 남제의

....

12) 마균(馬鈞, 생몰연도 미상): 삼국시대 위나라 부풍(扶風) 사람으로 자는 덕형(德衡)이다. 직조기를 개조하여 효율을 크게 증대시켰고 위 명제의 명령으로 지남거와 수전백희를 만들었다. 또 집에서 번거(翻車, 龍骨水

조충지(祖沖之)[14]는 '재중거(載重車)'를 새로 제작하여 "바람과 물이 없이도 기계가 스스로 움직여 인력을 힘들게 하지 않았"으며, 또 천리선(千里船)이 있어 하루에 백여 리를 갔다는 기록이 《남제서》〈조충지전〉에 보인다.

당나라 이고(李皐)는 일찌감치 추진기를 전함에 적용하였으니, 《책부원구》권908에 보면 "당왕(唐王) 이고는 홍주(洪州)관찰사였는데, 교묘한 구상이 많았다. 일찍이 전함을 만들면서 바퀴 2개를 끼우고 함께 밟으면 거센 바람과 파도에도 그 속도가 돛을 단 배와 같았다"고 되어있다. 《구당서》권131 〈이고전〉과 《신당서》권80 〈조왕고전(曹王皐傳)〉의 내용도 대략 이와 같다. 이고는 당나라 종실이었기에 조왕의 자리를 이었던 것이다. 당대 남탁(南卓)의 《갈고록(羯鼓錄)》[15]에도 그가 "교묘한

....

車)를 만들었는데, 간편하게 큰 힘을 들이지 않고도 관개(灌漑)를 수월하게 할 수 있었다고 한다.

13) 수전백희(水轉百戱): 배송지(裴松之)는 《삼국지》〈위지(魏志)〉권29 〈두기전(杜夔傳)〉에 나오는 '수전백희' 구절에 대해 "큰 나무로 둥근 모양의 통을 만들어 평지에다 설치하고 물을 채워 움직이게 했다. 여악(女樂)이 춤추는 장면을 펼쳐내고 나무인형이 북을 치고 소를 불게 하는 데까지 이르렀다. 산악을 만들고 나무인형이 방울받기와 칼 던지기, 줄타기와 물구나무를 하는 등 들고남이 자유자재였다"고 주를 달았다.

14) 조충지(祖沖之, 429~500): 남북조시대 유송(劉宋)의 역학자로 범양(范陽) 출신이다. 대명 6년(462) 〈대명력(大明曆)〉을 만들었는데, 대법흥(戴法興)의 반대로 시행이 늦어지던 중 황제가 죽자 중지되었다. 후에 이 역서는 그의 아들의 노력으로 양(梁)·진(陳) 두 나라에서 80년 동안 관력(官曆)으로 채용되었다. 종래의 역법에 비하여 여러 가지로 개량이 되었으며 391년 사이에 144개의 윤달을 넣고 세차(歲差)를 채용한 것이 특징이다. 그 밖에 원주율을 정밀하게 계산해냈으며 지남거와 같은 기계를 만들었다.

15) 《갈고록(羯鼓錄)》: 전 1권. 당대의 관료 남탁(생몰연도 미상)이 편찬한 음악 사료집이다.

구상이 있고 기물의 사용에 정통했다"고 적혀있다.

　남송시기에도 기계바퀴를 이용한 배[機輪船]는 지속적으로 발전하였다. 오자목(吳自牧)의 《몽량록(夢粱錄)》[16] 권12에서는 "가추학(賈秋壑)[17]의 집에 있는 거선(車船)은 갑판 위에 배를 모는 사람이 없지만 거륜(車輪)을 이용하여 발로 밟아서 나아가는데, 그 속도가 나는 듯하다"고 하였다. 《송사》 권363 〈악비전(岳飛傳)〉에는 도적 양요(楊么)가 "호수에 배를 띄우니 바퀴로 물을 치면서 나아가는 것이 나는 듯했다"고 기록하고 있으나 어떻게 만들었는지는 알 수가 없다. 이심전(李心傳)의 《건염이래계년요록(建炎以來繫年要錄)》 권56에서는 왕언회(王彦恢)가 제작한 '비호전함(飛虎戰艦)'에 대해 "옆에 네 개의 바퀴를 설치했는데, 각 바퀴에 여덟 개의 노가 있어 네 사람이 돌리면 하루에 천리를 갔다"고 기록하고 있다. 같은 책 권59에서는 "주륜(周倫)·양흠(楊欽)·하성(夏誠)·유형(劉衡) 등의 무리가 거선(車船)과 해추선(海鰍船)[18]을 수백 척이나 대거 제

....

16) 《몽량록(夢粱錄)》: 전 20권. 전당(錢塘) 사람 오자목(생몰연도 미상)이 지은 책으로 서문에 따르면 1274년 완성한 것으로 되어있다. 북송의 수도 개봉(開封)에 관해 서술한 맹원로(孟元老)의 《동경몽화록(東京夢華錄)》의 체재를 모방하여 남송의 수도 임안(臨安)의 연중행사·교묘(郊廟)·궁전·관청·지리·진영(鎭營)·사당·학교·사원 및 상인·수공업자의 생활과 풍속 등에 관하여 상세하게 기술하고 있어 당시 임안의 모습을 전해주는 귀중한 사료이다.
17) 가추학(賈秋壑, 1213~1275): 즉 가사도(賈似道). 남송 말기의 정치가로 절강성 태주(臺州) 출신이다. 이종(理宗)의 후궁으로 들어간 누이 덕분에 추밀원지사(樞密院知事)로 승진하고 1258년 양회선무대사(兩淮宣撫大使)가 되었다. 1259년 몽고군을 패퇴시킨 공으로 우승상이 되었으며 공전법(公田法) 시행, 군량미 확보, 회자(會子)의 정리 등을 행했다. 이후 몽고와의 전투에서 패하여 유배당하였다가 피살되었다.
18) 1956년 중화서국 판 《건염이래계년요록》에는 해추선(海鰍船)으로 표기되어 있다.

작했다. 거선이란 앞뒤에 사람을 두어 수레바퀴가 달린 기계장치를 밟아서 전진과 후진을 하는 것으로 한 배에 병사 천여 명이 탈 수 있다'고 하였다. 같은 책 권194에는 관군(官軍) 역시 거선을 사용하여 여진족(女眞族)에 대항한 일이 기록되어있으니, "양존중(楊存中)과 우윤문(虞允文)이 전사(戰士)들에게 거선을 밟도록 명하여 과주(瓜洲)로 곧장 달려가 상륙하려다 다시 되돌아왔는데, 적병이 모두 활시위를 한껏 당긴 채 기다리고 있어서였다. 그 배가 강 가운데를 오르내리며 경산(京山)을 세 번 돌면서 물 흐르듯 회전하니 적들이 깜짝 놀랐다"고 하였다. 명나라 전여성(田汝成)[19]의 《서호유람지(西湖遊覽志)》 권20의 '희조락사(熙朝樂事)'조에도 "가사도의 거선은 삿대와 노를 쓰지 않고 관륜(關輪)을 이용해 발로 밟아 나아가는데, 그 속도가 나는 듯 했다"고 적혀있다.

그러나 이 배들이 바다에 나갔는지에 대해서는 문헌에서 찾을 수가 없다. 게다가 그 성능이 개량되지 못함으로써 이후 점점 사라지게 되었다.

위에 인용한 여러 책에서 남해 선박의 거대함을 온갖 수사를 동원해 묘사하고 있고 동쪽으로 온 고승들 대부분이 외국 선박을 타고 왔다는 점을 고려하면, 수·당 이전까지는 실제로 중국 선박이 외국 선박과 견줄 수 있는 수준에 도달하지 못했음이 분명하다.

당·송 이후 중국 해선이 발달하게 된 것은 공부(貢賦)와 조운(漕運), 무역 및 전쟁 대부분이 바다를 통해 이루어졌기 때문이다. 《몽량록》 권

---

19) 전여성(田汝成, 1503~1557): 명대의 관료로 절강성 전당(錢塘) 출신이다. 광서 우참군(廣西右參軍)으로 재직할 때 토추(土酋) 조해(趙楷)·빙상(憑祥)의 난과 대등협기의(大藤峽起義)를 진압하였다. 박학하고 고문(古文)에 능했으며 서사(敍事)에 뛰어났다. 해임되어 고향에 돌아온 후 절서(浙西) 등지의 호수와 산을 유람하고 명승고적을 탐방하면서 지냈다. 저서로 《서호유람지》·《서호유람지여(西湖遊覽志餘)》 등이 있다.

12에는 "절강 지방은 양자강과 통하고 바다로 나가는 나루터이다. 또한 바다로 나가는 상선은 크기가 다른데, 큰 것은 5,000료(料)를 싣고 5-600명이 탈 수 있으며 중간 것은 2,000료에서 1,000료까지 싣고 2-300명이 탈 수 있다. 그 나머지는 찬풍(鑽風)이라 불렀다"고 적혀있다. 명 만력연간에 중수한 《명회전(明會典)》의 기록에 근거하여 이를 계산해보면, 5,000료는 양식 5,000석에 해당하니 배의 크기는 마땅히 길이 5-60장, 넓이 14장 정도가 되었을 것이다.

《용재사필(容齋四筆)》[20] 권9의 '남주북장(南舟北帳)'조를 보면, "얼마 전 예장군(豫章郡)에 있을 때 요주(遼州)의 승려 한 사람을 상람(上藍)에서 만나 한담을 나눴는데, 그가 '남쪽 사람은 북방에 천 명이 들어가는 천막이 있음을 믿지 않고 북쪽 사람은 남방에 만 곡(斛)을 싣는 배가 있는 것을 믿지 않는 것은 아마도 토속(土俗)이 그러하기 때문일 것이다'고 말했다"는 기록이 있다. 이는 당·송시기 남쪽의 내륙 하천을 다니는 배의 규모가 이미 매우 거대해서 만 곡을 싣는 것도 신기한 일이 아니었음을 보여주고 있다.

서긍(徐兢)[21]은 《선화봉사고려도경(宣和奉使高麗圖經)》[22] 권3에서

....

20) 《용재사필(容齋四筆)》: 전 16권. 남송 사람 홍매(洪邁, 1123-1202)가 쓴 독서 필기로 《용재수필(容齋隨筆)》 5부작 중 하나이다.
21) 서긍(徐兢, 1091-1153): 송대의 관료로 화주(和州) 역양(歷陽) 출신이다. 북송 선화 5년(1123) 송나라 사신의 일행으로 고려를 방문하였고 이때의 경험을 바탕으로 《선화봉사고려도경》을 저술하였다.
22) 《선화봉사고려도경(宣和奉使高麗圖經)》: 서긍의 견문록으로 변경(汴京)부터 개경까지의 항로를 해도(海道) 1부터 6까지로 분단(分段)하여 일지 형식으로 상세히 기술하고 있다. 서긍 일행은 1123년 3월 14일 변경을 떠나 6월 13일 개경에 도착했으므로 총 여정은 약 90일 간이며, 5월 16일 명주(明州: 현 寧波)에서 출발하여 6월 12일 예성항(禮成港)에 도착했으니 순수 항해 일정

객주(客舟)의 형태를 "그 길이가 10여 장에 깊이는 3장, 폭은 2장 5척으로 2,000곡의 곡식을 실을 수 있다. …… 큰 돛대는 높이가 10장이고 제일 앞의 돛대는 높이가 8장이다. 순풍이 불면 무명 돛 50개가 펼쳐진다. …… 배마다 삿대를 든 사람이 60명이다. …… 그런데 신주(神舟: 송대에 고려로 사신을 파견할 때 사용한 배 - 역자)는 그 크기가 거대하여 일용잡화와 집기 및 일하는 사람이 모두 객주의 세 배나 된다"고 기록하였다. 즉 객주는 2,000료의 중형 해선에 상당하고 신주는 5,000료의 대형 해선과 비슷했던 것이다.

주욱(朱彧)[23]은 《평주가담(萍洲可談)》 권2에서 "선박의 깊이와 폭이 각각 수십 장에 달하지만, 상인들이 나누어 차지하여 물건을 쌓아놓았기에 사람들은 몇 척 남짓의 자리만 얻어 아래에 화물을 놓고 밤에는 그 위에 누워서 잤다. 화물은 대부분 도기(陶器)로 크고 작은 것이 서로 겹쳐져 작은 틈도 없었다. 바다에서 풍랑은 무서워하지 않고 오직 고각(靠閣)만을 두려워했는데, 이는 수심이 얕은 곳에 배가 걸려서 더 이상 벗어나지 못하는 것을 말한다"고 하였다.

만 26일간이었다. 귀국 노정은 출정 항로와 대체로 일치하였으나 소요 시간은 44일간(7월 13일-8월 27일)이었다.(《실크로드사전》, 400쪽)

23) 주욱(朱彧, 생몰연도 미상): 북송시기 호주(湖州) 오정(烏程) 사람으로 자는 무혹(無惑)이다. 만년에 호북성 황강(黃岡)에서 땅을 구입하여 '평주(萍洲)'라 이름붙이고 자신의 호를 '평주노포(老圃)'라 지었다. 1119년 《평주가담》을 지었는데, 북송 말년 광주의 번방(蕃坊) 시박(市舶)에 관한 일을 많이 기록하고 있다. 그 외 왕안석·사마광·소철·황정견·심괄(沈括) 등의 일사(軼事)도 적고 있는데, 소식(蘇軾)에 관한 것이 특히 상세하다. 대략 소흥 18년(1148)경에 사망한 듯하다.

제2절 당·송시기 중국과 서양의 해양선박 비교

국내외 사적(史籍)의 기록에 따르면 당말 이후 중국 해선은 이미 외국 선박을 훨씬 능가하였다고 한다. 유반농(劉半農)과 유소혜(劉小蕙)가 함께 번역한 아랍인 술레이만(Suleiman)의 여행기에는 "해선이 정박한 항구에 도착하여 들으니, 대부분의 중국 선박은 모두 시라프(Siraf)[24]에서 화물을 싣고 출발한다고 하였다. 모든 화물은 먼저 바스라(Basra)와 오만(Oman) 및 기타 항구에서 시라프로 운반된 다음 중국 선박에 실렸다. 이곳에서 화물을 갈아 실어야 하는 이유는 (페르시아만 내의) 풍랑이 매우 거세고 기타 각 항구의 수심이 깊지 않기 때문이다. …… 이 마지막 지역의 한 장소는 두르두프(Durduf: 소용돌이라는 뜻)라고 부르는데, 두 산 사이의 좁은 해협으로 작은 선박만이 통과할 수 있어서 중국 선박에게는 적합하지 않았다. …… 말라야(Malaya)의 쿨람(Kulam)에 …… 중국 선박이 도착하면 통과세를 완납해야 했는데, 한 척당 1천 디르함(Dirham)을 납부했고 나머지 (중국 선박보다 작은) 배는 (그 크기에 따라) 1에서 10디나르(Dinar)까지 서로 달랐다"고 기록되어있다.

중국 선박의 크기가 너무 커서 페르시아만에서 반드시 작은 배를 갈아타야 했던 일에 관해서는 송대 주거비(周去非)[25]가 편찬한 《영외대답

....

24) 시라프(Siraf): 페르시아만 북안에 자리한 항구도시. 압바스조 이슬람제국 시대에 아랍-무슬림들이 인도양 무역을 석권하면서 전성기를 맞았던 국제무역항으로 인도나 중국에서 오는 상선들이 페르시아만 북안의 바스라에 이르려면 반드시 거쳐야 하는 항구였다.(《해양실크로드사전》, 194쪽)
25) 주거비(周去非, 1135-1189): 송대의 관료이자 학자로 절강성 영가(永嘉) 출신이다. 흠주교수(欽州敎授)·광서정강부(廣西靜江府) 현위(縣尉)·절강소흥부

(嶺外代答)》 권2와 권3에도 기록이 있는데, "대식국에서 오려면 작은 배를 타고 남으로 가서 고림국(故臨國)에 이른 후 큰 배로 바꾸어 타고 동쪽으로 간다. …… 중국의 상인선단이 대식국에 가고자 하면 반드시 고림국에서부터 작은 배로 갈아타고 가야한다"라고 하였다.

송대 중국 선박과 외국 선박의 비교는 아래 자료에서도 찾아볼 수 있다. 《영외대답》 권6에서는 "대식국에서 다시 서해를 넘어 무라비트(Murabit, 木蘭皮國)에 이르면 그 배가 또 커진다. 배 한 척에 천명이 탈 수 있고 배 안에는 베 짜는 기계와 시장이 있다. 순풍을 만나지 못하면 몇 년이 지난 후에야 도착한다"고 하였다. 이는 대식국 서쪽에서 가장 큰 배이지만 겨우 천명밖에 타지 못해 중국 선박보다 여전히 작았다. 그런 까닭에 아랍 사람 이븐 바투타(Ibn Batuta)[26]는 일찍이 다음과 같이 적었다. "중국에 가는 사람은 대부분 중국 배를 탄다. 중국 배에는 세 종류가 있으니, 큰 것은 정크(Junk)라 부르고 그 다음은 자오(Zao)라 부르며 작은 것은 카캄(Kakam)이라 한다. 큰 것은 3개의 돛을 펼치면 12폭에 이르고 선원은 천명이 타는데, 그 중 6백 명이 삿대를 잡고 4백

....

(浙江紹興府) 통판(通判) 등을 역임하였다. 지리·풍토·물산·법제 등 20개 분야에 대해 294항목으로 기술한 《영외대답》을 저술하였는데, 이 책은 당시 광동과 광서 지역의 산천과 고적(古蹟)·물산 및 소수민족 사회는 물론 남중국해 여러 나라의 사정을 언급해 중요한 연구 자료로 평가받고 있다.

26) 이븐 바투타(Ibn Batuta, 1304~1368): 모로코 탕헤르 출신의 중세 이슬람 여행가. 1325년 이집트와 시리아를 거쳐 메카로 성지순례를 하였고, 이어서 이라크·페르시아·중앙아시아·인도를 여행하였다. 1345년에는 중국에 도착 천주(泉州)를 거쳐 북경에 이르렀고 1349년 고향으로 돌아갔다. 그 후 여행기 《도시들의 진기함, 여행의 경이 등에 대하여 보는 사람들에게 주는 선물》을 남겼는데, 일반적으로 《이븐 바투타 여행기》(Rihlatu Ibn Batutah)로 알려져 있다.

명은 병사이다. 또 작은 배 3척이 함께 따라 가는데 하프(Half), 서드
(Third), 쿼터(Quarter)로 그 크기를 표시한다. 이 배들은 모두 광주(廣
州)와 천주(泉州) 두 곳에서 건조된다. …… 배에는 개인 방과 공용 방
및 홀이 있어 상인들이 숙박하며 설비 또한 매우 편리하다. …… 큰 배
에 사용하는 노는 마치 돛대만큼 커서 노 하나에 10명에서 30명까지
붙어야 움직일 수 있다." 이 내용은 헨리 율(Henry Yule)이 저술한 《중
국으로 가는 길》(*Cathay and the Way Thither*) vol.4, pp.25-26의 각주에
나온다.

중국 배는 승객을 포함하지 않고 선원만 천명이 탔다. 이에 비해 무라
비트의 배는 모두 합쳐 겨우 천명이 탈 수 있지만 실제 서방의 해선
중 가장 큰 것이었다. 원대(元代) 백정(白珽)[27]의 《담연정어(湛淵靜語)》
권2에서는 "배 가운데 가장 큰 것으로 무라비트의 배만한 것이 없으니,
그 배 안에 물건을 사고파는 시장, 베 짜는 공방[機坊], 술집이 몇 장
길이로 늘어서 있고 배 안에 몇 년 먹을 식량이 쌓여있다"고 하였다.
마단림(馬端臨)[28]의 《문헌통고》 권2 〈시적고(市糴考)〉의 '호시시박(互

....

27) 백정(白珽, 1248-1328): 송말 원초의 관료로 항주 출신이다. 어렸을 때부터
   시문을 짓는데 능하였고 원이 들어온 이후 이간(李簡)의 추천으로 등용되어
   회동염창대사(淮東鹽倉大使)·난계주판관(蘭溪州判官) 등을 역임했다. 말년
   에는 서하(栖霞)에서 시부(詩賦)를 지으면서 보냈다. 저서로 《담연정어》 외
   에 〈서호부(西湖賦)〉·《담연유고(湛淵遺稿)》 등이 있다.
28) 마단림(馬端臨, 1254-1323): 송말 원초의 학자로 요주(饒州) 낙평(樂平) 출신
   이다. 그의 아버지 마정난(馬廷鸞)은 역사서의 수집·정리에 조예가 깊었는
   데, 마단림은 젊은 시절 아버지의 영향을 많이 받았으며 주자학파인 조경(曹
   涇)의 영향 또한 많이 받았다. 이전 사학자 중에서 특히 두우(杜佑)와 정초
   (鄭樵)를 추앙했다고 한다. 그의 저서 《문헌통고》는 중국사학사 상 가장 중
   요한 저작 중 하나로 평가받고 있다.

市市舶)'조에서는 "대개 오는 선박 가운데 가장 큰 것은 독장박(獨檣舶)으로 1천 파란(婆蘭)을 실을 수 있는데, 호인들은 3백 근을 1파란이라 부른다. 다음은 우두박(牛頭舶)이라 부르며 독장박에 비해 1/3을 실을 수 있고, 그 다음은 삼목박(三木舶), 그 다음은 요하박(料河舶)으로 순서대로 각각 1/3씩을 실을 수 있다"고 하였다. 3백 근이 1파란이면 1천 파란은 30만 근으로 당시의 배가 실을 수 있는 양은 아니었던 것 같다. 파란은 말레이어 바람(Bharam)의 음역으로 중세시기 인도와 그 동쪽 지방에서 상용하던 중량단위의 명칭으로 약 4파운드에 해당한다.[29] 무라비트는 스페인 남부와 아프리카 북부 일대의 땅이다.

제3절 중국 해양선박의 조직과 그 설비

쿠와바라 지츠조(桑原隲藏)가 쓴 《포수경(蒲壽庚)[30]의 사적》에서는 송대 중국 해선의 형태와 인원조직에 관하여 상당히 자세하게 분석하고 있는데, 그 내용은 다음과 같다.

(1) 배에는 강수(綱首)·부강수(副綱首)·잡사(雜事) 등의 인원이 있었다. 역속(役屬) 중에 명령을 듣지 않는 자가 있으면 태형(笞刑)으로 다스

---

29) 만약 저자의 설명대로 1파란을 4파운드로 계산하면 1,000파란은 4,000파운드로 약 18톤에 불과해서 천명이 탈 수 있는 배의 화물적재량으로는 너무 적은 듯하다. 도리어 문헌통고의 설명대로 1,000파란을 30만 근(약 180톤)으로 보는 것이 더 타당한 것 같다.
30) 포수경(蒲壽庚, 1205-1290): 蒲受畊으로도 쓰며 송말 원초의 저명한 이슬람 상인이다. 자세한 내용은 본편 21장 5절에 나온다.

릴 수 있었다.

(2) 선박은 시박사(市舶司)에서 발급한 증명서를 반드시 소지해야 하는데, '주기(朱記)'라고 부르는 증명서에는 강수와 부강수의 성명, 승객 숫자, 배의 크기 및 구조 등이 기록되어있었다.

(3) 해적의 습격을 방어하기 위해 선상에 무기가 준비되어있었다. 일부 중국 배에는 상당히 많은 인원의 궁수와 방패를 든 사람 그리고 불화살을 발사하는 노수(弩手)가 있었다.

(4) 배에는 돛·닻·노가 있었다. 노는 상당히 커서 이를 움직이는데 4명에서 30명까지 필요했다. 배에 따라 노가 8개에서 20개까지 있었다.

(5) 선박 내부는 몇 개의 구역으로 나누어져 있는데, 견고한 벽이 설치되어 있어 한 부분이 손상되더라도 다른 부분이 영향을 받지 않도록 하였다.

(6) 큰 선박은 각기 몇 척의 작은 배를 데리고 다녔는데, 해안에 정박하거나 식수 혹은 땔감을 운반하는 용도로 사용했다.

(7) 배에는 흑인 노예가 있어 잡일을 담당했다.

(8) 항해할 때는 자주 해저의 진흙을 채취하여 방위를 추정하였는데, 밧줄 끝에 고리를 메달아 그 고리를 이용해 진흙을 펐으며 또 연추(鉛錘)를 내려 물의 깊이를 측정했다.

《평주가담》에 기록된 선박의 깊이와 폭, 사람과 화물의 적재 상황 그리고 좌초를 두려워하는 등의 내용은 이미 위에서 언급했지만, 여기서 다시 그 책에 적혀있는 해상생활의 상황을 이어서 소개하면 다음과 같다.

"배에 갑자기 물이 새는데 입항할 수 없는 상황이면 귀노(鬼奴: 흑인 노예 - 역자)를 시켜 칼과 솜을 들고 배 밖에서 이를 보수하게 하였다. 귀노는 수영에 능하고 물속에서도 눈을 감지 않았다. 주사(舟師)는 지리를 알아

밤에는 별을 관측하고 낮에는 해를 관측하며 날이 흐릴 때는 나침반을 보았다. 간혹 10장 길이의 밧줄에 달린 고리로 해저의 진흙을 퍼서 그 냄새를 맡으면 바로 도착한 곳의 위치를 알았다. 바다 한가운데서는 비가 내리지 않는데, 비가 내린다는 것은 산이 가까이에 있다는 징조이다. 상인들이 말하기를, '선박이 바람 없는 때를 만나면 바닷물은 거울 같이 변한다. 뱃사람이 물고기를 잡을 때는 팔뚝만한 큰 고리에 닭이나 오리를 통째로 끼워 미끼로 삼는다. 큰 고기가 미끼를 삼키면 물고기가 가는 대로 반나절을 따라가서 물고기가 피곤해지길 기다린 다음 좀 더 가까이 접근하여 다시 반나절 정도 지난 뒤에 잡아 올릴 수 있는데, 만약 갑자기 바람이 불면 포기한다. 간혹 큰 고기를 잡아도 먹을 수가 없을 경우 배를 갈라 속에 삼킨 작은 고기를 꺼내 먹을 수 있다. 보통 뱃속에 수십 마리가 있으며 한 마리가 수십 근이나 나간다. 바다의 큰 물고기는 배의 앞뒤로 따라다니는데, 물건을 던지면 먹지 않는 것이 없다. 뱃사람들은 환자가 배 안에서 죽는 것을 꺼려 종종 숨이 채 끊어지기 전에 두터운 자리로 말아 물속에 던진다. 빨리 가라앉게 하기 위해 항아리 몇 개에 물을 담아 자리 사이사이에 묶은 다음 던지면 물고기 떼가 몰려들어 자리와 함께 뜯어먹지만 대부분 결국 가라앉는다. 톱상어는 길이가 110장이고 코뼈가 톱처럼 생겼는데, 선박을 만나면 옆으로 배를 절단시키는 것이 마치 썩은 나무를 자르듯 한다. 항해 중 멀리서 홀연히 고목(枯木)이 산처럼 쌓인 것이 보이고 주사(舟師)가 그곳에 전에는 산이 없었던 것 같다고 하면 교룡(蛟龍)이 나타난 것이다. 그러면 머리카락을 잘라 어룡(魚龍)의 뼈와 함께 태워 천천히 물속에 넣는다. 무릇 이러한 응급조치로는 위급한 상황을 벗어날 수 없는 경우가 많다'고 하였다."

이 내용을 보면 송대에 중국 해선이 이미 나침반을 사용했음을 알 수 있으니, 이는 실로 당시 항해술에 있어 일대 공헌이었다. 일찍이 근대문명에 절대적인 영향을 준 나침반이 서방에 전해진 시기도 바로 이때였다. 자세한 내용은 아래에서 소개하겠다.

바다를 항해할 때는 쉽게 위험에 맞닥뜨리게 되는데, 위급한 신호를 전달하기 위해 당대에는 집비둘기[鴿]를 통신수단으로 이용했음은 앞서 인용한 이조의 《국사보》에서 이미 보았다. 중국의 경우 육상에서 가장 먼저 집비둘기를 통신수단으로 이용한 사람은 장구령(張九齡)31)인 듯하니, 이는 왕인유(王仁裕)32)가 편찬한 《개원천보유사(開元天寶遺事)》에 보인다. 당나라 초 태종도 산비둘기[鶻]를 이용하여 서신을 보낸 일이 있었다. 장안에서 낙양에 있는 위왕(魏王)에게 편지를 보냈는데, 하루에 몇 차례나 왕복할 수 있었다. 당시 외국 선박 역시 집비둘기를 길러 집으로 편지를 보냈으니, 당나라 말 단성식(段成式)33)의 《유양잡조(酉陽雜俎)》 권16에는 "대리(大理)의 승상 정복례(鄭復禮)가 '페르시아의 배에서는 집비둘기를 많이 기르는데, 이들은 수천 리를 날아갈 수 있다. 가끔 한 마리씩 풀어 집으로 보내어 평안한 소식을 알렸다'고 말하였다"는 기록이 있다.

....

31) 장구령(張九齡, 678-740): 당대의 관료이자 시인으로 소주(韶州) 곡강(曲江) 출신이다. 현종 개원 21년(733) 동중서문하평장사(同中書門下平章事)에 이르렀으나 24년(736) 이임보(李林甫)의 모함을 받아 재상 직에서 물러나 외직으로 좌천되었다. 문장으로 이름이 났고 작품 〈감우시(感遇詩)〉는 시격이 강건하다는 칭송을 받았다. 저서로 《곡강장선생문집(曲江張先生文集)》 등이 있다.
32) 왕인유(王仁裕, 879-956): 당대의 인물로 진주(秦州) 상방(上邦)출신이다. 당대에는 한림원 학사를 지냈으며 당이 망한 후에 후당(後唐)·후진(後晉)·후한(後漢)·후주(後周)를 섬겼다. 음률에 능통하였으며 《개원천보유사》·《입낙기(入洛記)》·《승로집(乘輅集)》 등을 지었다.
33) 단성식(段成式, 803-863): 당대의 학자이다. 박학(博學)이라는 영예를 받을 만큼 연구에 정진하였으며 비각(秘閣)의 책을 모두 읽었다고 전한다. 상서랑(尙書郎)·강주자사(江州刺史)·태상소향(太常少卿) 등을 역임하였다. 주요 저서로 당대의 괴이한 사건, 언어와 풍속 따위를 기술한 《유양잡조》와 그 《속집(續集)》이 있다.

제4장
당·송시기의 시박사(市舶司)

제1절 창설과 명칭

당 태종 정관 15년(641) 사산조 페르시아가 아랍인에게 멸망된 후 해운사업도 아랍인이 장악하게 되지만, 페르시아인은 여전히 실질적인 항해 관련 일에 종사하였다. 10년 후인 고종 영휘 2년(651)에 대식국 사람이 조공하러 왔다는 기록이 있다.

당시 중국의 중요한 항구에는 이미 시박사가 설치되어있었으니, 그 책임 관리자를 제거시박사(提擧市舶使)[1] 또는 압번박사(押蕃舶使), 감시박사(監市舶使) 혹은 간단히 시박사(市舶使)라고도 불렀다. 《천하군국이병서(天下郡國利病書)》권104에는 "당대부터 광주에 결호사(結好使)를

---

1) 제거시박사(提擧市舶使): '제거'는 '지도'나 '관리'를, '시박'은 '무역선'이라는 뜻으로 제거시박은 당·송·원시기에 무역항에서 무역을 관리하고 징세업무를 관장하는 기관으로 '사'는 그 장(長)이다. 제거시박사는 재력가들로서 상당한 영향력을 행사했는데, 대표적인 예가 천주(泉州)의 포수경(蒲壽庚)이다.(《해상실크로드사전》, 280쪽)

설치했다"는 말이 있는데, 결호사 역시 시박사의 별칭으로 사실 같은 관직의 다른 이름이다.

후지타 토요하치(藤田豐八)가 '압번사(押蕃使)'는 '압번박사(押蕃舶使)'의 준말이라고 한 것은 정확하지 않다. 왜냐하면 '압번사'라는 명칭은 《신당서》〈방진표(方鎭表)〉에 수차례 보이는데, '압번락사(押蕃落使)', '압신라북해양번사(押新羅北海兩蕃使)', '압북상제번사(押北上諸蕃使)', '압번부사(押蕃副使)' 등 다양하여 뭉뚱그려 논할 수 없기 때문이다.

시박사가 언제 창설되었는지는 고증할 수 없으나, 그 전에는 '시감(市監)'이라 불렀다. 당 현종 때 만들어진 《당육전(唐六典)》 권22에는 "여러 호시감(互市監)이 각기 제번(諸蕃)의 교역 관련 일을 관장하고 …… 감(監)은 각 1인으로 종육품하(從六品下)이다"고 되어있다. 시박이라는 이름은 《신당서》〈유택전(柳澤傳)〉에 처음으로 보이는데, 당 개원연간(713–741)에 주경립(周慶立)이 '시박사우위위중랑장(市舶使右威衛中郎將)'에 임명된 후 기이한 기물을 만들어 진상하였다가 유택에게 탄핵당했음을 알 수 있다. 이 일은 왕부(王溥)[2]의 《당회요》 권62에서도 확인되는데, "개원 2년 12월 영남시박(嶺南市舶) 우위위중랑장 주경립과 페르시아 승려 급렬(及烈) 등이 신기한 기물을 많이 만들어 바치니, 감선사전중시어사(監選司殿中侍御史) 유택이 상서하여 간(諫)했다"고 되어 있다. 《책부원구》 권546과 《구당서》 권8에 따르면 주경립은 개원 2년(714) 탄핵을 받았으니, 영남시박사는 분명 이 해 이전에 창설되었고

----

2) 왕부(王溥, 922–982): 송대의 관료로 병주(幷州) 출신이다. 후주(後周)의 태조·세종·공제(恭帝)와 송 태조까지 4명의 황제를 섬기면서 모두 재상을 지냈다. 재상을 지내는 동안 실권을 장악하기보다는 사적을 편찬하는데 주력하였으며 집에 만여 권의 책을 소장했다고 전해진다.

‘시박’이라 약칭되었던 것이다.

시박사를 설치한 목적은 대외무역을 촉진하여 정부의 세수를 증가시키기 위한 것이었다. 그러나 오래지 않아 “상인들과 이익을 다툰다”는 이유로 반대하는 자가 생겨났다. 《자치통감》권211 ‘개원 4년(716)’조에는 “어떤 호인(胡人)이 상주하여 바다 남쪽[海南]에는 기이한 보화가 많으니 가서 경영할 만하다면서, 이를 기회로 시박의 이로움을 말했다. 또 사자국에 가서 영약(靈藥)과 뛰어난 의술을 가진 여자를 구하여 궁궐에 두자고 하니, 황제가 감찰어사 양범신(楊范臣)에게 호인과 함께 가서 이를 구하도록 명하였다. 이에 양범신이 조용히 ‘폐하께서 지난해에 주옥과 비단을 불태우며 다시는 쓰지 않겠다는 뜻을 보이셨는데, 지금 구하고자 하는 것이 불태웠던 것과 무엇이 다릅니까? 시박이 상인과 이익을 다투는 것은 아마도 왕자(王者)의 체통이 아닐 것입니다’고 상주했다”는 기록이 있다. 이를 통해 최초로 시박의 설립을 건의한 자가 외국인이었음을 알 수 있다. 호삼성(胡三省)의 주에 따르면 소위 ‘바다 남쪽’이란 ‘임읍·부남·진랍 등 여러 나라’를 말한다. 사자국이 실론임은 이미 제1편에서 소개하였다.

제2절 직무와 조례(條例)

당시 시박사(市舶使)에 임명된 자는 대부분 환관이었다. 그 직무에 대해 《송사》권176 〈직관지7〉에는 “제거시박사(提擧市舶司)는 번(蕃)의 화물과 해양선박에 대한 세금과 무역의 일을 관장하여 멀리 사는 사람들이 가져온 물건을 유통시키게 했다”고 적혀있다. 그러나 여러 책의 기록에 의거하면 아래의 몇 가지 직무로 나눌 수 있다.

(갑) 입항한 해양선박의 화물 검사와 세금 징수. 이를 추해(抽解)라 불렀는데, 추(抽)란 관가(官價)에 따라 추매(抽買)하는 것을 말한다. 세색(細色: 용량은 적으나 가격이 비싼 것)은 1분(分), 조색(粗色: 용량은 크나 가격이 싼 것)은 3분을 추매하여 중앙에 보내고 그 나머지는 모두 상인의 소유가 된다. 그러나 수시로 변경되기도 하여 먼저 전체의 1/10을 (세금으로) 징수한 후 다시 그 나머지에 대해 2분을 추해하거나, 1/10을 세금으로 걷고 3/10을 매입하기도 하며, 또는 1/15 혹은 1/10을 세금으로 걷기도 하였다. 그리고 서각(犀角)이나 상아 같은 귀한 물건의 경우 관가에 따라 2/10를 추매하고 다시 시장가격에 따라 4/10를 매입하기도 하였다. 진주의 경우는 1/10을 추매하고 다시 6/10을 매입하였다(처음에는 좋은 것과 나쁜 것으로 나누고 나중에는 세색과 조색으로 구분하였다).

(을) 전매품 및 기타 선박 화물의 구매·판매·보관·운송. 이들 화물은 당시에 '금각(禁榷)'이라 불렀는데, 모두 세 종류로 향료와 약재 및 귀중품이다. 태평흥국(976-983) 초기 경사(京師)에 각역원(榷易院)을 설립하여 그 일을 관장케 했으니, 각역서(榷易署) 또는 각화무(榷貨務)라고도 불렀다. 그 아래 향약고(香藥庫) 등이 있으며 담당관은 향약고사(香藥庫使)라 불렀다. 가격을 책정하고 물건을 고르는 일을 책임지는 곳은 '편고국(編估局)' 및 '타투국(打套局)'이고 보관을 책임지는 곳은 '기장고(寄椿庫)'였다. 태평흥국 7년(982) 일부 약재를 전매에서 풀어 백성들이 자유롭게 매매할 수 있도록 한 적이 있었다.

금각에 해당하는 귀중품은 처음에는 주패(珠貝)·대모(瑇瑁)·서아(犀牙: 코뿔소의 뿔과 상아)·빈철(鑌鐵)·벽피(鼊皮)·산호(珊瑚)·유향(乳香)3) 등 8종이었고 후에 자려(紫䃟)·유석(鍮石)이 더해져 10종이 되었느데, 변화가 심했고 명칭 역시 일정하지 않았다.

　시박사(市舶司)는 일부 세색 상품을 수매하여 진공하는 외에 일부 세색 상품 혹은 조색 상품을 일반 상인에게 판매하기도 했다. 수매할 때는 주로 전백(錢帛) 즉 금·은·민전(緡錢)·연(鉛)·석(錫)·잡색백(雜色帛)·자기(瓷器)를 사용하였다.

　시박사에서 선박의 화물을 수매한 비율은 매우 높았다. 송대 나준(羅濬)의 《보경사명지(寶慶四明志)》[4]권6에 기록된 바에 따르면 각 화물을 15등분하여 시박이 1분을 추매해 진공하고 선장(綱首)이 뱃삯으로 1분을 추매하며 지방관이 또 3분을, 두 졸청(倅廳)이 또 각각 1분을 추매하여 모두 합해 저가로 7분을 수매해가고 나면 상인에게 남는 것은 8분에 불과했기 때문에 상인들은 종종 양을 줄여 보고하고 추해에 응하려 하지 않았다고 한다.

·························

3) 유향(乳香, Frankincense): 감람과(橄欖科)의 열대식물인 유향나무에서 추출한 수액을 건조시킨 것으로 보통 방향(芳香)이나 방부제로 쓰이며 어혈이나 혈액순환 장애로 인한 통증에 효험이 있어 약재로도 이용되었다. 수액이 유백색이고 향기가 있어 유향이란 이름이 붙여졌다. 주산지는 아라비아반도 남부와 아프리카 소말리아 해안지대이다. 《제번지》에 따르면 일명 훈륙향(薰陸香)이라고 함.(《해상실크로드사전》, 245-246쪽;《명사 외국전 역주》, 1책, 267쪽)
4) 《보경사명지(寶慶四明志)》: 전 21권. 남송 때 나준(생몰연도 미상) 등이 편찬한 지방지로 보경 2년(1226) 집필을 시작하여 소정 원년(1228) 완성되었다. 사명(四明)은 당시의 경원부(慶元府)로 지금의 절강성 영파시이다. 이 책은 《건도사명도경(乾道四明圖經)》을 증보한 것으로 앞의 11권은 군지(郡志)이고 권12 이후는 경원부에 소속된 6개 현의 현지이다. 내용이 상세하고 서술이 엄밀할뿐더러 그림이 첨부되어있어 이후 지방지 편찬의 모범이 되었다. 책에 수록되어있는 소정 원년 이후의 사적은 후대사람이 보충한 것이 분명하다.

시박사에는 시박고(市舶庫)가 있는데, 책임자는 '감문관(監門官)'이다. 대략 휘종 숭녕 4년(1105)경에 이미 일부 무겁기만 하고 가격이 싸면서 잘 팔리지 않는 물건을 시박사에 남겨 수수료를 받고 팔도록 하되 수수료는 2분을 넘지 못하게 했다. 그 목적은 물가 안정을 도모하는데 있었으니 아마도 시역법(市易法)의 일종이었던 것 같다. 시박고의 또 다른 기능은 해양선박이 항구에 도착하면 반드시 먼저 모든 화물을 시박고에 옮겨 보관하고 추해와 수매가 끝난 다음에 그 나머지를 가져갈 수 있게 하는 것이었다.

(병) 출국 무역을 위한 공권(公券) 발급. 《(송)회요(會要)》에 따르면 이 일은 단공 2년(989)에 시작되었으며 또한 양절(兩浙)시박사에게만 부여된 듯하다. 공권은 공거(公據)라고도 부르는데, 그 목적은 ① 수출화물의 밀반출을 금지하고, ② 취항이 허가되지 않은 국가로 가는 것을 금지하며, ③ 수입화물의 탈루를 방지하는 것이다. 회항할 때는 반드시 원래의 출발지로 돌아와서 공거를 반납해야 했다. 공거는 선박 크기에 따라 달랐으니, 《속문헌통고(續文獻通考)》[5] 권26 〈시적고(市糴考)〉에 따르면 큰 상선은 공험(公驗), 작은 상선은 공빙(公憑)을 발급하였다. 큰 배 한 척에 시수선(柴水船)과 팔로선(八櫓船)이 하나씩 따라붙는데, 공험과 공빙은 배의 수에 따라 발급되었다. 혹 공험만 있고 공빙이 없거나 정해진 수 외에 더 데리고 가는 경우에는 밀무역자로 간주하였다. 취항이 허가되지 않는 나라는 시기에 따라 달랐다.

....

5) 《속문헌통고(續文獻通考)》: 전 250권. 십통(十通)의 하나로 청 장정옥(張廷玉) 등이 칙명을 받아 편찬한 것을 후에 계황(稽璜)과 유용(劉墉) 등이 다시 보충하고 기윤(紀昀)이 교정하여 건륭 49년(1784) 완성되었다. 이 책은 명대 학자 왕기(王圻)가 편찬한 《속문헌통고》를 개편한 것으로 송 영종 가정말년부터 명 숭정말년까지의 문물제도를 상세히 싣고 있다.

(정) 판매상품의 공빙 목록 발급. 선박 화물에 대한 추해가 끝난 뒤 남은 물건은 상인이 직접 판매하도록 허용하며 더 이상 세금을 징수하지 않는다. 그러나 이는 해당 주(州)의 범위 내로 한정하고 반드시 공빙 목록이 있어야 한다. 이를 문인(文引) 또는 인(引)이라 부르기도 하는데, 여기에는 화물 명칭과 수량이 기재된다. 만약 다른 주로 운반하여 판매할 경우 따로 세금을 부과한다. 공빙 목록의 발급은 태평흥국 7년에 처음 보인다.

(무) 외국 (사절)과 외국 선박의 중국 방문 초청 및 외국상인의 마중과 배웅. 태종 옹희 4년(987) 내시(內侍) 8명에게 금백(金帛)과 칙서를 주어 남해 각국에 가서 입공(入貢)하도록 초청하였다. 인종 천성 6년(1028) 7월 16일에는 다시 시박사를 겸하고 있는 광주지주(廣州知州)에게 조서를 내려 외국 선박이 더 많이 올 수 있는 방법을 강구하도록 하였다. 남송 고종 건염 2년(1128) 이전에는 매년 연회를 열어 외국상인과 정박 중인 선박의 선원을 초대했는데, 이 해 7월 8일 조서를 내려 연회 개최를 중지시켰지만 술과 음식은 그대로 보내게 했다. 그 후 4년만인 소흥 2년(1132)에 다시 연회를 회복시켰다.

(기) 왕래 선박을 위한 기풍제(祈風祭) 진행. 시박사의 기풍 행사에 대해서는 지금까지는 언급된 것이 없었다. 나는 민국 40년(1951) 욱헌(旭軒) 송희(宋晞)[6]군이 기록한 복건성 남안(南安) 구일산(九日山)의 송대 석각과 진계인(陳棨仁)[7]이 저술한 《민중금석략(閩中金石略)》에 기록

....

6) 송희(宋晞, 1920-2007): 절강성 여수현(麗水縣) 사람으로 절강대학 역사지리학과를 졸업하고 동 대학과 미국 컬럼비아대학에서 석사학위를 받았다. 대만 중국문화대학 사학과 교수로 재직하였고 총장을 역임하였다. 송사 연구외에 사학사와 방지학(方志學)에도 일가견이 있었고 《송사연구논총(宋史研究論叢)》 등 다수의 논저가 있다.

된 같은 지역 같은 시기의 석각에 모두 기풍 행사와 관련한 내용이 기록되어있는 것을 발견하고 《국립대만대학 문사철학보(文史哲學報)》 제3기에 〈송대 천주 등지의 기풍행사(宋泉州等地之祈風)〉라는 제목으로 논문을 발표하였다. 고증을 통해 천주에서 기풍 행사를 진행했던 장소가 구일산 연복사(延福寺) 내의 영악사(靈岳祠)였다는 것을 알게 되었는데, 영악사는 통원사(通遠祠) 또는 통원왕묘(通遠王廟)로도 불린다. 《민서(閩書)》8) 권8 《방역지(方域志)》 〈천주부(泉州府) 남안현(南安縣) 상(上)〉의 '구일산'조에는 "수해와 한해 그리고 전염병이 돌거나 해상의 선박이 바람을 기원하면 번번이 효험을 보았다"고 하였고, 또 "바람을 기원하는 것은 대개 송나라 시기 천주에 시박이 있어 군수(郡守)가 매년 4월과 11월(원래 4월 11일로 적혀있으나 4월과 11월의 오기임)에 시박제거(市舶提擧)와 함께 소속 관리들을 대동하여 기도를 올렸다"고 되어있다.

천주의 시박이 기풍 행사를 행한 연대에 대해 위의 《민서》에는 진익(陳益)이 "원풍연간 군수를 수행하여 바람을 기원하였는데, 묘당(廟堂)의 영험을 보기 위해 몸을 바쳐 도움이 되겠다고 맹세하고 마침내 지팡이에 기대어 선 채로 사망하였다"고 기록되어있다. 다른 사료가 발견되기 전까지 현재로서는 원풍 말년(1085)을 기풍 행사가 있었던 가장 이른 시기로 봐야 할 것인데, 이는 천주에 시박사가 설치되기 바로 2년 전이

....

7) 진계인(陳棨仁, 1837-1903): 청말의 문인으로 영녕(永寧) 출신이다. 형부주사(刑部主事) 등을 역임하였으나 관직에 뜻이 없어 물러나 여러 서원에 주재하였다. 많은 책을 소장하였고 시문으로 명성을 얻기도 하였다. 초기에는 자연과 산천을 묘사한 시를 주로 하였지만, 청일전쟁과 무술변법 등을 겪은 이후에는 현실 정치를 반영한 시를 주로 창작했다.

8) 《민서(閩書)》: 명나라 하교원(何喬遠)이 지은 복건 지역에 관한 방지(方志)로 전 154권이다.

다. 그 다음은 위에서 인용한 《민서》의 "바람을 기원하는 것은 …… 시박제거와 함께 소속 관리들을 대동하여 기도를 올렸다"는 말 뒤에 이어지는 "선화 2년(1120) 제거 장우(張祐)가 황제에게 사직하기를 아뢰자 조정에서 어향(御香)을 하사하여 전(殿)에 올라 이를 피우게 하였으니 그 중시함이 이와 같았다!"고 하는 기록이다. 또 그 다음은 석각에 기록된 것으로, 순희 원년(1174)과 순희 10년(1184: 이 해는 음력 윤11월 24일 즉 양력으로 이듬해 1월 9일임)에 각각 1번 있었고 순희 15년(1188) 2번, 가태 원년(1201) 1번, 가정 16년(1223) 1번, 순우 3년(1243) 1번, 순우 7년(1247) 1번, 보우 5년(1257: 음력 11월 하순이라 하였으므로 1257년 12월 28일부터 이듬해 1월 5일 사이임) 1번, 보우 6년(1258) 1번이 있었다. 나는 졸문 84쪽 4째 줄에서 가장 늦은 시기의 기풍제가 1257년이라 잘못 기술하고 전후 172년간 이어졌다고 계산했으나 실제로는 모두 174년간 이어졌다. 기풍 행사는 보통 매년 두 차례 거행되었으니 대부분 상반기에는 4월, 하반기는 11월에 행해졌으며 전자는 귀항하는 배를, 후자는 출항하는 배를 위한 기도였다.

　기풍 행사에 참석하는 사람은 지주(知州)와 시박사(市舶使) 및 기타 박관(舶官)과 지현(知縣) 등이었다. 그 성격을 논하자면 비록 묘당 내에서 행해지지만 종교적 의미는 거의 없고 이전부터 해오던 일을 관례적으로 치르는 행사였다. 따라서 관부에서 주도하였고 승려들이 참여하는 일은 드물었으며 대부분 이런 모임자리를 빌어 송별연을 행하는데 그 목적이 있었다. 그래서 장섭(張燮)은 《동서양고(東西洋考)》 권7 〈향세고(餉稅考)〉에서 "송대에는 선박이 바다로 떠날 때 군국(郡國)의 담당 관리가 바닷가에 나가 이를 환송하였다. 일찍이 천산(泉山)에 올라 석각에 기록된 것을 보니, 그 세월이 매우 오래되었고 당시 의식이 매우 장중했음을 알 수 있었다"고 하였는데, 이는 바로 상술한 석각을 가리키는 것이다.

송대 광주에도 관아에서 기풍 행사를 거행하던 곳이 있었다.《평주가
담(萍洲可談)》권2에서 시박에 대해 서술한 후 "광수(廣帥)가 5월에 풍륭
신(豊隆神)에게 바람을 기원했다"고 하였으니, 시박사는 당연히 참가해야
했다.

제3절 관제(官制)와 장무(場務)

송대는 관제의 변화가 가장 많았으니 시박 역시 그러하였다. 시박사
(市舶司)가 처음 광주에 설치되었을 때, 지주(知州)가 시박사(市舶使)를
맡았고 통판(通判) 즉 부지주(副知州)가 부사(副使)가 되어 재화(財貨)와
공부(貢賦)를 관리하던 전운사(轉運使)와 함께 그 일을 담당했다. 중앙
에서는 따로 경조관(京朝官) 삼반내시(三班內侍) 3명을 파견하여 전임시
박관(專任市舶官)으로 삼았다. 나중에는 통판을 감관(監官)으로 삼아 부
사를 두지 않으면서 지주 역시 시박사 장관의 직책을 잃게 되었다. 삼반
내시는 여전히 예전 제도와 같았고 전운사가 그 책임자가 되었다. 지주
와 통판 그리고 전운사는 모두 '관구시박사(管勾市舶司)'라 불렸고, 삼반
내시는 '구당시박사신(勾當市舶使臣)' 혹은 '시박사신(市舶使臣)'이라 불
렸는데, 통판과 함께 '시박감관(市舶監官)'이 되었다.

시박사의 장관은 제거시박사라 부르고 그 아래에 감관과 전고(專庫)
및 수분(手分) 등이 있었다. 송대 초기에는 사(司)만 있고 무(務)는 없어
항주(杭州)나 명주(明州)와 같이 주(州)에 있는 것을 시박사라 불렀다.
나중에는 1로(路)의 시박을 총괄하는 것을 사(司)로 삼고 각 주의 지사

(支司)는 무(務)로 삼았는데, 이를 장(場)이라고도 불렀다. 무에는 감관을 두었으며 바다로 출항하는 배가 많지 않은 경우에는 지현(知縣)이 감관을 겸직했다.

시박사가 없는 곳은 간혹 '각찰구란(覺察拘欄)'이라는 게 설치되어 있었는데, 그 직무는 연안을 왕래하는 해양선박을 조사하여 세금을 납부하지 않은 배를 봉인해 인근의 시박사로 압송하는 것이었다.

제5장
당·송시기의 무역항

제1절 광주(廣州)와 교지(交阯)

송 태조 개보 4년(971) 광주에 시박사가 설치되었다. 그러나 광주의 대외 통상은 진(秦)대부터 시작되었다. 남월(南越)은 번우(番禺)에 도읍하였는데, 《회남자》에 따르면 진시황이 남월을 경략한 목적이 바로 "월의 서각·상아·비취·구슬[珠璣]"에 있었다고 한다. 《한서》〈지리지〉에서는 남월에 대해 "근해에 위치하고 있으며 코뿔소·코끼리·독모(毒冒)[1]·구슬·은·동·과일·베가 많이 모이기 때문에 중국에서 가는 상인들 대부분이 부(富)를 얻었다. 번우는 그 중 한 도시이다"고 하였다.

위·진시기 이후에는 더욱 외국상인과 화물이 모여들었다. 《진서(晉書)》〈오은지전(吳隱之傳)〉에서는 "광주는 산과 바다를 끼고 있고 진귀하고 특이한 물건이 나서 한 광주리의 보물이면 여러 세대(世代)의 삶을 해결할 수 있다"고 하였다. 《남제서》〈왕곤전(王琨傳)〉에도 "세상 사람

---

1) 독모(毒冒): 안사고의 주에 毒의 음은 代라고 한 것으로 보아 바다거북(껍질) 즉 대모(瑇瑁)를 말하는 것 같다.

들이 '광주자사(刺史)는 성문(城門)을 한번만 지나도 3천만을 얻는다'고 말한다"고 기록되어있다.

광주는 또 교주와 그 명성을 나란히 했다. 《남제서》〈만·동남이전〉의 사신왈(史臣曰)[2]에서는 "남이(南夷)의 여러 종족은 섬으로 나뉘어 나라를 세웠는데, 사방의 진귀하고 괴이한 물건이 이보다 더 많은 곳이 없도다. 산과 바다로 숨겨지고 감춰져 있으니 구슬과 보배가 눈에 가득 차도다. 교역하는 배들이 먼 곳에서부터 남주(南州)로 실어 나르니, 교주와 광주가 부유하고 왕부(王府)에 재물이 쌓이도다"고 하였다. 《진서》〈의양성왕망전(義陽成王望傳)〉에서는 "(그의 손자) 기(奇)도 재화 모으기를 좋아하여 끝을 몰랐는데, 삼부사(三部使)를 보내 교지와 광주에 가서 장사를 하게하니 유사(有司)가 이를 상주(上奏)하였다"고 하였다. 《영표록이(嶺表錄異)》[3]에서는 "매년 광주에서는 항상 동선(銅船)이 출항하여 안남 무역로를 지나갔다"고 하였다.

《양서》〈왕승유전(王僧孺傳)〉에는 "남해에 …… 해양선박이 매년 여러 번 이르는데, 외국상인이 와서 무역을 하였다. 예전에 주군(州郡)에서는 반값으로 거래가 이루어졌고 사서 바로 팔아도 그 이윤이 몇 배에 달했다"고 되어있다.

혜초의 《왕오천축국전》 잔권(殘卷)에서는 "(페르시아는) 보통 서해에서 배를 띄워 남해로 들어오고 …… 또 한나라 땅으로 배를 띄워 곧바로 광주에 와서 능견사면(綾絹絲綿)과 같은 상품을 사간다"고 하였다.

측천무후 시기에는 도독 노원예(路元叡)가 외국인의 화물을 편취하여

----

2) 원서에는 '〈남만전〉의 찬(贊)'으로 되어있으나 《남제서》 원문에 따라 바로잡았다. 이하 같음.
3) 원서에는 《영표여이(嶺表餘異)》로 되어있으나 분명한 오류여서 바로잡았다.

외국 선주에게 살해당하는 일이 있었는데, 《신당서》권116 〈왕침전(王
綝傳)〉에 "측천무후 때 광주 도독으로 승진했다. 남해에는 해마다 곤륜
의 선박이 와서 외곽에서 진귀한 보물을 거래했다. 전임 도독인 노원예
가 그 화물을 편취하자 배의 우두머리가 분을 이기지 못하고 그를 살해
했다. 방경(方慶)이 부임하고서는 추호도 요구하는 바가 없었다"고 한
것이 보인다. 방경은 왕침의 자(字)로 그의 자가 더 잘 알려져 《구당서》
권89에는 〈왕방경전〉으로 되어있다. 《자치통감》에서는 이를 측천무후
광택 원년 즉 중종 사성 원년(684)의 일로 기록하고 있으니, 그 내용이
더욱 상세하다. "가을 7월 무오일에 광주 도독 노원예가 곤륜 사람에게
살해당했다. 노원예는 우매 나약하여 부하 관리들이 마음대로 전횡을
저질렀다. 광주에 도착한 상선에 대한 이들의 침탈이 그치지 않자, 외국
상인들이 노원예에게 이를 고소하였으나 노원예가 도리어 이들을 포박
하고 처벌하려고 하였다. 이에 분노한 곤륜 상인 중 한 명이 소매에
검을 감추고 청(廳)에 올라 노원예 및 좌우의 10여 명을 죽이고 떠났으
나 감히 근접하는 사람이 없었다. 배를 타고 바다로 나간 그를 뒤쫓았으
나 잡지 못하였다"고 되어있다.

겐카이(元開)의 《당대화상동정전(唐大和上東征傳)》[4])에서는 광주의
대외무역 발달상황에 대해 "강에는 바라문·파사·곤륜 등에서 온 배가
부지기수로 떠있었다. 그리고 싣고 온 향료와 약재, 진귀한 보물이 산처
럼 쌓여있으니, 그 배들은 깊이가 6~7장이나 되었다. 사자국·대석국(大

---

4) 《당대화상동정전(唐大和上東征傳)》: 《과해대사동정전(過海大師東征傳)》 또
는 《감진화상동정전(鑑眞和上東征傳)》 등으로도 불리는데, 진인(眞人) 겐카
이(722-785)가 779년에 지은 책이다. 겐카이의 본명은 오우미노 미후네(淡海
三船)이며 그 주요 내용은 당대의 유명한 승려 감진(鑑眞)이 일본에 건너가
불법을 전파한 사적을 기록한 것이다.

石國)·골당국(骨唐國)·백만(白蠻)·적만국(赤蠻國)에서 왕래하며 거주하니 종류가 매우 많았다"고 하였다.

당나라 때 광주는 대외무역이 가장 번성했던 통상항구였다. 《구당서》권89 〈왕방경전〉에서는 "광주가 남해와 땅을 접하고 있어 매년 곤륜의 배가 진귀한 물건을 싣고 와 중국과 거래하였다"고 하였고, 권177 〈노균전(盧鈞傳)〉에서는 "남해에는 외국 상선을 통해 얻는 이익이 있어 진귀한 물건이 사방에서 모여든다. 예전 책임자는 법을 이용하여 이익을 내서 치부하였다. 무릇 남해에 부임하는 사람치고 가득 싣고 돌아오지 않는 자가 없었다"고 하였으며, 권131 〈이면전(李勉傳)〉에서는 "이면이 영남절도사에 임명되었는데, 청렴하여 모질게 징수하지 않아 …… 서남쪽의 외국 선박이 한 해에 40척이 와서 공사(公私)에 모두 이로움이 있었다"고 하였다. 《광동통지(廣東通志)》5) 권201 〈금석략(金石略)2〉에서는 《왕발집(王勃集)》의 〈광주보장엄사사리탑비(廣州寶莊嚴寺舍利塔碑)〉를 인용하여 "…… 나라로는 구락(甌駱: 기원전 3세기 베트남 북부에 있었던 왕국 – 역자), 군(郡)으로는 번우(番禺)가 그 영역이 가깝고 지나가야만 하는 곳이다. 바다와 육지가 만나는 요충지이며 ……"라고 하였고, 《자치통감》권234에서는 "광주는 본디 많은 배들이 모이는 곳"이라고 하였다. 《광동통지》권201에서는 또 장구령(張九齡)의 《곡강집(曲江集)》에 나오는 〈개대유령명(開大庾嶺銘)〉을 인용하여 "대성(大聖)이 일어나니 상경(上

---

5) 《광동통지(廣東通志)》: 광동성 내의 사적과 기후·풍속·수리·인물·문화 등을 기록한 지방지로 명 가정 14년(1535) 대경화(戴璟花)가 《광동통지초고(廣東通志初稿)》 40권을 처음 찬수한 이래 6번 개수되었다. 가정 40년(1561)의 70권본, 만력 30년(1602)의 72권본, 강희 36년(1697)의 30권본, 옹정 9년(1731)의 64권본, 건륭 24년(1759)의 24권본, 도광 2년(1822)의 334권본이 있다. 여기에 인용된 것은 권수로 보아 도광 2년 판본이 분명하다.

京)하느라 분주하고 온갖 상인들과 소통하려 통역을 아홉 번이나 거치네[6]"라고 하였고, 한유(韓愈)의 《창려선생집(昌黎先生集)》에 나오는 〈남해로 부임하는 정상서 송별시(送鄭(權)尚書赴南海詩)〉를 인용하여 "번우의 군부(軍府: 嶺南節度使府 - 역자) 번성함을 말하려고 잠시 술잔 멈추네. 배의 깃발들은 하늘을 뒤덮고 망대는 하늘까지 닿도록 높다네. 관아에는 시시때때로 용호(龍戶: 중국 남부지방에서 수상생활을 하던 종족 - 역자)들이 모여들고 근무할 때는 말레이 상인들이 오지. 바람이 고요하면 원거(鶢鶋: 바닷새의 일종 - 역자)는 떠나가고 관청이 청렴하면 방합(蚌蛤: 조개류의 하나 - 역자)이 식탁에 오른다네. 화물은 사자국으로 통하고 음악이 무왕대(武王臺)에서 연주된다네. 모든 일에는 각기 잘 아는 사람이 다른 법이니 잘 아는 사람에게 굽힘을 싫어하지 말게나[7]"고 하였다.

외국상인으로 광주에 와서 정주한 사람 중에는 이미 수십 년을 머문 자도 있었다. 소철(蘇轍)[8]의 《용천략지(龍川略志)》 권50에는 "번상(番商) 신압타라(辛押陁羅)[9]는 광주에 수십 년을 거주하였는데, 가산(家産)이 수백만 민(緡: 동전 1천 文을 끈에 꿴 꾸러미 - 역자)에 달했다"라는 기록이 있다.

남송과 북송시기 외국의 부유한 상인들은 대부분 광주를 집으로 여기

....

6) "大聖作兮走上京, 通萬商兮重九澤." 澤은 譯의 오기임.

7) "番禺軍府盛, 欲說暫停杯. 蓋海旗幢出, 連天觀閣開. 衙時龍戶集, 上日馬人來. 風靜鶢鶋去. 官廉蚌蛤廻, 貨通獅子國, 樂奏武王臺. 事事皆殊異, 無嫌屈大才."

8) 소철(蘇轍, 1039~1112): 송대의 문인으로 소식의 동생이다. 19세 때 정계에 들어갔으나 왕안석의 신법에 반대하여 지방으로 좌천되었다. 이후 철종 때 정계에 복귀하였으나 또다시 신법당에 의해서 유배되었고 사면된 후에는 예창(潁昌)으로 은퇴하였다. 당송팔대가의 한 사람이며 《난성집(欒城集)》·《시전(詩傳)》·《춘추집전(春秋集傳)》 등의 저서가 있다.

9) 원서에는 압타라(押陁羅)라 되어있으나 오류가 분명해서 바로잡았다.

고 그 땅에 주택을 지었으니, 그 모양이 상당히 특별하였다. 악가(岳
珂)[10]의 《정사(桯史)》[11] 권11에 보면 다음과 같은 기록이 있다.

"번우에는 해료(海獠)[12]들이 뒤섞여 살았는데, 가장 부유한 자는 포(蒲)
씨 성을 가진 사람으로 백번인(白番人)이라 불렸고 본래 참파[占城]의 귀
인(貴人)이었다. 항해 중 큰 파도를 만난 일이 있어 다시 돌아가기를 꺼
려 그 국왕에게 중국에 남아서 무역에 종사하기를 바란다고 청하니 국왕
이 허가하였다. …… 세월이 오래 지나면서 성 안에 정주(定住)했는데,
사는 집이 점차 사치가 심해져 금령을 넘었으나 외국상인을 불러와 나라
경제를 부유하게 하였고, 또 그가 우리나라 사람이 아닌 관계로 이를 추
궁하지 않았다. 그런 까닭에 그 집의 특이하고도 웅장한 모습이 나날이
더 장대해졌고 그 부의 창성함은 당시 최고였다. 소희 임자년(1192) 부친
이 광주에 부임했을 때, 나는 겨우 열 살로 일찍이 그곳을 돌아본 일이
있었다. 지금도 아직 그 옛 터를 기억하고 있으니, 높이 솟은 건물의 웅장
한 경관이 끝없이 이어지는 모습은 하나하나 다 열거할 수가 없다. ……
어떤 건물은 높이가 100여 척이나 되어 아래로 통행하는 모습을 내려다
볼 수 있었는데, 알자(謁者)가 그곳에 올라갔다. 백은[中銀]으로 판을 만
들고 기계장치를 설치하여 그 아래를 덮어놓으니 측간에 갈 때 '징'하는
소리가 났다. 건물 위에 있는 조각한 금벽(金碧)은 그 모양을 말로 다

....

10) 악가(岳珂, 1183-1243): 송대의 관료이자 역사학자로 상주(相州) 탕음(湯陰)
    출신이다. 악비(岳飛)의 손자로 관내권농사(管內勸農事)·호부시랑 등을 역임
    하였다. 진회(秦檜)가 할아버지 악비를 함정에 몰아넣고 죽인 것을 한스럽게
    여겨 《금타수편(金陀粹編)》·《우천변무집(吁天辯誣集)》·《천정록(天定錄)》을
    지어 무고를 밝혔다.
11) 《정사(桯史)》: 전 15권. 양송(兩宋)시기 조야(朝野)의 견문을 기록한 일종의
    사료수필.
12) 해료(海獠): 송나라 때 남양에서 중국에 온 외국상인을 부르던 명칭으로 박
    료(舶獠)라고도 하였는데, 아랍 상인들도 해료라 불렸다.

표현할 수가 없다. 연못과 정자가 있었는데, 연못은 사방 너비가 수 장(丈)이나 되고 역시 백은으로 갑찰(甲札)을 만들어 물고기 비늘처럼 벽돌 담에 이어놓았다. 모두 현재 주군(州郡)에서 연회를 열 때 사용하는 등불 상자[燎箱]와 유사하게 제작되었으나, 그보다 더 컸으며 모두 금속 조각[釘鉦] 수 만개를 사용했다. 중당(中堂)에 있는 침향목(沈香木)으로 만든 4개 기둥은 용마루까지 높이 관통하고 있었고 곡방(曲房: 눈이 미치지 못하는 은밀한 방 - 역자)과 편사(便榭: 臺 위의 간이 창문 - 역자)의 화려함은 더 말할 것도 없었다. 일찍이 기둥 몇 개를 조정에 보내고자 했으나, 시박사가 이들이 흔한 것이 아니어서 나중에 버금가는 물건을 구하지 못할까 두려워 허가하지 않자 역시 처마[廡] 아래에 눕혀두었다. …… 집 뒤에 있는 솔도파(窣堵波)13)는 구름을 뚫고 나올 만큼 높았고 다른 탑과는 비교할 수 없는 양식을 하고 있었다. 벽돌로 둘러싼 큰 터를 만들고 중첩하여 쌓아 올렸으며 바깥 둘레에는 회(灰)를 칠해 장식하여 마치 은필(銀筆)처럼 보였다. 아래에는 문이 하나 있고 계단을 따라 한층 씩 올라가는데, 안에서 나선형으로 빙빙 돌아 바깥에서는 더 이상 그 계단이 보이지 않았다. 수십 번째 계단마다 하나씩 작은 구멍[竇]을 만들어두었다. 매년 4~5월 선박이 들어올 즈음이면 많은 해료들이 탑에 올라 구멍으로 나가 시끄럽게 떠들며 남풍을 기원하면 번번이 효험이 있었다. 꼭대기에는 매우 큰 금계(金鷄)가 있어 상륜(相輪: 탑 최상층부의 금속 부분 - 역자)을 대신하였다. …… 다른 날 군(郡)에서 한 해의 일로 수고롭게 한 것을 위로하여 연회를 베풀었는데, 맞아들임이 매우 웅장하였다. 가족들이 둘러서서 볼 때 나도 그 자리에 있었다. 보니 돈을 물 쓰듯 하고 하인들이 끝도 없이 많으며 진주와 향패(香貝)를 자리 위에 널어놓아 사치함을 드러내었다. 주위에 둘러선 사람들은 이것이 평소 모습이라고 하였다."

....

13) 솔도파(窣堵波): 탑파(塔婆)라고도 하는데, 스투파(Stupa)의 음역으로 불교건축의 탑이다. 일반적으로 불교에서 불타의 사리를 봉안한 기념비적인 건조물을 가리키지만, 여기서는 이슬람 모스크의 첨탑 즉 미나레트(minaret)를 잘못 알고 스투파라고 한 것 같다.

당말 방훈(龐勛)14)의 난 때 광주에서 피살된 외국인이 12만 명 이상이나 되었다. 아랍의 탐험가 아부 자이드 하산(Abu Zaid Hassan)은 다음과 같이 적고 있다.

"…… 중국 내부의 정황이 크게 변하여 반란이 사방에서 일어나 나라에 주인이 없었다. 중국의 위력은 완전히 소멸되었다. 아랍과 중국의 무역역시 전면 중지되었다. …… 반란의 수괴는 이름이 Banshoa로 수많은 성읍을 공략하여 약탈한 후 회교(回敎) 기원 264년(당 희종 건부 5년, 878)15) 광부(廣府, Khanfu)를 함락시키고 회교도·유태인·기독교도·배화교도를 살해했는데, 그 수가 무려 12만에서 20만 명에 달했다. 광주부가 파괴된 후 반란세력은 수도로 향했고 황제는 티베트 변경의 밤도우(Bamdou)성으로 도망갔다. 후에 타가즈가즈(Taghazghaz)왕16)의 도움을 받아 전투를 계속하여 겨우 복위하였다. …… 외국상인과 선주는 모두학대와 모욕을 받았고 화물은 모두 약탈당했다. 중국 내 상품 제조공장은 모두 파괴되었고 대외무역은 완전히 중지되었다. 중국의 액운은 만리 밖 해외의 시라프(Siraf) 항구 및 오만(Oman)의 두 지역 사람들에게까지 파급되었다. 이전까지 중국과의 거래에 의지하여 생활하던 사람들 중

....

14) 방훈(龐勛, ?-869): 당말 계림(桂林) 수졸(戍卒)반란군의 지도자로 의종 함통 9년(868) 봉기하였으나 다음해 패하여 호주(濠州)에서 익사하였다.
15) 회교 기원 원년은 622년으로 264년이면 886년 즉 희종 광계 2년임으로 저자의 추산과 다르다. 또 방훈의 난이 일어난 해는 의종 함통 9년에서 10년 (868-869) 사이로 하산의 기록과도 맞지 않는다. 만약 회교 기원 264년이 246년의 오기라면 즉 868년이 됨으로 방훈의 난과 일치하지만 방훈이 광주를 함락시킨 사실이 없으므로 이 또한 설명되지가 않는다.
16) 타가즈가즈(Taghazghaz)왕: 투르크족의 왕으로 쿠라산(Khurâsân)과 중국 사이에 있는 쿠산(Kûsân)을 점령하였다. 용맹한 성격으로 투르크족을 훌륭하게 통치하였다. îrkhân라는 명칭으로 불리기도 하였으며 마니교를 위해 공헌하였다.

에 파산한 사람이 비일비재하였다."(Reinaud, *Relation des voyages*, I., pp.61-68)[17]

하산의 글에 나오는 Banshoa는 클라프로트(Klaproth)가 가장 먼저 '황소(黃巢)'의 대음(對音)이라고 잘못 언급한 이후 계속해서 잘못 전해지게 되었다. 또 방훈의 난을 평정할 때 외국의 힘을 빌리지 않았는데, 하산이 타가즈가즈왕의 도움을 받았다고 말한 것은 안사의 난과 혼동해서 그랬던 것으로 보인다. 하산이 말한 광부(廣府: 광주부의 약칭)의 함락 연도도 실제에 비해 1년이 더 빠르지만[18], 외국인이 쓴 글에 약간의 착오가 있는 것은 그리 이상한 일도 아니다.

송나라 홍적(洪適)[19]의 《반주문집(盤州文集)》 권31 〈사오당기(師吳堂記)〉에서 "광주는 영남(嶺南)에서 제일가는 도시이다. 거상들이 점성·진랍·삼불제(三佛齊)[20]·사바(闍婆)에서 바다를 건너오는데, 해마다 수

....

17) 정식 원제와 서지사항은 *Relation des Voyages faits par les Arabes et les Persans dans l'Inde et á la Chine, dans le IXe Siècle de l'ère chrétienne*, texte arabe et traduction enrichie de notes et d'éclaircissements by M. Reinaud, Paris, 2vols., 1845이다.
18) 저자의 계산대로라면 광주가 함락된 해는 879년이 되는데, 이때 광주를 함락시킨 것은 방훈이 아니라 황소이며 희종이 사천(四川)으로 몽진한 것도 황소의 난 때이다. 그렇다면 저자의 말대로 하산이 안사의 난·방훈의 난·황소의 난을 혼동하여 기술한 것이 분명하다. 하지만 Banshoa의 대음이 방훈에 가까울지라도 광주의 외국인 도살이라는 사실에서 본다면 클라프로트의 견해가 잘못되었다고 보기 어려울 듯하다.
19) 홍적(洪適, 1117-1184): 남송 요주(饒州) 파양(鄱陽) 사람으로 홍호(洪皓)의 장자이다. 소흥 12년(1142) 동생 홍준(洪遵)과 함께 박학굉사과(博學宏詞科)에 합격하였고 관직은 우승상에까지 이르렀다. 저서로 《반주문집》 80권이 《사고전서》 내에 남아있다.
20) 삼불제(三佛齊): 스리비자야(Śrīvijaya)를 뜻한다. 인도네시아 수마트라섬의

십 척에 달했다. 서남쪽 여러 오랑캐의 진귀한 물건들과 서각·상아·진주·향료·유리 등과 같은 물품들이 우(禹)임금이라도 모두 이름 붙일 수 없고 설(卨: 契로도 표기 - 역자)임금이라도 모두 헤아릴 수 없을 만큼 들어왔다"고 한 것을 보면, 광주가 송대에 와서도 쇠퇴하지 않았음을 알 수 있다.

교지는 항상 광주와 함께 거론되었다. 위에서 인용한 《남제서》〈만·동남이전〉과 《진서》〈의양성왕망전〉 외에, 이조(李肇)의 《국사보(國史補)》에서도 "남해의 선박들은 외국 선박으로 매년 안남과 광주에 오는데, 사자국의 배가 가장 크다. ……"라고 하였으니, 여기서 안남은 바로 교지를 가리킨다. 또 《자치통감》 권234 '덕종 정원 8년(792) 6월'조에는 "영남절도사가 '최근 해양선박의 진귀하고 특이한 물건 대부분이 안남에서 거래되는데, 판관(判官)을 안남에 보내 수매하고자 하오니 중사(中使) 1명을 함께 가도록 황명을 내려주시기를 요청합니다'고 상주함에 황제가 이를 따르려 하자, 육지(陸贄)[21]가 상서하여 '먼 나라의 상인은 오직 이윤만을 추구하니 부드럽게 대하면 이곳으로 올 것이고 번거롭게 대하

남동부를 중심으로 7-11세기에 번영했던 인도계 왕국으로 수도는 현재 팔렘방(Palembang) 부근이라고 생각되며, 당대에는 '실리불서(室利佛逝)', '이불서(利佛誓)'로 송대에는 '삼불제' 등으로 표기했다. 이 나라는 7세기 후기의 비문에 처음 보이고, 이곳을 경유해서 인도를 여행한 당나라 승려 의정의 《남해기귀내법전》과 《대당서역구법고승전》에 당시의 견문이 전해진다. 11세기경 인도의 촐라(Chola)왕국의 공격을 받아 국력이 사향일로를 걷다가, 14세기 자바의 신흥왕국 마자파히트(Majapahit)에 의해 멸망하였다.

21) 육지(陸贄, 754-805): 당대의 관료이자 학자로 절강성 가흥(嘉興) 출신이다. 한림학사·병부시랑 등을 지냈는데, 민정을 몸소 살폈고 성품이 강직했다. 한림학사에 재임하였을 때 덕종의 신임을 얻었으나 황제에게 직언을 잘하여 점차 덕종의 불만을 사기도 했다. 저서로 《육씨집험방(陸氏集驗方)》이 있으며, 《시문별집(詩文別集)》이 있으나 전하지 않는다.

면 가버릴 것입니다. 광주는 원래 많은 배들이 모이던 곳인데, 지금 갑자기 안남으로 바꾸어 간 것은 광주에서 그들의 이익을 너무 심하게 침탈한 것이 아니라면 분명 그들을 불러 모으는 방법에 실수가 있는 것이 틀림없는데도 안에서 시비를 가리지 않고 오히려 황상의 마음을 흔들고 있습니다! 게다가 영남이든 안남이든 모두 다 왕토(王土)이고 중사(中使)든 외사(外使)든 모두 다 왕의 신하인데, 어찌 영남만 믿고 안남을 거절하며 중사를 중히 여겨 외사를 가벼이 여길 수 있겠습니까? 상주한 내용은 폐기하고 실행하지 않기를 바랍니다'고 하였다"고 적혀있다. 육지의 원문은 《육선공주의(陸宣公奏議)》 권1 〈영남에서 안남에 시박중사를 둘 것을 청한 문서(嶺南請於安南置市舶中使狀)〉에 나온다. 왕응린(王應麟)[22]의 《옥해(玉海)》 권186에는 "정원연간에 영남이 안남에 시박중사를 두자고 청하자, 육지가 상주하여 '옥이 함 속에서 훼손된 것은 누구의 잘못입니까? 진주가 국경 밖으로 날아갔는데 어찌 다시 찾아올 수 있겠습니까? 《서경》에도 특이한 물건을 귀히 여기지 않으면 먼 나라 사람들이 귀부한다고 나와있습니다'라고 하였다"는 기록이 있다.

《신당서》 〈구화전(丘和傳)〉에는 "대업 말년 해남에서 관리들의 침탈이 심하여 수차례 반란이 있었는데, 황제가 구화의 관직에 임하는 태도가 순량(淳良)하다 여겼고 또 황문시랑(黃門侍郎) 배구(裴矩) 역시 그를 추천함에 그를 교지태수로 임명하였다. …… 임읍 서쪽의 여러 나라가 여러 차례 구화에게 명주(明珠)·문서(文犀)·금보(金寶)를 보냈던 고로

....

22) 왕응린(王應麟, 1223-1296): 송대의 관료이자 학자로 은현(鄞縣) 출신이다. 관직은 예부상서에 이르렀고 경사백가(經史百家)와 천문지리 등에 조예가 깊었으며 장고제도(掌故制度)에 익숙하고 고증에 능했다. 저서로 《곤학기문(困學紀聞)》·《옥해》·《시고(詩考)》·《시지리고(詩地理考)》·《한예문지고증(漢藝文志考證)》 등이 있다.

구화는 왕자(王者)만큼 부유해졌다"고 적혀있다.

교지의 항구는 용편(龍編: 오늘날 베트남 북부의 Bắc Ninh - 역자)에 있었으니, 《구당서》〈지리지〉에서는 "수나라가 진(陳)을 평정하고 교주(交州)를 설치했는데, 양제 때 이를 교지자사(交阯刺史)로 바꾸고 용편을 치소로 삼았다. 교지도호(都護)에게 여러 만인(蠻人)을 통제하게 했다. 그 남쪽 바다의 여러 나라는 대개 교주의 남쪽에 있고 큰 바다 가운데의 모래섬에 사는데, 서로 3-5백리 혹은 3-5천리 떨어져 있고 먼 경우는 2-3만리나 떨어져 있다. 배에 올라 돛을 올리면 거리는 상세히 알 수 없으나 한 무제 이래 조공은 모두 반드시 교지를 경유하는 길을 따랐다"고 하였다. 《영외대답(嶺外代答)》에서는 "당시 교지의 치소는 용편이었고 광주의 치소는 번우였다. …… 본조(本朝) 황우연간(1049-1053) 계주(桂州)에 안무경략사(按撫經略使)를 두었는데, 서로(西路)의 수부(帥府)는 여기서 시작되었다. 지금까지 팔계(八桂)·번우·용편이 정립하면서 진(秦)의 옛 모습을 회복하였다"고 하였다.

교지의 또 다른 항구는 비경(比景)이라 불렀는데, 당나라 초기의 중요 항구로 현재의 영강(靈江) 하구, 부춘(富春: 즉 順化, 오늘날의 Huế - 역자)에서 약간 동남쪽에 위치하였다. 《남해기귀내법전(南海寄歸內法傳)》에서는 "환주(驩州)에서 정남쪽으로 걸어서 반달 남짓이면 도달할 수 있고 만약 배를 타면 5-6일이면 비경에 도착한다. 남으로 참파에 닿아있으니 즉 임읍(臨邑)이다"고 하였다. 《대당서역구법고승전(大唐西域求法高僧傳)》[23] 권하의 〈혜명전(慧命傳)〉에서는 "배를 타고 참파에 갈 때 바람을

....

23) 《대당서역구법고승전(大唐西域求法高僧傳)》: 당나라 학승 의정이 7세기 인도로 건너간 구법승 61명의 전기를 찬술한 책. 의정은 인도에 갔다가 해로로 돌아오는 길에 수마트라섬 남동부에 자리한 팔렘방에 머물면서 이 책을 찬

만나 거듭 고생을 했는데, 마원(馬援)이 세운 동주(銅柱)²⁴⁾가 있는 곳에 가게 되어 비경에서 쉬고 당(唐)으로 돌아왔다"고 하였고, 또 〈지홍전 (智弘傳)〉에서는 "큰 돛을 펴고 바다에 나갔으나 바람이 불지 않아 비경 에 머물다가 교주로 돌아왔다"고 하였으며, 〈법진전(法振傳)〉에서는 "비 경의 앞바다에서 돛을 정리하고 가릉(訶陵)의 북쪽에서 파도를 탔다"고 하였다.

제2절 항주(杭州)와 명주(明州)

당·송시기 항주의 대외무역이 번성했던 모습은《몽양록(夢梁錄)》등 여러 책을 통해 현대인들에게 잘 알려져 있다. 명주(치소는 오늘날의 寧波 에 있었음 - 역자)는 육유(陸遊)²⁵⁾의 《위남문집(渭南文集)》권19 〈명주육왕 선매전기(明州育王仙買田記)〉에 "이곳은 사명(四明)산이 바다를 끼고 있

....

술하였고 691년 귀국한 대진(大津)에게 부탁해 측천무후에게 바쳤다. 신라 승려 7명과 고구려 승려 1명의 전기도 포함되어있으며, 중세 육해(陸海) 실 크로드를 연구하는데 중요한 문헌적 전거가 된다.(《실크로드사전》, 90-91 쪽)
24) 마원(馬援)의 동주(銅柱): 마원(B.C.14-A.D.49)은 후한의 개국공신으로 교지 를 정복하고 변경(邊境)에 동주를 세워 전공을 과시했다고 한다.
25) 육유(陸游, 1125-1210): 남송의 시인으로 절강성 소흥(紹興) 출신이다. 사실 주의적인 묘사로 당시 유행하던 강서시파(江西詩派)의 고상하고 암시적인 시풍과는 다른 시를 써서 명성을 얻었다. 율시(律詩)에 재능을 보였고 애국 심을 표현하여 지금까지 애국시인으로 불린다. 관직 은퇴 후에는 주로 전원 생활을 예찬하는 시를 지었다. 저서로 《검남시고(劍南詩稿)》등이 있다.

는 큰 도시이다. …… 멀리 사방에서 온 배와 상인, 남쪽의 금은보화가 시장에 가득 차 이루 헤아릴 수 없을 정도이다"고 소개되어있다.

《송회요》에는 "맨 처음 광주에 (시박)사를 설치하였다"고 한 다음, 이어서 "그 후 다시 항주에 (시박)사를 설치하였다가 순화연간(990~994)에 명주 정해현(定海縣)으로 옮기고 감찰어사 장숙(張肅)으로 하여금 그곳을 책임지게 했다. 이듬해 장숙이 편리하지 않다고 상주하여 다시 항주에 (시박)사를 설치했다. 함평연간(998-1003)에는 다시 항주에 명하여 각각 (시박)사를 설치하여[又命杭州各置司] 번객(蕃客)들이 편리한 대로 입항하도록 했다. 만약 배가 명주 정해현에 이르면 감관(監官)이 배를 봉인하여 부두에 정박시키고 주(州)로 사람을 보냈다"고 적혀있다. 위 인용문의 '항(杭)'자 다음에 '명(明)'자가 빠진 것이 분명하니 그렇지 않으면 '각(各)'자의 의미가 없다. 《송사》〈식화지〉와 《옥해》 및 《문헌통고》 권282에도 모두 항주와 명주에 각각 시박사를 설치했다고 기록하고 있다.

《송회요》에 기록된 (송 태종) 단공 2년(989) 5월의 조서에는 "이제부터 해외의 번국(蕃國)에 나가 무역하는 상인들은 반드시 양절(兩浙) 시박사에게 첩(牒)을 올려 관(官)의 증빙을 발급받은 다음 출항하도록 하고 위반하는 자는 그 화물을 몰수한다"고 되어있다. 여기서 말한 양절시박사는 당연히 항주에 설치되어있었다. 명주로 옮겨간 정확한 연대는 《건도임안지(乾道臨安志)》[26] 권2와 《여지기승(輿地紀勝)》[27] 권2에서 모두

....

26) 《건도임안지(乾道臨安志)》: 건도 5년(1169) 주종(周淙, ?-1175)이 편찬한 남송의 수도 임안의 지방지로 현재는 3권만 남아있다. 서술이 간략하면서도 뜻을 충분히 전달하고 있고 상세함과 간략함이 적절하여 이후 《순우임안지(淳佑臨安志)》와 《함순임안지(咸淳臨安志)》의 전범이 되었다.

27) 《여지기승(輿地紀勝)》: 전 200권. 남송 말(1227년경) 왕상지(王象之, 1163-1230)가 편찬한 지리서로 각 부(府)와 주(州)의 연혁·풍속·형승(形勝)·경물

순화 3년(992)이라 적혀있다. 더욱이 《건도임안지》에서는 '4월 경오일' 이라고 날짜까지 밝히며 그 다음해 다시 항주로 돌아왔다고 하였다. 항주와 명주에 각각 시박사를 설치한 것은 함평 2년(999)으로 이는 《문헌통고》 권282에 보인다.

신종 희녕 9년(1079) 집현전(集賢殿) 수찬(修撰) 정사맹(程師孟)[28]이 항주와 명주 시박사의 폐지를 청했으나 실행되지 않은 것 같다. 왜냐하면 《송회요》에 원풍 3년(1080) 양광·양절·복건에 조서를 내려 모두 조신(漕臣) 즉 전운사(轉運使)·전운부사(轉運副使)·전운판관(轉運判官)으로 하여금 제거시박(提擧市舶) 혹은 각찰구란(覺察拘欄)을 겸하게 했다는 기록이 있기 때문이다.

휘종 대관 원년(1107) 3월 17일에는 양절시박사에 조서를 내려 예전처럼 다시 제거관(提擧官)을 두도록 하였다. 《평주가담(萍洲可談)》 권2에 따르면 숭녕연간(1102-1106) 초 삼로(三路)에 각각 제거시박관(提擧市舶官)을 두었다고 되어있다. 삼로는 광남(廣南)·복건·양절을 가리킨다.

《송회요》에 따르면 대관 3년(1109) 7월 2일 양절로(兩浙路) 제거시박관이 다시 황명에 따라 취소되고 제거상평(提擧常平)이 겸하여 관리하는 것으로 바뀌었으나, 정화 2년(1112)에 다시 회복된 것으로 나온다.

고종 건염 원년(1127) 6월 14일 양절 제거시박사가 다시 황명에 따라

....

(景物)·고적(古蹟)·관리·인물·선석(仙釋)·비기(碑記)·시·사륙문(四六文) 등이 수록되어있다.

28) 정사맹(程師孟, 1009-1086): 송나라 관료로 강소성 오현(吳縣) 출신이다. 강서전운사(江西轉運使)·급사중(給事中)·도수감(都水監) 등을 역임하였다. 복주(福州)를 다스린 공적이 뛰어나서 복주 인민들이 그를 위해서 사당과 시비(詩碑)를 세우기도 하였다. 시문을 짓는 것을 좋아하였으며 현재에도 40수(首)의 시가 전해진다.

전운사에 편입되었으나, 다음해 5월 24일 다시 회복되었다. 이상의 기록은 모두《송회요》에 보인다. 영파(寧波)의 주요 대외무역국은 일본이었는데, 자세한 내용은 나준(羅濬) 등이 편찬한《보경사명지(寶慶四明志)》와 조여괄(趙汝适)[29]의《제번지(諸蕃志)》, 주밀(周密)[30]의《무림구사(武林舊事)》,《방옹가훈(放翁家訓)》[31],《개경사명속지(開慶四明續志)》[32] 등에 나오니 여기서는 생략하겠다.

----

29) 조여괄(趙汝适, 1170-1231): 남송대의 관료이자 지리학자로 절강성 천태(天台) 출신이다. 천주시박사에서 근무할 때 외국상인들을 만나 그들로부터 각국의 지리에 관한 지식을 수집했다. 그가 저술한《제번지》는 송대의 저술 중에서 이민족의 거주지와 그들의 물산에 관해 가장 광범위한 내용을 담고 있는 책으로 유럽 여행가에 의해 알려지기 전에 이미 중국인들이 유럽에 대한 지식을 갖고 있었음을 보여주고 있다.

30) 주밀(周密, 1232-1298): 송말 원초의 시인으로 산동성 제남(濟南) 출신이다. 의오(義烏)의 현령을 지내다가 송이 멸망한 후 원에서 벼슬은 하지 않고 주로 항주에 살면서 시문을 지었다. 조맹부(趙孟頫)·고극공(高克恭) 등 당시의 문인과의 교제도 넓었고 명화·법서의 수장가로 알려졌으며 매죽난석(梅竹蘭石)을 잘 그렸다. 저서로《운연과안록(雲烟過眼錄)》·《무림구사》·《제동야어(齊東野語)》·《계신잡식(癸辛雜識)》 등이 있다.

31)《방옹가훈(放翁家訓)》: 전 1권. 송나라 육유(陸遊)가 지은 가훈집으로 청대《지부족재총서(知不足齋叢書)》본이 남아있다.

32)《개경사명속지(開慶四明續志)》: 전 12권. 남송 때 매응발(梅應發)과 유석(劉錫)이 편찬한 사명 지역의 방지이다. 책명은《보경사명지》의 속편으로 개경 원년(1259)에 만들어진데 따른 것이다.

제3절 수주(秀州)와 상해(上海)

송대에 수주는 가흥(嘉興)·화정(華亭: 지금의 松江)·해염(海鹽)·숭덕(崇德) 등 4현을 관할했고 양절로에 속해있었다. 화정에는 시박무(市舶務)가 있었는데, 휘종 정화 3년(1113) 7월 24일 황명에 따라 설치되었고 전담 감관(監官)이 있었다. 후에 청룡강(靑龍江)이 침적된 토사로 막히자 현관(縣官)이 감관을 겸직하다가 선화 원년(1119)에 다시 회복되었다. 고종 소흥 2년(1132) 3월 3일 양절시박사가 황명에 따라 화정현으로 옮겼다. 청룡강 옆에는 청포진(靑浦鎭)이 있었는데, 화정현에서 50리 떨어져 있고 명대부터 지금까지는 청포현이 설치되어있다. 《여지기승》 권2에서는 그곳을 "바다의 상인들이 모두 모이는 곳"이라고 불렀다. 화정과 청룡에 각각 시박무가 있었다는 것은 아래에 인용한 《송회요》에 보인다.

《송회요》에는 소흥 3년 양절 제거시박사의 자문(諮文)이 실려 있는데, "임안부(臨安府)·명주·온주(溫州)·수주의 화정 및 청룡의 최근 장무(場務)"라는 말이 있고, 또 소흥 원년(1132) 양절로의 여러 주와 부 가운데 5곳에 시박무가 있었다고 하니, 대략 ① 임안부, ② 명주, ③ 온주, ④ 수주 화정, ⑤ 청룡을 가리키는 것 같다. 따라서 온주에 시박무가 설치된 것은 소흥 원년 이전이 분명하다. 화정과 청룡에 각각 장(場) 혹은 무(務)가 있는 것에 대해서 후지타 토요하치(藤田豊八) 역시 "거의 의심할 바가 없다"(하건민 역, 《중국남해고대교통총고》, 274쪽)고 하면서도 양절 제거시박사의 다섯 무(務)의 위치를 비정하면서는 청룡 대신 강음군(江陰軍)을 들고 있다(위의 책, 271쪽). 그러나 (1) 《송회요》에 따르면 강음군에 시박무가 성립된 것은 소흥 15년(1146)이고 소흥 원년에는 양절로에 시박무가 5곳이 있었다고 되어있다. (2) 아마도 후지타 토요하치는 시박사가 화정에 있었기 때문에 따로 무(務)를 더 설치하지 않았을 것으로 보았지만, 실제 위에 인용한 《송회요》의 소흥 3년 양절제거시박사의 자문에는 분명히 "임안부·명주·온주·수주의 화정 및 청룡의 최근 장무"라 하여, 임안부와 수주의 화정을 우열 없이 함께 거론하고 있다. (3) 그렇다면 소흥 15년 양절로에는 마땅히 6곳에 시박무가 있었다고 보아야 할 것이다.

손적(孫覿)[33])의 《홍경거사집(鴻慶居士集)》 권34 〈주공묘지명(朱公墓誌銘)〉에서는 "화정은 강을 끼고 바다를 내려다보는데, 부잣집과 오랑캐 상인의 상선들이 육지와 바다 길에서 서로 뒤섞이어 엇갈리는 동남지역의 큰 현이다"고 하여 화정의 대외무역이 번성했음을 증명하고 있다.

상해는 송대 해상무역의 요지였을 뿐 아니라 이미 면화를 재배하여 원대에는 방직업도 매우 발달하였다. 《명일통지(明一統志)》의 '송강부(松江府)'조에는 "본래 화정현의 땅으로 큰 바다로 나가는 곳에 위치하여 예전에는 화정해(華亭海)라 불렀다. 송대에 상인들이 모여들어 이름을 상해시(市)라 하였다. 원대 지원연간에 상해현을 설치했다"고 되어있다.

조학전(曹學佺)[34])은 〈송강부지승(松江府志勝)상(上)〉에서 "당초 화정

....

33) 손적(孫覿, 1081-1169): 송대의 관료로 상주(常州) 진릉(晉陵) 출신이다. 정강(靖康)의 변 때 변경(汴京)이 함락되자 항복문서의 초안을 잡았다. 고종 때 이 일로 인해 파직되었다가 문사에 뛰어나다는 이유로 복귀하였으나 이후에도 여러 번 파면과 복귀를 반복하였다. 저서로 《홍경거사집》·《내간척독(內簡尺牘)》 등이 있다.

34) 조학전(曹學佺, 1574-1646): 명대의 관료 겸 장서가로 복주(福州) 후관(侯官) 출신이다. 청이 복주를 함락하자 자결하였다. 문학·지리·천문·선리(禪理)·음률·제자백가 등 다양한 분야를 연구하였고 특히 시사(詩詞)를 짓는데 뛰어났다. 저서로 《역경통론(易經通論)》·《주역가설(周易可說)》·《서전회충

에 화정해라 불리는 땅이 있었는데, 큰 바다로 나가는 곳에 위치하여 인구가 집중되고 상선이 모여들어 점차 큰 시장을 형성하였다. 송대에는 그 땅에 제거시박사와 각화장(権貨場)을 세우고 상해진이라 불렀다"고 했으나, 이 말은 정확하지 않다. 왜냐하면 시박사는 항상 화정현에 있었지 화정해에 두지 않았고, 통혜진(通惠鎭)에 시박분무(市舶分務)가 있었지만 그 곳은 청룡진(青龍鎭)이지 상해가 아니었기 때문이다.

제4절 감포(澉浦)와 강음(江陰)

양절로의 제거시박사는 효종(孝宗) 건도 2년(1166) 6월 3일 조서를 내려 폐지한 뒤로 다시 복구되지 않았다. 다만 기타 시박무는 여전히 존재했으나 전운사의 관할로 귀속되었고 실제 해양선박의 왕래는 대부분 명주에서 이루어졌다. 그러나 송대 나준 등이 편찬한 《보경사명지》권6에 따르면 감포에도 시박무가 있었던 듯하다. 그 내용을 보면 "광종(光宗) 황제 즉위 초(즉 소희 원년, 1190) 상선이 감포에 오는 것을 금하면서 항주의 시박무가 폐지되었다. 영종(寧宗) 황제의 연호 갱신(즉 경원 원년, 1195) 이후, 상선이 강음과 온주·수주에 정박하는 것을 금지하면서 3군의 시박무가 또 폐지되었다. 무릇 고려와 무역을 하는 중국 상인과 일본 및 여러 번국에서 중국에 오는 자들은 오직 경원(慶元: 남송

(書傳會夷)》·《서봉자설(西峰字說)》·《석창집(石倉集)》 등이 있다. 본서에 인용된 〈송강부지승〉·〈복주부지승〉 등은 모두 그가 편찬한 《대명일통명승지(大明一統名勝志)》(전 207권, 숭정 3년 自序)의 일부로 보인다.

理宗시기 명주를 경원부로 개칭함 - 역자)으로만 들어오고 나갈 수 있었다"고 되어있다.

송대 사람 상당(常棠)[35]의 《감수지(澉水志)》에서 "시박장(市舶場)이 진(鎭)의 동해안에 있는데, 순우 6년(1246) 시박관(市舶官)을 창설하고 10년에 장(場)을 설치했다"고 한 것을 보면, 광종의 금령이 56년 후에 다시 철회되었음을 알 수 있다. 또 같은 책에서 "이 지역은 농경에 종사하지 않고, …… 오직 남쪽 바다에 있는 나라들의 여러 화물을 수입하여 절서(浙西)의 여러 지방으로 옮겨 판매하고 바다 속의 여러 산물을 잡아올려 생계를 유지한다"고 하였은즉 감포는 당시 해산물과 외국 화물의 전문 시장이었다. 명대 사람 왕초(王樵)[36]의 〈취이기(檇李記)〉에도 "감포는 해염(海鹽)의 서쪽에 있고 송·원시기 외국 상선이 통상하던 곳이다"고 되어있다. 다만 감포의 장(場)은 규모가 매우 작았으니, 원대 요동수(姚桐壽)[37]의 《낙교사어(樂郊私語)》에서는 "감포의 시박사는 전대(前

···········

35) 상당(常棠, 생몰연도 미상): 남송 때 해염(海鹽) 출신으로 자는 소중(召仲)이고 감포(澉浦)에 은거하며 관직에 나아가지 않았다. 《감수지》 8권을 편찬하였는데, 현존하는 중국 최초의 진지(鎭志)로 중국 지방지 발전에 중대한 영향을 미쳤다고 평가된다.
36) 왕초(王樵, 1521-1599): 명대 진강부(鎭江府) 금단(金壇) 사람으로 자는 명원(明遠)이고 호는 방록(方麓)이다. 만력 초 장거정(張居正)이 그의 능력을 알고 절강첨사(浙江僉事)에 임명했고 상보경(尙寶卿)에 발탁되었다. 장거정이 탄핵한 언관(言官)을 처벌하는 것에 반대하여 남경홍려경(南京鴻臚卿)으로 좌천되었다가 얼마 뒤 파직되었다. 이후 다시 기용되어 우도어사(右都御史)까지 올랐다. 저서에 《방록거사집(方麓居士集)》·《주역사록(周易私錄)》·《상서일기(尙書日記)》 등이 있다.
37) 요동수(姚桐壽, 생몰연도 미상): 원대 목주(睦州) 사람으로 자는 낙연(樂年)이다. 지원연간 여건(餘乾)교수(敎授)를 지내다 낙향하였다가 지정연간 해염(海鹽)으로 이주하여 살면서 《낙교사어》 1권을 저술하였다. 이 책은 이후

代)에는 설치되지 않았고 다만 송 가정연간(1208-1224)에 기도위(騎都尉)를 두어 본진(本鎭)과 포랑(鮑郎)의 염과(鹽課: 즉 염세 - 역자)를 관장하게 했을 뿐이다"고 하였다.

강음군에 시박무가 설립된 것과 강음에 상선의 정박을 금했던 것에 대해서는 이미 앞에서 서술한 바 있다. 왕안석(王安石)은 〈영강음군(詠江陰軍)〉에서 "황전항(黃田港) 북쪽 바다 물은 하늘 빛깔과 같은데, 만리 길 다녀온 바람 받는 돛대를 단 상선(商船) 볼 수 있다네. 해외의 진귀한 물건 항상 저자에 들어오고, 사람들 값비싼 해산물 먹는데 가격을 상관하지 않네[38]"라고 읊고 있다.

그 외에 외국 선박이 정박했던 양절로의 항구로는 또 진강군(鎭江軍: 대략 지금의 鎭江에 해당함)과 평강부(平江府: 지금의 蘇州)가 있는데,《송회요》에는 정화 7년(1117) 두 곳에서 외국상인이 선박 화물을 관청에 맡기길 원했다는 기록이 있다. 주장문(朱長文)[39]은《오군도경속기(吳郡圖經續記)》권상에서 "나라가 평안하고 국내가 통일되면서부터 민월(閩粤)의 상인이 바람을 타고 바다를 항해하는 것을 두려워하지 않게 되었던 까닭에 멀리서 온 진귀한 물건이 오군(吳郡)의 시장에 다 모였다"고 적었다.

....

《사고전서》에 수록되어 현재 전해지고 있다.

[38] "黃田港北水如天, 萬道風檣看賈船. 海外珠犀常入市, 人間魚蟹不論錢." '萬道'의 '道'자는 '里'자의 오기이다.

[39] 주장문(朱長文, 1039-1098): 송대의 서예가로 강소성 오현(吳縣) 출신이다. 1059년 진사가 되었으나 낙마로 부상을 입어 임명되지 못하고 30년간 은거하였다. 이후 불려 나와서 비서성(秘書省) 정자(正字)·추밀원(樞密院) 편수관(編修官) 등을 역임하다가 병으로 사직하였다. 그의 서법은 안진경(顏真卿)과 유사하다고 평가받는다. 저서로《묵지편(墨池編)》·《금사(琴史)》·《오군도경속기》 등이 있다.

제5절 천주·장주[泉漳]와 복주(福州)

명대 진무인(陳懋仁)은 《천남잡지(泉南雜志)》[40] 권상에서 "당나라 때 천주가 설치되었고 …… 참군사(參軍事) 4인이 사신파견[出使]과 그 의례[導贊]를 관장했다"고 하였으니, 당대에 천주가 이미 출국하는 관문이었음을 알 수 있다. 그런 까닭에 《당회요》 권100에는 원우 원년(904) 삼불제국 사신 포가속(蒲訶粟)이 복건에 왔다는 기록이 있고, 《오대사기(五代史記: 즉 《新五代史》 - 역자)》 권68에도 민왕(閩王) 왕심지(王審知)[41]가 "만이(蠻夷)의 상인들을 불러들였다"라는 기록이 있다.

《송사》 권186 〈식화지〉에는 "태평흥국 초기 경사(京師)에 각역원(権易院)을 설치하고 여러 번국에 조서를 내려 '광주·교지·천주·양절에 도착한 향료와 약재 및 보화 중에 관의 창고에서 나오지 않은 것은 사사로이 서로 거래할 수 없다'고 알렸다"는 기록이 있고, 《송회요》에도 거의 동일한 내용이 있다.

복건 연해에 와서 무역하는 외국상인은 당대에 이미 그 수가 적지 않았다. 그래서 《전당문(全唐文)》 권75에 수록된 문종(文宗) 태화 8년

....

40) 《천남잡지(泉南雜志)》: 명나라 가흥(嘉興) 사람 진무인(생몰연도 미상)이 지은 필기소설로 전 2권이다.

41) 왕심지(王審知, 862-925): 하남성 고시(固始) 사람으로 왕조(王潮)의 동생이다. 당말 형과 함께 왕서(王緒)를 좇아 병사를 일으켰는데, 나중에 병변(兵變)이 일어나자 사람들이 왕조를 주(主)고 삼고 그를 부(副)로 삼았다. 민(閩) 땅에 들어가 천주에 머물면서 복주를 회복하는 등 민 땅 일대를 모두 획득했다. 형이 죽자 뒤를 이어 위무군절도사(威武軍節度使)가 되었다. 후량(後梁) 개평 3년(909) 민왕(閩王)에 봉해져 17년 동안 재위했다. 시호는 충의(忠懿)고 묘호(廟號)는 태조다.

(834)의 상유(上諭)에서 "복건의 외국 손님은 마땅히 절도사가 항상 살펴야 한다"고 하였다. 《문원영화(文苑英華)》42) 권457에서도 "건녕 3년 (896) 민(閩)과 월(越) 사이에 도이(島夷)가 잡거하고 있다"고 하였다. 복건에서 외국상인이 가장 많은 곳은 당연 천주였다.

장강(張綱)43)의 《화양문집(華陽文集)》 권1 〈송남부지천주(送南夫知泉州)〉에서는 "천주 땅은 바다에 접해있어 만호(蠻胡)의 상인과 선박이 그 안에서 왕래하는 까닭에 재화가 유통되고 백성들이 부유하다"고 하였다.

함순 10년(1274) 오자목(吳自牧)이 편찬한 《몽양록》에서는 "만약 배를 타고 외국에 나가 무역을 하려면 천주에서 바로 바다로 나갈 수 있다"고 하였고, 또 "만약 바다로 나가려면 천주 항구에서부터 출발한다"고 하였으니, 당시 대외교통에 있어 천주의 중요성을 알 수 있다.

송말 천주와 동서 각국의 교류 상황을 가장 자세하게 기록하고 있는 것은 《제번지》이다. 편찬자 조여괄은 가정연간 복건로(福建路)제거시박을 역임했고 책은 보경 원년(1225)에 편찬되었는데, 관함(官銜)을 그대로 쓰고 있는 것으로 보아 아직 퇴직하지 않았음을 알 수 있다. 비록 기록한 내용 대부분이 《영외대답》을 그대로 따르고 있지만, 만약 당시

....

42) 《문원영화(文苑英華)》: 전 1천 권. 송대의 시문집으로 태평흥국 7년(982) 이방(李昉) 등이 태종의 명으로 편집에 착수하여 987년에 완성하였다. 《태평어람》·《태평광기》·《책부원구》와 아울러 송나라 4대서의 하나이다. 양나라 때부터 당나라 말까지의 시문 중 정화(精華)를 골라 37종의 문체로 분류하여 수록하고 있다.

43) 장강(張綱, 1083-1166): 송대의 관료이자 문인으로 강소성 단양(丹陽) 출신이다. 1116년 태학박사(太學博士)가 되었고 이후 비서성(祕書省) 교서랑(校書郎)·감찰어사를 역임하였다. 진회(秦檜)가 정권을 쥐고 있을 당시 파직되어 모산(茅山)에 은둔하였다가 진회 사후에 다시 관계로 진출하였다. 저서로 《화양문집》·《확론(確論)》 등이 있다.

천주의 대외교통이 이미 이전만큼 번성하지 않았다면 작자도 이런 내용으로 동시대의 독자를 기만할 수는 없었을 것이다.

당시 외국 선박이 모였던 복건로의 또 다른 항구로 장주(漳州)가 있었다. 태평흥국 7년(982) 윤12월 "이제부터 아래 항목의 향료와 약재는 광남(廣南)과 장(漳)·천(泉) 등 주(州)의 선박에서 전매하는 것을 금지하라"는 조서를 내린 바 있다.

《송회요》와 《옥해》에서는 천주에 시박사가 설치된 해를 모두 원우 2년(1087) 10월 6일로 기록하고 있지만, 실제로는 전운사가 제거를 겸임했고 대관 원년(1107)에 와서 광남·양절과 함께 전임 제거관이 설치되었다. 대관 3년에는 다시 양절과 함께 전임 제거관이 폐지되었고 정화 2년(1112)에 재차 양절과 함께 회복되었다. 고종 건염 원년(1127) 양절과 함께 전운사로 편입되었다가 2년에 다시 양절과 동시에 복구되었다. 한편 《여지기승》 권130에서 인용한 《구조통략(九朝通略)》에 따르면 숭녕 2년(1103) 다시 시박을 설치하였다고 하니, 그 이전에 또 한 차례의 폐지가 있었던 것으로 보인다. 《여지기승》에서는 또 《건염시정기(建炎時政記)》를 인용하여 건염 중흥(中興) 때 조서를 내려 복건시박사를 폐지하고 전운사로 귀속시켰다고 하였으며, 아울러 《중흥소력(中興小歷)》을 인용하여 이듬해에 다시 복건시박을 설치하였으니 양절시박의 변화와 같다고 하였다. 소흥 2년(1132) 7월 2일에는 조서를 내려 복건제형사(提刑司)가 겸하여 관리케 하였고, 9월 25일에 다시 조서를 내려 복건제거다사(提擧茶事)가 겸하여 관리케 하였다. 소흥 12년(1142)에 이르러 다시 전임관이 제거(提擧)를 맡도록 하였다.

송대의 천주는 광주 다음으로 대외 통상이 번성했던 곳이다. 《송사》〈두순전(杜純傳)〉에서는 "천주에는 외국 선박이 많고 잡화가 산처럼 쌓여있다"고 하였다.

천주와 장주 외에 복주 또한 외국 선박이 모였던 곳으로, 그 위치는 종문(鐘門) 해구(海口)였다. 《송회요》에 따르면 인종 천성 3년(1025) 8월 심형원(審刑院) 대리시(大理寺)의 "감찰어사 주간(朱諫)이 '복주에는 해마다 항상 선박 2-3척이 종문 해구에 이르는데, 그 군현의 관리 대부분이 사람을 시켜 금은과 돈으로 외국에서 온 진주·상아·서각·향료·약재 등을 널리 구매하니, 공인(公人)과 백성까지도 잇달아 구매하게 되어 금령을 어긴 보화가 적지 않습니다'라고 상주하였다"고 하였고, 또 신종 희녕 7년(1074) 정월 1일에는 "천주와 복주 등 바다에 접한 지역에 남번(南蕃)과 남쪽 바다의 화물선이 도착하면 공거(公據)를 제출받아 인증을 확인하라"는 조서를 내리고 있다. 조학전의 〈복주부지승(福州府志勝)〉 '복청현(福淸縣) 해단산(海壇山)'조에서는 종문 해구를 '선박의 도시'라 부르고 있다.

제6절 양주(揚州)와 밀주(密州)

당대에 대외무역이 가장 번성한 도시가 광주였다면 양주는 국내 상업이 창성했던 곳인데, 지리적으로 운하와 장강이 이어지는 곳에 위치하여 그 형세가 유독 뛰어났기 때문이다. 그래서 서응(徐凝)[44]은 "밤에 비추는 밝은 달빛을 셋으로 나눈다면, 그 중 둘은 논할 것 없이 양주를 비춘다네[45]"라 하였고, 장호(張祜)[46]는 "사람으로 태어나 단지 양주 땅

---

44) 서응(徐凝, 생몰연도 미상): 당대의 시인으로 헌종 원화연간(806-820) 때 활약했으며 백거이와 한유의 시우(詩友)였으며 장호와는 쟁우(諍友)였다고 한다.

에서 죽기를 바라네[47]"라고 했으며, 왕건(王建)[48]은 "야시장의 수많은 등불은 푸른 하늘을 비추고, 높은 누각에는 미녀와 손님들로 와자지껄 하네[49]"라고 했으니, 모두 당대 양주의 번화한 모습을 짐작하게 해주는 표현들이다. 《구당서》 권110 〈등경산전(鄧景山傳)〉에 "전신공(田神功)[50]이 양주에 이르니 …… 페르시아 등지에서 온 호상들 중 죽은 자가 수천(數千) 명에 달했다"고 적혀있는 것으로 보아 당시 양주에 거주하던 외국인의 수가 아마도 광주 다음으로 많았던 것 같다.

이 일은 같은 책 권124 〈전신공전(田神功傳)〉에도 나오는데, "양주에 온 …… 페르시아 등지의 상인으로 피살된 자가 수천 명이었다"고 적혀 있다. 《신당서》 권141 〈경산전(景山傳)〉과 권144 〈신공전(神功傳)〉의 내용도 대략 같다.

《자치통감》 권221과 범조우(范祖禹)의 《당감(唐鑒)》 권11에는 모두 '천으로 헤아리다[千數]'라고 적혀있다. 《자치통감》에서는 "전신공이 광

....

45) "天下三分明月夜, 二分無賴是揚州."
46) 장호(張祜, 792-853): 당대의 시인으로 하북 청하(淸河) 출신이다. 원화와 장경연간에 시명(詩名)을 날렸다. 영호초(令狐楚)가 매우 높이 평가하여 조정에 추천했으나 원진(元稹)의 방해로 관직에 오르지는 못했다. 그 후 회남(淮南)에 거주하면서 두목(杜牧)과 교유했고 만년에는 단양(丹陽) 곡아(曲阿)의 산수를 좋아하여 그곳에 집을 짓고 은거했다. 《장승길문집(張承吉文集)》에 460여 수의 시가 전한다.
47) "人生只合揚州死"
48) 왕건(王建, 847-918): 허주(許州) 무양(舞陽) 사람으로 자는 광도(光圖)이다. 오대시기 전촉(前蜀)의 개국 황제이다. 20년 동안 재위에 있었고 묘호(廟號)는 고조(高祖)이고 시호는 신무성문효덕명혜황제(神武聖文孝德明惠皇帝)이다.
49) "夜市千燈照碧雲, 高樓紅袖客紛紛."
50) 전신공(田神功, ?-774): 당나라 대장군으로 하북 남궁(南宮) 사람이다. 안사의 난을 평정하는데 공을 세웠지만, 유전(劉展)의 난을 평정할 때 풍요로운 강회(江淮)지역을 크게 약탈하고 파괴하였다.

릉(廣陵)과 초주(楚州)에 들어가 호상을 천으로 헤아릴 만큼 대량 살육했다"고 했는데, 광릉이 바로 양주이고 초주는 회안(淮安)이다. 여기서 말하는 '천으로 헤아리다'는 그 뜻이 명확하지 않으니, 두 곳에서 각각 호상을 천으로 헤아릴 만큼 죽였다고 해석할 수도 있고 두 곳 모두 합쳐서 천으로 헤아릴 만큼 살해했다고 해석할 수도 있다. 하지만 두 가지 해석 모두 앞에서 인용한 '피살된 외국상인이 수천 명'이라는 것과 부합되지 않는다.

《태평광기》 권402 '이면(李勉)'조에 인용된 《집이기(集異記)》[51]에서 당시 어떤 늙은 호인이 무려 20년 넘게 저양(雎陽) 일대에서 장사를 하였는데, 그의 아들이 아버지를 찾아 중국에 왔을 때에도 먼저 양주에 도착했다고 한 것을 보면 양주가 분명 그 호상이 자주 왕래하였던 곳임을 알 수 있다. 그 원문에는 다음과 같이 적혀있다.

"사도(司徒) 이면이 개원 초 준의(浚儀: 지금의 開封市 – 역자)의 위(尉)가 되었다가 임기가 끝난 뒤 변하(汴河)를 따라 광릉으로 유람을 떠났다. 저양에 이르렀을 때 홀연히 병에 걸린 페르시아(波斯胡) 노인이 지팡이를 짚고 이면에게 다가와 '타향 사람이 병이 심하여 강도(江都)로 돌아가려 하는데, 당신이 귀한 사람임을 알고 인자한 은혜에 몸을 맡기려 하니 일하지 않고 보호받기를 바랍니다'고 말하였다. 이면이 그를 불쌍히 여겨 배에 오르게 하고 죽도 챙겨주었다. 호인(胡人)이 매우 부끄럽게 여기며 '나는 본래 왕공귀족이었으나 이곳에서 상업에 종사한지 이미 20년이 넘었습니다. 집에 아들 셋이 있는데 분명 나를 찾으러 오는 놈이 있을 것입니다'고 말하였다. 며칠 후 배가 사상(泗上)에 도착했을 때 그 사람의 병이

51) 《집이기(集異記)》: 전 3권. 당나라 설용약(薛用弱, 생몰연도 미상)이 지은 전기(傳奇)소설집으로 《고이기(古異記)》라고도 부른다.

매우 심해졌는데, 주위 사람을 물리치고 이면에게 '우리나라에서 근자에 대대로 전해지는 귀한 구슬을 잃어버려 그것을 찾는 자에게 대대로 영화를 누리게 해준다고 모집함에, 내가 그 빛에 현혹되고 그 자리를 탐내어 고향을 떠나 찾아다니게 되었습니다. 최근에 이미 이를 구했으니 장차 돌아가면 바로 부귀영화를 누릴 수 있습니다. 그 구슬은 값이 백만에 달해 몸에 지니고 다니기가 불안하여 살을 째고 숨겨두었습니다. 하지만 불행히 병에 걸려 곧 죽게 되었으니 당신의 은혜에 감동하여 삼가 이를 바치려 합니다'고 말하고는 바로 칼을 꺼내 허벅지를 갈라 보물을 꺼내고는 절명하였다. 이면은 마침내 수의를 사서 입히고 회상(淮上)에 매장하였다. 구덩이를 닫을 때 몰래 구슬을 시신의 입에 넣고 떠났다. 곧 유양(維揚)에 도착한 뒤 주막을 찾던 중 갑자기 호인 무리와 좌우에서 따라가게 되어 말을 붙이게 되었다. 옆에 있던 젊은 호인 모습이 죽은 노인과 닮아서 이면이 바로 물어보니 과연 죽은 노인이 한 말과 부합하였다. 이에 이면이 그의 사적을 더 깊이 확인해본 바, 그가 바로 사망한 호인의 아들이었다. 이면이 그에게 매장한 장소를 알려주자, 젊은 호인은 눈물을 흘리고 곡을 하며 묘를 파서 구슬을 꺼내어 갔다."

양주는 외국상인이 많기는 했지만 국제 항구가 아니었기에 시박사가 없었다. 외국 선박이 양주에 온 것은 분명 그 이유가 있었겠지만, 당시 바다에 해적이 많아 해로가 막혔었다는 사실이 《당대화상동정전》에 보인다. 그래서 《신당서》와 《구당서》 모두 양주의 물산을 언급할 때, 외국 물산으로 유명한 광주와 천주만 못하다고 하였다. 《구당서》 권105 〈위견전(韋堅傳)〉에서는 "광운담(廣運潭)[52]을 거쳐 배가 통행하였으니 …… 소곡저선(小斛底船)[53] 2~3백 척을 준비하여 담(潭)가에 두었다. 그

....

52) 광운담(廣運潭): 서안(西安) 산파(滻灞)에 위치한 나루터이다. 당나라 현종 때 이곳에서 대규모 수운박람회와 상품교역회를 열어 당나라 상업무역의 발전상과 수운의 원활한 소통을 대외에 전시한 적이 있다고 한다.

배들은 모두 패(牌)에 글을 적어 표시하였는데, 광릉군의 배이면 보자기 위에 광릉에서 생산된 금(錦)·경(鏡)·동기(銅器)·해산물을 쌓아 두었다. …… 남해군은 …… 즉 대모·진주·상아·침향(沈香)[54] ……"이라고 했다. 《신당서》 권132 〈위견전〉에서도 "배마다 어느 군(郡) 소속임을 적고 해당 지역에서 생산된 물산을 그 배 위에 노적(露積)했는데, 예컨대 광릉은 금·동기·관단능수(官端綾繡)이고 …… 남해는 대모·상치(象齒)·주배(珠琲: 구슬꿰미 - 역자)·침향 ……"이라고 하였다. 또 권102에서 천주의 토산물로 해선(海船)·향약(香藥) 등이 있다고 하였으나, 권123에서는 양주의 토산물로 완석(莞席)·금기(錦綺)·백릉(白綾)·동경(銅鏡)·자목(柘木)만을 기록하고 있다.

그러나 송인설회(宋人說薈)의 하나인 《양주몽기(揚州夢記)》에 따르면 양주의 국내 상업도 예전만 못했던 것 같다.

"홍매(洪邁)[55]가 말하길, 당나라 때에는 염철전운사(鹽鐵傳運使)가 양주에

----

53) 소곡저선(小斛底船): 뒤집어 놓은 형상이 곡(斛)의 바닥과 비슷하나 선체가 비교적 작다하여 이름 붙여진 배의 일종이다. 바닥이 평평하고 양쪽이 기울어진 소규모 선박을 말할 때 널리 사용되는 용어로 이러한 형태의 배들은 물살이 세지 않은 위하(渭河)에서 운행하기 좋았다. 때문에 당나라 때 위하에서 물건을 운송하는 일에 많이 동원되었다.

54) 침향(沈香): 침수향(沈水香)이라고도 한다. 팥꽃나무과에 속하는 상록교목으로 주산지는 해남도·베트남·타이·말레이시아·수마트라·미얀마·아삼 등지이다. 원래 침향의 원목은 향기가 없으나 나무에 상처가 생겨 수지가 배어나와 굳어진 상태에서 넘어져 땅속에 묻히면 다른 부분은 다 썩지만, 수지가 응결된 부분만 썩지 않고 단단해지고 물에 가라앉을 만큼 무거워지는데, 이를 태우면 향기로운 연기를 뿜는다. 침향을 분향원료로 가장 일찍 사용한 나라는 인도로 불교의 전래와 함께 3세기 이전 중국에 유입된 것으로 본다. (《해상실크로드사전》, 305-306쪽)

있어 이권을 모두 관장했고 판관이 많게는 수십 명에 달했으며 상인들이 조직화되어있었다. 그런 까닭에 속담에서도 '양일익이(揚一益二: 益은 지금의 사천성 – 역자)'라 하여 천하의 번성함을 얘기할 때 양주가 첫 번째이고 촉(蜀)이 그 다음이라고 하였다. …… 그 번성했던 모습을 알 수 있다. …… 송나라本朝에 들어와 170년간 나라가 태평하였지만 여전히 당나라 때의 1/10에 이르지 못하니, 오늘날의 모습은 정말로 매우 슬프다."

홍매의 말은 《용재수필(容齋隨筆)》[56] 권5에 보인다. 이 내용을 보아도 송대 양주의 쇠락함이 당대와 비교해 천양지차였음을 알 수 있다.

천주에 시박사가 설치된 이듬해인 철종 원우 3년(1088) 밀주 판교진(板橋鎭)에도 시박사가 설치되었다. 그 곳은 인종 초년에 이미 통상이 허가되었는데, 나날이 번성해짐에 따라 지주(知州) 범악(范鍔)이 상주하여 시박사의 설치를 요청하였다. 신종 원풍 6년(1083) 범악이 재차 상주하면서 여섯 가지 이득을 말하였는데, 그 여섯 번째 이득으로 "해로가 이미 통하여 여러 외국의 보화가 끊임없이 들어오니 명주와 광주에 비

....

55) 홍매(洪邁, 1123-1202): 남송대의 관료이자 학자로 요주(饒州) 파양(鄱陽) 출신이다. 고종 소흥 15년(1145) 박학홍사과(博學鴻詞科)에 합격했고 중서사인(中書舍人) 등을 지냈다. 금나라 세종이 즉위할 때, 사신으로 갔으나 임무를 완수하지 못해 잠시 면직되었다. 이후 복귀하여 한림학사·지소흥부(知紹興府) 등을 역임하였다. 저서로 《용재수필》 외에 《이견지(夷堅志)》·《사조국사(四朝國史)》 등이 있다.

56) 《용재수필(容齋隨筆)》: 남송시대 홍매가 독서하며 얻은 지식을 그때마다 정리해 집대성한 것으로 역사·문학·철학·정치 등 여러 분야의 고증과 평론을 엮은 학술적 내용의 필기다. 《용재수필》 16권, 《속필(續筆)》 16권, 《삼필(三筆)》 16권, 《사필(四筆)》 16권, 《오필(五筆)》 10권인 5부작으로 구성되어 있는데, 근 40년에 걸쳐 완성되었다. 총 1229조목에 달하는 분량은 개인의 필기로는 보기 드문 것으로 홍매 일생의 모든 학식이 오롯이 담겨 있다.

해 몇 배 더 많이 진공할 수 있다"는 점을 들고 있다. 《송사》〈이전전(李全傳)〉에서는 송말에도 (밀주에) 여전히 많은 재화가 모여들었다고 하니, 대개 송나라 때 등주(登州)와 내주(萊州) 모두 왕래가 금지되었기 때문에 밀주가 마침내 이를 대신하였던 것 같다.

제7절 경주(瓊州)와 속읍(屬邑)

송나라 때 경주에 시박사(市舶司)를 설립하자는 논의가 있었지만 실현되지는 않았다. 《송회요》에는 효종 건도 9년(1173) 7월 12일 광남로 제거시박사가 보고하면서 경주에 주관 관리를 두어 지휘하게 할 것을 청한 데에 대해 시행하지 말라는 조서를 내린 기록이 있다. 건의한 사람은 제거 황량심(黃良心)이었고 그 주된 목적은 "오로지 시박의 폐단을 찾아내고 돌아가는 배의 화물 호송을 재촉하는"데 있었다. 송대 사람 누약(樓鑰)[57]의 《공괴집(攻媿集)》 권3 〈송만경도수경관(送萬耕道帥瓊管)〉 시에 "유구와 대식 상인들 기이한 물건 서로 바꾸고, 해상에서 교역하러 다니는 선박들 모두 이곳에 모여드네[58]"라는 구절이 있어 이곳을 찾는 외국 선박이 상당히 많았음을 알 수 있다. 또 권19의 〈대사지경주표(代

---

57) 누약(樓鑰, 1137-1213): 남송대의 문인으로 경원(慶元) 도은(道鄞) 출신이다. 1169년 정단사(正旦使) 왕대유(汪大猷)를 따라 금(金)에 다녀와서 《북행일록(北行日錄)》을 저술하였다. 정치적으로 조여우(趙汝愚)와 뜻을 같이 하였고 한탁주(韓侂冑)를 배척하였다. 사후 선헌(宣獻)이라는 시호가 내려졌다. 《북행일록》 외에 《공괴집》 등의 저서가 있다.
58) "琉球大食更天表, 舶交海上俱朝宗."

謝知瓊州表》)에서는 "지금 경주와 관주(筦州)는 멀리 만리 밖 바다 한가운데에 위치해있지만 …… 외국상인들이 멀리서 모여들어 실로 선박 행정의 근원이 되고 있다"고 하였다. 경주에서도 세금을 걷었으니,《제번지》의 '해남경주(海南瓊州)'조에 보면 다섯 속읍에 모두 시박이 있었고 선박은 세 등급으로 나눴는데, 상등은 박(舶), 중등은 포두(包頭), 하등은 단선(蜑船)이라 불렀다고 되어있다. 다섯 속읍은 경산(瓊山)·징매(澄邁)·임고(臨高)·문창(文昌)·낙회(樂會)였다. 그 외에 창화성(昌化城: 지금의 昌江縣) 서쪽 50리 지점의 사자봉(獅子峯)에는 정리후묘(貞利侯廟)가 있었는데,《제번지》권하에 따르면 "상선들이 이곳에서 기풍제를 올렸다"고 한다.《제번지》에서는 또 만안군(萬安軍)의 성 동쪽에 "박주도강묘(舶主都綱廟)가 있는데, …… 왕래하는 선박이 먼저 제사를 지낸 후에 출발했다"고 한다.《고금도서집성》〈직방전(職方典)〉권1380에서는《경주부지(瓊州府志)》를 인용하여 이 사당을 소응사(昭應祠) 혹은 번신묘(番神廟)라고도 불렀다고 기록하고 있다.

[부록] 기타 비교적 작은 규모의 무역항
(태주·온주·남창·진강·소주)

절강의 태주(台州) 및 온주(溫州):《몽양록》권12에 "만약 상인들이 태주·온주·천주·복주에 와서 무역하면 칠주(七洲)와 곤륜 등 큰 바다를 건널 일이 없었다"고 적혀있고, 소흥 3년(1133) 양절 제거시박사의 보고문 중에도 "임안부·명주·온주·수주의 화정 및 청룡의 최근 장무(場務)"라는 말이 나오는 것으로 보아 온주에 시박무가 있었음을 알 수 있다. 온주의 시박무는 영종 경원 원년(1195)[59] 이후 폐지되었는데,《보경사명지》권4상에는 "광종 황제 즉위 초 상선이 감포에 오는 것을 금하면서 항주의 무가 폐지되었다. 영종 황제의 연호 갱신 이후, 상선이 강음과 온주·수주에 정박하는 것을 금지하면서 3군의 무가 또 폐지되었다. 무릇 고려와 무역을 하는 중국 상인과 일본 및 여러 번국에서 중국에 오는 자들은 오직 경원(慶元)으로만 들어오고 나갈 수 있었다"고 기록되어있다.

강서의 남창(南昌): 옛 이름은 홍주(洪州)이고 육상으로 광주와 통하는 대로(大路)에 위치한다. 왕안석의《임천문집(臨川文集)》권28〈송정공벽수홍주(送程公闢守洪州)〉시에서는 "…… 침단(沈檀)·주서(珠犀) 등 진귀한 물건 파는 온갖 상인들 뒤섞이네. 산처럼 큰 배들 상아로 장식한 돛대 올리고, 교주와 광주로 운송하고 형주와 양주에 이르네[60]"라고 하였다.

진강군(鎭江軍)은 현재의 진강이고 평강부(平江府)는 대략 현재의 소주에 해당하니 역시 외국 선박의 왕래가 있었다.《송회요》를 보면 "정화 7년(1117) 7월 18일 제거양절로시박(提擧兩浙路市舶) 장원(張苑)이 상주하여 만약 진강과 평강부에 온 번상 가운데 선박의 화물을 관청에 들이고자 하는 자가 있으면 세무감관(稅務監官)으로 하여금 시박법(市舶法)에 따라 널리 구매하여, 그 중에서 진공할 물건은 조례와 강목에 맞추어 징발하고 진공 못할 화물은 제형사(提刑司)에 두었다가 관에서 가격을 정해 판매하길 청하자 이를 허가했다"고 되어있다.

....

59) 원서에는 1190년으로 되어있으나 영종 경원 원년은 1195년이 맞다.
60) "沈檀珠犀雜萬商, 大舟如山起牙檣, 輸瀉交廣流荊揚."

제6장
송대 사람이 기록한 중국과 남양, 중국과 서남아시아 간의 교통

제1절 주거비(周去非)의 《영외대답(嶺外代答)》

《영외대답》 10권은 영가(永嘉: 지금의 절강성 溫州 - 역자) 사람 주거비가 편찬하였다. 주거비의 자(字)는 직부(直夫)이고 일찍이 계림(桂林)에서 관직을 지냈는데, 동쪽으로 돌아온 후 영외(嶺外)의 일을 묻는 사람이 많아서 책을 써서 답을 대신했다고 한다. 책머리 자서(自序)에 순희 무술년 겨울 10월 5일 썼다고 되어있으니, 즉 서기 1178년이다.

이 책은 오래전에 산일되어 《영락대전(永樂大典)》[1]에 2권으로 합쳐진 것만 볼 수 있다. 원래 10권 20문(門)이었으나 현재는 19문만 남아

---

1) 《영락대전(榮樂大典)》: 명나라 때 고금(古今)의 문헌을 모아 엮은 유서(類書)로 영락제의 칙명으로 1408년 완성되었는데, 현재 남아있는 부분은 많지 않다. 경사자집(經史子集)·백가(百家)의 서(書)·천문·지지(地志)·음양(陰陽)·의복(醫卜)·승도(僧道) 등을 수집하여 《홍무정운(洪武正韻)》에 따라 배열한 것으로 처음에는 《문헌대성(文獻大成)》이라 칭하였다.

있는데, 〈외국문(外國門)하(下)〉는 군제호적(軍制戶籍)과 관련된 내용으로 별도의 1문인 듯하다. 이는 청대에 《사고전서(四庫全書)》[2]를 편찬할 때 《영락대전》에서 그 내용을 뽑아 베껴 원래의 모습을 복원하고자 하면서 억지로 〈외국문〉을 상·하 둘로 나누었기 때문이다. 현재는 《지부족재총서(知不足齋叢書)》본이 있다. 권2의 '해외제번국(海外諸蕃國)'조에 다음과 같은 기록이 있다.

"여러 번국은 대개 바다를 경계로 각기 영토를 정해 나라를 세웠다. 나라마다 생산된 물산은 각 도회로부터 항구를 통해 유통되었다. 정남쪽 제국(諸國)은 삼불제가 그 도회이고 동남쪽 제국은 사바(闍婆)가 그 도회이다. 서남쪽 제국은 끝을 알 수 없을 만큼 넓은데, 가까운 곳으로는 점성과 진랍이 와리(瓜哇) 제국의 도회이고, 멀리는 대진(大秦)이 있으니 서천축 제국의 도회이다. 또 더 멀리로 마리발국(麻離拔國)이 있으니 대식 제국의 도회이고, 또 그 바깥에는 목란피국(木蘭皮國)이 있으니 서쪽 끝 제국의 도회이다. 삼불제의 남쪽은 남대양해(南大洋海)인데, 바다 가운데 만여 개의 섬에 사람들이 정착해 살고 있으며 더 남쪽으로는 통하지가 않는다. 사바의 동쪽은 동대양해(東大洋海)로 물살이 점차 낮아지면 그곳에 여인국(女人國)이 있다. 더 동쪽으로 가면 바닷물이 새나가는 미려(尾閭)가 있어 더 이상 사람 사는 세상이 아니다. …… 서남해 상의 제국은 이루 다 셀 수 없으나 그 대략적인 모습은 알 수 있다. 일단 교지를 기준으로 삼으면, 교지의 남쪽은 점성·진랍·불라안(佛羅安)이고 교지의 서북쪽은 대리(大理)·흑수(黑水)·토번(吐蕃)이다. 그 서쪽으로 큰 바다가 가로막고 있는데, 이 바다 이름이 세란(細蘭)이고 세란해 가운데 세란

2) 《사고전서(四庫全書)》: 청나라 건륭제 때에 완성된 중국 역사상 최대 규모의 총서이다. '사고(四庫)'는 이 총서가 중국 전통의 도서 분류방식인 사부(四部) 체제 즉 경사자집(經史子集)으로 구성되었음을 뜻하고, '전서(全書)'는 고대로부터의 모든 서적들을 수록했음을 뜻한다.

국(細蘭國)이라 불리는 대양(大洋) 하나가 있다. 그곳을 넘어 서쪽으로 가면 다시 여러 나라가 있는데, 그 남쪽은 고림국(故臨國)이고 그 북쪽은 대진국·왕사성·천축국이다. 그 서쪽에 동대식해(東大食海)라는 바다가 있는데, 이를 건너 서쪽으로 가면 대식 제국이 있다. 대식의 땅은 매우 넓고 나라도 굉장히 많아 모두 기록할 수 없다. 또 그 서쪽에 서대식해 (西大食海)라는 바다가 있는데, 이를 건너 서쪽으로 가면 목란피국 제국 천여 개가 있다. 거기서 다시 서쪽으로 더 가면 태양이 들어가는 곳으로 얻어 들어본 바가 없다."

삼불제 즉 팔렘방(Palembang)에 대해서는 같은 책 권2에 별도의 항목 이 있는데, "동쪽의 사바 제국과 서쪽의 대식·고림 제국 모두 그 땅을 경유하지 않고는 중국에 올 수 없다"고 기록하고 있다. 사바 즉 자바 (Java)에 대해서는 권2에 있는 별도 항목에서 "보가용(莆家龍, Peka-longan)이라고도 부른다"고 하였다. 점성은 참파(Campa)이고, 진랍은 캄보쟈(Kamboja)이며, 불라안은 베라낭(Beranang)으로 말레이반도 남 부에 있다. 세란은 스리랑카(Sir Lanka)로 산스크리트어의 아언(雅言)으 로는 심하디파(Simhadvipa)이고 속어로는 시하디파(Sihadipa)이며 번역 하면 사자주(師子州)란 뜻이다. 또 산스크리트어로 심하라(Simhala)라고 도 하는데, 번역하면 사자(師子)란 뜻으로 아랍 사람들이 이를 실란 (Silan)으로 잘못 읽은 것이다. 고림은 바로 퀼론(Quilon)3) 또는 쿨람 (Kulam)으로 같은 책 같은 권에 있는 별도의 항목에서 "대식국과 서로 통하는데 큰 배로 40일이면 남리(藍里: 이후 南巫里 또는 藍無里 즉 Lamuri로 불리게 된 곳으로 수마트라섬 서북쪽 모퉁이에 위치함)에 이르

....

3) 퀼론(Quilon): 인도 남서부 케랄라(Kerala)주 남부에 있는 항구도시. 콜람 (Kollam)이라고도 하는데, 콜람은 산스크리트어로 후추라는 뜻이다.

고, (거기서) 겨울을 보낸 다음 이듬해 다시 배를 타고 약 한 달만 가면 그 나라에 닿는다"고 하였다. 마리발국은 말리바르(Malibar) 또는 말라바르(Malabar)로 같은 책 권3 '대식국'조에 따르면 "마리발국은 광동에서 한겨울 이후 출항하여 북풍을 타고 약 40일을 가면 지명이 남리라는 곳에 닿는다. …… 겨울을 보낸 다음 다시 동북풍을 타고 60일간 바람을 따라 가면 도착한다. …… 원우 3년(1088) 11월 대식의 마라발국(麻囉拔國)에서 사람을 보내 입공(入貢)하였다고 한 것이 바로 이 마리발국이다"고 되어있다. 목란피국에 관해서는 역시 같은 책 같은 권에서 "대식국의 서쪽에 큰 바다가 있고 그 바다 서쪽에 셀 수 없을 만큼 많은 나라가 있는데, 대식의 큰 배가 이를 수 있는 나라는 목란피국(Murabit)뿐이다. 대개 대식의 타반지국(陁盤地國)[4]에서 출항하여 정서 방향으로 백일을 항해하면 도착한다"고 하였다. 서천(西天) 제국에 관해서는 역시 같은 권에 별도의 항목이 있는데, "그 땅의 서쪽에 동대식해가 있고 그것을 넘어 서쪽으로 가면 대식의 여러 나라가 있다. 그 땅의 남쪽에는 세란국이라는 섬나라가 있는데 그 바다도 세란해라 부른다"고 되어있다.

또 권3의 '항해외이(航海外夷)'조에는 다음과 같이 적혀있다.

"여러 번국 중 물산이 풍부하고 보화가 많은 것으로 대식국을 따라갈 나라가 없고 다음이 사바국이며 그 다음은 삼불제국이고 또 그 다음에 여러 나라가 있다. 삼불제국은 여러 나라가 왕래하는 해로의 요충지이다. 삼불제에서 올 때는 정북 방향으로 항해해 배가 상하축(上下竺)과 교양(交洋)을 지나면 중국의 경계에 이른다. 광주로 가려는 자는 둔문(屯門:

....

4) 타반지국(陁盤地國): 이집트 다미에타(Damietta: 지중해 연안의 나일강 삼각주에 있음)주의 주도인 다미에타 인근에 위치한다. 항구도시인 다미에타는 지중해에서 13km정도 떨어져 있고 나일강 지류인 다미에타강의 우안에 있다.

현 홍콩 Tuen Mun 지역 – 역자)으로 들어오고, 천주로 가려는 자는 갑자문(甲子門: 현 광동성 陸豊縣 동남쪽에 위치한 항구 – 역자)으로 들어온다. 사바에서 올 때는 약간 서북 방향으로 항해하여 배가 십이자석(十二子石: 현 보루네오섬 서남쪽에 위치한 Karimata군도 – 역자)을 지나면 삼불제에서 오는 해로와 축서(竺嶼) 아래에서 합쳐진다. 대식국에서 올 때는 작은 배를 타고 남쪽의 고림국에 이르러 큰 배로 갈아탄 뒤 동쪽으로 항해하여 삼불제에 도착하면 그 다음부터는 삼불제에서 중국에 들어오는 것과 같다. 기타 점성과 진랍 등은 모두 교양 남쪽에서 가까워 거리가 삼불제나 사바의 절반도 되지 않고 삼불제와 사바는 또 대식국의 절반이 되지 않는다. 여러 번국에서 중국에 오는 경우 1년이면 왕복이 가능한데, 오직 대식만이 2년이어야 가능하다. 무릇 번국의 배는 순풍을 받아 운항하면 하루에 천리를 가지만, 일단 삭풍(朔風)을 만나면 화를 예측할 수 없다. 다행히 배가 우리 영토 내에 표착하면 그나마 보갑(保甲)의 법이 있지만, 만약 외국에 표착하면 사람과 화물을 모두 몰수당한다. 묵가(黙伽)나 물사리(勿斯里) 같은 나라들은 그 거리가 몇 만 리나 되는지도 알지 못한다.”

상하축은 《도이지략(島夷志略)》[5]에서 동서축(東西竺) 즉 풀라우 아우르(Pulaw Aur: 말레이시아 Johor주 동해안에 있는 작은 섬 – 역자)로 되어있는데,

....

5) 《도이지략(島夷志略)》: 원대의 여행가 왕대연(汪大淵, 1311-?)의 작품. 해외 사정에 대한 심층적인 이해를 목적으로 하였기 때문에 대상지에 대한 탐지 및 기술에 역점을 두고 자신의 여행과정에 대해서는 일일이 밝히지 않고 있다. 왕대연은 자신이 직접 밟아 본 땅에서 두 눈으로 목도한 사실만을 그대로 기술하고 있으며 이러한 기술의 사실성은 후일의 역사가 여실이 실증해주고 있다. 또 이 책은 분권(分卷)을 하지 않고 100개의 조항으로 구성되어있는데, 마지막 조항 〈이문유취(異聞類聚)〉 외에는 지명을 조항 명으로 하고 있다. 즉 그가 직접 탐방한 99개 나라와 지역에 관해 기술하고 있으며 그 속에 언급된 외국지명만 220개가 넘는다는 점에서 그의 여행이 얼마나 폭넓었는지를 알 수 있다.(《해상실크로드사전》, 239-241쪽)

이는 죽도(竹島)를 말한다. 교양은 교지만(交阯灣: 현 중국의 해남성과 광서장족자치구, 베트남 사이에 있는 北部灣 - 역자)이고, 묵가는 메카(Mecca)[6]이며, 물사리는 이집트에 있는 미스르(Misr)이다.

제2절 조여괄(趙汝适)과 《제번지(諸蕃志)》

《제번지》는 조여괄의 작품이다. 자서에 보경 원년 9월에 썼다고 되어 있으니, 즉 서기 1225년이다. 작자는 일찍이 제거복건로시박(提擧福建路市舶)을 역임했는데, 이 책은 바로 그 임기 중에 쓴 것이다. 그런데 자서에 따르면 "한가한 날 제번도(諸蕃圖)를 보니 (남쪽 바다로 가는 길에) 여러 암초와 모래톱의 험함이 있고 교양(交洋)과 축서(竺嶼)의 경계가 그려져 있어 이에 관한 기록이 있는지 물었으나 없다고 하였다. 이에 여러 외국상인에게 물어 그 나라 이름을 열거하고 그 나라로 가는 도정(道程)의 연결 관계와 풍토 및 물산을 설명하게 하여, 이를 번역해서 글로 남긴 후 잡다한 것은 버리고 사실만을 남겨 제번지라 이름 붙였다"고 한다. 따라서 그 내용 중에 전문(傳聞)을 통해 얻은 것이 많음을 알 수 있다. 그러나 외국 지도도 참고했고 옛 전적도 두루 수집하였는데, 특히 《영외대답》에서 옮겨 쓴 것이 많았다. 이 책도 (그 원본은 이미

....

6) 메카(Mecca): 현 사우디아라비아 서남부에 있는 홍해 연안의 도시. 이슬람교의 시조 무함마드의 탄생지이자 이슬람교의 발원지이며 무슬림들의 순례성지이다. 메카란 아랍어로 '흡입'이란 뜻인데, 이것은 목마른 사람들이 이슬람교 제1의 신성한 사원 금사(禁寺) 내에 있는 '잠잠(Zamzam)'이란 샘물을 들이마신다는 데서 유래하였다고 한다.

없어지고)《영락대전》권4262 번자운(蕃字韻)에서 관련 내용을 모아 편집한 것이 남아있으니, 일찍이《함해(函海)》[7]와《학진토원(學津討原)》에 수록된 바 있다. 이 책에는 원래 주석이 있었는데, 그 중 이조원(李調元)[8]이 단 주석은 모두 '이주(李注)'라 표시했고 나머지는 '원주(原注)'라 불렀지만 그것이 원 편찬자의 손에서 나온 것인지는 증명할 수가 없다. 그 외 심증식(沈曾植)이 주석을 단 초본(鈔本)도 있다. 서송(徐松)이《영락대전》에서 이 책의 내용을 초록해 낼 때 조여괄의 원래 자서가 있었다. 이 초본은 나중에 무전손(繆荃孫)[9]의 수중에 들어갔고, 그 자서는《예풍당장서기(藝風堂藏書記)》권3에도 수록되어있다. 작고한 풍승균은 각종 간행본과 두 개의 초본을 근거로《사고전서》본과 상호 대조하고 또《통전》·《영외대답》·《문헌통고》·《송사》등에 의거하여 그 오류를 바로잡아《제번지교주(諸蕃志校注)》를 완성하였으니, 참으로 학술적 가치가 높은 책이다.

---

7) 《함해(函海)》: 청대 사람 이조원이 편집하여 간행한 총서로 총 30집에 150종의 책이 수록되어있다.

8) 이조원(李調元, 1734-1803): 청대의 문학가이자 희곡이론가로 사천성 나강현(羅江縣) 출신이다. 광동학정(廣東學政) 등을 역임하였다. 경학은 정현(鄭玄)을 종주로 하여 훈고를 중시했으며 삼례(三禮) 및《서경》에 정통했다. 저서에《주례적전(周禮摘箋)》·《동산시문집(童山詩文集)》등이, 편집한 책으로《함해》·《촉아(蜀雅)》·《월풍(粵風)》 등이 있으며 음식에도 관심이 많아《성원식보(醒園食譜)》를 저술하였다.

9) 무전손(繆荃孫, 1844-1919): 강소성 강음(江陰) 사람으로 자는 염지(炎之)·소산(筱珊)이고 호는 예풍노인(藝風老人)이다. 청말의 관리이자 교감학자(校勘學者)·교육가·목록학자·금석학자이며 한림원편수를 지냈다. 금석문을 좋아하여 스스로 소장목록 1만1천8백여 종을 편찬했다. 저서로《예풍당장서기》·《속기(續記)》·《재속기(再續記)》·《운자재감총서(雲自在龕叢書)》·《대우루총서(對雨樓叢書)》 등이 있다.

이 책을 연구한 외국인으로는 히르트(Hirth)와 록힐(Rockhill)이 있는데, 자세한 내용은 본서 제1편에서 이미 설명하였다. 다만 이들의 역주본에도 결함과 오류가 적지 않다.

이 책의 장점은 동쪽의 일본에서부터 서쪽으로 지중해의 시칠리아섬까지 연해의 여러 나라를 거의 빠뜨리지 않고 매우 상세하게 열거했다는 점이고, 단점은 작자가 직접 목격한 것이 아닌데다 주관적 억측이 더해져 많은 혼동이 있고 순서도 뒤섞여 조리가 없다는 점이다.

이 책의 권상 '지국(志國)'에 수록된 나라는 다음과 같다.

교지(交趾): 옛날의 교주로 "해마다 진공하였다." 현재 베트남의 북부와 중북부 지역이다.

점성(占城): 현재 베트남의 중부와 남부 지역이다. 옛날에는 점파(占波), 첨파(瞻波), 마하첨파(摩訶瞻波), 점파(占婆), 점불로(占不勞), 점불(占不), 잠팔(蘸八) 등으로 음역되었고, 중국 전적에서는 임읍(林邑), 임읍(臨邑), 환왕(環王)이라고도 불렀다. "후주[周] 현덕연간(954-959)에 처음으로 사신을 파견하여 입공하였다. 송[皇朝] 건륭·건덕연간(960-967)에 각각 토산물을 진공하였다. 태평흥국 6년(981) …… 광주(廣州)로 하여금 그들을 사로잡는 것을 중지하고 위무(慰撫)하게 한 이후로 공납이 끊이지 않았다."

빈동룡(賓瞳龍): 점성의 속국으로 현재 번룡성(藩龍省)[10] 지역이며 산스크리트어 판두랑가(Panduranga)의 대음이다. 옛 전적에는 분타랑(奔陀浪), 빈동롱(賓同隴), 빈타라(賓陀羅), 빈두랑(賓頭狼), 빈동룡(賓童龍),

----

10) 번룡성(藩龍省): 참파 왕국 남부의 항구 판랑(Phan Rang)이 있던 지역으로 현재 베트남의 닌투언(Ninh Thuan)성과 빈투언(Binh Thuan)성 일대에 해당한다.

빈타릉(賓陀陵), 민다랑(民多朗) 등으로 기록되어있는데, 《영외대답》에는 빈동롱(賓瞳朧)으로 적혀있다. "옹희 4년(987) 대식국과 함께 와서 토산물을 진공하였다."

진랍(眞臘): 현재의 캄보디아로 송대의 진랍은 영토가 더 넓었다. 이 책에서 나곡(羅斛, Lavo)과 포감(蒲甘, Pagan)이 모두 그 속국이며 국경은 남쪽으로 가라희(加羅希, Grahi)에 이른다고 한 것으로 보아, 태국과 미얀마의 남부 및 말레이반도 북부까지 차지하고 있었음을 알 수 있다. 진랍은 또 길멸(吉蔑), 감색지(甘索智), 감포지(澉浦只), 감파자(甘破蔗)라고도 불렀다. 나곡은 지금의 랍부리(Lapburi)로 메남(Menam)강 하류에 위치했다. "당나라 무덕연간(618~626)에 처음으로 중국과 통하였다. 송[國朝] 선화 2년(1120) 사신을 보내 입공하였다."

등류미국(登流眉國): 펠리오(Pelliot)는 등류미국을 《송사》 권489에 나오는 단미류(丹眉流)라 여겼고, 《문헌통고》 권332에서는 단(丹)자를 주(舟)자로 잘못 보고 다시 주(舟)자를 주(州)자로 잘못 기록하여 주미류(州眉流)라고 썼다. 풍승균은 《송사》의 단미류가 《제번지》의 단마령(單馬令)이라고 보았는데, (뒤에 나오는 것처럼) 생산되는 물산도 대부분 합치하지 않지만 "이 세 나라가 동일한 나라인지 여부를 떠나 말레이반도에 위치했던 것은 확실하다"고 하였다.

포감국(蒲甘國): 현재의 미얀마. 대략 9세기 초 미얀마는 포감으로 천도했는데, 송나라 사람은 이를 나라이름으로 불렀다. "나라에 제갈무후묘(諸葛武侯廟)가 있다. 황조(皇朝) 경덕 원년(1004) 삼불제·대식국과 함께 사신을 보내 입공하였다. …… 숭녕 5년(1106)에 또 입공하였다." 이 구절은 《영외대답》에는 보이지 않고 《송사》 권489에도 숭녕 5년의 일만 기록되어있다.

삼불제국(三佛齊國): "포(蒲)씨 성을 가진 사람이 많다. …… 또 중국

문자가 있어 왕에게 상주할 때 사용한다." 삼불제는 스리비자야
(Srivijaya)[11]의 대음으로 실리불서(室利佛逝) 또는 시리불서(尸利佛逝)
라고도 쓰고 또 금주(金洲)라고도 부른다. 수도는 팔렘방으로 이 책에서
는 파림풍(巴林馮)이라고 했고 발림방(淳淋邦) 또는 구항(舊港)이라고도
썼다. 여기서 《영외대답》을 참고하여 중국에 입공했던 기록을 종합하면
다음과 같다. 당 천우연간(904~922) 처음으로 중국과 교류하기 시작했
다(《신당서》권222하 〈室利佛逝傳〉에 따르면 7세기가 맞다). 송 건륭
원년(960)·2년·3년에 모두 입공하였는데, 3년에는 두 차례나 왔다. 순
화 3년(992)에는 사바의 침략을 받은 사실을 알려왔고, 함평 7년(1003)
에는 종(鐘)을 하사하고 사액(寺額)도 수여하였다. 경덕·상부·천희연
간(1004~1021), 원풍 2년(1079), 원우 3년(1088)에 모두 입공하였다. 이
책에서는 이 나라가 "천주 정남쪽에 위치하며 겨울철에 순풍을 타고 한
달 여면 능아문(凌牙門)에 도달한다"고 했는데, 능아문은 현재의 링가
(Linga)협(峽)으로 용아문(龍牙門) 또는 용아대산(龍雅大山)이라고도 쓴
다. 그 속국으로는 봉풍(蓬豐)이 있는데, 팽갱(彭坑) 또는 팽형(彭亨)으
로도 부르며 현재의 파항(Pahang)에 해당한다. 등아농(登牙儂)은 정가
려(丁家盧) 또는 정기의(丁機宜)로도 쓰니, 현재의 트렝가누(Trenganu)
이다. 능아사가(凌牙斯加) 역시 낭아수(狼牙修), 낭아수(狼牙須), 낭가수
(郎迦戌), 용아서각(龍牙犀角), 능가수(棱伽修)로도 쓰는데, 원음은 렝카
수카(Lengkasuka)이고 현재의 파타니(Patani) 지역을 포함한다. 그 수도
는 말레이반도 서안의 케다(Kedah)로 이 책에서는 길타(吉陀) 또는 갈
다(羯茶)로 썼으며 아랍 사람들은 칼라(Kalah)라고 불렀는데, 당나라 때
페르시아와 아랍의 배 대부분이 이곳에 이르렀다고 한 것을 보면 그곳

....

11) 스리비자야(Srivijaya): 본편 5장 1절의 삼불제 각주를 참고.

이 당시 동서교통의 요충지였음을 알 수 있다.

사바국(闍婆國): "보가룡(莆家龍)이라고도 부르는데, 천주에서 병사(丙巳: 150~165도 - 역자) 방향이다. 대체로 겨울철에 출항하여 북풍의 도움을 받아 순풍으로 밤낮을 가면 한 달여 만에 도달할 수 있다. …… 유송(劉宋) 원가 12년(435) 일찍이 중국과 교류했다가 후에 단절되었고, 황조 순화 3년(992)에 다시 조공의 예를 갖췄다. …… 이 나라는 후추의 집산지로 상선이 몇 배의 이익을 얻었기에 종종 금령을 무릅쓰고 몰래 동전을 싣고 가서 많이 바꿔왔는데, 조정에서 여러 차례 그 판매를 금지했으나 번상(番商)들이 꾀를 내어 그 이름을 소길단(蘇吉丹)으로 바꾸었다." 보가룡은 자바섬 북안 페칼롱간(Pekalongan)의 음역으로 이를 통해 사바가 바로 자바임을 알 수 있다. 산스크리트어로 옛날에는 야바디파(Yavadvipa)라 불렀으니, 즉 《법현행전(法顯行傳)》에 나오는 야파제(耶婆提)가 바로 이곳이다.

대진국에 관한 《제번지》의 기록은 《영외대답》 권3 '대진국'조의 전문을 옮기고 거기에다 여러 사서에 보이는 〈대진전(大秦傳)〉의 내용을 잡다하게 모아 놓은 것에 불과하다. 일부 외국상인에게서 들은 내용이 있기는 하지만, 그들이 말한 것은 바그다드(Baghdad)인 듯하다. "대진국(원주: 일명 犂靬이라고 함)은 서천(西天) 여러 나라의 도회이고 대식의 번상이 모이는 곳이다. 그 왕은 마라불(麻囉弗)이라 부르는데 도성을 잘 다스렸다"고 하였다. 히르트 등이 쓴 역주본에서는 여기서 말하는 대진국은 아마도 498년 교회가 분리된[12] 후 아시아 기독교 사무를 총괄

....

12) 그리스도론 논쟁으로 인한 알렉산드리아 학파 출신의 알렉산드리아 총대주교 키릴로스와 안티오키아 학파 출신의 네스토리우스 사이의 갈등으로 네스토리우스가 에베소 공의회에서 파문된 뒤, 네스토리우스파 기독교가 498년

하던 안티오크(Antioch)성의 총주교를 가리키는 것 같다고 하였다. ……
마라불은 시리아 교도들이 경교(景敎)의 총주교를 높여 부르던 말로 원
문에서는 마르 아바(Mar Aba)라 썼고 '주부(主父)'라 번역하였다. 〈대진
경교유행중국비(大秦景敎流行中國碑)〉13)에도 이 칭호가 나온다. 주거비
가 《영외대답》을 편찬할 당시 경교의 총주교가 바그다드에 주재(駐在)
하고 있었기 때문에 "서천 여러 나라의 도회"라고 했던 것이다.

또 천축국에 대해서도 기록하고 있는데, 앞부분은 작자가 직접 수집
한 것 같고 중간부분은 여러 서적에서 옮겨 적은 것이다. 끝부분에 언급
되어있는 승려가 항해하여 왔다는 일과 그 글머리에 천축국이 대진국에
예속되어있다는 말 등은 모두 이해할 수가 없다. 게다가 이 책에서는
이미 네 곳에서 인도의 4대국 즉 남비(南毗)·호다랄(胡茶辣)·마라화(麻
囉華)·주련(注輦)을 각각 언급하였음에도 천축국을 별도의 항목으로 둔
것은 더욱 불필요한 일이었다. 그리고 《영외대답》에서 메디나(Media)14)
의 성수(聖水) 이야기를 대진국조에 기록하는 착오를 범하였는데, 이 책
에서 이를 다시 천축국에 옮겨 적은 것은 더더욱 사실관계를 잘못 안
것이다.

....

크테시폰 셀레우키아(Ctesiphon-Seleucia)에 새로운 총대주교를 세운 것을
말하는 것 같다.
13) 이에 관한 상세한 내용은 본편 20장 3절을 참고.
14) 메디나(Media): 현 사우디아라비아 메디나주의 주도. 예언자 무함마드가 사
망한 땅으로 이슬람교의 성지이다.

제3절 《송사(宋史)》 〈주련전(注輦傳)〉의 기술

《송사》 권489 〈주련전〉[15]에서는 대중상부 8년(1015) 주련국의 사신 사리삼문(娑里三文)이 지나온 남양항로(南洋航路)에 대하여 다음과 같이 기록하고 있다.

"삼문(三文)은 본국을 떠나 배로 77일을 항해하여 나물단산(郍勿丹山)과 사리서란산(娑里西蘭山)을 거쳐 점빈(占賓)국에 이르렀다. 거기서 또 61일을 항해하여 이마라리산(伊麻羅里山)을 거쳐 고라(古羅)국에 이르렀는데, 그 나라에 고라산이 있어서 그렇게 이름 붙였다. 거기서 또 71일을 항해하여 가팔산(加八山)·점불뢰산(占不牢山)·주보룡산(舟寶龍山)을 거쳐 삼불제국에 이르렀다. 거기서 또 18일을 항해해서 만산수구(蠻山水口)를 건너고 천축산(天竺山)을 지나 빈두랑산(賓頭狼山)에 이르러 동쪽으로 서왕모(西王母)의 무덤을 멀리 바라보니 뱃길에서 거의 백 리 떨어진 거리에 있었다. 거기서 다시 20일을 가 양산(羊山)과 구성산(九星山)을 건너 광주(廣州)의 비파주(琵琶洲)에 이르렀다. 본국을 떠난 지 1,150일 만에 광주에 도착한 것이다."

주련은 《대당서역기》에서 주리사(珠利邪)라고 했는데, 인도의 고국(古國)이다. 대개 기원전 남인도에 두 개의 나라가 있었으니, 하나는 코라(Cola, 즉 주련)이고 하나는 판디야(Pandya)로 모두 드라비다(Dravida)종족에 속했다. 그 뒤 팔라바(Pallava)왕조가 안드라(Andhra)왕조를 대신하여 흥기하여 이 두 나라를 합병하고 칸치푸라(Kanchipura)에

....
15) 《송사》 권489는 〈외국전5〉이고 〈주련전〉은 그 내용의 일부로 '주련국'조로 표기해야 하나 원서에서 절 제목으로 사용하였기에 그대로 따랐다.

도읍을 세우니 문화가 크게 번성했다. 《한서》 권28하 〈지리지〉 '월지(粵 地)'조 다음에 기록된 황지(黃支)가 아마도 이곳을 가리키는 것 같다.

주련은 11세기 무렵에 가장 강성하여 오리사(Orissa)·페구(Pegu)·말라카·스리비자야·벵갈(Bengale)만의 땅을 합병했다. 당시 왕의 이름은 라젠드라 콜라데바(Rajendra Coladeva, 羅闍因陀羅朱羅提婆) I 세로 1012년 즉위하여 1035년 혹은 1042년에 퇴위하였으니, 《송사》(〈주련전〉)에 기록된 그 나라 사신이 입공했을 때이다. 그런데 《송사》에서는 그 국왕의 이름을 라다라사(羅茶羅乍)라 적고 있으니, 그는 985년 즉위하여 1012년 혹은 1013년에 사망한 그 전임 왕 라자라자(Rajaraja)이다. 이는 그 나라의 입공 사신이 중국에 오는데 걸리는 시간이 매우 길었음을 증명해주는 것으로 그래서 1,150일이 지나서야 마침내 광주에 도착했다고 말한 것이다.

제7장
당·송시기 외국인 거류민에 대한 관리

제1절 거주 제한

한·위시기 서북지역의 비교적 큰 도시에는 외국인들이 섞여 살았고, 그 후 연해 일대에서도 이러한 현상이 나타났으니 송나라 때 가장 성하였다.

남송시기 악가(岳珂)가 편찬한 《정사(桯史)》 권11에는 광주의 외국인 거주 상황을 "번우에는 해료(海獠)들이 뒤섞여 살았는데, 가장 부유한 자는 포(蒲)씨 성을 가진 사람으로 …… 성(城) 안에 정주(定住)하였다"고 기록하고 있다. 여기서 '정주하였다'고 말한 데서 그것이 영구적 성격을 지님을 알 수 있다. 누약(樓鑰) 역시 남송 사람으로 《공괴집(攻媿集)》을 편찬했는데, 권88 〈증특진왕공행장(贈特進汪公行狀)〉에서 "번상(蕃商)이 민간에 잡거하고 있다"고 하였다. 그러나 이는 사실 법이 허용하는 바가 아니었다. 그래서 주희(朱熹)의 《주문공집(朱文公集)》 권98 〈조봉대부부공행장(朝奉大夫傅公行狀)〉에서는 부자득(傅自得)[1]이 천주통판(泉州通判)을 맡고 있을 때의 사적을 서술하면서 "어떤 외국상인[賈胡]

이 군상(郡庠: 즉 府學 - 역자) 앞에 (여러 층으로 높게) 누각(層樓)을 짓자
사인(士人)들이 이를 원망하여 군(郡)에 진언하였다. 그러나 엄청난 재
산을 가진 외국상인으로부터 위아래 관원 모두가 뇌물을 받았기에 아무
도 감히 나서려 하지 않았다. 이에 부사자(部使者: 군국을 감찰하던 관리
- 역자)에게 그 내막을 상세히 설명한 글을 올려 부공(傅公)에게 (이 일의
처리를) 맡기길 청하니 사자가 그 글을 내려 보냈다. 이에 부공은 '화외
인(化外人)이 성 안에 거주하는 것은 법에 맞지 않다'고 말하고 즉시 군
사를 동원하여 바로 이를 철거한 다음 사자에게 보고하였다. 사자는 기
분이 나빴지만 도리[公理]에 맞는 행동이었기 때문에 감히 힐문하지 못
했다"고 적고 있다.

즉 법에 따라 외국인은 성 안에 거주할 수 없었기 때문에 광주에서
포씨가 성 안에 정주하게 된 것은 실로 남송시기 금령(禁令)이 느슨해진
이후에 나타난 현상임을 알 수 있다. 그 자세한 내용은 아래와 같다.

천주의 외국상인이 지은 누각은 청정사(淸淨寺)로 당시 비록 "즉시
군사를 동원하여 바로 이를 철거했지만," 위아래 관원들을 뇌물로 구워
삼았던 관계로 부자득이 떠나자마자 부지를 약간 이동하여 마침내 건물
을 다시 지었으니 오늘날 청정사 터가 그곳이다. 만력 40년(1612)에 중수
한 《천주부지(泉州府志)》에서는 "청정사는 군성(郡城) 통회가(通淮街) 북
쪽, 부학(府學)의 동쪽에 있다. 송나라 소흥연간(1131-1162) 살나위(撒那
威, Siraf: 중세 페르시아만의 항구도시 - 역자)[2]에서 천주에 온 회족(回族) 사람

....

1) 부자득(傅自得, 1116-1183): 송대의 관료로 천주(泉州) 사람이다. 부친의 공
   적으로 승무랑(承務郎) 관직에 올랐으며 이후 복건로제점형옥사간판공사(福
   建路提点刑獄司干辦公事)에 임명되었다. 태주(台州) 숭도관(崇道觀)을 주관
   하였고 장주통판(漳州通判)을 지냈다. 진회(秦檜)에게 거역하여 해직되었다.
   저서로 《자락재문집(至樂齋文集)》이 있다.

자희로정(玆喜魯丁)이 건설하였다. 누탑(樓塔)이 고창(高敞)하여 문묘(文廟) 청룡3)의 좌각(左角)이라 대대로 전해지고 있다"고 하였다. 《주문공집》에서 원래 '군상(郡庠) 앞에' 있다고 했는데, 여기서는 '부학의 동쪽'에 있다고 하였으니, 그 위치가 조금 이동되었음을 알 수 있다.

그런 까닭에 북송 말에는 통상 항구 외곽에 일정한 지역을 획정하여 번방(蕃坊)4)이라 이름을 붙인 외국인만의 거주 구역을 만들어 놓았다. 주욱(朱彧)이 휘종 선화 원년(1119)에 편찬한 《평주가담(萍洲可談)》 권2에는 "광주의 번방에 해외 여러 나라 사람들이 모여 사는데, 번장(蕃長) 1명을 두어 번방의 공무를 관리하게 했다"는 말이 있다. 이와 유사한 거류지 상황은 원대의 항주에도 보이지만, 그것이 송나라 때부터 있었던 것인지는 알 수 없다.

광주의 번방은 시박정(市舶亭)에 있었던 듯하다. 해산루(海山樓)는 부성(府城) 바깥 서남쪽 1리 주강(珠江) 북안(北岸)에 있었는데, 명대 시박

....

2) 원서에는 '철나위(撤那威)'로 되어있으나 오류가 분명하여 바로잡았다.

3) 문묘는 공자의 위패를 모시고 제사지내는 사당으로 보통 부학 내에 설치되어있는데, 묘우(廟宇)이기에 풍수설에 따라 주위의 지형이나 건물 등을 좌청룡·우백호 또는 내청룡·외청룡 등으로 상정하기도 하였다.

4) 번방(蕃坊): 당·송시기 외국인 거주지를 일괄해 이르는 말. 주로 광주나 천주 등 항구도시나 홍주(洪州, 현 남창)나 양주 등 해안에서 장안과 낙양으로 통하는 교통로에 위치한 도시에 설치되었다. 번방의 행정은 번객(蕃客)들의 자치로 운영되었으며 중국 당국이 임명한 번장이 총괄하였다. 번장은 번방 내의 선박 관리, 관세 납부, 금운품(禁運品) 단속, 종교 활동 관장을 책임졌다. 번객들의 형사소송은 본국의 법규에 준해 처리하였는데, 무슬림 번방인 경우 중국 황제가 무슬림 중에서 법관(qāḍī) 한 명을 임명하여 번장 역할을 하도록 하였다. 당 중엽 공식적인 행정조직으로 발족된 번방은 송·원시기에 이르러 전성기를 맞았고, 북송 말엽 이미 '5대(五代)번객' '토생(土生)번객'이 생겨날 정도로 점차 중국화 되었다.(《해상실크로드사전》, 146-147쪽)

제거사서(市舶提擧司署)가 바로 그 옛 터에 자리 잡았다. 외국인을 접대하기 위해 설치한 회원역(懷遠驛)도 그 부근에 있었으니, 《평주가담》 권2에도 이에 관한 내용이 보인다. 이를 통해 외국인의 성내 거주는 시종 허용되지 않았음을 알 수 있다.

광주에는 외국인의 무덤도 있었다. 〈남해백영서(南海百詠序)〉[5]에서는 "성 서쪽 10리 지점에 (무덤) 수천 개가 연이어져 있는데, 모두 머리를 남쪽에 두고 서쪽을 향해있다"고 하였다. 그러나 《양성고초(羊城古鈔)》[6]에는 "광주 북문 밖에 있다"고 되어있다.

천주에도 외국 선박의 정박지에서 가까운 성 남쪽에 외국인 거주지가 있었다. 《제번지(諸蕃志)》 권상 '남비국(南毗國)'조에는 "시라파지력간(時羅巴智力干) 부자는 그들 종족으로 지금 천주의 성 남쪽에 살고 있다"고 되어있다. 또 '천축국'조에서는 "옹희연간(984~987) 승려 나호나(囉護那)가 바다를 건너 왔는데, 스스로 천축국 사람이라 하였다. 외국상인들이 경쟁적으로 그 승려에게 금증(金繒)과 보물을 가지고 가 시주하였다. 승려는 하나도 갖지 않고 빈 땅을 매입하여 천주의 성 남쪽에 불사를 세웠으니, 지금의 보림원(寶林院)이 바로 그것이다"고 하였다. 그리고 '대식국'조에서는 "시나위(施那幃)라는 외국상인이 있는데, 대식국 사람으로 천남(泉南)에 거주했다. …… 성 밖 동남쪽 모퉁이에 공동 무덤을

....

5) 《남해백영(南海百詠)》: 송대 사람 방신유(方信孺, 1177-1222)가 번우(番禺)에서 관리로 있을 때 편찬한 풍토지이다. 현재 1권만 남아있는데, 섭효석(葉孝錫)의 서문이 달려있다.

6) 《양성고초(羊城古鈔)》: 전 8권. 청나라 건륭에서 가경 11년(1806) 이전에 생존했던 순덕(順德) 사람 구지석(仇池石)이 지은 책으로, 광주(廣州)의 역사·지리·인물·고적 등에 관한 풍부한 사료를 담고 있을 뿐 아니라 잘 알려져 있지 않은 민속에 대해서도 많은 자료를 보존하고 있다.

썼다"라고 하였다. 즉 당시 인도 승려를 포함한 외국인 거주지는 실제 천주의 성 남쪽에 있었고 외국인(혹은 대식의 회교도만의) 공동묘지는 동남쪽 모퉁이에 위치했던 것처럼 모두 지정된 장소가 있었음을 알 수 있다. 그런데 천남이란 표현은 (천주의 남쪽 지역 전부가 아니라) 단지 천주만을 지칭한 듯하니, (본장) 제3절에서 인용한 《철위산총담(鐵圍山 叢談)》[7]과 제5절에서 인용한 《계신잡식(癸辛雜識)》[8]에 보인다.

번방은 번항(蕃巷)이라고도 불렸는데, 송대 진선(陳善)의 《문슬신화 (捫蝨新話)》[9] 권15에 다음과 같은 기록이 보인다. "용연향(龍涎香)[10]을

....

7) 《철위산총담(鐵圍山叢談)》: 북송 휘종 때 태사(太師)를 지낸 채경(蔡京, 1047 -1126)의 아들 채조(蔡絛, 생몰연도 미상)가 백주(白州)에서 유배생활을 하면 서 쓴 사료필기이다. 책이름에 들어간 철위산은 백주 경내에 있던 산으로 현재 광서장족자치구 옥림(玉林) 서쪽에 있다.

8) 《계신잡식(癸辛雜識)》: 송말 원초 때 시인 겸 학자였던 주밀(周密)이 쓴 사료 필기로 전집(前集) 1권, 후집(後集) 1권, 속집(續集) 2권, 별집(別集) 2권, 총 6권으로 되어있다. 정사에 보이지 않는 많은 유문일사(遺聞軼事)·문물제도 ·도성의 명승(名勝)·예문서도(藝文書圖)·의약·역법·풍토·인정(人情)·자 연현상 등에 대해 기록하고 있어 사료가치가 매우 높다고 평가된다.

9) 《문슬신화(捫蝨新話)》: 남송시기 복주 나원(羅源) 사람인 진선(陳善, 생몰연 도 미상)이 지은 책으로 《송사》 〈예문지〉에서는 자류(子類)의 소설류에, 《사 고전서총목제요》에서는 자부의 잡가류에 포함시키고 있다. 저자의 발문에 따르면 상집(上集)은 소흥 19년(1149), 하집(下集)은 소흥 27년(1157)에 완성 되었다. 전증(錢曾, 1629-1701)의 《독서민구기(讀書敏求記)》에 의하면 권을 나누지 않은 것과 15권으로 된 2가지 판본이 있는데, 여기서는 후자 즉 양강 총독채진본(兩江總督採進本)을 인용한 것으로 보인다.

10) 용연향(龍涎香, Ambergris): 향유고래 창자 속의 담즙이 굳어져 생긴 밀랍 형태의 덩어리를 말한다. 보향성(保香性)이 강하여 다른 물질의 나쁜 냄새를 희석시키거나 제거해주며 오랫동안 향기를 품어주는 성질이 있어서 향료를 만들 때 반드시 필요한 재료이다(《명사 외국전 역주》, 2책, 521쪽). 용연향은 원래 해안에 표착한 것을 채취하였는데, 오랫동안 바닷물에 떠다닌 용연향

만드는 사람은 소형화(素馨花)[11]가 없으면 대부분 말리화(茉莉花)[12]로 이를 대신했다. 정덕소(鄭德素)는 부친을 모시고 광중(廣中)으로 조운 (漕運)을 갔기에 광중의 사정에 대해 말할 수 있었다. (그에 의하면) 소형화는 오직 번항에서 재배한 것이 더욱 향기롭다고 하였으니, 아마도 다른 (재배) 방법이 있었던 듯하다. 용연향은 번항의 꽃을 원료로 하는 것이 표준이 되었다."

다만 종교 사원은 성 내에 설치할 수 있었으니 장안의 경교사(景敎寺) 와 마니교사(摩尼敎寺), 천주의 청정사 등이 그 경우이다. 광주의 회성 사(懷聖寺)는 부성(府城) 서쪽 2리 지점에 위치하였는데, 등대의 기능도 겸하고 있었기 때문에 바다에 가까울 수밖에 없었다. 시장 또한 성 내에 열 수 있었으니 번시(蕃市)라고도 불렀다. 《양성고초》 권3에 이르기를 "광주 부학(府學)은 내성(內城) 문명문(文明門) 안에 있었는데, 송 경력 연간(1041-1048) 서성(西城) 번시가 있던 옛 공자자묘에 들어섰다. 희녕연 간(1068-1077)에 여러 차례 옮겼고 소성 3년(1096) 광주지부(知府) 장절

....

은 황금색을 띠며 불순물이 적어 상품가치가 높다. 이렇게 자연 채취한 것은 향기가 별로 나지 않지만 건조시켜 유당(乳糖) 같은 것을 첨가해 알코올에 담가두면 유향 비슷한 향기가 난다고 한다.(《해상실크로드사전》, 243쪽)
11) 소형화(素馨花): 인도·히말라야 및 이란 원산이며 소방화(素方花)와 비슷하지만 꽃이 보다 크다. 곧게 또는 덩굴처럼 1-3m까지 자라고 가지는 사각형이다. 잎은 마주나고 2-4쌍으로 된 우상복엽(羽狀複葉)이다. 꽃은 여름에 피고 백색이며 향기가 강하다. 꽃은 향유(香油)와 향수의 원료로 쓰고 차에 넣어서 Jasmine tea를 만든다.
12) 말리화(茉莉花): 잎은 마주나거나 3개씩 돌려나고 타원형이거나 넓은 달걀 모양이다. 꽃은 봄부터 가을까지 피는데, 가지 끝에 3-12개씩 달리고 흰색이며 지름 2cm로서 향기가 강하다. 원산지는 인도이고 필리핀과 인도네시아의 국화(國花)이며 중국과 타이완에서는 차(茶)의 향료나 향수의 원료로 사용한다.

(章楶)13)이 성 동남쪽 번산(番山) 아래로 옮겼으니, 이것이 지금의 부학이다"고 하였다.

송대에는 조정에서 통상을 장려하였기에 외국인의 거주에 대해 비록 법률로 제한을 두었지만 실제로는 매우 관대하여 거의 간섭하지 않았다. 《정사》 권11에 보면 광주의 포(蒲)씨 "가문은 세월이 오래 지나면서 성 안에 정주(定住)했는데, 사는 집이 점차 사치가 심해져 금령을 넘었으나 외국상인을 불러오는 일에 종사하여 나라의 경제를 부유하게 하였고 또 그가 우리나라 사람이 아닌 관계로 이를 추궁하지 않았다"고 기록하고 있다.

《구당서》 권151 〈왕악전(王鍔傳)〉에서는 "광주 사람들이 이인(夷人)과 섞여 살았다"고 하였고, 《신당서》 권170 〈왕악전〉에서도 "광주 사람들이 만(蠻)과 섞여 살았는데, 토지세의 수입은 적었고 사람들 대부분은 시장에서 이윤을 찾았다"고 하였다. 《구당서》 권177 〈노균전(盧鈞傳)〉에서는 "이전에 토인(土人)과 번료(蕃獠)가 섞여 살면서 서로 통혼(通婚)하게 되었다"고 하였고, 또 《신당서》 권182에서는 "번료와 화인(華人)이 섞여 살면서 서로 결혼하였는데, 대부분 밭을 점유하여 땅을 가꾸고 집을 지었다"고 하였다.

《천하군국이병서(天下郡國利病書)》 권104에 이르기를 "당나라 때 광주에 결호사(結好使)를 설치한 후부터 상인들이 가정을 꾸리기 시작해

....

13) 장절(章楶, 1027-1102): 송대의 관료이자 학자로 건주(建州) 포성(浦城)출신이다. 휘종 초 동지추밀원사(同知樞密院事)에 올랐다. 군사이론가로서 '견벽청야(堅壁淸野)' 방식에 반대해 루(壘)를 쌓고 천공(淺攻)을 가하는 방식의 군사이론을 주장하였다. 학자로서는 심(心)의 작용을 강조하여 정심(正心)을 수신·제가·치국·평천하의 근본으로 보았는데, 그의 심본설(心本說)은 후대 심학과 상통하는 점이 있다.

송나라 때까지 끊이지 않았다. 그들은 복식이 특이했고 말이 이상했으며 대부분 해변이나 배가 정박하는 곳에 거주하며 돌로 성을 쌓아 자손을 키웠다. …… 금령이 해이해져 이인(夷人)들이 상인을 따라 도시를 활보하였다"고 하였다. 즉 비록 성 밖에 거주하였지만 낮에는 항상 수시로 성내에 들어와 돌아다닐 수 있었던 것이다.

제2절 범죄 처벌

《당률소의(唐律疏議)》[14] 권6에는 "여러 외국인이 같은 민족 사이에 죄를 범하면 각각 본래의 풍속법을 따르고, 다른 민족 사이에 죄를 범하면 법률에 따라 논죄한다"고 되어있다. 따라서 아랍인과 아랍인 사이에 서로 다툼이 있으면 아랍의 법률에 따라 처리하고, 고구려인와 백제인 사이에 서로 다툼이 있으면 중국의 법률에 따라 형벌을 정하였던 것이다.

송대에는 외국인이 범죄를 저지른 경우 먼저 중국 관청에 보내 심문하고 나서 번방에 이첩하여 집행하게 했지만, 징역 이상의 범죄는 중국 관청에서 결정하였다. 《평주가담》 권2에 보면 "외국인[蕃人]이 죄를 지으면 광주(廣州)에 보내 사실을 심문한 다음 번방에 보내어 처리하였다. …… 도형(徒刑) 이상의 죄는 광주에서 결단하였다"고 되어있다.

....

14) 《당률소의(唐律疏議)》: 당률을 주석한 책으로 전 30권이다. 재판에 있어서 법률해석의 통일을 기하고 명법과(明法科) 수험생을 위하여 태위(太尉) 장손무기(長孫無忌)와 사공(司空) 이적(李勣) 등이 고종의 칙명으로652년 5월 편찬에 착수, 이듬해 11월 완성하여 공포되었다. 현행 본은 737년 이임보(李林甫) 등이 개수(改修)한 것이다.

《송사》권347 〈왕환지전(王渙之傳)〉에는 "(왕환지가) 복주지주(福州知州)가 되어 채 부임하기도 전에 다시 광주로 임지를 옮겼는데, 외국인[蕃客]이 노비를 죽이는 사건이 발생했다. 시박사가 구례(舊例)에 따라 비교하여 단지 그 장(長)에게 보내 곤장을 치게 하였다. 왕환지가 옳지 않다고 여겨 법률에 따라 처리하였다"고 되어있다. 즉 피살당한 노비가 분명 중국인이었다는 점에서 왕환지는 실로 국가의 주권을 쟁취했던 것이다. 당률에 따르면 주인이 죄지은 노비를 마음대로 살해하면 곤장 1백 대에 처하고 만약 죄 없는 노비를 살해하면 징역 1년에 처하도록 되어있었다. 이번 사안은 징역형 이상의 범죄였으므로 단순히 번방에 이관시킬 수는 없었고 반드시 중국 관리가 처벌해야만 했던 것이다.

소위 '장(長)'이라는 것은 번장을 말하며 그 기관은 번장사(蕃長司)라 불렀다. 그 직권은 거주 외국인을 관리하고 상업을 촉진시키는 것이었다. 당대의 번장은 행정과 법률 및 종교 지도자였고 송대에는 따로 판관(判官)이 있었으니, 원말 아랍 사람 이븐 바투타의 여행기에 나오는 콰디(Qadi)의 역명이다. 원대에는 '합적(哈的)' 또는 '합적대사(哈的大師)'라 음역하였는데, 《원사》권102 〈형법지〉 '직제(職制)상(上)'과 《원전장(元典章)》[15] 권53 〈형부(刑部)〉의 '문사(問事)'조에 나오는 회교의 법 집행인으로 회교법에 따라 동일 종교인 사이의 소송을 판단하는 사람이었다. 대개 송·원시기 중국에 거주하던 번상의 수가 당대보다 훨씬 많았기 때문에 번장이 관할하던 법률 방면의 사무가 '판관'에게 이관된 것이

----

15) 《원전장(元典章)》: 전 60권. 원래 명칭은 《대원성정국조전장(大元聖政國朝典章)》이다. 원 영종 때 강서(江西)의 지방관부에서 편찬한 법률집으로 세조부터 영종 2년(1322)까지 각 지방관에게 내려진 정치·경제·군사·법률에 관한 성지(聖旨)와 율령 및 판례 등을 집대성한 것이다.

다. 송대 번장사의 조직에는 실제로 이 두 유형의 사람이 포함되어있어 행정과 사법을 분할하여 관장하였지만 종교에 관해서는 두 사람 모두에게 책임이 있었다. 원대에 오면 회교도들이 자유롭게 거주할 수 있었기에 번장사는 마침내 사라지게 되었다.

《평주가담》 권2에서 "광주의 번방에는 해외 여러 나라 사람들이 거주하는데, 번장 1명을 두어 번방의 공무를 관리하게 했으며 번상의 초빙을 전문으로 담당하게 했다"고 한 것을 보면 번방에 국적 제한을 두지 않았음을 알 수 있다. 다만 당·송시기에는 아랍에서 온 사람이 많았기에 번방 내의 관리권을 대부분 아랍의 회교도가 장악하였다.

번장 위에는 또 소위 도번장(都蕃長)이란 자가 있었다. 《당회요》 권100 '귀항관위(歸降官位)'조를 보면 "원우 원년(904) 6월 복건도(福建道)의 불제국(佛齊國) 입조진봉사(入朝進奉使) 도번장 포가속(蒲訶粟)에게 영원장군(寧遠將軍)을 제수하였다"는 기록이 있는데, '불제(佛齊)' 앞에 '삼(三)'자가 빠진 것으로 《송사》 권489 〈외국전5〉 '삼불제국'조에 동일한 기사가 보인다.

번장의 임명은 당·송시기 모두 황제의 조서에 의해 이루어졌으나, 그 인선은 전임자의 추천에 따랐다. 취임 후에는 중국 관리와 동등한 대우를 받았으며 반드시 중국 복식을 착용해야만 했다. 《평주가담》 권2에서 "두건과 도포, 신발과 홀(笏)이 중국인 같았다"고 한 것이 바로 이것이다.

위에 인용한 《평주가담》에서 번장의 직무 중 하나가 "번상의 초빙을 전문으로 담당하는" 것이라고 했는데, 여기서 '전문으로 담당한다'는 말은 그 일의 중요성을 강조한 것이다. 《송사》 권490 〈외국전〉 '대식국'조에 실려 있는 선주[舶主] 포희밀(蒲希密)의 표문에도 "신이 본국에 있을 때 광주 번장이 보낸 편지를 받는데, 입경하여 진공하라는 초유(招諭)

가 있었다고 했습니다. 황제의 성덕으로 관대한 은택의 조서를 반포하여 광남(廣南)으로 내려 보내 번상을 편안하게 하시니, 멀리서 온 화물이 넉넉히 유통되었다고 입이 마르도록 칭송하였습니다"고 적혀있다.

　외국인이 많아지면서 범죄도 늘어나게 되자, 관리들 중에 외국법으로 처리하는 데 불만을 갖는 자도 점차 생겨났다. 예컨대 《공괴집》 권88 〈왕공행장(汪公行狀)〉에는 왕대유(汪大猷)[16]가 건도 7년(1171) 4월 천주지주(知州)로 있을 때의 치적을 서술하면서 "번상이 민간에 잡거하는데, 옛 법에는 군(郡)의 사람들과 분쟁이 있어도 상해를 입혀 사망하는 경우가 아니면 모두 그 나라의 풍속을 따르도록 하였다. 쇠(牛)를 바치고 죄를 면하니 점점 통제가 어려워졌다. 이에 왕공(汪公)이 천주에 명을 내려 '어찌 중국에서 외국의 풍속을 따르는 것이 있을 수 있는가? 진실로 내 앞에 이른다면 마땅히 법에 따라 이를 다스리겠노라'고 알리자 비로소 삼가는 바가 있고 감히 싸우는 자가 없었다"고 적혀있다. 《송사》 권400 〈왕대유전〉에도 "옛 제도에 따르면 번상이 사람들과 다투다 상해를 입혀 사망하는 경우가 아니면 모두 소를 바치고 죄를 면하였다. 왕대유가 '어찌 중국에서 섬 오랑캐의 풍속을 따르는 것이 있을 수 있는가? 진실로 우리 영토 내에 있으면 마땅히 우리의 법을 따라야 한다'고 하였다"라고 되어있다. 당시 왕대유는 천주 지주였다.

....

16) 왕대유(汪大猷, 1120-1200): 송대의 관료이자 학자로 경원부(慶元府) 은현(鄞縣) 출신이다. 소흥 15년(1145) 진사가 되었고 관직이 이부상서에 이르렀다. 저서로 《적재비망(適齋備忘)》과 《훈감(訓鑑)》 등이 있다.

제3절 자제(子弟) 교육

남송 초기 채조(蔡條: 蔡縧로도 씀 - 역자)가 지은 《철위산총담》 권2에는 "대관·정화연간(1107-1117)에 천하가 크게 평안하여 사이(四夷)들이 몰려왔다. 광주와 천남(泉南)에서 번학(番學)의 설립을 요청하였다"고 적혀있다.

그러나 외국인 자녀들도 다른 학교에 입학할 수 있었다. 남송의 공명지(龔明之)[17]는 《중오기문(中吳紀聞)》 권3에서 정사맹(程師孟)이 신종 희녕연간(1068-1077) 광주지부(知府)로 재직할 당시의 치적을 기술하면서 "정사맹이 …… 학교를 크게 정비하여 날마다 여러 학생을 모아 강의를 했는데, 책을 메고 배우러 오는 자가 줄을 이었고 여러 외국인 자제들도 모두 입학하길 원했다"고 하였다. 즉 외국인 자제들이 반드시 번학에만 입학해야 했던 것이 아님을 알 수 있다.

《천하군국이병서》 권104의 '해료(海獠)'조에서는 "포(蒲)와 해(海)씨 성을 가진 사람들이 많았는데, 점차 중국인과 결혼하였고 그 중에는 간혹 과거에 급제하는 사람도 있었다"고 하였다.

외국인 중에서 과거에 급제한 자는 당대에 이미 있었다. 《전당문(全唐文)》 권767에 실린 당말 진암(陳黯)[18]의 〈화심설(華心說)〉에서는 "대

---

17) 공명지(龔明之, 1091-1182): 남송 시대의 관료로 소주(蘇州) 곤산(崑山) 출신이다. 1150년 나이 60에 향공(鄕貢)으로 천거되었고 1160년 진사가 되었다. 1178년 사직하고 나서 태창(太倉)에 '황고별서(黃姑別墅)'를 짓고 생활하였다. 저서로 《중오기문》이 있다.
18) 진암(陳黯, 805-877): 당대의 문학가로 남안(南安) 출신이다. 과거에 번번이 낙방하여 관계에 진출하지 못하였고 일생 동안 많은 시를 지었지만 산실된

중 초년(847) 대량련수(大梁連帥) 범양공(范陽公: 宣武軍節度使 盧鈞)이 대식국 사람 이언승(李彦昇)을 얻어 조정에 추천하였다. 천자가 예부의 시험 감독관에게 그 재능을 시험하라고 조서를 내렸고 다음해 진사에 급제했다"고 하였다.

북송 초기 사람 전역(錢易)이 지은 《남부신서(南部新書)》[19]에서는 "대중연간(847-859) 이래로 예부에서 발표하는 과거 합격자 명단에 희귀 성씨를 가진 자가 해마다 두세 명이 있는데, 이들을 색목인(色目人)이라 불렀고 방화(榜花)라 부르기도 했다"고 기록하고 있다.

제4절 한족과의 혼인 금지

중국인과 외국인의 혈통 혼합은 아주 오래된 일로 특히 위·진·남북조시기에는 조금도 이상한 일이 아니었다. 당대 초기에는 다만 외국인이 중국 아내를 데리고 귀국하는 것을 금지했는데, 《당회요》 권100에는 "정관 2년(628) 6월 16일 칙서를 내려 번국 사신으로 한족 여자를 첩으로 얻은 자는 데리고 번국으로 돌아갈 수 없도록 하였다"고 적혀있다.

그러나 통혼한 경우는 매우 많았으니, 《자치통감》 〈당기(唐紀)41〉 '대력 14년(779)'조에 보면 "회흘(回紇)[20] 등 여러 호인들 중 도성에 머무는

것이 많다. 현재는 《전당문》 등에서 10편의 문장을 확인할 수 있다.

19) 《남부신서(南部新書)》: 전 10권. 당대와 오대의 관료 사대부의 일사(軼事)를 기록한 필기소설로 《사고전서》에 수록되어있다.

20) 회흘(回紇): 위구르족 및 유고족(裕固族) 등의 전신으로 오호(烏護), 오흘(烏紇), 위흘(韋紇), 회흘(回鶻) 등으로도 불린다. 이 공동체에는 원흘(袁紇)·설

자는 각기 자신들의 복식을 입어야 하고 중국인을 모방해서는 안 된다는 조서를 내렸다. 이에 앞서 경사에 머무는 회흘인은 보통 1천명 정도였다. …… 중국옷을 입고 처첩을 취하는 자가 있었기 때문에 이를 금지했다"고 되어있다. 《구당서》 권177에는 노균이 영남절도사로 재임할 때의 치적을 기록하면서 "그 이전에 토착인이 오랑캐[蠻獠]와 잡거하면서 서로 혼인하고 농지를 점유하며 집을 지었는데, 관리가 간혹 이를 막았지만 서로 유혹하여 혼란스러웠다. 노균이 부임한 뒤 법을 세워 중국인과 만인(蠻人)을 다른 곳에 살게 하고 혼인도 금지시켰으며 만인들이 전택(田宅)을 갖거나 짓지 못하게 했다"고 적혀있다.

하지만 이런 금지에도 불구하고 통혼은 여전히 존재했고 다만 좀 더 비밀스러워졌을 뿐이었다. 《자치통감》 〈당기48〉 '정원 3년(787)'조에서는 "장안에 머무는 호객(胡客) 가운데 오래된 자는 40여 년이나 되었고 이들 모두 처자가 있었다"고 하였다. 즉 중국 거주 외국인 모두가 다 가정을 갖고 있었으며 그 중 중국에서 40여 년이나 머문 사람은 분명 외국 여자를 부인으로 맞을 수가 없었을 터이니 중국인과 혼인했음은 너무나 명백한 일이다. 앞서 인용한 《자치통감》 〈당기〉의 기록을 통해 대력 14년에 이미 금지령이 있었음을 알 수 있는데, 그 8년 뒤에도 여전히 금지령을 위반하는 일이 있었던 것이다. 혹 이는 금지령 반포 이전에 이미 결혼한 경우라고 말할 수도 있겠으나 50년 후에 또 다시 금지령이

....

연타(薛延陀) 등 15개 부락이 있었으며 북위 때에는 돌궐의 통치하에 있었다. 수대에는 위흘이라 불렸는데, 대업 원년(605) 원흘이 복고(僕固)·동라(同羅)·발야고(拔野古) 등과 연맹을 맺고 돌궐에 저항하였다. 당 천보 3년(744) 당과 협력하여 돌궐을 전복시키고 오르콘강 유역에 회흘한국(汗国)을 건국하였으며 안사의 난을 평정하는데 도움을 주기도 하였다. 번영 시 영토는 동으로 실위, 서로 알타이산맥, 남으로는 고비사막에 이르렀다.

반포되는 것을 보면, 당시 외국인의 남녀 비율 차이가 매우 심하여 중국인과 외국인의 통혼을 막을 수 없었음을 알 수 있다. 《책부원구》 권999에는 "개성 원년(836) 6월 경조부(京兆府)에서 상주하여 …… 중국인이 사사로이 외국인과 교류·거래·혼인·왕래하는 것은 적합하지 않습니다. 또 번객의 돈을 받고 산업과 노비를 담보로 맡기는 것을 엄히 금지시키길 청합니다"는 기록이 있다.

　　송대 외국인 중에는 종실의 여자와 결혼한 사람도 있었다. 《평주가담》 권2에는 "원우연간(1086-1094) 광주 번방의 유(劉)씨 성을 가진 자가 종실의 여자를 취하여 관직이 좌반전직(左班殿直)[21]에 이르렀다. 유씨가 죽었을 때 종실 여자에게 자식이 없었는데, 그 집에 재산 분쟁이 벌어져 사람을 보내 신문고를 울려 억울함을 호소함에 조정이 비로소 종실 여자가 외국인에게 시집간 것을 알았다. 이로 인하여 (종실 여자와 외국인의 결혼을) 금지시키고, 삼대 중 반드시 일대(一代)가 관직에 올라야 종실 여자를 취할 수 있게 하였다"[22]고 되어있다.

　　《송회요》 '고종 소흥 7년(1137)'조에는 "대상(大商) 포아리(蒲亞里)라는 자가 광주에 이르자 우무대부(右武大夫) 증눌(曾訥)이 그와의 혼인을 이롭게 여겨 여동생을 시집보냈고, 포아리는 이로 인해 귀국하지 않고 광주에 정착하였다"고 적혀있다.

....

21) 전직(殿直): 송대 무산관명(武散官名)으로 좌반전직과 우반전직이 있었다. 정화 2년(1112) 좌반전직을 성충랑(成忠郎), 우반전직을 보의랑(保義郎)으로 개명하였다.

22) 원서에는 "因禁止三代, 須一代有官"으로 인용되어있으나, 歷代史料筆記叢刊 唐宋史料筆記 《萍洲可談》(中華書局, 2007), 138쪽에는 "因禁止, 三代須一代有官"으로 끊어 읽고 있어 이에 맞춰 해석하였다.

제5절 유산(遺産) 처리

원나라 초 주밀(周密)이 지은 《계신잡식속집(癸辛雜識續集)》 권하에 보면 "천남(泉南)에 남번회회(南蕃回回)의 거상(巨商) 불련(佛連)이라는 사람이 있었으니 포(蒲)씨의 사위였다. 그 집이 상당히 부유하여 해선 80척을 갖고 있었다. 계사년(1293)에 사망했는데, 딸은 어리고 아들은 없어 관에서 그 가산을 몰수하였다. 진주 130석(石)이 보관되어있었고 다른 물건도 그만큼 있었다. 성(省) 내에 포고문을 붙여 (그가) 숨기거나 기탁(寄託)한 재산 또는 빚진 돈 등을 사람들이 고발하거나 자수하길 기대하였다"고 되어있다.

《신당서》 권163 〈공규전(孔戣傳)〉에는 "옛 제도에 해상(海商)이 사망하면 관에서 그 재산을 관리하다 3개월이 지나도록 관아를 찾는 처자가 없으면 몰수하였다. 공규는 (해상들이) 바닷길로 왕복하는데 1년이 걸리기 때문에 만약 (처자임이) 증명되면 기한 제한을 두지 않고 모두 돌려주게 하였다"고 적혀있다. 즉 예전에는 외국상인이 죽은 뒤 만약 근친이 없으면 정부가 전부 몰수하는 규정이 있었음을 알 수 있다.

《송회요》에 실려 있는 정화 4년(1114) 5월 18일의 조서에는 "여러 나라의 번객으로 중국에 와 거주하여 이미 5대가 지난 경우, 해상 항해에 따른 합법적 상속인이 없거나 유촉(遺囑)을 거치지 않은 재산은 호절법(戶絶法)[23]에 의거하여 예전대로 시박사에 귀속시켜 관리하라"고 되어있다.

....

23) 호절법(戶絶法): 호절은 부모가 모두 사망했고 남자 후계자가 없는 상황을 말한다. 전통적으로 호절의 경우 딸이 우선 상속자가 되었는데, 송대에는 이러한 호절 재산에 관한 처분에 대해 매우 상세하게 법을 마련하였다. 특히 호절법의 적용 범위가 넓어져 양자(養子)에 대한 규정이 완화되었으니, 이는

상술했던 거상 신압타라의 유산도 호절법에 의거하여 처리되었다.

《공괴집》 권68 〈숭헌정왕조백규행장(崇獻靖王趙伯圭行狀)〉에는 "진리부국(眞里富國)의 거상이 명주(明州)에서 죽었는데, 남긴 재산이 거만(巨萬)에 달하여 관리가 몰수하기를 요청했다. 숭헌정왕이 '멀리서 온 사람이 불행히도 이곳에서 죽었으니 어찌 차마 이익을 취하겠는가?'라고 말하며 시신을 수습하여 관(棺)에 모시고 그 무리에게 맡겨 호상(護喪)하여 돌아가도록 했다. 이듬해 진리부국의 우두머리가 감사의 뜻을 전해와 이르기를 '우리나라는 가까이서 죽은 자를 귀하게 여기지만 오히려 그 가산을 몰수하는데, 이제 중국의 인정(仁政)을 보니 감사하고 앙모하는 마음을 금할 수 없어 마침내 죽은 자의 가산을 몰수하는 예(例)를 없애버렸습니다'고 하였다. 사신으로 온 자가 덧붙여 말하길 '죽은 상인의 가족이 돌려받은 재산을 모두 기부하여 불탑 셋을 세우고 숭헌정왕의 모습을 그려 기도를 올리니, 도이(島夷)들이 전해 듣고 감동하여 기뻐하지 않는 자가 없습니다'고 하였다. 지금까지도 보물을 진공하러 오는 그 나라 사람들은 여전히 숭헌정왕의 안부를 묻는다"고 적혀 있다. 당시 조백규는 명주지주였고 진리부국은 진랍(眞臘)의 한 부(部)로 현재 캄보디아 앙코르(Angor) 부근 시엠립(Siemreap)의 음역이다.

딸의 입장에서 재산 상속의 가능성이 낮아진 것이었다.

제8장
당·송시기의 외국상인[胡賈]

제1절 해운과 상품

본편 2장에서 당나라 가탐(賈耽)이 기록한 서방으로 통하는 세 가지 길을 소개한 바 있는데, 그 중 가장 번성했던 길이 남해를 통해 가는 길이고 시간상으로도 가장 오래되어 남북조시대부터 이미 이용되었다. 그러나 당 중엽 이전에는 인도까지만 갔었고 당 중엽 이후에 페르시아만까지 확장되었으니 송대에 와서도 끊이질 않았다. 반면 서역과의 교통은 당대 안사의 난 이후부터 이미 몰락해서 아무도 관심을 갖지 않았다.

중국에서 서방으로 통하는 해로는 실제 동서해로의 일환이었다. 먼저 서방에서 동방으로 통하는 해로에 대해 이야기해보자.

동서교통에 관해 언급한 그리스와 로마의 작가에 대해서는 이미 제1편에서 살펴보았다. 기원후 서방에서 동방으로 향하는 항해가 발달하기 시작한 것은 쌍방의 물질적 수요가 있었기 때문이지만, 해상 항해의 발달을 촉진시킨 것은 무역풍의 발견이었다. 《에리트레아해 항해지》에 따르면 무역풍의 발견자는 히팔루스(Hippalus)[1]로, 4월부터 9월(여름과 가을) 사이에는 서남풍이 불고 겨울에는 동북풍이 분다는 것을 알아냈다. 무역풍은 계절풍이라고도 부르는데, 중국의 《회남자》에서는 신풍(信風)으로 기록하고 있다. 홍해 입구의 오첼리스(Ocelis)에서 서남풍을 이용하면 40일 만에 남인도 서해안의 무지리스(Muziris) 즉 현재의 크랑가노어(Cranganore)에 닿았다.

동방과 서방이 필요로 했던 물자 중 기록에 남아있는 것은 다음과 같다. 서방에서 필요로 했던 동방의 물자로는 주(綢)·견(絹)·후추·다이아몬드·진주 및 각종 보석·유향(乳香, frankincense)·몰약(沒藥, mirrh)2)·육계(肉桂, cinnamon)3)·수지(樹脂, copal)·수피(樹皮, macir)

....

1) 히팔루스(Hippalus, 생몰연도 미상): 1세기 중엽에 살았던 로마의 항해사로 아랍인들로부터 인도양의 동남계절풍의 비밀을 알아내어 아테네에서 홍해를 지나 인도양으로 향하는 직항로를 개척하여 로마의 동방 원거리무역의 획기적인 전기를 마련하였다. 이후 인도양에서 주기적으로 부는 동남계절풍을 히팔루스의 이름을 따서 '히팔루스 계절풍'이라고 명명하였다. 이 계절풍을 이용하면서 로마 상인들은 적대관계에 있는 파르티아(Parthia, 安息) 영내를 통과하지 않고 해로로 홍해 입구에서 인도양을 횡단해 인도 서해안의 바리가자(Barygaza)항이나 인더스강 하구까지 직항할 수 있게 되었다.

2) 몰약(沒藥, mirrh): 감람과에 속하는 관목으로 원산지는 아랍과 소말리아를 비롯한 아프리카 일대이다. 줄기에서 나오는 즙을 말린 적황색 덩어리는 특이한 향기와 쓴맛이 있어 방향제나 방부제로 사용하였다. 또한 구강소독제, 건위제(健胃劑), 통경제(通經劑), 과다분비 억제제 등 의약으로도 유용하였다. 몰약은 고대 아카드어 '무루(murru)'에서 파생된 그리스어 '미르라(myrrha)'의 음역이다.(《해상실크로드사전》, 125쪽)

3) 육계(肉桂): 상록교목인 녹나무 껍질로 만든 향료로 대체로 맛은 감미로운 편이나 약간 매우며 향기가 난다. 산지는 인도·스리랑카·중국·일본 등지인데, 그 중 통상 인도(스리랑카 포함)산을 '시나몬(cinnamon), 중국산을 '카시아(cassia)'라고 부르며 모두 합쳐 '육계'라고 통칭한다. 육계가 언제 처음 사용되었는지는 아직 알려지지 않았는데, 고대 이집트나 헤브라이(현 이스라엘)에서 중요한 향료로 사용되었다고 한다.(《해상실크로드사전》, 247-248

· 계피(桂皮, cassia) · 감송향(甘松香)[4] 그리고 기타 인도에서 생산된 각
종 약재로 사용할 수 있는 향료 식물과 상아 · 서각(犀角) · 대모(瑇瑁) ·
사탕(砂糖) · 소기름[牛油] · 야자유 · 금 · 은 · 원숭이 · 개 · 노예 · 표피(豹
皮)가 있었다. 서방에서 동방으로 가져온 물자로는 직물 · 의복 · 동(銅)
· 철(鐵) · 석(錫) · 여(鋁) · 금은(金銀)용기 · 무기(武器) · 산호 · 소합향(蘇合
香)[5] · 계관석(鷄冠石, realgar)[6] · 술 및 기타가 있었다.

그런데 위에 열거한 동방에서 서방으로 운반된 물품 중 대다수는 중
국에도 전해진 것들이다. 아마도 대부분의 물품이 남양과 인도 및 중앙
아시아 각지에서 생산되어 각각 동서 양방향으로 수출된 것으로 보인
다. 예를 들어 송 고종 소흥 26년(1156) 삼불제국에서 가져온 공물 목록
을 보면 그 대체적인 면모를 확인할 수 있다.

....

쪽)

4) 감송향(甘松香): 사천성 서부 송주(松州) 지역에서 자라는 식물로 단맛이 나
   기 때문에 감송향이라고 불렀다. 그 뿌리와 줄기를 건조한 후에 약용 및
   향료의 용도로 사용할 수 있다.
5) 소합향(蘇合香): 소합향나무(Liquidambar orientalis)가 분비하는 수지(樹脂)
   로 만든 것이다. 소합향나무는 아프리카 · 인도 및 터키 등지에서 자라며 초
   여름에 나무껍질에 상처를 내어 수지가 나무껍질에 스며들게 하고 가을에
   나무껍질을 벗겨 소합향을 만든다. 소합향은 정신을 맑게 하고 혈액순환을
   촉진하며 중풍이나 관상동맥 등 질병 치료에도 효험이 있는 약재이다. 원산
   지에 대해서는 여러 가지 이설이 있다.
6) 계관석(鷄冠石, realgar): 비소 함유 황화광물로 붉은 오렌지색을 띠며 발연
   제의 원료 등으로 사용된다. realgar는 아랍어로 광산의 가루라는 의미이다.

용연(龍涎) 1괴(塊) 36근(斤)	진주 113냥(兩)	산호 1주(株) 240냥
서각 8주(株)	매화뇌판(梅花腦板) 3편(片)	매화뇌(梅花腦) 200냥
유리(琉璃) 39사(事)	금강추(金剛錐) 39개(個)	묘안석 반지[貓兒眼睛指環]·청마노 반지[青瑪瑙指環] 총 13개
해구신[膃肭臍] 28냥	번포(番布) 26조(條)	대식(大食) 설탕[糖] 4병[琉璃瓶]
대식 대추[棗] 16병	장미수(薔薇水) 168근	빈철장검(賓鐵長劍) 9장(張)
빈철단검(賓鐵短劍) 6장	유향 81,680근	상아 87주 총 4,065근
소합유(蘇合油) 278근	목향(木香)7) 117근	향(香) 30근
혈갈(血碣) 158근	아위(阿魏)8) 127근	육두구(肉荳蔲)9) 2,674근
후추 10,750근	단향(檀香)10) 19,935근	전향(箋香)11) 364근

....

7) 목향(木香): 유럽 원산의 엉거싯과에 딸린 여러해살이풀. 온몸에 잔털이 빽빽하고 잎은 긴 타원형으로 톱니가 있으며 7-8월에 누른 꽃이 피고 열매를 맺는다. 한방에서는 그 뿌리를 주로 건위·발한제로 쓴다.

8) 아위(阿魏): 이란·아프가니스탄 등이 원산지인 미나리과에 속한 여러해살이풀 또는 그 줄기에서 흘러내린 진을 말린 것으로 거담, 진경(鎭痙), 조경(調經), 구충, 강장제 따위로 쓰인다.

9) 육두구(肉荳蔲, nutmeg): 육두구나무의 과실 종자. 원산지는 말레이반도와 빈탄(Bintan)섬이며 5세기경 인도로 전해졌고 10세기 전후에 아랍인을 통해 유럽에 알려졌다. 13-14세기에 이르러 육두구와 정향에 대한 유럽인의 수요가 폭발적으로 늘어났는데, 이 두 향신료가 강력한 방부제일 뿐 아니라 염장한 어물(魚物)과 육류 요리에 필수불가결한 최상의 조미료였기 때문이다.(《해상실크로드사전》, 248쪽)

10) 단향(檀香): 태우면 향내를 내는 향나무에 대한 범칭. 일명 '단향목(木)'이라고도 하며 불서(佛書)에서는 '전단(栴檀)' 혹은 '진단(眞檀)'이라고 한다. 단향은 크게 백단(白檀)·황단(黃檀)·자단(紫檀) 3종류로 나뉘며 약 8종의 수종(樹種)이 있다. 《제번지》에 따르면 단향은 자바의 사마랑과 티모르, 수마트라에서 산출되며 그 형태는 중국의 여지(荔支)와 유사하다. 가지를 잘라 음지에서 말리면 향기가 나는데, 가볍고 연한 것을 사단(沙檀)이라고 한다.(《해상실크로드사전》, 55쪽)

송 이종(理宗) 보경 원년(1225) 조여괄(趙汝适)이 편찬한 《제번지(諸
蕃志)》 권상 〈지국(志國)〉에도 각국의 생산품이 기록되어있고, 권하 〈지
물(志物)〉에는 전적으로 물품의 종류와 용도 등에 대한 설명이 적혀있
다. 수록된 물품으로는 뇌자(腦子)[12]·유향·몰약·금안향(金顔香)[13]·독
누향(篤耨香)[14]·소합향유(蘇合香油)[15]·안식향(安息香)[16]·치자화(梔子

....

11) 전향(箋香): 침향(沈香)의 일종으로 물에 넣었을 때 반만 가라않는 것으로
   전향(棧香) 또는 농수향(弄水香)이라고도 부른다.
12) 뇌자(腦子): 녹나무의 가지와 잎을 절단하여 수증기로 증류하여 얻은 장뇌유
   를 냉각시켜 석출한 결정체. 강한 방향성(芳香性)으로 통규(通竅)작용이 있
   어 의식이 혼미한 증상에 다용하고, 종기(腫起), 피부궤양, 악창(惡瘡) 등에
   외용하기도 한다. 줄기는 풍습(風濕)을 제거하므로 관절염에 효력이 있는
   약재이다.
13) 금안향(金顔香): 《도광광동통지(道光廣東通志)》에 따르면 수지(樹脂)로 만든
   향으로 짙은 황색을 띤 것과 검은색을 띤 것이 있다. 제품을 갈랐을 때 속이
   눈처럼 흰색이면 상품이고 모래와 돌이 끼어있으면 하품이라고 하며 여러
   종류의 향과 혼합해서 몸에다 발랐다고 한다.
14) 독누향(篤耨香): 독누나무의 꽃줄기를 갈라서 나오는 수지는 말려 만든 향료
   로 약용으로도 사용한다. '독누'는 '독녹(篤傉)' 또는 '독록(篤祿)'으로도 표기
   한다.
15) 소합향유(蘇合香油): 산스크리트어 sturuka의 음역으로 소합유를 가리키며
   소합향을 액체로 만들어 약재로 사용하였던 것 같다.
16) 안식향(安息香): 원산지에 관해 라우퍼는 수마트라섬과 아라비아반도라고
   주장하였고, 조여괄은 《제번지》에서 스리비자야에서 산출된다고 하였다.
   하지만 두우의 《통전》에 의하면 안식은 서융(西戎)에 있는 국가로 산출국명
   을 따서 안식향이라 불렀다고 되어있다. 안식은 《사기》 〈대원열전〉에 나오
   는 페르시아의 옛 이름이므로 안식향이 페르시아 고유의 향료임에 의심의
   여지가 없다. 단성식(段成式)의 《유양잡조(酉陽雜俎)》에 따르면 안식향나무
   는 페르시아에서 자라는데 나무껍질을 파서 나오는 수지를 6-7월에 응결시
   키면 바로 안식향이 된다. 불에 태우면 신명(神明)에 통하고 제악(諸惡)을
   몰아낸다고 하여 '벽사수(辟邪樹)'라는 이름이 붙었다고 되어있다.(《해상실

花)·장미수·침향·전향·속잠향(速暫香: 침향이 자연적으로 완성되기 전에 채취한 것 - 역자)·황숙향(黃熟香: 침향의 일종으로 물에 넣어도 가라앉지 않는 것 - 역자)·생향(生香)[17]·단향·정향(丁香)[18]·육두구·강진향(降眞香)[19]·사향목(麝香木)[20]·바라밀(波羅蜜)[21]·빈랑(檳榔)[22]·야자(椰子)·몰석자(沒石子)[23]·오만목(烏樠木)·소목(蘇木)[24]·길패(吉貝)·야심점(椰心

크로드사전》, 217-218쪽)

17) 생향(生香): ① 운향(芸香); ② 사향(麝香) 중의 최고 등급.

18) 정향(丁香, clove): 열대나 아열대 지방에서 자생하는 정향나무의 꽃봉오리를 건조시킨 것으로 원산지는 말루쿠제도이다. 꽃봉오리는 핑크색으로 약 2cm쯤 컸을 때 자르면 암갈색으로 변하는데, 이것을 수일간 햇볕에 말리면 정향이 된다. 정향은 기원 전후 인도에 알려졌으며 기원후 2세기에 중국과 로마까지 전해졌다. 약간 매운듯하면서 향기를 내는 정향은 화장품 원료나 향료, 구충제, 전염병 예방제 등으로 쓰이다가 근대에 와서는 주로 향신료로 사용되고 있다.(《해상실크로드사전》, 274쪽)

19) 강진향(降眞香): 강향(降香)이라고도 한다. 꼭두서니과 식물인 강진향나무의 속살이다. 맛은 맵고 성질은 따뜻하다. 혈액 순환을 촉진하고 출혈을 멎게 하며 부기를 가라앉히고 통증을 완화시킨다. 타박상으로 어혈이 생겨 붓고 아픈데, 위병(胃病) 혹은 외상 출혈 등에 쓴다.

20) 사향목(麝香木):《제번지》에 따르면 점성과 진랍 등지에서 생산되는 향목의 일종으로, 그 중 수명을 다한 나무가 쓰러져 땅속에 묻혀 썩어서 껍질이 벗겨진 것을 상품으로 여긴다고 한다.

21) 바라밀(波羅蜜): 열대지방에서 자라는 상과(桑科) 바라밀속의 상록교목으로 그 열매는 지구상에서 가장 무거운 과일이다. 그 수액과 잎, 열매의 속은 약용으로 사용되고 정원수 내지 가로수로 심기도 한다. 수령이 오래된 것은 가구 재료와 황색 염료로도 이용된다.

22) 빈랑(檳榔): 남아시아와 동남아시아에서 자라는 종려과(Palmae)의 빈랑나무(Arecacatechu) 열매로 간식용이나 약재로 쓰인다.

23) 몰석자(沒石子): 지중해 연안에 서식하는 길이 6mm정도의 검은색 곤충으로 한약재로 쓰인다. 몰식자(沒食子), 묵석자(墨石子), 무식자(無食子), 무석자(無石子), 마다택(麻茶澤)으로도 불린다.

24) 소목(蘇木): 열대지방에서 나는 식물로 한방에서는 행혈(行血), 지혈, 진통,

簞)·목향·백두구(白荳蔲)25)·후추·필징가(蓽澄茄)26)·아위·노회(蘆薈: 즉 알로에 - 역자)·산호수(珊瑚樹)·유리·묘안석·진주·차거(硨磲)27)·상아·서각·해구신·취모(翠毛: 중형 물새인 翠鳥의 깃털 - 역자)·앵무·용연·대모·황랍(黃蠟: 꿀벌 집에서 꿀을 짜내고 찌끼를 끓여 만든 기름덩이 - 역자) 등이 있다.

남송 영종(寧宗) 개희 2년(1206) 조언위(趙彦衛)가 지은 《운록만초(雲麓漫鈔)》28) 권5에서는 복건시박사에 자주 도착하는 여러 나라의 선박에 따라 그 화물을 다음과 같이 분류하고 있다.

....

소종(消腫) 등의 치료제로 쓰인다. 목재 부분은 홍색 염료, 뿌리는 황색 염료의 좋은 재료이다. 따라서 약재용으로든 염료용으로든 예로부터 동서교역품 항목에 자주 오르내렸다.(《해양실크로드사전》, 183쪽)

25) 백두구(白荳蔲): ①빛깔이 흰 육두구; ②흰 육두구의 뿌리. 성질은 매우 따뜻하며 소화를 돕는 약으로 위한(胃寒)과 구토에 쓰인다.

26) 필징가(蓽澄茄): 장과(樟科)식물인 산계초(山鷄椒)의 다 익은 열매를 따서 햇빛에 말린 것으로 비신(脾腎)을 따뜻하게 하고 위(胃)를 튼튼하게 하며 소화를 촉진하는 약재이다.

27) 차거(硨磲): 차거과의 바닷조개. 껍데기는 부채를 펼쳐놓은 모양인데, 겉은 회백색이고 속은 광택 있는 젖빛이다. 껍데기는 그릇 또는 어항으로 쓰이거나 여러 가지 장식품으로 쓰이며 예로부터 칠보 중의 하나로 친다. 태평양이나 인도양의 따뜻한 바다 산호초에 붙어산다.

28) 《운록만초(雲麓漫鈔)》: 남송시기 조언위(생몰연도 미상)가 지은 필기집. 처음에 《옹로한화(擁爐閑話)》란 이름으로 10권본을 펴냈으나 나중에 15권으로 증보하면서 지금 이름으로 바꾸었다. 《사고전서총목》에 따르면 내용 중 3/10은 송대의 잡사를 기록한 것이고 7/10은 명물(名物)을 고증한 것이라고 한다.

대식·가령(嘉令)·마랄(麻辣)·신조(新條)·감비(甘秕)·삼불제국	진주·상아·서각·뇌자·유향·침향·전향(煎香: 즉 箋香 - 역자)·산호·유리·대모·귀통(龜筒)[29]·치자향(梔子香)·장미수·용연 등
진리부(眞里富)라고도 불리는 진랍·삼박(三泊)·연양(緣洋)·등류미(登流眉)·서붕(西棚)·나곡(羅斛)·포감(蒲甘)국	금안향(金顔香) 등
발니(渤泥)[30]국	뇌판(腦版)
사바국	대부분 약물(藥物)
고성(古城)·목려(目麗)·목력천(目力千)·빈달농(賓達儂)·호마파동(胡麻巴洞)·신주(新洲)국	협전(夾煎)
불라안(佛囉安)·붕풍(朋豐)·달라제달마(達囉啼達磨)국	목향
파사란(波斯蘭)·마일(摩逸)·삼서(三嶼)·포리환(蒲哩喚)·백포이(白蒲邇)국	길패포(吉貝布)·패사(貝紗)

이상 여러 나라 가운데 고증할 수 있는 것은 이미 본편 6장에서 언급하였다.

제2절 외국상인의 점포

《태평광기》 권243 '하명원(何明遠)'조에서는 《조야첨재(朝野僉載)》[31]

....

29) 귀통(龜筒): 붉은 바다거북의 등딱지로 무늬가 있고 대모처럼 얇아서 장식용으로 쓰인다.
30) 발니(渤泥, Puni): 현 보르네오섬 북부의 브루나이에 위치했던 고대 왕국.
31) 《조야첨재(朝野僉載)》: 당대 사람 장작(張鷟, 658-730)이 지은 필기소설집. 원래 20권이었으나 현재는 6권 또는 3권만 남아있다. 당나라 초부터 개원연

를 인용하여 "당나라 때 정주(定州)에 하명원이라는 큰 부자가 있어 관
내의 역참을 책임졌다. 모든 역참 옆에 점포를 세워 상인들을 머물게
했는데, 오로지 습호(襲胡)를 업으로 삼아 재산이 백만이나 되었고 집에
는 500장(張)의 직릉기(織綾機)가 있었다"고 하였다. 여기서 "오로지 습
호를 업으로 삼다"라는 말은 아마도 전문적으로 외국상인을 초대(招待)
하기 위해 세웠다는 뜻으로, 그런 까닭에 그 이윤이 특별히 높아 거부가
되었다는 것이다.

《태평광기》에는 또 외국상인이 직접 경영한 여관 몇 곳에 관한 기록
도 있다. 권16 '두자춘(杜子春)'조에는 "(두자춘은) 장안 거리를 걸어 다
니다가 해가 저물도록 아무것도 먹지 못하고 어디로 가야할 지 몰라
방황하고 있었다. …… (그 때 한 노인이 지팡이를 짚고 그의 앞에 나타
나 소매에서 돈 한 꾸러미를 꺼내며) '오늘 저녁엔 이 정도만 그대에게
주겠네. 내일 오시(午時)에 서시(西市)의 페르시아 여관[波斯邸]에서 그
대를 기다릴 테니 부디 약속 시간에 늦지 말게!'라고 말했다"고 되어있
다. 또 권17 '노이이생(盧李二生)'조에는 "(이생은) 매우 가난했다. 우연
히 양주(揚州)의 아사교(阿使橋)를 건너다 짚신을 신고 적삼을 입은 사
람을 만났는데, 자세히 보니 바로 노생이었다. …… (노생이) 이에 지팡
이를 주며 '이걸 가지고 페르시아 점포[波斯店]에 가서 돈을 찾게'라고
말했다"고 되어있다. 이 점포가 여관인지는 이 글에서 분명히 밝히고
있지 않지만, 여관일 가능성이 상당히 큰 듯하다. 권34 '최위(崔煒)'조에
도 "(최위가) 마침내 광주로 돌아왔다. …… 이에 페르시아 마을[波斯邸:

<hr />

간의 사적을 기록하고 있는데, 특히 측천무후에 관한 내용이 많다. 《자치통
감》과《태평광기》등에서 인용하고 있으며 현재 본은 《태평광기》·《설부(說
郛)》·《고금설해(古今說海)》등에서 집록(輯錄)한 것이다.

波斯店으로 적혀있기도 함에 도착하여 몰래 보석을 팔았다"고 되어있다. 이곳은 아마도 여관과 보석업을 겸하던 점포였던 것 같다. 이상 인용한 세 경우는 각각 장안·양주·광주에서 있었던 일로, 이를 통해 당시 외국인들이 개설한 점포가 이미 중국의 각 대도시에 두루 퍼져있었음을 알 수 있다.

왕건휴(王虔休)³²⁾의 〈진영남왕관시박사원도표(進嶺南王館市舶使院圖表)〉에서는 "여러 번장이 멀리서 (중국을) 흠모하고 동경하여 보배를 실은 선박이 연이어 모여들어 평상시의 배에 이르렀습니다. …… 진공할 물건을 제외한 나머지는 번상들 마음대로 가게를 열어 팔게 하면 중국과 외국이 교류하게 되어 사람들은 넉넉해지고 공사(公私) 간에 전혀 부족한 것이 없게 될 것입니다"고 하였다.

사조제(謝肇淛)³³⁾의 《오잡조(五雜組)》³⁴⁾ 권12에서는 "당나라 때 …… 페르시아 점포가 있었는데, 《태평광기》에 종종 그것이 언급되어있다"고

....

32) 왕건휴(王虔休, 737-799): 당대의 인물로 여주(汝州) 출신이다. 택로병마사 압아(澤潞兵馬使押衙)에 등용되어 하북의 번진이 난을 일으켰을 때 공을 세웠으며 이후 계속 승진하였다. 음률에도 능통하여 악공 류왕개(劉王介)와 《계천탄성악(繼天誕聖樂)》을 만들어 덕종에게 바쳤다.

33) 사조제(謝肇淛, 1567-1624): 명대의 작가 겸 관료로 복건성 장악(長樂) 출신이다. 병부랑중(兵部郎中)·광서우포정사(廣西右布政使) 등을 역임하였다. 치수 사업에 관한 상소를 올리고 치수 경험을 기록한 《북하기략(北河紀略)》을 저술하였다. 이 밖에 《금병매(金瓶梅)》·《오잡조》·《문해피사(文海披沙)》 등의 저서가 있다.

34) 《오잡조(五雜組)》: 전 16권. 전체를 천(天)·지(地)·인(人)·물(物)·사(事) 5부로 나누고 자연현상과 인사(人事) 등 넓은 범위에 걸쳐 저자의 견문과 의견을 항목별로 정리한 책이다. 음양·풍수의 미신사상을 부정하고 합리적 경향을 띤 독특한 관찰안은 당시 사회의 여러 모순을 날카롭게 꿰뚫어본 면이 있으며 명대의 정치·경제·사회·문화에 관한 귀중한 자료가 되고 있다.

하였다.

《구당서》권185하 〈양리전(良吏傳)〉의 '송경례전(宋慶禮傳)'35)에서는 개원 5년(717) 송경례가 영주(營州: 현재의 요녕성 일대 - 역자)에서 "상업에 종사하는 외국인을 불러 모아 점포를 열게 했다'고 하였는데, 이는 분명 개원연간 이전 이미 영주에 중앙아시아의 상인들이 많이 있었음을 말해 주는 것으로 안록산(安祿山)도 바로 이곳에서 출생하였다.《신당서》권 225상 〈역신전(逆臣傳)〉의 '안록산조'에도 "몰래 외국상인을 여러 도(道)에 파견하니 해마다 재물 백만을 보내왔다'고 되어있다. 이는 외국상인이 현실 정치와도 밀접한 관계를 갖고 있었음을 보여주는 것이다. 외국상인 중에는 벼슬길에 오른 사람도 있었다. 예컨대《신당서》권225상 〈손효철전(孫孝哲傳)〉에 강겸(康謙)이 첨부되어있는데, "강겸이라는 외국상인은 천보연간(742-756) 안남도호(安南都護)가 되어 양국충(楊國忠)을 따랐으며 장군(將軍)직을 맡았다. …… 시홍려경(試鴻臚卿)까지 올랐다'고 되어있다. 또한 대도(大盜)가 된 사람도 있었으니,《자치통감》〈수기(隋紀)8〉의 '의녕 원년(617)'조에는 "서역의 외국상인 하반인(何潘仁)은 사죽원(司竹園)36)에 들어가 도적이 되었는데, 무리가 수만에 달했다'고 되어있다.

....

35) 송경례(宋慶禮, 생몰연도 미상): 당대의 관료로 명주(洺州) 영평(永平) 출신이다. 당 현종이 영주(營州)의 치소를 다시 유성(柳城)으로 옮기려고 하자 송경(宋璟)이 불가함을 말했지만 홀로 그 이로움을 이야기하였다. 그 후 영주 도독이 되었고 80여 곳에 둔전을 시행하여 이민족 방비에 노력하였다.

36) 사죽원(司竹園): 당나라 때 관에서 관리하는 죽원(竹園)을 사죽감(司竹監) 혹은 사죽원이라고 불렀다. 당대의 사죽원은 현 서안시 호현(戶縣)과 주지현(周至縣) 등에 위치해 있었다.

제3절 외국상인 중의 부호(富豪)

《태평광기》권403 '자말갈(紫抹鞨)'조에서는 《광이기(廣異記)》[37]를 인용하여 "어떤 페르시아 사람이 대략 15,000관(貫)을 갖고 있었다. 겨드랑이 아래에 작은 병(瓶)이 있는데, 그 크기가 주먹을 합친 것만 했다. 그것을 소중하게 여기는 이유를 물었으나 속이고 사실대로 답하지 않았다"[38]고 하였다. 또 권402 '청니주(青泥珠)'조에서도 같은 책을 인용하여 "근자에 어떤 페르시아 사람이 부풍(扶風)의 여관에 와서 주인집 문 밖에 있는 네모난 돌을 보며 며칠을 배회하였다. 주인이 이유를 묻자 그 외국인이 '저 돌을 다듬잇돌로 삼고 싶다'고 하면서 2천 전(錢)을 주고 사기를 원하니, 주인은 돈을 받고 매우 기뻐하며 돌을 그에게 주었다"고 하였다. 또 권34 '최위(崔煒)'조의 앞부분은 이미 앞에서 소개하였는데, 그 아래 부분에 "한 늙은 외국인이 (구슬을) 보자마자 바로 땅에 엎드려 예를 다하였다. …… 마침내 10만 민(緡)을 주고 그것과 바꾸었다. …… 그 외국인은 황급히 배를 띄워 대식으로 돌아갔다"고 하는 내용이 있다. 대개 이들 모두 상당히 이상하고 황당한 내용이지만, 다른 한편 그 당시 외국상인의 부유함이 우리의 상상을 뛰어넘었다는 점을 보여준다.

당·송시기 중국 거주 외국인 중에는 아주 부유했던 자들이 꽤 많았으니, 특히 페르시아 사람은 부호의 대명사였다. 그래서 이상은(李商隱)[39]

---

37) 《광이기(廣異記)》: 당대 전기(대략 766-779년) 초군(譙郡) 출신인 대부(戴孚, 생몰연도 미상)가 쓴 지괴전기(志怪傳奇) 소설집으로 원서는 20권이나 현재는 6권만 남아있다.

38) 《태평광기》권403 '자말갈(紫抹鞨)'조의 내용도 판본에 따라 내용에 차이가 있는데, 저자의 인용에 따라 해석하였다.

은《잡찬(雜纂)》권상의 '서로 어울리지 않은 것들(不相稱)'40)조에서 "가난한 페르시아 사람, 병든 의사, 씨름하는 말라깽이, 비대한 신부, 글을 모르는 선생, 경전 읽는 백정41), 양교(涼轎: 휘장이 없는 가마 - 역자)를 타는 사장(社長: 촌장과 같은 말단 지방관 - 역자), 기방에 들어가는 노인네42)"라고 하였다.《정사(程史)》권11에서도 지방관[知州]이 외국상인을 초대하여 연회를 베푼 장면을 묘사하면서 "돈을 물 쓰듯 하고 하인들이 끝도 없이 많으며 주기(珠璣)와 향패(香貝)를 자리 위에 널어놓아 사치함을 드러내었다. 주위에 둘러선 사람들은 이것이 평소의 모습이라고 하였다"고 적고 있다.

《천하군국이병서(天下郡國利病書)》권104에서는 "송대에 (외국) 상인들은 매우 부유하여 모두 비단으로 만든 옷에 금은보석으로 치장했고 금은으로 만든 그릇만을 사용했다"고 하였고, 같은 권에서 또 소철(蘇轍)의《용천략지(龍川略志)》를 인용하여 "번상 신압타라(辛押陁羅)는 광주에 수십 년을 거주하였는데, 가산이 수백만 민(緡)에 달했다"고 하였다.

....

39) 이상은(李商隱, 812-858): 만당의 시인으로 회주(懷州) 하내(河內) 사람이다. 자는 의산(義山), 호는 옥계생(玉谿生)이며 동천절도사판관(東川節度使判官) 등을 지냈다. 작품에는 사회적 현실을 반영한 서사시 또는 위정자를 풍자한 영사시(詠史詩) 등도 있지만, 애정을 주제로 한 무제시(無題詩)에서 창작력이 유감없이 발휘되었다. 저서에《이의산시집(李義山詩集)》과《번남문집(樊南文集)》이 있고《의산잡찬(義山雜纂)》도 그의 저작으로 전한다.

40) '불상칭'조의 내용은 판본에 따라 차이가 있는데, 여기서는 원서에서 인용한 대로 따랐다.

41) 원서에는 "居家念經"으로 되어있으나 이상은의 글에 따라 "屠家念經"으로 고쳐 해석하였다.

42) "窮波斯, 病醫人, 瘦人相撲, 肥大新婦, 先生不識字, 屠家念經, 社長乘涼轎, 老翁入娼家."

제4절 외국상인의 행적

당나라 때 중국에 있던 외국인은 보통 그 국적을 구분하지 않고 모두 '호(胡)'라 불렀고 상인은 '호상(胡商)' 혹은 '고호(賈胡)'라고 불렀으며 승려는 '호승(胡僧)'이라 불렀다. 그 외 '서국인(西國人)'이라 부르는 경우도 있었다. 책에 기록된 바에 의하면 그 대부분은 페르시아나 아랍 사람이었고 경영하던 물품도 대부분 보석류였다. 페르시아에서 생산된 보석에 대해서는 당 이전의 여러 사서에 이미 여러 차례 언급되고 있다. 예컨대 《위서》 권102 〈서역전〉에서는 그 대부분이 커다란 진주(眞珠)였다고 하였고, 《주서(周書)》 권50 〈이역전(異域傳)〉 하(下)에서는 진주와 이주(離珠: 진주의 일종 - 역자)가 생산된다고 하였으며, 《수서》 권83 〈서역전〉에서는 그 땅에 진귀한 보석[眞珍]이 많다고 하였다.

《구당서》 권198 〈서역전〉에서는 페르시아에서 화주(火珠: 즉 火齊珠, 주로 탑의 위쪽에 장식용으로 사용되는 구형의 옥돌 - 역자)가 난다고 하였고, 또 천보 9년(750) 사신을 보내 구멍이 없는 진주를 바쳤다고 기록하고 있는데, 이 일은 《책부원구》 권971에도 보인다. 또 대력 6년(771)에도 진주 등을 바쳤는데, 《책부원구》 권972에는 보응 6년 9월 페르시아에서 사신을 보내 진주와 호박 등을 바친 것으로 기록하고 있다. 하지만 보응이란 연호에는 6년이 없으므로 이는 분명 대력 6년의 오기로 보인다. 혜초의 《왕오천축국전》에서도 페르시아의 땅에서 보물이 생산되는데, 보통 서쪽 바다에서 배를 타고 남해로 들어오며 사자국에서 여러 보물을 구입한다. …… 또 배를 타고 중국 땅에 이르면 직접 광주에 가서 비단 종류를 구입한다고 적고 있다. 《태평어람》 권981에서도 《남이지(南夷志)》를 인용하여 남조(南詔)에 바라문·페르시아·곤륜 등 다양한 외국에서 와서 교역하는 장소가 있는데, (그 물품은) 대부분 진주나 보석 등이라고 적고 있다.

고인이 된 친구 섭덕록(葉德祿)이 쓴 〈당대 호상과 보석(唐代胡商與珠寶)〉은 《보인학지(輔仁學誌)》 제15권 1,2기 합본에 실려 있다. 대부분 《태평광기》에서 수집한 자료를 기초로 하여 그 위에 다른 책에서 조사한 내용을 더했는데, 호상의 중국 내 행적과 그들이 한 일을 확인할 수 있다. 그 내용을 열거하면 다음 표와 같다(인용된 책은 한 종류만 기재하였다).

성명/국명	소재지	사실	기록된 책 이름
미량(米亮)	부풍(扶風)	옥(玉)의 감정에 능함	《태평광기》 권243에 인용된 《건찬자(乾饌子)》의 '두예(竇乂)'조
호인(胡人)	장안(長安)	옷 주머니[衣橐]안에 보물이 있음을 앎	《태평광기》 권402에 인용된 《선실지(宣室志)》 권6
페르시아 호인	예장(豫章)	보지 않고도 보석이 있음을 앎	《태평광기》 권404에 인용된 《계신록(稽神錄)》의 '잠씨(岑氏)'조
호승(胡僧)	불상(不詳)	보지 않고도 보경(寶鏡)이 있음을 앎	《태평광기》 권230에 인용된 《이문집(異聞集)》의 '왕도(王度)'조
군호(羣胡)	장안	소면충(消麵虫)을 갖고 있음	《태평광기》 권476에 인용된 《선실지》 권1
호승	불상	보지 않고 백옥 함 속에 있는 보물이 무엇인지 앎	《태평광기》 권63에 인용된 《현괴록(玄怪錄)》의 '최서생(崔書生)'조
호승	부풍	보지 않고 금귀(金龜)·보검(寶劍)·고경(古鏡)이 있음을 앎	《태평광기》 권404에 인용된 《선실지》 권6

성명/국명	소재지	사실	기록된 책 이름
호인	광릉(廣陵)	옥청(玉淸) 삼보(三寶)에 경의를 표함	《태평광기》권403에 인용된 《선실지》권6
호승	장안	보지 않고 보옥(寶玉)을 품고 있음을 암	《태평광기》권340 '이장무(李章武)'조
대식국 호인	불상	주(珠)를 보면 정대례(頂戴禮)를 행함	《태평광기》권402에 인용된 《기문(紀聞)》의 '수주(水珠)'조
호상	낙양	보석을 보면 무릎을 꿇고 받들며 머리를 땅에 닿도록 숙여 절함	《태평광기》권27에 인용된 《선전습유(仙傳拾遺)》의 '사명군(司命君)'조
30여(餘)호(胡)	불상	보석을 가장 많이 가진 자에게 머리를 숙여 예를 올림	《태평광기》권403에 인용된 《원화기(原化記)》의 '위생(魏生)'조
서역(西域)호인	보응(寶應)	보석 얻은 곳을 예를 갖춰 바라봄	《태평광기》권404에 인용된 《두양잡편(杜陽雜編)》
서역상호(商胡)	장안	오로지 닭 벼슬 색깔의 화금(化金)을 찾아서 구입함	설용약(薛用弱)의 《집이기(集異記)》
대식국 호인	불상	4천만 관(貫)을 내고 보석을 구입함	《태평광기》권402에 인용된 《기문》의 '수주'조
호인	광릉	수천만을 내고 여룡주(驪龍珠)를 구입함	《태평광기》권421에 인용된 《선실지》의 '임욱(任頊)'조
호인	광릉	1천만으로 옥청(玉淸) 삼보(三寶)와 교환함	《태평광기》권403에 인용된 《선실지》권6
호인	불상	수십만 금으로 보석을 구함	《태평광기》권33에 인용된 《신선감우전(神仙感遇傳)》
호인	불상	1백만으로 유리주(琉璃珠)를 팔게 함	《태평광기》권65에 인용된 《통유기(通幽記)》
노호(老胡: 페르시아 여관)	불상	10만 민(緡)으로 구슬과 교환함	《태평광기》권34에 인용된 《전기(傳奇)》
죽병호(鬻餠胡)	장안	왼팔에 보석을 감추고 은혜	《태평광기》권403에 인용된

성명/국명	소재지	사실	기록된 책 이름
		에 감사함	≪원화기≫
서국(西國) 호객(胡客)	장안	50만으로 구슬을 구입함	≪태평광기≫ 권403에 인용된 ≪원화기≫
호인	양주(揚州)	수천 민(緡)으로 발광주(發光珠)를 구입함	≪태평광기≫ 권402에 인용된 ≪원화록(原化錄)≫의 '수선자(守船者)'조
상호	장안	1천만으로 보골(寶骨)을 구입함	≪유양잡조속집(酉陽雜俎續集)≫의 〈오사탑기(五寺塔記)〉 상(上)
호인	장안	10만 관(貫)으로 측천무후의 청니주(靑泥珠)를 구입함	≪태평광기≫ 권402에 인용된 ≪광이기(廣異記)≫의 '청니주'조
군호	양주	5만 민으로 보주를 구입함	≪태평광기≫ 권402에 인용된 ≪광이기≫의 '청니주'조
호객	소주(?)	1백 민으로 계빈국의 그릇[椀]을 구입함	≪속유괴록(續幽怪錄)≫ 권3 '소주객(蘇州客)'조
페르시아 호인	부풍	겨드랑이를 갈라 보석을 감춤	≪태평광기≫ 권402에 인용된 ≪광이기≫의 '경촌주(徑寸珠)'조
호인	장안	청니주를 종아리 살 속에 감춤	≪태평광기≫ 권402에 인용된 ≪광이기≫의 '청니주'조
페르시아 노호	저양(雎陽)	장사를 20년 넘게 하면서 넓적다리에 보석을 감춤	≪태평광기≫ 권402에 인용된 ≪집이기≫의 '이면(李勉)'조
군호	유양(維揚)	묘를 파서 보석을 취함	≪태평광기≫ 권402에 인용된 ≪집이기≫의 '이면'조
페르시아 선주[舶主]	불상	허리 살 속에 보석을 감춤	≪원씨장경집(元氏長慶集)≫ 권12의 〈화락천송객유영남시(和樂天送客遊嶺南詩)〉
아역(亞域)고호(賈胡)	불상	몸을 갈라 아름다운 보석을 감춤	≪자치통감≫ 〈당기〉 '정관 원년'조

성명/국명	소재지	사실	기록된 책 이름
대식국인	불상	보석을 땅에 묻으면 샘물을 찾을 수 있음	≪태평광기≫ 권402에 인용된 ≪기문≫의 '수주'조
서국 호인	불상	샘물을 끌어다 탁한 물을 깨끗이 할 수 있음	≪선실지≫ 권6
페르시아 호인	양주	자말갈(紫抹羯)은 물과 불을 막을 수 있음	≪태평광기≫ 권403에 인용된 ≪광이기≫의 '자말갈'조
제호(諸胡)	불상	동해의 용이 딸을 주고 보석을 되찾음	≪태평광기≫ 권403에 인용된 ≪광이기≫의 '보주(寶珠)'조
군호	불상	선인(仙人)이 보석을 바침	≪선실지≫ 권1
호인	불상	10천(千)으로 파산검(破山劍)을 구입함	≪태평광기≫ 권232에 인용된 ≪광이기≫의 '파산검'조
병든 페르시아인[病波斯]	건창(建昌)	구슬로 은혜에 감사를 표함	≪태평광기≫ 권402에 인용된 ≪독이지(獨異志)≫의 '이관(李灌)'조
상호	불상	야광주(夜光珠)로 은혜에 감사를 표함	≪태평광기≫ 권168에 인용된 ≪상서고실(尙書故實)≫의 '이약(李約)'조
페르시아 호인	홍주(洪州)	자말갈로 1백만을 납세함	≪태평광기≫ 권403에 인용된 ≪광이기≫의 '자말갈'조
페르시아 호인	예장	3만으로 두 개의 석주(石珠)를 구입함	≪계신록≫ 권5의 '잠씨'조
대식국인	광주(페르시아 여관)	10만 민으로 구슬과 교환함	≪태평광기≫권34에 인용된 ≪전기≫의 '최위(崔煒)'조

위의 표에서 열거한 바와 같이 외국인들이 이르렀던 곳으로 장안·광주·낙양·양주(즉 광릉과 유양)·봉상(鳳翔: 즉 부풍)·영수(永修: 즉 건창)·남창(즉 예장과 홍주)·보흥·저양(현 하남성 商邱縣 남쪽) 등이 있었다.

제5절 국적과 호속(胡俗)

　　당·송시기 중국에 거주하던 외국상인은 단지 호인으로 불리거나 서국 호인 혹은 서역 호인으로 불리었고, 국적을 붙여 부른 경우는 페르시아와 아랍뿐이었다. 그 외 국적이 확인되는 경우는 제4절의 마지막 부분 표에 나오는 '미량'이 있는데, 그는 서역의 미국(米國) 사람이었다. 등명세(鄧名世)43)는 《고금성씨서변증(古今姓氏書辨證)》44) 권24에서 "서역의 미국 호인으로 중국에 들어온 사람은 나라 이름으로 성(姓)을 삼았다. 당대에는 황제의 초빙을 받은 음악가 미가영(米嘉榮)과 그 아들 미화랑(米和郞)이 있었다"고 하였다. 《통지(通志)》 권26 〈씨족략(氏族略)〉에서도 "서역의 미국은 호인으로 당대에는 황제의 초빙을 받은 음악가인 미가영이 있었다"고 기록하고 있다. 미국은 《(대당)서역기》에 나오는 미말하국(弭秣賀國)으로 사마르칸트 동쪽에 있는 마이무르그(Mymurgh)국이다.

....

43) 등명세(鄧名世, 생몰연도 미상): 송나라 무주(撫州) 임천(臨川) 사람으로 경사(經史)에 밝았고 특히 《춘추》에 정통했다. 고종 소흥 4년(1134) 사관교감(史館校勘)에 임명되었고 나중에 저작좌랑(著作佐郞)이 되어 《철종실록(哲宗實錄)》중 유실된 부분을 보완했다. 또 건염부터 소흥 9년까지의 일력(日曆)을 편찬했다. 11년 시정(時政)에 대해 비판하다 진회(秦檜)의 눈 밖에 나서 얼마 뒤 정직을 당했다. 저서에 《춘추논설(春秋論說)》·《열국제신도(列國諸臣圖)》·《좌씨운어(左氏韻語)》·《국조재상연표(國朝宰相年表)》등이 있다.

44) 《고금성씨서변증(古今姓氏書辨證)》: 전 40권. 등명세와 그의 아들 등춘애(鄧椿愛)가 20여 년에 걸쳐 완성(소흥 4년)한 책이다. 원서는 산일된 지 오래지만 청 건륭제 때 《영락대전》 중에서 집록해낸 것이 남아있는데, 중국 성씨문화 연구에 없어서는 안 될 중요한 저작으로 평가된다.

외국상인에 관한 기록 중에는 신화에 가까운 것도 상당히 많지만 조사를 통해 알 수 있는 것도 몇 가지가 있다. ①대부분 부유한 상인이었고 떡[餠]을 팔아 생계를 유지한 사람은 한 명뿐이었다. ②보석을 가장 중요하게 여겼다. ③늙어 죽을 때까지 중국에 남아 귀국하지 않은 사람이 있었다. ④승려도 보석상을 겸업하였다.

호인들은 보석을 중요하게 여겨 매년 한 차례씩 경연대회를 열어 보석이 많은 자가 상석에 앉았다. 《태평광기》권403의 '위생(魏生)'조에서는 《원화기(原化記)》45)를 인용하여 "당대 안사의 난이 평정된 이후 위생이라는 자가 있었으니, 훈척(勳戚)의 신분으로 어려부터 왕의 막우(幕友)를 역임하여 많은 재산을 축적하였다. …… 호객(胡客)들이 자체적으로 보회(寶會)를 개최했는데, 호객의 법에 따르면 매년 한차례 고향 사람들과 대회를 열어 제각기 보물을 늘어놓도록 되어있었다. 보물을 많이 가진 사람이 모자를 쓰고 상석에 앉았고 그 나머지는 보물을 가진 순서에 따라 구분하였다. …… 여러 호인들이 보물을 내놓았는데, 상석에 앉은 사람이 직경 1촌이 넘는 명주(明珠) 4개를 꺼내자 나머지 호인들이 모두 일어서서 머리를 조아리고 예를 올렸다. 그 뒤를 이어 차례로 3개 혹은 2개를 내놓으니 모두 보석이었다. 말석에 이르자 여러 호인들이 웃음을 머금고 조롱하듯 위생에게 '그대도 보석이 있는가?'라고 물었다. 이에 위생이 '있습니다'고 답하면서 품고 있던 것을 꺼내어 보이며 혼자 미소를 지었다. 그러자 30여 명의 호인들이 모두 위생을 부축하여 상석으로 옮겨 앉히고 각각 (그의) 발에 예를 표했다. 위생은 처음에는

---

45) 《원화기(原化記)》: 당나라 때 황보(皇甫)씨가 지은 전기소설집으로 개성·회창연간(836-846)에 완성된 것으로 보인다. 원서는 산일되었고 《태평광기》에 60여 조가 수록되어있다.

놀리는 것으로 여겨 부끄럽고 두려웠으나 나중에 진실한 마음임을 알고 크게 놀랐다"고 하였다.

　명대 복건성의 페르시아 호상에게는 여전히 이 관습이 남아있었다. 《금고기관(今古奇觀)》46) 제9회 〈전운교우동정홍(轉運巧遇洞庭紅)〉에는 명 성화연간(1465-1487)에 소주 지역의 자(字)가 약허(若虛)인 문실(文實)이라는 자가 해외무역을 하다 풍랑을 만나 무인도에 표류했다가 큰 거북의 껍데기를 주워 배로 가지고 돌아왔다. 복건성에 도착하자 마합보(瑪哈寶)라는 페르시아 사람이 5만량을 주고 이를 샀다. 페르시아에서는 이것을 용각(龍殼)이라 부르는데, 껍데기 안에 들어있는 진주 24개는 페르시아에서 하나에 5만 량에 해당한다고 말한 것으로 묘사되어있다. 같은 글 중에 "본래 옛 규칙에 따르면 해선이 도착하면 주인이 먼저 한차례 정중히 대접한 연후에 물건을 꺼내놓고 값을 흥정합니다. 주인이 국화(菊花)가 그려진 법랑반잔(琺瑯盤盞)을 들고 두 손을 마주잡으며 '열거된 화물 목록을 보시고 자리를 정해주세요'라고 말합니다. 여러분, 이것이 무슨 뜻일까요? 원래 페르시아 호인은 이윤을 중시하여 화물 목록상에 있는 기이한 보석의 가치가 수 만량에 달할 경우 그 사람을 바로 상석에 앉게 합니다. 나머지 사람은 화물의 가치에 따라 순서대로 앉는데, 연령도 존비(尊卑)도 따지지 않는 것이 지금까지 지속되어 온 규칙입니다"고 한 내용이 있다. 여기서 말하는 '지금까지 지속되어 온 규칙'이란 바로 호인의 풍속이니, 중국에서 호인풍속이 행해진 것은 당대까지 거슬러 올라갈 수 있음이 분명하다.

....

46) 《금고기관(今古奇觀)》: 명말 숭정연간 발간된 전기소설집으로 편자는 소주의 포옹노인(抱甕老人)이라는 것 외에는 불분명하다. 이 책은 단편소설 총집인 《삼언이박(三言二拍)》 중 비교적 우수한 40편을 골라 편찬한 것이라 한다.

제6절 술집과 호희(胡姬)

당나라 때 많은 서역 사람들이 장안에 거주함에 따라 호희가 있는 술집도 자연스럽게 생겨나게 되었다.

술시중 드는 사람이 호희이고 술집 주인이 반드시 호인인 것은 아니지만 호인이 연 술집이 대부분이었다. 예를 들어 왕적(王績)[47]은 〈과주가(過酒家)〉라는 시에서 "손님이 있거든 모름지기 술을 마시게 해야 하니 돈이 없더라도 달리 술을 마련해야 하는데, 갈 때마다 늘 외상 술 달라고 해서 술집 호인 보기 민망하구나[48]"라고 읊었다.

당나라 사람의 시 속에는 호희가 상당히 많이 등장하는데, 특히 이백(李白)[49]이 이를 즐겨 언급하였다. 〈소년행(少年行)2〉에서 "오릉(五陵)의 젊은이들 금시(金市) 동쪽에서 은 안장 흰 말 타고 봄바람 속을 가네. 지는 꽃 다 밟고서 어디로 가 노니는가? 웃으며 드나니 호희의 술집이라네[50]"라고 하였는데, 여기서 말하는 금시는 아마도 서시(西市)인 듯하다.

....

47) 왕적(王績, 589?~644): 수말 당초의 인물로 자는 무공(無功)이고 호는 동고자 (東皋子)이며 강주(絳州) 용문(龍門) 출신이다. 시인으로서 주로 산수나 순박한 자연을 묘사하였고 당대의 시문(詩文) 발전에 영향을 끼쳤다. 애주가로 유명해 《주경(酒經)》과 《주보(酒譜)》를 짓기도 했으며 문집으로 《동고자집 (東皋子集)》이 있다.

48) "有客須敎飮, 無錢可別沽. 來時常道貰, 慚愧酒家胡." 원서에는 '유전수교음(有 錢須敎飮)'으로 되어있으나 오류가 분명하여 바로잡았다.

49) 이백(李白, 701-762): 당나라 시인으로 시선(詩仙)으로 불린다. 자는 태백(太 白)이고 호는 청련(靑蓮)과 취선옹(醉仙翁)이다. 두보와 더불어 시의 양대 산 맥을 이루었다. 그의 시는 서정성이 뛰어나 논리나 체계보다는 감각과 직관 에서 독보적이다. 술과 달을 소재로 많이 썼으며 낭만적이고 귀족적인 시풍 을 지녔다. 《이태백집》 30권이 있다.

또 〈숭산으로 돌아가는 배도남을 보내며(送裵十八圖南歸嵩山)1)〉에서도 "어느 곳이 이별할 만한 곳인가? 장안의 청기문(靑綺門)이라네. 호희가 흰 손 흔들며 손님을 끌어 술에 취하게 하네51)"라고 하였는데, 여기 나오는 청기문은 바로 춘명문(春明門)으로 장안의 정동쪽 흥경방(興慶坊)과 도정방(道政坊) 사이에 있었다. 양거원(楊巨源)52)의 〈호희사(胡姬詞)〉에서는 "아리따운 자태 강가에 비치니 봄바람은 잘도 나그네를 붙드네. 목로주점에서 술집 아가씨 마음 알았나니 술을 보내 사내 마음 부끄럽게 하네53)"라고 하였다. 여기 나오는 "강가(江頭)"는 곡강(曲江)의 강변을 말하니, 두보(杜甫)54)가 〈곡강(曲江)〉 시에서 "매일 강가에서 술에 만취해 돌아오네55)"라고 한 것이 바로 이곳으로 장안의 동남쪽 모퉁이이다. 요즘 사람들이 당대 서역의 종교 사원이 거의 모두 서시(西市)에 모여 있었기 때문에 술집과 호희도 틀림없이 그 지역에 집중되었을 것이라고 여기지만 실제로는 반드시 그랬던 것은 아니었다.

....

50) "五陵年少金市東, 銀鞍白馬度春風. 落花踏盡遊何處? 笑入胡姬酒肆中."
51) "何處可爲別? 長安靑綺門. 胡姬招素手, 延客醉金樽."
52) 양거원(楊巨源, 755-?): 당나라 시인으로 789년 진사에 급제하여 국자사업(國子司業) 등을 역임하였으나 824년 벼슬에서 물러났다. 백거이·원진과 교우하였는데, 그의 시는 특히 음률(音律)을 중시한 작품이 많다. 주요 작품으로 〈절양류(折楊柳)〉·〈성동조춘(城東早春)〉·〈화련수재양류(和練秀才楊柳)〉 등이 있다.
53) "姸艶照江頭, 春風好客留. 當壚知妾慣, 送酒爲郞羞."
54) 두보(杜甫, 712-770): 당나라 시인으로 시성(詩聖)이라 불렸으며, 또 이백과 병칭하여 이두(李杜)라고 불려진다. 어려부터 시를 잘 지었으나 과거에는 급제하지 못했고 각지를 방랑하며 궁핍한 생활을 하였다. 대표작으로는 〈북정(北征)〉·〈추흥(秋興)〉·〈삼리삼별(三吏三別)〉 등이 있다. 그의 고체시(古體詩)는 주로 사회성을 발휘하였으므로 시로 표현된 역사라는 뜻으로 시사(詩史)라 불린다.
55) "每日江頭盡醉歸"

이백은 또 〈취한 후 역양에 사는 친구 왕에게 보냄(醉後贈王歷陽)〉[56] 시에서 "호희 둘 밤새도록 이중창 높이 불러 새벽이 다되었네. 북쪽 땅 눈 속에서 술잔 들고 서로 권하며 겨루니 자네가 마신만큼 나도 마셨네[57]"라 하였고, 〈백비과(白鼻騧)〉에서는 "은빛 안장 백비과(코는 희고 입은 검은 황색 말 – 역자) 초록 바탕 말다래를 걸치었구나. 가랑비 봄바람에 꽃이 질 적에 채찍 휘둘러 곧장 호희 찾아 한 잔 하네[58]"라고 하였다. 또 〈술 한 잔을 하면서(前有一樽酒行)〉 시에서는 "호희 꽃처럼 아리따운데 목로 앞에서 봄바람에 웃음 짓네. 봄바람에 웃으며 깁 옷 날려 춤추나니 그대 지금 안 취하고 어디로 가려는가[59]"라고 하였다.

장호(張祜) 역시 〈백비과(白鼻騧)〉라는 시가 있는데, "호희 술집에 가기 위해 백비과를 늘상 몰고 오네. 연꽃 따다 강물에 버리니 사내의 속뜻은 물위에 뜬 꽃에 있도다[60]"라고 하였다.

이백의 시는 《이태백집(李太白集)》 권3, 6, 13, 18에 수록되어 있고 나머지는 《전당시록(全唐詩錄)》 권2, 53, 70 등에 보인다.

....

56) 원서에는 시 제목이 〈醉後贈朱歷陽〉으로 되어있으나 원래 제목은 〈醉後贈王歷陽〉이어서 바로잡았다.
57) "雙歌二胡姬, 更奏遠清朝. 擧酒挑朔雪, 從君不相饒."
58) "銀鞍白鼻騧, 綠地障泥錦. 細雨春風花落時, 揮鞭直就胡姬飮."
59) "胡姬貌如花, 當壚笑春風. 笑春風, 舞羅衣, 君今不醉將安歸."
60) "爲底胡姬酒, 長來白鼻騧. 摘蓮抛水上, 朗意在浮花."

제9장
당·송시기 중국에 온 흑인

제1절 흑인의 공급과 이명(異名)

이 책에서 말하는 흑인이란 통속적으로 말하는 흑인이고, 통속적으로 말하는 흑인이란 국가나 인종을 가리지 않고 보통 그 피부색을 기준으로 한다. 당·송시기 중국에서는 흑인을 오귀(烏鬼)라고 불렀으니, 오(烏)는 즉 그 피부색이 검은 것을 가리킨다. 또 곤륜노(崑崙奴)라고도 불렀는데,《남해기귀내법전(南海寄歸內法傳)》권하에는 남해의 여러 섬 이름에 대한 기록이 상당히 많다. 그 중 '굴륜주(掘倫洲)'에서는 "굴륜이 처음으로 교지와 광주에 이르니 마침내 이를 통틀어 곤륜국이라 부르게 했다. 오직 이들 곤륜만이 곱슬머리에 몸이 검었고 그 나머지 여러 나라는 중국[神州]과 다르지 않았다"고 하였다. 그러나 역대 사서의 기록에 따르면 곤륜을 국명으로 쓰고 있는 나라는 상당히 많다.《구당서》권 197〈남만·서남만전(南蠻西南蠻傳)〉'임읍(林邑)'조 다음의 기사에 "임읍 이남은 모두 곱슬머리에 검은 피부인데, 이들을 통칭하여 곤륜이라 하였다"고 되어있다. 즉 참파에서부터 자바·말레이반도·보르네오 그리고 아프리카 동해안까지의 지역에 사는 흑인을 모두 곤륜이라고 불렀던 것이다. 그래서 혜림은 《일체경음의(一切經音義)》 권81에서 "곤륜(崑崙)이라는 말은 위 글자가 곤(昆), 아래 글자가 론(論)이라 발음되며 당시 속어로는 골론(骨論)이라고도 했는데, 남해 여러 섬에 사는 이인(夷人)들이다. 매우 검고 나체로 다니며 맹수와 코뿔소·코끼리 등을 훈련시킬 수 있다. 승지(僧祇)·돌미(突彌)·골당(骨堂)·합멸(閣蔑) 등 여러 종족이 있으니 모두 비천(鄙賤)한 사람들이다. 나라에는 예의가 없고 도적질을 하여 생활하며 나찰악귀(羅刹惡鬼)처럼 식인을 즐겨하는 무리이다. 언어가 바르지 않고 번(蕃)마다 다르며 수영에 능하여 하루 종일 물에 있어도 죽지 않는다"고 적었다.

흑인을 곤륜이라 부른 것은 《진서(晉書)》 권32 〈후비전(后妃傳)하(下)〉의 '이태후(李太后)'조에서 "이태후가 궁인(宮人)의 신분으로 직방(織坊)에 있을 때 키가 크고 피부색이 검어서 궁인들이 모두 그녀를 곤륜이라 불렀다"라고 한 기록이 가장 이른 듯하다.

또 '파사녀(波斯女)'라는 게 있으니, 이는 남해의 파사를 가리킨다. 《영외대답(嶺外代答)》 권3에서 "서남 해상에 있는 파사국 사람들은 살결이 매우 검다"고 하였는데, 여기에 나오는 파사는 서역의 페르시아가 아니다. 라우퍼(Laufer)는 수마트라섬 북안의 파세(Pasé)라고 고증하였다. 이에 관한 내용은 《중국과 이란》(Sino-Iranica), 468-487쪽에 보인다.

중국인 대부분은 귀신이 검은색이라고 여겼기 때문에 흑인을 귀노(鬼奴)라고도 불렀다. 주욱(朱彧)이 편찬한 《평주가담(萍洲可談)》 권2에서는 "광주의 부자들은 대부분 귀노를 사육하는데, 매우 힘이 세서 수백 근을 질 수 있다. 언어와 기호(嗜好)가 다르며 성격이 순박하여 도망가지 않고 야인(野人)이라고도 부른다. 피부색은 먹물처럼 검고 입술은 붉으며 이는 하얗고 머리는 곱슬머리에 황색이며 암수[牝牡]가 있다. 해외의 여러 산에서 생식(生食)을 하며 산다. 그들을 잡았을 때 익힌 음식을 먹이면 수일동안 설사를 하는데, 이를 일러 환장(換腸)이라 한다. 이로 인해 혹 죽기도 하나 만약 죽지 않으면 오래도록 사육할 수 있다. 오래 사육하면 능히 사람의 말을 알아들으나 스스로 말하지는 못한다. 그 외 바다 가까이에 사는 야인들은 물에 들어가도 눈을 감지 않으니, 이들을 곤륜노(崑崙奴)라 부른다"고 하였다.

이는 송나라 사람이 묘사한 것이다.

당나라 사람의 묘사 중에는 두보가 쓴 〈희작배해체견민(戱作俳諧體遣悶)〉 시가 가장 유명한데, 그 중 "집집마다 오귀(烏鬼)를 기르니 끼니마다 황어(黃魚)를 먹는구나[1]"라는 구절이 있다. '오귀'에 대한 여러 평론가들의 해석에는 모두 네 가지가 있다. 가마우지[鸕鷀]라고도 하고 돼지[猪]라고도 하며 오야신(烏野神)이라고도 하고 오만귀(烏蠻鬼) 즉 곤륜노(崑崙奴)라고도 하는데, 가마우지라는 설을 믿는 사람이 가장 많다. 그러나 실제로는 곤륜노를 가리킨 것이다. 《몽계필담(夢溪筆談)》[2] 권16에는 "사인(士人) 유극(劉克)은 이서(異書)를 많이 보았다. 두보의 시에 나오는 '집집마다 오귀를 기르니 끼니마다 황어를 먹는구나'라는 구절에 대해 세상 사람들은 모두 그곳이 기협(夔峽)[3] 사이에 있다고 했다. 지금

....

1) "家家養烏鬼, 頓頓食黃魚."
2) 《몽계필담(夢溪筆談)》: 북송의 학자 겸 정치가인 심괄(沈括)의 저서로 《필담》 26권, 《보필담(補筆談)》 2권, 《속필담(續筆談)》 1권으로 되어있다. 심괄은 박학하여 문학·예술·역사·행정 분야는 물론 수학·물리·동식물·약학(藥學)·기술(技術)·천문학 등 자연과학의 모든 분야에 걸쳐 일가견을 가지고 있었다. 이 책은 그의 이러한 연구 결과를 만년에 집대성한 것으로 송나라 과학사 연구의 중요한 자료로서 후세에 공헌한 바 크며 오늘날에도 그 가치를 인정받고 있다.
3) 기협(夔峽): 구당협(瞿塘峽)의 별칭. 중경시 봉절현(奉節縣) 백제성(白帝城)

도 이인(夷人)인 귀호(鬼戶)가 있으며 그 주인을 귀주(鬼主)라 부른다"고 적혀있다. 《냉재야화(冷齋夜話)》4) 권4에서는 "천협로(川峽路)5) 사람들은 대부분 오만귀(烏蠻鬼)를 모시는데(혹은 제사를 올리는데), 강에 임해있어 매끼 황어를 먹기 때문이다"고 하였다. 《원화기(原化記)》에서는 주한(周邯)6)이 촉(蜀) 땅에서부터 강을 따라 내려오다 시장에서 곤륜 백수(白水) 종족 출신의 노예 한 명을 샀다고 하였고, 또 배형(裴鉶)7)이 쓴 〈주한전(周邯傳)〉에서는 이인(夷人)이 노예를 팔면서 촉 땅의 시냇물·개천·못·동굴의 물 속 중 이르지 않은 곳이 없는 자라고 하였다. 주한은 (이에 그 노예를 사서) 촉에서 배를 타고 협곡을 따라 내려오면서 (노예를 시켜 물속을 조사하게 하였는데, 그 노예가 많은 은 기물 등을 가져와 부자가 되어)8) 강릉(江陵)에 도착했다고 한다. 당나라 사람의 소설 속에는 곤륜노가 수영을 잘했다는 말이 여러 번 나오니, 수영을 잘했다면 틀림없이 물고기도 잘 잡았을 것이다. 《몽계필담》에서 유극이 이서를 많이 보았다고 했는데, 《초계어은총화전집(苕溪漁隱叢話前集)》9)

<hr>

에서부터 동쪽으로 무산현(巫山縣) 대계진(大溪鎭)까지 총 8㎞에 이르는 장강 삼협 중 가장 짧지만 경관이 가장 웅장하고 험준한 협곡이다.

4) 《냉재야화(冷齋夜話)》: 북송 사람 혜홍(惠洪)이 정화 3년(1113)경에 완성한 것으로 보이는 시론(詩論)으로 전 10권으로 되어있다.

5) 천협로(川峽路): 북송 초기 서천로(西川路)와 협로(峽路)가 설치된 지역을 부르는 약칭으로 대략 사천분지를 가리킨다.

6) 주한(周邯, 생몰연도 미상): 《태평광기》에 인용된 《전기(傳奇)》라는 신화소설집에 따르면 당나라 정원연간(785-804) 활약했던 처사(處士)로 문학호걸이었다고 한다.

7) 배형(裴鉶): 당나라 함통연간(860-873) 전후에 살았던 관리로 《전기(傳奇)》 3권을 지었는데, 원서는 오래 전에 실전되었고 《태평광기》 중에 4개 이야기가 남아있다.

8) 괄호 안의 내용은 원서에 없으나 《태평광기》 〈주한전〉을 보고 보충한 것이다.

권9에서는 《서청시화(西淸詩話)》10)를 인용하여, 그가 다양하게 두루 전적을 섭렵하여 사람들이 희귀한 책이나 의문 나는 일이 있으면 모두 그에게 가서 물었다고 기록하고 있다. 이는 당시 사람들이 모두 인정할 정도로 유극의 학문이 박아(博雅)하였음을 보여주는 것이다. 유극은 일찍이 두자미(杜子美: 子美는 두보의 자임 – 역자)와 이의산(李義山: 義山은 이상은의 자임 – 역자)의 《시집(詩集)》에 주석을 달았다. 《냉재야화》를 편찬한 혜홍(惠洪)11)은 원래 성이 팽(彭)이고 이름은 덕홍(德洪)으로 원래 협주(峽州)에 살았는데, 기록된 내용은 모두 자신이 직접 목격한 것이었다. 다만 송대 천협(川峽) 일대에서 오만귀를 모셨기에, 혜홍이 송대의 일로 당대의 시를 해석하여 두보의 시에 나오는 "오귀를 기르다(養烏鬼)"를 "속인(俗人)들이 이해하지 못해 사육하다(養畜)는 글자로 바꾸어 읽었다"고 잘못 풀이한 것이었다. 사실 혜홍이 본 것은 귀호가 조상에게 제사를 올리는 것이었거나 노예를 키우던 집에서 노예가 충실하고 용맹하여 그 노예가 죽은 뒤에 사당을 지어 제사를 올려주는 것이었는지도 모른다. 그러나 두보의 시에서 말한 양(養)은 분명 키워 양성하다[畜養]의 양(養)이었다. 당대에는 노비를 사서 기르는 풍속이 크게 성행하였지

....

9) 《초계어은총화(苕溪漁隱叢話)》: 남송 사람 호자(胡仔, 생몰연도 미상)가 지은 시화집(詩話集)으로 전집(前集) 60권, 후집(後集) 40권으로 되어있다. 전집은 고종 소흥 18년(1148), 후집은 효종 건도 3년(1167)에 완성되었다.

10) 《서청시화(西淸詩話)》: 채조(蔡絛)가 지은 시가(詩歌)평론집으로 선화연간(1119-1125)에 완성되었다. 원서는 총 3권이나 현재 잔본(殘本) 1권이 남아있다.

11) 혜홍(惠洪, 1071-1128): 송대의 인물로 균주(筠州) 출신이다. 1089년 불경 시험에 응시하여 혜홍이라는 이름을 얻고 승려가 되었다. 이후 세속으로 돌아와 관계에 진출하여 여러 관직을 거쳤다. 1111년 죄에 연루되어 유배되었다가 삼년 뒤에 풀려났다. 저서로 《냉재야화》·《임간록(林間錄)》·《천주금련(天廚禁臠)》 등이 있다.

만 제사를 모셨다는 말은 전혀 들어보지 못했으니, 혜홍이 잘못 알고
말한 것일 뿐이다.

제2절 당대의 저명한 곤륜(崑崙)인에 대한 서술 사례

당나라 때 가장 유명한 곤륜인으로는 음악가인 강곤륜(康崑崙)이 있
는데, 《악부잡록(樂府雜錄)》12)에 소개되어있다. 그 글에서 이르기를 "정
원연간(785-805) 강곤륜이란 제1인자가 있었다. 일찍이 장안에 큰 가뭄
이 들자 남시(南市)에 조서를 내려 기우제를 올리도록 하였다. 천문가
(天門街)에 이르자 시장 사람들끼리 여러 분야에서 승부를 벌이다가 음
악으로 싸우게 되었다. 거리 동쪽에서는 강곤륜의 비파(琵琶) 실력이
최고여서 거리 서쪽에 분명 적수가 없을 것이라 여기고 곤륜으로 하여
금 채루(綵樓)에 올라 새로운 번우조(翻羽調)의 《연요(緣腰)》13)를 연주
하게 하였다. 그러자 거리 서쪽에서도 누대를 세우니 동시(東市)의 사람
들이 이를 크게 비웃었다. 곤륜이 연주를 시작하니 서시(西市)의 누대

....

12) 《악부잡록(樂府雜錄)》: 당나라 말 단안절(段安節, 생몰연도 미상)이 지은 음
　악 사료논저(史料論著)로 전 1권이다. 《비파록(琵琶錄)》또는 《비파고사(琵
　琶故事)》라고도 부른다.
13) 《연요(緣腰)》: 《육요(六么)》또는 《녹요(錄要)》라고도 한다. 당대의 저명한
　가무대곡(歌舞大曲)으로 정원연간 악공(樂工)이 진상한 신곡이 맑고 아름다
　워 덕종이 매우 좋아하는데, 곡이 너무 길어서 그 주요 부분만 연주하게 한
　고로 《녹요》라 불렀고 이후 비파 독주곡인 《연요》가 만들어지게 되었다고
　한다.

위에 한 여자가 악기를 안고 올라와 먼저 '나도 이 곡을 연주할 것이나 풍향조(楓香調)로 옮겨서 할 것입니다'라고 말하고는 현을 튕기자 소리가 우레와 같고 그 오묘함이 입신의 경지에 든 것 같았다. 곤륜이 놀라 바로 예를 올리며 스승으로 모시길 청하였다. 여자가 마침내 옷을 갈아 입고 나타나니 승려였다. 그 연유인즉 서시의 호족이 장엄사(莊嚴寺) 승려 선본(善本), 속성이 단(段)씨인 사람에게 많은 돈을 주고 동시의 음악을 이겨달라고 부탁한 것이었다. 다음날 덕종이 불러 본래의 재능을 펼쳐보게 하고는 특별히 상을 내리고 또 곤륜을 가르치게 하였다. 단씨가 덕종에게 '먼저 곤륜에게 한 곡을 연주하도록 해주십시오'라고 아뢰었다. 연주를 듣고 스승이 '본령(本領)이 어찌 그리 복잡하며 사악한 소리까지 지니고 있느냐?'고 지적하자, 곤륜이 놀라며 '단(段) 스승님은 신인(神人)이십니다. 제가 어린 시절 처음 음악을 배울 때 우연히 옆집 무녀(巫女)를 만나 하나의 현조(弦調)[14]를 배웠고 후에 스승을 여러 번 바꾸었습니다. 단 스승님의 정확한 관찰이 이처럼 현묘하실 줄이야'라고 답했다. 이에 단씨가 '우선 곤륜에게 악기를 10년간 만지지 못하게 하여 그 본령을 잊게 한 연후에야 가르칠 수 있겠습니다'라고 아뢰자 덕종이 이를 허락하였다. 후에 (곤륜은) 과연 단씨의 기예를 모두 이어 받았다"라고 하였다.

강곤륜에 대한 기록은 《국사보(國史補)》에도 나온다. "위응물(韋應物)[15]이 소주자사(蘇州刺史)가 되었는데, 한 속관(屬官)이 건중(建中)의

....

14) 원서에는 "一品經調"로 되어있으나 《악부잡록》 원문에 근거하여 "一品弦調"로 바로잡아 번역하였다.

15) 위응물(韋應物, 737~792): 당대의 관료이자 시인으로 장안(長安) 출신이다. 젊어서 임협(任俠)을 좋아하여 현종의 경호책임자가 되어 총애를 받았다. 현종 사후에는 학문에 정진하여 관계에 진출하였다. 전원산림(田園山林)의

난16) 중에 얻은 국공(國工) 강곤륜의 금(琴)·슬(瑟)·비파를 이 때 와서 관아에 제출하니 조정에 보고하고 황궁으로 들여보냈다."

《유한고취(幽閒鼓吹)》17)에도 "원재(元載)18)의 아들 백화(伯和)는 그 권세가 중외(中外)에 떨쳐있었다. 복주관찰사가 보낸 악기(樂妓) 10명이 이미 도착했으나 반년 동안 그 집안으로 들여보낼 수가 없었다. 이에 사자(使者)가 그 집 출입이 빈번한 사람을 엿보던 중, 비파를 잘 다루는 강곤륜이 가장 잘 아는 사람이어서 그에게 많은 선물을 주고 그 집과 연결시켜 줄 것을 부탁하였다. 그 결과 악기를 들여보내게 되었지만 백화가 그 악기들의 연주를 한 번 듣고는 모두 돌려보내버렸다. 예전에 승려 단이 비파에 능하여 직접 〈서량주(西梁州)〉라는 곡을 지었는데, (강)곤륜이 이를 얻고자 했으나 주지 않다가 이 때 이르러 그 반을 곤륜에게 주어 이에 전해지게 되었다. 지금 듣는 〈양주(梁州)〉라는 곡이 바로 이것이다"라고 기록되어있다.

강곤륜이 외국인이라는 것은 의문의 여지가 없다. 왜냐하면 첫째, 당나라 때 중국에 온 흑인이 매우 많았고 곤륜은 흑인에 대한 별칭이었기

....

고요한 정취를 소재로 한 작품을 많이 썼다. 당대 자연파 시인의 대표자로 왕유(王維)·맹호연(孟浩然)·유종원(柳宗元)과 함께 왕맹위류(王孟韋柳)로 불렸다.

16) 건중(建中)의 난: 당 덕종 건중 4년(783) 태위(太尉) 주비(朱泚)가 장안을 중심으로 모반을 꾸민 것으로 주비가 그의 장수에게 죽음을 당하면서 평정되었다. 이 사건을 계기로 덕종은 연호를 흥원(興元)으로 개원하였다

17) 《유한고취(幽閒鼓吹)》: 전 1권. 당나라 청하(淸河) 사람 장고(張固, 생몰연도 미상)가 선종 대중연간(847-859)의 유사(遺事)를 채집하여 쓴 소설류의 저작이다.

18) 원재(元載, ? - 777): 자는 공보(公輔)이며 봉상(鳳翔) 기산(岐山: 오늘날의 섬서성 岐山) 사람으로 당나라 재상을 지냈다.

때문이다. 둘째, 중국인으로 곤륜이란 이름을 가진 사람은 분명 그 피부색이 흑인에 가깝기 때문인데, 강곤륜을 묘사하는 내용 중에는 그 피부가 검다는 얘기가 전혀 나오지 않기 때문이다. 셋째, 그 성이 강(康)인데 강은 외국인의 성이기 때문이다. 안록산 역시 원래는 강씨였고 그 모친은 서역의 무녀였다. 강곤륜 역시 무녀로부터 하나의 현조(弦調)를 배웠다고 하니 서로 증명이 될 수 있다. 최근 사람이 저술한《영묵신전(零墨新箋)》[19] 중 〈강곤륜과 단선본(康崑崙與段善本)〉절에서 강곤륜의 원적은 강거이며 아마도 대식과 강거의 혼혈이었을 것으로 추정하고 있는데 상당히 일리가 있어 보인다. 또 그가 중국에 온 것은 천보 말년 즉 지덕 원년(756) 이후에서 대력 13년(778) 이전일 것이라고 고증하였다.《구당서》에 "건원 원년(758) 5월 임신일에 흑의대식(黑衣大食)이 사신을 보내 조공하였고, 6월 신축일 삭(朔)에 토화라와 강국에서 사신을 보내 조공하였다"고 기록되어있으니, 강곤륜이 중국에 온 것이 바로 이 해인지 모르겠다. 백거이(白居易)[20]의 시 가운데 천보 말 강거에서 악기(樂伎)를 보냈다는 구절이 있는데, 연대 차이가 별로 나지 않으므로 이 때 강곤륜이 중국에 왔을 가능성도 있다.

....

19)《영묵신전(零墨新箋)》: 중국 근대의 저명한 번역가·외국문학연구자·시인인 양헌익(楊憲益, 1915-2009)이 쓴 수필집으로 1947년 중화서국에서 출판되었다.

20) 백거이(白居易, 772-846): 당대의 시인으로 산서성 신정(新鄭) 출신이다. 자는 낙천(樂天)이고 호는 취음선생(醉吟先生), 향산거사(香山居士) 등으로 불리었다. 작품 구성이 논리적 필연을 따르며, 주제는 보편적이어서 '유려평이(流麗平易)'한 문학의 폭을 넓혀 두드러진 개성을 형성했다. 이백·두보·한유와 함께 '이두한백(李杜韓白)'으로 병칭되기도 한다. 〈비파행(琵琶行)〉·〈장한가(長恨歌)〉·〈유오진사시(遊悟眞寺詩)〉등과 더불어 3,800여 편의 시가 현존한다.

강곤륜과 승려 단(선본)이 기예를 겨룬 연대에 대해 《악부잡록》에서는 단지 '정원연간'이라고만 했고 장안에 큰 가뭄이 들어 기우제를 열도록 조서를 내린 때라고 했는데, 《(구)당서》에 보면 정원 원년(785) 장안에 큰 가뭄이 들어 "5월 계묘일에 조정 대신들로 하여금 여러 신들에게 제사지내 비를 기원하도록 명했다"고 기록되어있다. 그러나 정원 15년일 가능성이 더 큰데, 《당회요》 권49에 "정원 15년(799) 4월 오랜 가뭄이 들어 마니사(摩尼師)에게 비를 기원하도록 명했다"는 기록이 있는데다, 정원 원년을 굳이 '정원연간'이라고 표현하지 않았을 것이기 때문이다. 《구당서》에도 이 기사가 보이는데, 여기서는 마니사를 '음양인법술(陰陽人法術)'이라고 고쳐 적었다. 《영묵신전》의 〈강곤륜과 마니교(康崑崙與摩尼敎)〉절에서도 강곤륜이 만약 강거인이라면 아마도 마니교도였을 것이며, 또 만약 강곤륜이 마니교도라면 법사 겸 음악인의 자격으로 등장하는 것 역시 너무나 자연스러운 일이니, 그와 승려 단의 기예 겨루기는 마땅히 화이(華夷) 간의 경쟁만이 아니라 불교와 마니교 사이의 대항이었다고 밝히고 있다. 이러한 설명 모두가 비록 추측에 불과하지만 또한 그 나름대로 식견이 있다고 본다.

강곤륜 외에 승려를 따라 일본으로 간 군법력(軍法力)이란 곤륜인이 있었으니, 《당대화상동정전(唐大和上東征傳)》에 "천보 12년(753) 10월 29일 …… 배를 타고 소주의 황사포(黃泗浦)에 도착하여 제자인 양주(揚州) 백탑사(白塔寺)의 법진(法進)과 함께 따라갔다. …… 호국(胡國) 사람 안여보(安如寶), 곤륜 사람 군법력, 첨파(瞻波)국 사람 선청(善聽) 등 모두 24명이었다"고 한 것이 보인다.

광택 원년(684) 광주도독(廣州都督) 노원예(路元叡)가 곤륜인에게 피살되었는데, 그 자세한 내용은 본편 5장 1절에 나온다.

제3절 당대 소설에 보이는 흑인

당대의 설부(說部: 고대 소설·手記·雜著 類의 서적을 가리키는 말 - 역자)에 나오는 흑인에 대한 기록으로는 다음과 같은 것들이 있다.

(1) 마하(摩訶): 《태평광기》권420 '용류(龍類)'에 실려 있는 심기제(沈既濟)의 〈도현전(陶峴傳)〉을 보면 "수영에 능하고 용맹 민첩한 것을 보고 마침내 가진 돈을 다 털어 그를 구입하고 나서 '우리 집 보배다'라고 하였다"고 되어있다. 또 '해선(海船)의 곤륜노'라고 부르면서 자주 고검(古劍)이나 옥환(玉環)을 물에 던져놓고 마하에게 가져오도록 시켰다. 결국 이로 인해 목숨을 잃었다고 적혀있다.

(2) 수정(水精): 《태평광기》권422 '용류'의 〈주한전(周邯傳)〉에 보면 "정원연간 문학과 재주가 뛰어난 선비인 처사 주한이 있었다. 이인(夷人)이 노예를 파는 것을 보았는데, 나이가 14-15세 정도로 그 생김새가 총명해보였으며 수영에 능하여 마치 평지를 걷는 것과 같다고 하였다. (그 노예를 사서) 깊이 잠수하게 시키니 하루가 다 지나도 전혀 힘들어하지 않았다"고 되어있다. 《태평광기》에서 이 내용이 "《전기(傳奇)》에 나온다"고 했는데, 이 책은 배형이 지은 것이다. 곤륜노라고 분명히 말하지 않고 수정이라고 했으니, 이는 배형의 책에 이미 〈곤륜노전(崑崙奴傳)〉이 있기 때문에 중복을 피하기 위해서였을 것이다. 《태평광기》권232 '기완류(器玩類)'에서는 《원화기》를 인용하여 "당나라 (사람) 주한이 촉 땅에서 물길을 따라 내려오다가 시장에서 노예 한 명을 사서 수정이라 불렀다. 깊은 물속을 잘 탐색했는데, 이것으로 보아 곤륜 백수 종족 출신이다"고 하였으니, 수정은 즉 곤륜노의 이명(異名)이었음을 알 수 있다.

(3) 마륵(磨勒): 《태평광기》 권194 '호협류(豪俠類)'의 〈곤륜노전〉에서 "《전기》에 나온다"고 한 것이 보인다. 《전기》 3권은 배형이 편찬한 것으로 《신당서》 〈예문지〉, 《송지(宋志)》(즉 《송사》 〈예문지〉의 약칭 - 역자) 그리고 《군재독서지(郡齋讀書志)》[21]에 소개되어있는데, 그 문장은 전기체(傳奇體)의 효시가 되었다. 《고금설해(古今說海)》[22]의 〈설연부(說淵部)〉 및 《당인설회(唐人說薈)》[23]의 〈검협전(劍俠傳)〉과 〈곤륜노전〉에 실린 내용이 대략 동일하다. 마륵은 곤륜노로 사람을 멘 채 담을 넘고 재물을 채운 자루나 경대(鏡臺)를 메고 달아났다고 한다. 원문 끝에 이르기를, 어떤 사람이 마륵을 붙잡으려고 하자 마륵이 "비수를 들고 높은 담을 날아올랐는데, 언뜻 보기에 날개달린 새 같고 매와 같이 빨라서 화살이 비처럼 쏟아지는데도 맞힐 수가 없었으며 순식간에 어디로 갔는지 찾을 수가 없었다"고 하였다.

《태평광기》 중에는 이들 외에도 신기하고 괴이한 곤륜노에 관한 얘기들이 있으나 여기서는 소개하지 않겠다. 그러나 앞에서 소개한 세 경우를 보면 당대에 곤륜노가 상당히 중하게 여겨졌을 뿐 아니라 초인적인 능력을 가졌으며 용감하고 희생할 줄도 알았음을 알 수 있다. 그렇기 때문에 패관소설(稗官小說)의 주요 제재 중 하나가 될 수 있었던 것이다. 그리고 그 이름과 구체적인 내용상에 간혹 허구적인 면이 있지만,

....

21) 《군재독서지(郡齋讀書志)》: 전 20권. 남송 때 사람 조공무(晁公武, 1105-1180)가 엮은 도서해설목록이다.
22) 《고금설해(古今說海)》: 전 120권. 명대 상해 사람 육읍(陸揖, 생몰연도 미상)이 편찬한 필기소설총서이다.
23) 《당인설회(唐人說薈)》: 청대 진세희(陳世熙, 생몰연도 미상)가 편찬한 당대 소설총서로 총 16집(集)에 166종을 수록하고 있다. 《당대총서(唐代叢書)》라고도 부른다.

당대에 곤륜노의 숫자가 매우 많았다는 점은 분명 의심의 여지가 없는 사실이다.

제4절 당·송시기 중국에 온 흑인에 대한 분석

당·송시기 중국에 온 곤륜에는 다음과 같은 유형이 있었다.

(1) 선원이 된 사람: 혜림이 편찬한 《일체경음의》에서는 "바다 가운데의 큰 배를 박(舶)이라 부른다. 《광아(廣雅)》에서 박(舶)은 '바다를 다니는 배'라 하였다. 물에 잠기는 부분이 6척이고 버새[駍]에게 (배를) 움직이게 하였으며, 화물을 적재하는 부분을 제외하고도 천여 명이 탈 수 있다. 또 곤륜박(崑崙舶)이라고도 부르니, 이 배를 움직이는 사람의 대부분이 골륜(骨倫) 출신의 수장(水匠)이기 때문이다"고 하였다. 골륜은 곤륜의 이역(異譯)이다. 《당대화상동정전》에는 천보 8년(749) 당시 광주의 "강 가운데 바라문·파사·곤륜 등지에서 온 배가 그 수를 다 셀 수 없을 정도로 많았다. 또 향료와 약재 및 진귀한 보물을 싣고 있는데 산처럼 쌓여있었다"고 기록되어있다. 브라만과 페르시아 선박에도 곤륜노가 있었을 가능성이 있지만, 곤륜의 배에 곤륜노가 있었을 가능성은 더욱 높았을 것이다.

(2) 상업에 종사한 사람: 당나라 번작(樊綽)[24]의 《만서(蠻書)》[25] 권6

....

24) 번작(樊綽, 생몰연도 미상): 사료에 따르면 일찍이 안남경략사(安南經略使) 채습(蔡襲)의 막료였다고 하며 저서로 《만서》가 있다.

25) 《만서(蠻書)》: 당나라 사람 번작이 남조(南詔)의 역사를 기록한 책으로 《운남

에 보면 "바라문·파사·사파·곤륜 등 여러 나라 사람들이 모두 이곳에 와서 무역을 하였다"고 되어있다. 무역한 장소는 비록 설명하지 않았지만 곤륜인 역시 상업에 종사하였다는 것을 증명해준다.

(3) 해적이 된 사람: 《당회요》권75에는 당나라 때 '곤륜의 해구(海寇)'가 교지에 침입했다는 기록이 있다. 《대월사기(大越史記)》[26]에서는 《월사통감강목(越史通鑑綱目)》을 인용하여 대종 대력 2년(767) "해구가 곤륜과 사파(闍婆)에서 왔다"고 기록하고 있다. 일본 승려 가섭파(迦葉波)가 단 《남해기귀내법전》의 주석에는 "굴륜(堀倫)·골륜(骨倫)·곤륜(崑崙)은 대개 한 지역에 대한 다른 이름으로, 그 사람들은 예의를 모르고 오로지 도적질만 일삼는다"고 되어있다. 그래서 페랑(Ferrand)은 《곤륜 및 남해 고대 항해고(崑崙及南海古代航行考)》[27]에서 "이 종족은 선원이나 상인 혹은 해적질을 하는 곤륜으로 태국·월남반도·말레이반도·말레이군도 사람들이 분명하다. 그 외에 돈손(頓遜)[28]과 미얀마의 곤륜도 끄라 지협(地峽, Isthmus of Kra)[29]의 동안(東岸)에 와서 배를 타고 타이

....

지(雲南志)》,《운남기(雲南記)》,《운남사기(雲南史記)》,《남이지(南夷志)》,《남만지(南蠻志)》,《남민기(南蠻記)》로도 불린다. 당대 운남 지역의 역사·지리·민족·물산·교통·풍속문화 등을 이해하는데 매우 높은 가치를 지니고 있다.

26) 《대월사기(大越史記)》: 1272년 저술된 베트남의 고대사를 다룬 사서이다. 베트남 쩐 왕조(陳朝)의 학자 레 반 흐우(Lê Văn Hưu, 黎文休)가 편찬하였다. 편년체로 구성되어있고 한문으로 적혀 있으며 권수는 30권이다. 기원전 207년경 재위에 오른 베트남의 초대 군주인 남월의 찌에우 다(Triệu Đà, 南越武帝)부터 베트남 리 왕조(李朝)의 소황제(昭皇帝)까지의 역사를 다루고 있다

27) 원제는 Le K'ouen-louen et les anciennes navigations interocéaniques dans les mers du sud이다.

28) 돈손(頓遜): 동남아시아에 존재했던 국가 이름으로 현재의 미얀마 타닌타리(Tanintharyi) 지역에 위치해 있었다.

29) 끄라 지협(地峽, Isthmus of Kra): 말레이반도 북쪽, 타이 남부와 미얀마 남단

만과 통킹(만) 및 광주 각지에 이르렀다. 이들 갠지스강 동쪽의 인도 및 말레이군도 각지의 사람은 대부분 바다에 의존하여 생활했는데, 지중해의 바바레스크(Barbaresques)[30]와 유사하게 해적질과 상업을 겸하는 자들이었다"고 하였다.

(4) 사신을 따라 입조한 사람: 《신당서》 권222하 〈남만전(南蠻傳)하〉 '가릉국(訶陵國)'조에 보면 "원화 8년(813) 승지노(僧祇奴)[31] 넷을 바쳤다"고 되어있는데, 승지노는 곤륜노의 일종이다. 《구당서》 〈남만·서남만전〉의 '가릉국'조에는 원화 13년(818) "사신을 보내 승지녀(僧祇女) 2명을 진상했다"고 되어있다. 또 같은 책 〈헌종본기(憲宗本紀)〉의 '원화 10년(815) 8월 병인'조에서는 "가릉국에서 사신을 보내 승지동(僮)과 오색 앵무, 빈가조(頻伽鳥)[32] 및 특이한 향료와 귀한 보물을 바쳤다"고 하였다. 《신당서》 권222하의 '실리불서(室利佛逝)'조에서는 "함형연간에서 개원연간(670-741)에 이르는 사이에 여러 차례 사신을 보내 입조하였는데, 변리(邊吏)에게 침략(侵掠)당했다고 표를 올리자 광주에 조서를 내려 위무(慰撫)하도록 하였다. 또 난쟁이[侏儒]와 승지녀 각 2명과 가무(歌舞)를 바쳤다"고 하였다. 그리고 곤륜국 사람으로 중국에 진상된 자도 있었다. 《남조야사(南詔野史)》[33]에 보면 "그 해(희종 광계 원년, 885)

....

부의 접경 지점에 있으며 가장 좁은 곳은 폭이 약 40km이다.

30) 바바레스크(Barbaresques): 바르바리(Barbary)의 프랑스어 표기로 16세기부터 19세기까지 유럽인들이 베르베르(Berber)인들이 살던 지역을 부르던 말이다. 특히 북아프리카의 중서부 해안 - 모로코·알제리·튀니지·리비아의 해안지역을 말하는데, 이 일대는 대항해시대 대표적인 해적소굴이었다.

31) 승지(僧祇): 페르시아어 Zangi의 음역으로 '흑인'이란 뜻이다. 남해 각지의 여러 종족을 범칭하거나 아프리카 동해안의 흑인만을 지칭하기도 한다.

32) 빈가조(頻伽鳥): 가릉빈가(迦陵頻迦)의 준말로 극락정토에 산다는 새 이름이다. 묘음조(妙音鳥) 또는 호성조(好聲鳥)라고도 한다.

곤륜국이 미녀를 남조의 왕 순(舜)에게 바쳤는데 매우 총애를 받았다"고 되어있다. 《송사》 권490 〈대식전〉에서는 "태평흥국 2년(977) 사신 포사나(蒲思那), 부사 마하말(摩訶末), 판관 포라(蒲囉) 등을 보내 특산물을 공납했는데, 그들을 따라 온 사람들은 눈이 깊고 피부가 검어서 곤륜노라 불렀다"고 하였다.

(5) 팔려서 노예가 된 사람: 명나라 초 섭자기(葉子奇)가 지은 《초목자(草木子)》[34] 권3하 '잡제(雜制)'편에 보면 "북인(北人) 여자는 고려의 여자 아이를 부리며 집에서 부리는 하인은 반드시 흑인 노비라야 했으니, 그렇지 않으면 벼슬한 것이 아니었다"고 적혀있다. 이는 흑인 노비를 데리고 있는 것이 이미 유행이 되었다는 말로, 비록 명대 초기의 기록이지만 추정컨대 당·송·원 이래 이어져 내려온 오랜 구습이었음이 분명하다.

---

33) 《남조야사(南詔野史)》: 전 1권. 명대의 저명한 문학가 양신(楊愼, 1488-1559)이 쓴 책으로 본래 이름은 《곤명예로집(昆明倪輅集)》이다.

34) 《초목자(草木子)》: 원말 명초의 대학자 섭자기(1327?-1390?)가 쓴 필기소설집으로 천문역법에서부터 현실정치·전쟁·자연현상·동식물의 형태에 이르기까지 광범위하게 다루고 있다. 특히 원조(元朝)의 관례(慣例)와 홍건적의 난에 관해 다른 책에 없는 기록을 남기고 있다.

제10장
당·송시기 남해 화교의 창업

제1절 당대에 남해를 항해한 중국 승려

한대에 이미 서쪽으로 항해를 떠난 중국인이 있었으나 풍랑과 해적을 피할 수 없었기 때문에 보통 오래 해외에 머물 수 없었다. 《한서》〈지리지〉에는 "강탈당하고 죽임을 당하거나 또 풍파에 고생하다 익사하였으며, 그렇지 않은 사람도 몇 년이 지나지 않아 돌아올 수밖에 없었다"고 적혀있다. 아마도 당시의 해선은 여전히 원양을 항해하기에 어려움이 있었고 자신을 방어할 무기도 각 지역 원주민의 습격을 막기에 부족하였던 것 같다. 그러나 당대 이전의 조공과 사신 파견을 통한 답례는 사실 모두 변형된 형태의 국제무역이었다. 다만 사서에서 이를 명확히 밝히고 있지 않으므로 여기서는 생략하겠다.

당대에 가장 먼저 남해를 찾은 중국인은 대부분 승려였다. 현장이 구법여행을 떠난 사적에 대해서는 별도로 한 절을 두어 자세히 서술할 것이지만, 변기(辯機)가 편찬한 현장의 여행기 즉 《대당서역기》를 보면 당시 남해 각국의 분포상황을 살필 수 있다. 권10의 '삼마달타국(三摩呾

咄國, Samatata)[1]'조에 다음과 같은 기록이 있다.

"동북쪽은 바닷가인데 그곳의 산골에는 실리차달라국(室利差咄羅國:《남해기귀내법전》에서는 '差'를 '察'로 쓰고 있다.《(신·구)당서》에 나오는 驃國인 듯 하며 현재 이름은 Prome)[2]이 있다. 이어서 동남쪽 바닷가에는 가마랑가국(迦摩浪迦國: Pegu인 듯함)[3]이 있고 더 동쪽에는 타라발저국(墮羅鉢底國:《남해기귀내법전》에서는 '杜和鉢底'라 하였고 지금의 Menam강 하류에 해당함)[4]이 있으며 더 동쪽에는 이상나보라국(伊賞那補羅國: 즉 眞臘으로 지금의 캄보디아)이 있다. 그리고 더 동쪽에는 마하첨파국(摩訶瞻波國: 즉 훗날의 占城으로 당시에는 현 베트남의 중부와 남부를 차지하고 있었음)이 있는데, 임읍이라 부르는 곳이 바로 이곳이다. 그 서남쪽에 염마나주국(閻摩那洲國: 耶婆洲 즉 Yavadvipa의 오역으로 의심되며 수마트라섬을 지칭하는 것 같음)이 있다. 이 여섯 나라는 산천이 서로 길을 막고 있어서 그 경내에 들어갈 수 없으나 그 나라들의 풍속이나 경계에 관해서는 소식을 통해 알 수 있다."

....

1) 삼마달타국(三摩咄咄國, Samatata): 현 방글라데시 갠지스강 하구의 삼각주 지대에 위치해 있던 나라로 국명의 의미는 해빈국(海濱國) 내지 평지국(平地國)이라는 뜻을 갖고 있다. 굽타왕조에 속하는 동쪽의 여러 나라 가운데 중요한 비중을 차지하였다.(김규현 역주,《대당서역기》, 451~452쪽)
2) 실리차달라국(室利差咄羅國): B.C.484년 미얀마의 Maha Sambhava왕이 Thare Khettara라는 도시를 만들어 프로메(Prome)왕조를 창시하였다고 하는데, 이 유적은 현재 이라와디(Irawadi)강가의 프로메 마을 동쪽 수마일 떨어진 지점에 있다고 한다.(김규현 역주,《대당서역기》, 453쪽)
3) 가마랑가국(迦摩浪迦國, Kama-langka): 페구(Pegu)는 미얀마의 항구도시로 양곤에서 북동쪽으로 76km 떨어진 페구강 연안에 위치한다.
4) 타라발저국(墮羅鉢底國): 태국 샴(Siam)왕국의 옛 수도 아유타(Ayuthya)의 산스크리트어 이름이라고 한다.《구당서》에는 타화라(墮和羅),《신당서》에는 독화라(獨和羅)라고 음역되어있다.(김규현 역주,《대당서역기》, 454쪽)

위 인용문에 나오는 지명에 대한 고증은 모두 풍승균의 《중국남양교통사》 상편 제7장에 근거하였다.

당대에 남해를 왕래한 유명한 승려를 내전(內典: 불교도가 佛典을 지칭하는 용어 – 역자)에 기록된 바를 가지고 조사해보면 다음과 같다.

상민(常愍)이 제자 1명과 함께 해로를 통해 인도 가릉국(訶陵國)으로 떠났는데, 파도가 일자 상민은 다른 사람을 살리기 위해 작은 배에 오르지 않고 불경을 외우며 사망하였다. 그 제자도 슬픔에 눈물을 흘리고 울부짖으며 그와 함께 사망하였다.

명원(明遠)은 교지에서 바다로 나가 인도로 향했는데, 가릉국을 지나 사자국에 도착했다. 후에 남인도에 갔으나 그 끝은 알지 못한다.

의랑(義郎)은 제자 의현(義玄)·지안(智岸)과 함께 해로로 인도를 향해 떠나 실론에서 오래 머물렀다.

회녕(會寧)은 제자 운기(運期)와 함께 인덕연간(664~665) 해로로 인도를 향해 떠나 가릉국에 도착하여 《대열반경(大涅槃經)》을 얻었다. 운기에게 번역본을 가지고 돌아가게 한 후 오래지않아 해외에서 객사하였다. 운기는 곧 다시 혼자 여행을 했는데, 그는 곤륜어에 능했고 산스크리트어도 잘 알았다. 후에 환속하여 스리비자야에 거주했다. 의정(義淨)[5]이 그 땅을 지날 때 아직 살아있었고 나이가 대략 사십이었다고 한다.

....

5) 의정(義淨, 635~713): 당대의 학승(學僧)으로 법현·현장과 함께 중국 3대 인도구법승으로 불린다. 산동 제주(齊州) 출신(일설에는 范陽 즉 현 북경)으로 어려서 출가하여 일찍부터 인도에 가서 불법을 구할 결심을 하고 37세 때 광주(廣州)에서 해로로 인도에 건너갔다. 20여 년 동안 인도 등지를 여행한 후 400부의 산스크리트 불전을 가지고 돌아와 경전 번역에 종사하였다. 인도여행기 《남해기귀내법전》 등은 당시 사회를 기록한 중요한 자료이다.

해탈천(解脫天)과 운기(運期)는 모두 교주(交州) 사람으로 해로를 통해 인도에 가서 대각사(大覺寺)에서 유학하였다.

지행(智行)은 애주(愛州) 사람으로 제자인 교주 사람 혜염(慧琰)과 함께 해로로 서인도에 이르렀다.

대승등(大乘燈)은 애주 사람으로 해로로 사자국을 거쳐 남인도에 들어갔다. 구시성(俱尸城)에서 사망하였다.

피안(彼岸)과 지안(智岸)은 모두 고창(高昌) 사람으로 어려서 장안(長安)에서 자랐고 후에 사신 왕현책(王玄策)을 따라 바다를 건너 인도를 여행하다가 병에 걸려 사망했다. 휴대했던 한역본(漢譯本)《유가(瑜珈)》 및 나머지 경론(經論)은 스리비자야국에 보존되었다.

담윤(曇潤)은 남쪽으로 교지에 이르러 해로로 인도로 향했는데, 발분국(渤盆國)에서 병에 걸려 사망했다. 발분국은 자바 북쪽의 마두라(Madura)섬이다.

도림(道琳)은 교율(敎律)을 연구하고자 해로로 인도에 가서 동부에서 남부, 서부, 북부를 거쳐 오장나(烏長那)[6]에 들어갔다. 후에 귀국하려하였으나 도적에게 저지당했다.

담광(曇光)은 해로로 동인도에 갔다.

혜명(慧命)은 해로로 인도를 향해 떠나 참파에 이르렀는데, 온갖 어려움을 거듭 겪고 나서 포기하고 돌아왔다.

선행(善行)은 의정의 문인으로 스승을 따라 스리비자야에 이르렀다가 향수병에 걸려 귀국하니 나이가 40쯤 되었다.

승철(僧哲)은 영운(靈運)과 함께 해로로 인도에 갔다. 영운은 산스크

....

6) 오장나(烏長那): 즉 우디야나(Uddiyana)로 현 파키스탄 스와트(Swat)지역에 위치해있던 나라이다.

리트어에 매우 능숙했고 후에 귀국했다. 의정이 인도에 도착했을 때 그가 아직 인도에 있다는 얘기를 들었는데, 당시 나이가 40쯤 되었다. 또 고려제자 현유(玄遊)[7]가 스승을 따라가 사자국에서 출가하여 그곳에서 살았다.

지홍(智弘)과 무행(無行)은 합포(合浦)에서 배에 올라 함께 바다로 나가 서쪽으로 떠났다. 지홍은 당시 인도에 사신으로 갔던 왕현책의 조카였는데, 어디까지 갔는지는 알지 못한다. 무행은 공부를 마치고 육로로 귀국하다가 북인도에 이르렀을 때 불행히도 사망하였다.[8]

법진(法振)·승오(乘悟)·승여(乘如)는 해로로 함께 인도로 향했는데, 승오는 참파에 이르러 병사하고 승여만 고향에 돌아왔다.

대진(大津)은 영순 2년(683) 바다를 건너 서쪽을 여행했는데, 곤륜어를 해독할 수 있었고 산스크리트어에 능통했다. 인도에서 10년을 머물다가 다시 배를 타고 돌아왔다. 의정의 《남해기귀내법전》 4권, 《신역잡경론(新譯雜經論)》 10권, 《대당서역구법고승전》 2권은 대진이 갖고 돌아온 것들이다.

의정은 15세에 서행(西行)의 뜻을 품었으나 37세에 비로소 출발하게 되었다. 함형 2년(671) 번우(番禺)에서 불법을 구하려는 승려 수십 명을

....

7) 현유(玄遊): 《해동고승전》에 의하면, 성품이 부드럽고 고상하며 탐구력이 강한 승려로 당나라에 가서 승철(僧哲)선사를 사사하다가 성인의 자취를 사모해 바다로 천축에 갔다. 동천축을 두루 역방하고 나서 사자국에 가 만년을 보내다 입적하였다고 한다(《실크로드사전》, 923쪽). 원서에서는 현유가 고려제자라고 하였으나, 여기서 고려는 고구려를 가리키는 것이다.
8) 《대당서역구법고승전》 서문에 따르면 의정이 돌아올 때 무행·지홍 등 다섯 법사가 인도에 남아있는 것을 보았으며 특히 무행법사는 수공 원년(685) 인도에서 헤어진 후 생사를 알 수 없다고 되어있다.

만났는데, 배에 오르려는 순간 나머지는 모두 포기하고 의정만 홀로 출발하였다. 사성 6년(689) 광주에 돌아왔다가 같은 해에 다시 스리비자야로 돌아갔다. 12년(695)에 낙양으로 돌아왔다. 의정은 해외에서 25년을 보내며 30여개 국가를 돌아보고 귀국하였다. 산스크리트어로 된 경률론(經律論)9) 근 4백여 부를 얻었고 56부 230권을 번역했다. 또 별도로《대당서역구법고승전》과 《남해기귀내법전》 등을 편찬했다. 개원 원년(713) 79세의 나이로 입적했다. 인도로 갈 때는 자바·수마트라·말레이반도의 케다(Kedah, 吉達)를 거쳤고 돌아오는 길에는 스리비자야에서 4년여를 머물렀다.

정고(貞固)는 원래 맹(孟)씨로 14세에 출가했고 사자주(師子洲)에 가서 여러 성스러운 유적을 돌아보고자 하는 뜻을 품고 있었다. 사성 5년(689) 의정이 광주로 돌아왔을 때 산스크리트어로 된 불경을 스리비자야에 두고 왔기 때문에 다시 가야만 했고 경전 번역에도 역시 사람이 필요했는데, 여러 사람이 정고를 추천했다. 의정은 이에 초청하는 편지를 써서 그와 약속하고 그 해 11월 1일 상선(商船)을 타고 번우를 떠나 스리비자야로 향했다. 동행한 사람으로는 도굉(道宏)과 법랑(法朗) 및 제자 맹회업(孟懷業)이 있었다. 맹회업은 골륜어(骨崙語: 즉 崑崙語로 옛 자바어)를 해독할 수 있었을 뿐 아니라 산스크리트어를 배웠기 때문에 번역에 유리하였다. 당시 나이는 겨우 17세였다. 법랑은 24세에 가릉국에서 병들어 사망했다. (정고는) 이후 의정과 함께 광주부로 돌아왔으나 3년이 안되어 병에 걸려 사망했다. 맹회업은 스리비자야에서 살기를 희망하여 번우로 돌아오지 않았다.

....

9) 경률론(經律論): 경장(經藏)·율장(律藏)·논장(論藏) 세 가지 불서(佛書)를 통틀어 이르는 말로 삼장(三藏)과 같은 말이다.

혜일(慧日)은 사성 19년(702) 서쪽으로 떠났는데, 배를 타고 곤륜·스리비자야·사자주 등을 지나 천축에 도착하여 13년을 거주하였다. 후에 육로로 귀국하니 모두 18년에 걸쳐 70여 국가를 돌아보고 마침내 장안에 도착하였다.

제2절 송대에 남해에서 무역한 중국 상인

《송사》 권489 〈외국전5〉 '사파국(闍婆國)'조에 보면 "중국 상인들이 오면 빈관(賓館)에서 접대하는데, 음식이 풍성하면서도 정갈하였다(《제번지》 권상 '사파국'조에는 '중국'이라는 두 글자가 없고, "待以賓館" 대신 "館之賓舍"로 적혀 있음). …… 순화 3년 12월(992년 12월 27일에서 993년 1월 25일까지)에는 그 나라 왕 목라다(穆羅茶)가 사신 타담(陀湛) …… 등을 보내 조공하였다. …… 조공사절은 범선을 타고 60일 만에 명주(明州) 정해현(定海縣)에 도착했다. …… 통역이 말하길 '이번 사절단의 선박을 책임진 사람은 대상(大商) 모욱(毛旭)으로 건계(建溪)[10] 사람이다. 여러 차례 본국을 왕래한 바 있어 그의 길 안내를 받아 조공을 왔다'고 하였다"고 되어있다. 사파는 곧 자바를 가리키니, 중국 상인이 송대에 이미 현지인의 지극한 우대를 받았고 중국 선박이 자주 동남아와 왕래하며 상업상의 지위도 확립하고 있었기 때문에 '대상'이라 불렸음을 알 수 있다. 또 상업 외에 분명 국민외교에도 종사하였기에 현지의

10) 건계(建溪): 민강(閩江)의 북부 수원(水源)에 해당하는 복건성 북부지역으로 남포계(南浦溪)·숭양계(崇陽溪)·송계(松溪) 등이 합류하는 지점이다.

사신을 이끌고 중국에 올 수 있었으니, 모욱이란 사람은 실로 960년 전 화교 가운데 걸출한 인물이었던 것이다.

《제번지(諸蕃志)》 권상 '삼불제국'조에서 "나라에 …… 또 중국 문자가 있어 표장(表章)을 올릴 때 사용하였다"고 하였고, 《송사》 권489 '삼불제' 조에서도 중국 문자가 있었다고 한 것으로 보아 화교가 이를 전수하였 거나 혹은 대필했음이 틀림없다.

《제번지》 권상 '진랍국'조에서 "번상(番商)은 금·은·자기·가금(假錦) ·양산(涼傘)·가죽 북[皮鼓]·술·설탕·혜해(醯醢: 국물이 많은 肉醬 - 역자) 등을 판매했다"고 했는데, 여기서 말하는 '번상'은 중국인으로 외국에 가서 상업에 종사하는 사람 혹은 외국인과 거래를 하는 사람을 가리키 는 것으로 요즘 말하는 양상(洋商)과 같다.

또 '사바국'조에서는 "번상은 금은이 섞여있는 화폐[夾雜金銀]와 금은 으로 된 기명(器皿), 오색의 힐견(纈絹: 군데군데 염색한 명주 - 역자), 조릉 (皂綾: 무늬가 있는 검은색 비단 - 역자)·천궁(川芎)[11]·백지(白芷)[12]·주사 (硃砂)[13]·녹반(綠礬)[14]·백반(白礬)[15]·붕사(硼砂)[16]·비상(砒霜)[17]·칠

....

11) 천궁(川芎): 온화한 기후환경에서 자라는 약용 식물로 진정·진통·강장 등에 효능이 있어 두통·빈혈증·부인병 등을 치료하는데 쓴다.

12) 백지(白芷): 산형과의 구릿대(Angelicadahurica Benthamet Hooker) 또는 그 변종의 뿌리를 말려 만든 약재이다. 감기·두통·비염·치통 치료에 쓰이며 향료로도 사용된다.

13) 주사(硃砂): 진사(辰砂), 단사(丹砂), 적단(赤丹), 홍사(汞沙) 등으로도 부르는 데, 유화홍(硫化汞, HgS)의 천연광석으로 심홍색을 띤다. 진정(鎭靜)과 최면, 해독과 방부(防腐)의 효과가 있으며 피부세균과 기생충을 억제하고 죽이는 약재로도 쓰인다. 그 외 안료(顔料)로 사용되기도 한다.

14) 녹반(綠礬): 황산 제1철을 주성분으로 하는 광석을 잘게 깨어 물에 넣고 가열 하여 그 액체를 졸여서 만든다. 홍반(紅礬), 청반(靑礬), 흑반(黑礬), 조반(皂 礬)이라고도 부른다. 후두염·구내염·치은염·습진·악성 종기·옴·빈혈 및

기(漆器)·철정(鐵鼎: 쇠로 된 세발달린 솥 - 역자)·청백(靑白)자기로 거래했
다"고 하였다. 또 이 나라에 가장 많은 것이 후추여서 중국 상인들이
동전을 가지고 가서 후추와 교환했기 때문에, 이어서 "이 나라는 후추의
집산지로 상선이 몇 배의 이익을 얻었고 그래서 종종 금령을 무릅쓰고
몰래 동전을 싣고 가서 많이 바꿔왔는데, 조정에서 여러 차례 그 판매를
금지했으나 번상들이 꾀를 내어 그 이름을 소길단(蘇吉丹)[18]으로 바꾸
었다"고 적고 있다.

또 '마일국(麻逸國)'조에서는 "상선이 입항하면 관장(官場) 앞에 정박
하는데, 관장은 그 나라의 관부에서 설립한 무역시장이 있는 곳이다.
작은 배를 타고 그들과 섞여 지낸다. …… 만고(蠻賈: 그 지역 상인들 -
역자)는 이에 그 화물을 다른 섬으로 가져가 무역하며 대략 7~8개월이
지나야 돌아온다. 그들이 얻은 것을 중국 상인에게 기준에 따라 보상하
는데, 기일이 지나서도 돌아오지 않는 자도 있었다. 그래서 마일(국)에
물건 팔러 간 배가 가장 늦게 돌아왔다. …… 상인들은 자기·화금(貨金)
·철정·오연(烏鉛)·오색유리·구슬[珠]·철침(鐵針) 등을 가지고 가서 널

배가 붓는 등의 질병을 치료하는데 사용된다.
15) 백반(白礬): 광물 명반석(明礬石, Alumen)을 가공 처리하여 만든 결정체로
해독·살충·지혈·지사(止瀉)·거담(去痰)의 효과가 있어 한약재로 쓰인다.
16) 붕사(硼砂, borax): 사붕산나트륨 10수화염으로 온천의 침전물, 호수 침전물
등에서 산출된다. 보통 무색의 결정체를 함유한 백색분말 형태로 물에 잘
녹는다. 청결제·화장품·살충제 등으로 사용되는데, 독성이 높은 물질이다.
17) 비상(砒霜): 비석(砒石)에서 산출되는 광물을 가열·증류시켜 얻는 결정체.
100℃에서 건조하면 99% 이상의 순도를 갖는 냄새와 맛이 없고 백색인 분말
이 만들어지는데, 가장 오래된 독극물 중 하나이다.
18) 소길단(蘇吉丹): 본래 사바국의 속국 이름(후술)이나 여기서는 상품명으로
나온다.

리 거래했다"고 하였다. 여기 나오는 "기일이 지나서도 돌아오지 않는 자도 있었다"는 구절은 중국 상인이 기일이 지나도 돌아오지 않았다고 해석할 수도 있지만, 그 위의 문장과 연결해서 읽으면 만고가 다른 섬으로 무역하러 가서 7-8개월이 지나도 돌아오지 않았다는 것을 지칭한 것 같다.

또 '삼불제국'조에서는 "번상은 금·은·자기·금(錦)·능(綾)·힐(纈)·견(絹)·설탕·철·술·쌀·건량강(乾良薑)·대황(大黃)[19]·장뇌(樟腦)[20] 등을 가지고 가서 널리 거래하였다"고 하였다.

또 '남무리국(藍無里國)'조에서는 "번상은 단향·정향·뇌자(腦子)·금·은·자기·말·코끼리·사백(絲帛) 등의 화물을 중개 거래했다[轉易]"고 하였는데, 여기서 '중개 거래했다'고 한 것은 일부 화물의 경우 비록 중국 상인을 통해 거래되었지만 그 물건 자체는 중국산이 아니었음을 말하는 것이다.

또 '발니국'조에서는 "번상은 화금(貨金)·화은(貨銀)·가금(假錦)·건양금(建陽錦)·오색견(五色絹)·오색용(五色茸)·유리주(琉璃珠)·유리병

....

19) 대황(大黃): 요과(蓼科, 마디풀과)에 속하는 약용식물로 원산지는 중국 서북지방의 고산협곡지대이다. 지사제와 보약 그리고 간장이나 위장병 등 질병 치료제로도 쓰인다. 기원 초부터 중앙아시아와 대월지 등에 의해 실크로드를 따라 서역으로 유입되었고 기원후에는 사산조 페르시아가, 15세기에 이르러서는 티무르제국의 사마르칸트 상인들이 대황 무역을 독점하여 이슬람 세계와 북아프리카 및 유럽에 공급하였다.(《실크로드사전》, 99쪽)

20) 장뇌(樟腦): 중국·일본·대만 등지에 서식하는 상록수인 녹나무(학명: Cinnamomun camphora)의 줄기나 뿌리·잎을 증류기에 넣고 수증기를 통해 증류한 액을 냉각시켜 만드는 특이한 방향(芳香)의 결정체이다. 무색으로 반투명의 광택이 있으며 물에는 녹지 않고 알코올이나 에테르에만 녹는다. 원료와 가공 방법에 따라 천연 장뇌와 합성 장뇌 두 종류가 있다. 방충제·방취제·의약품 등에 사용된다.(《실크로드사전》, 668쪽)

(琉璃瓶)·백석(白錫)·오연(烏鉛)·망추(網墜: 어망이 신속하게 물속으로 들어가도록 어망 아래에 다는 추 - 역자)·아비환(牙臂環: 맷돼지 이빨로 만든 팔뚝에 매는 장식 - 역자)·연지(臙脂)·칠완접(漆椀楪: 칠기로 만든 주발과 접시 - 역자)·청자 등을 가지고 가서 널리 거래했다. 번박(番舶)이 해안에 도착한지 3일째 되는 날 그 나라 왕이 가족과 함께 대인(大人)을 거느리고 배를 찾아 와 위로하면, 선원들은 비단을 깐 발판으로 맞이하여 정중하게 술과 단술[醴]을 대접하고 금은 그릇과 녹석(祿蓆)·양산 등을 각각 차등을 두어 헌상한다. 배가 정박하고 해안에 오른 다음에도 본격적인 거래가 시작되기 전까지 상인은 날마다 중국 음식을 그 왕에게 바쳐야 했기 때문에 배가 불니(佛泥)[21]로 향할 때면 반드시 요리사 한두 팀을 함께 데려 가야했다. 삭망(朔望) 때도 하례(賀禮)를 갖추어야 하고 (그렇게) 몇 개월이 지난 다음에야 비로소 그 왕과 대인에게 물건 가격을 정하도록 청하며 가격이 정해진 후 북을 울려 원근의 사람들을 불러 모아 거래를 한다. 가격이 정해지기 전에 사사로이 거래하는 자는 처벌을 받는다. …… 배가 돌아가는 날 그 나라 왕도 술을 거르고 소를 잡아 송별연을 베풀어 주는데, 뇌자와 번포(番布) 등으로 답례하여 그 은혜에 감사를 드린다. 선박은 비록 무역이 끝났어도 반드시 6월 보름 불교 명절[22]이 끝나기를 기다린 연후에 출항해야 하니, 그렇지 않으면 풍랑의 액운이 낀다. …… 서용궁(西龍宮)·십묘(什廟)·일려(日麗)·호로만두(胡

....

21) 불니(佛泥): 발니의 이역(異譯)으로 보르네오 섬 북부 브루나이에 위치했던 고대 왕국이다.
22) 음력 6월 15일은 석가모니가 처음으로 설법한 날로 동남아 특히 태국에서는 요즘도 공휴일로 정하여 기념하고 있는데, 뒤에 인용된 '불라안국'조를 보면 석가탄신일로 나온다. 현재 동남아의 석탄일이 음력 4월 15일인 것을 감안하면 《제번지》의 저자가 잘못 알고 기록한 것 같다.

蘆曼頭)・소물리(蘇勿里)・마담유(馬膽逾)・마야(馬喏)(이상의 각 명칭은 모두 고증이 필요하다)는 섬에 살고 있어 작은 배로 왕래한다. 옷 색깔과 음식은 발니와 동일하고 생향(生香)・강진향(降眞香)・황랍(黃蠟)・대모가 생산된다. 상인은 백자・술・쌀・조염(粗鹽)・백견(白絹)・화금 등으로 그것과 교환한다"고 하였다. 발니 또는 불니는 지금의 보르네오이다. 중국 상인이 남양무역에서 환영받았던 상황이 이 단락에 매우 상세히 설명되어있다.

또 '삼서(三嶼)[23]'조에서는 "…… 각기 종족 부락을 이루어 도서에 흩어져 사는데, 배가 도착하면 나와서 거래를 한다. …… 깊은 골짜기에 해담(海膽)이라 부르는 별도의 종족 부락이 있어 …… 숨어서 사람에게 화살을 쏘아 많은 사람이 그 해를 입었다. 그래서 (그들에게) 자기 그릇을 던지면 몸을 굽혀 줍고 기뻐서 펄쩍 뛰며 소리를 지르며 가곤 한다. 번상은 매번 한 마을에 도착하면 감히 해안에 오르지 못하고 우선 배 안에 머물며 북을 울려 사람을 부른다. 그러면 만고들이 앞 다투어 작은 배의 노를 저어 길패・황랍・번포・야심점(椰心簞) 등을 가지고 와서 거래를 한다. 만약 가격협상이 이루어지지 않으면 만고의 우두머리[買豪]가 직접 와서 설득하는데, 견산(絹傘)・자기・등롱(籐籠: 대나무 그릇 - 역자)을 줘서 보낸다. 만고 한두 무리를 배에 인질로 남겨둔 후, 해안에 올라 서로 교역하고 거래가 끝나면 그 인질을 돌려보낸다. 3-4일을 정박한 다음 또 다른 곳으로 떠난다. …… 삼서에 가서 거래할 경우 대략 4-5개월이면 보통 회항한다. 자기・조릉・힐견・오색소주(五色燒珠)・연망추(鉛網墜)・백석(白錫) 등의 화물을 가지고 가서 널리 교역한다"고 하였다.

....

23) 삼서(三嶼): 필리핀 루손 섬의 바타네스(Batanes)주에 위치한 섬들을 말한다.

또 '능아사국(凌牙斯國)'조에서는 "번상은 술·쌀·하지(荷池)·힐견·자기 등을 가지고 가서 판매하였다. 먼저 이 물건들의 가격을 금은으로 정한 후에 거래를 하였으니, 예컨대 술 1등(㼄)에 은 1냥(兩)이나 금 2전(錢)으로 정하거나 쌀 2등에 은 1냥, 10등에 금 1냥 식으로 정한다"고 하였다.

또 '불라안국(佛囉安國)'조에서는 "매년 6월 보름을 석탄일[佛生日]로 정하여 풍악을 울리고 요발(鐃鈸)[24]을 치며 맞이하고 인도하는 모습이 매우 아름다웠고 번상 역시 이에 참여하였다. …… 번상은 금·은·자기·철기·칠기·술·쌀·설탕·보리를 가지고 가서 널리 교역하였다"고 하였다.

또 '단마령국(單馬令國)'조에서는 "번상은 견산·우산(雨傘)·하지·힐견·술·쌀·소금·설탕·자기·분(盆)·발(鉢)·추중(麤重) 등의 물건과 금은으로 만든 반우(盤盂: 물이나 음식물을 담는 원형 내지 사각형의 그릇 - 역자)를 가지고 가서 널리 교역하였다"고 하였다.

또 '남비국(南毗國)'조에서는 "이 나라가 가장 멀어서 찾아가는 번박이 드물었다. 시라파지력간(時羅巴智力干) 부자가 그 종족 출신으로 현재 천주성 남쪽에 살고 있다. …… 하지·힐견·자기·장뇌·대황·황련(黃連)[25]·정향·뇌자·단향·육두구[荳蔻]·침향 등의 상품을 가지고 가서 널리 교역하였다"고 하였다.

이상 살펴 본 《제번지》의 기록에 따르면 중국 상품 중 해외에 가장

---

24) 요발(鐃鈸): 불교 법회에 쓰는 향동제(響銅製) 악기인 바라를 이르는 말. 본래 요(鐃)와 발(鈸) 두 악기였으나 지금은 합하여 한 악기로 되었다.

25) 황련(黃連): 1,000-1,900m 산 계곡의 서늘하고 습기 많은 음지 숲 속에서 자라는 다년생 초목식물로 미련(味連), 천련(川連), 계과련(鷄瓜連) 등으로도 불린다. 그 뿌리는 눈병과 설사 등을 다스리는 약재로 쓰인다.

많이 팔린 것은 자기로 된 그릇과 접시, 힐견·비단[綢]·금·은·쌀·술·설탕·장뇌였음을 알 수 있다.

그 밖에 중국과 다른 나라 상인들이 감히 가지 못했던 몇몇 나라도 있었다.

하나는 신타국(新拖國, Sunda: 즉 인도네시아의 순다열도 -역자)으로 《제번지》에 "협박하여 빼앗기를 좋아해서 번상들이 물건을 팔러 가는 경우가 드물었다"고 되어있다.

또 하나는 소길단(蘇吉丹)[26]의 동쪽에 인접한 도적의 나라로 같은 책에 "번관(番官)이 용맹하여 동쪽의 도적 국가와 혼인을 맺었지만, 저들이 친지 방문을 명목으로 자주 번박을 약탈하고 심지어 사람을 잡아다 이를 진귀한 물품으로 삼아서 1인당 금 2냥 혹은 3냥과 교환하니, 이 때문에 물품 거래가 마침내 끊어지게 되었다. …… 타망(打網)·황마주(黃麻駐)·마리(麻籬)·우론(牛論)·단융무라(丹戎武囉)·저물(底勿)·평아이(平牙夷)·물노고(勿奴孤) 등의 나라는 바다 섬 중에 있는데, …… 대부분 생업에 종사하지 않고 서로 배를 타고 바다에 나가 약탈하는 것을 업으로 삼았기에 찾아오는 번상이 드물었다"고 적혀있다.

그러나 소길단은 중국의 천궁과 주사가 너무나 필요했다. 위에서 언급한 사파국과의 거래 물품 중에도 천궁과 주사가 있는데, 같은 책 '소길단국'조에서 설명하길 "후추[椒]를 따는 사람은 매운 기운을 가까이서 맡아 대부분 두통을 앓게 되는데 천궁을 먹으면 치료된다. 그리고 부인들이 화장하거나 손톱을 물들이고 의복 등을 염색할 때 주사를 많이 사용하기 때문에 번상이 대체로 이 두 물건을 판매하였다"고 하였다.

....

26) 소길단(蘇吉丹): 즉 페칼롱간(Pekalongan)으로 인도네시아 자바섬의 동부에 위치한 고대 왕국 이름이다.

또 "상인을 후하게 대접하여 숙박과 음식비용을 받지 않았다"고 하니, 소길단에서 중국 상인이 얼마나 환영 받았는지를 알 수 있다.

제3절 당가(唐家)·당인(唐人)·당자(唐字) 등 명칭의 내력

당대는 중국 역사상 가장 강성했던 시기로 그 위세가 중앙아시아와 서아시아 및 남해 각국에까지 떨쳤기에 외국인들은 중국을 '당(唐)'이라 불렀다. 예를 들어 《평주가담(萍洲可談)》권2에 보면 "북인(北人: 중국인을 지칭함)이 바다를 건너가 해가 지나도 돌아오지 않는 경우 번(蕃)에 거주한다고 하고, 여러 (번)국 사람이 광주에 와서 해가 지나도 귀국하지 않는 경우 당(唐)에 거주한다고 한다"고 되어있다.

당시 남해의 여러 나라 사람은 중국의 모든 것에 대해 '당'자를 붙였으니, 예컨대 중국 문자는 '당자(唐字)'라고 불렀다. 《송회요》'원풍 5년(1082) 10월'조에는 삼불제의 첨필국주(詹畢國主)가 '당자서(唐字書)'를 광동전운부사(廣東轉運副使) 손형(孫逈)에게 부쳤다는 기록이 있다. 《평주가담》권1에는 또 "한(漢)의 위령(威令)이 서북에 퍼졌기 때문에 서북에서는 중국을 한이라 부르고, 당(唐)의 위령은 동남에 퍼졌기 때문에 만이(蠻夷)는 중국을 당이라 부른다. 숭녕연간(1102-1106) 신료들이 '변경의 풍속에 중국을 한당(漢唐)이라고 불러 문서에도 그렇게 쓰고 있으니 모두 송(宋)으로 개칭할 것을 청합니다'라고 상주하였다. …… 조서를 내려 그리하도록 하였다"고 적혀있다. 이를 통해 중국을 '당'이라고 부르는 것이 당대에 시작되었고 송대에도 여전히 이를 따랐으며 정식

공문서에도 이를 사용하였다는 사실을 알 수 있다. 이러한 습관은 명대에 와서도 마찬가지였으니, 송대에 황제가 조서를 내려 개칭을 강행하려 했지만 전혀 실효가 없었던 것이다. 《명사》 권324 〈외국전5〉의 '진랍국'조에는 "당인(唐人)이란 여러 번인들이 화인(華人)을 부르는 호칭으로 대개 해외 각국이 모두 그러하였다"고 되어있다.

《신당서》와 《구당서》의 〈동이전〉·〈서역전〉·〈서융전〉·〈북적전〉 등에 따르면 당나라 황실을 당가(唐家)라고 불렀는데, 이것이 나중에 마침내 중국에 대한 호칭이 되었다. 일본 역시 그러했다. 9세기 초반 일본의 고우보우(弘法)대사가 지은 《성령집(性靈集)》[27] 권4에서 자신이 만든 붓이 중국 붓에 비해 손색이 없다고 말하며 "구우카이(空海) 스스로 새로 만든 것을 시험해 보니 당가(唐家)에 뒤지지 않았다"고 적었다. 당 희종 건부 원년 즉 일본 세이와(淸和)천황 정관(貞觀) 16년(874) 중국에 사신을 보내 향약(香藥) 구매했는데, 《삼대실록(三代實錄)》[28] 권25에는 그 일에 대하여 "당가가 향약을 팔았다"고 기록하고 있다. 이는 '당가'와 중국이 이미 완전히 동일한 의미가 되었음을 보여주는 것이다.

남송 초기 강소우(江少虞)[29]가 편찬한 《황송유원(皇宋類苑)》[30] 권77

....

27) 《성령집(性靈集)》: 전 10권. 정식 명칭은 《편조발휘성령집(遍照發揮性靈集)》이며 헤이안시대 승려인 구우카이(空海, 774-835: 고우보우는 그의 諡號)의 한시문집(漢詩文集)이다. 제자인 신지(眞濟, 800-860)가 편찬하였는데, 성립 연도는 미상이다.

28) 《삼대실록(三代實錄)》: 일본 율령시대의 정사인 육국사(六國史)의 하나로 헤이안시대 세이와천황·요제이(陽成)천황·고코(光孝)천황 3대의 재위기인 858년부터 887년까지의 역사를 기록하고 있다. 901년 스가와라노 미치자네(菅原道眞, 845-903) 등이 편찬하였다.

29) 강소우(江少虞, 생몰연도 미상): 자는 우중(虞仲)이고 상산(常山) 사람으로 대략 고종 소흥(1131-1162) 초년 전후에 살았던 것으로 보인다. 저서로 《사실

에서는 《권유록(倦遊錄)》을 인용하여 "(당) 태종과 현종[明皇]이 중천축 (中天竺)의 왕을 사로잡고 구자(龜玆)를 취하여 4진(鎭)을 설치함에 성 외곽의 여러 나라가 모두 군현(郡縣)이 되었다. 지금까지 광주의 호인들 은 중국을 당가라 부르고 중국말을 당언(唐言)이라고 한다"고 하였다. 《군재독서지(郡齋讀書志)》 권13에는 《권유잡록(倦遊雜錄)》이 수록되어 있는데, 이는 원풍연간(1078-1085) 초에 장사정(張師正)[31]이 편찬한 것 으로 강소우가 인용한 책이 바로 이것이다. 이상의 기록들은 당·송시기 에 '당가'가 실로 중국을 대표하는 국호였음을 충분히 증명해주고 있다.

《명사》 권324의 '진랍국'조에서도 "번인이 당인을 살해하면 사형이고 당인이 번인을 살해하면 벌금형인데, 만약 돈이 없으면 몸을 팔아서 속 죄해야 했다. 당인이란 여러 번인들이 중국인을 부르는 호칭으로 대개 해외 각국이 모두 그러하였다"고 하였다.

《영애승람(瀛涯勝覽)》의 '조와국(爪哇國)'조에서는 장고(章姑, Chang-kir)[32]의 상황을 서술하면서 "나라에 세 부류의 사람이 있다. 한 부류는 회회인(回回人)이고 …… 한 부류는 당인(唐人)인데, 모두 광동·장주[漳] ·천주[泉] 등지에서 이곳으로 도망 와 사는 사람들로 음식도 맛있고 정

<hr>

유원(事實類苑)》·《경설(經說)》·《주의(奏議)》·《송조유조(宋朝類詔)》 등 100 여 권이 있는데, 그 중 《사실유원》이 가장 유명하다.

30) 강소우의 저작 중에 같은 이름의 책은 보이지 않고 가장 비슷한 것으로 《사 실유원》 78권이 있다. 아마도 저자의 기억 착오로 보인다.

31) 장사정(張師正, 1016-?): 북송 때 사람으로 자는 불의(不疑)이고 양국(襄國, 지금의 邢台市) 사람이다. 저서로 《지괴집(志怪集)》 5권과 《권유잡록》 12권 이 있다.

32) 장고(章姑, Changkir): 장고(章孤), 장고(漳沽), 장고산(漳估山), 장고(漳估) 등 으로 음차되기도 한다. 자바에 속한 지역으로 현재 인도네시아 자바섬 동부 의 Brantas강 하류지역의 Surabaya와 Modjo Kerto 사이를 가리킨다.

결했으며 대부분 회회교(回回敎)에 귀의하여 계를 받고 정진결재(精進潔齋)하는 자들이다"고 하였다. 즉 화교들도 원주민들이 부르던 명칭으로 자기 스스로를 일컬었음을 알 수 있다.

제11장
수·당·송시기 중앙아시아와의 불교 관계

제1절 수대에 동래한 불경번역가[譯經師]

당대에 해로를 통해 인도를 찾은 승려가 특히 많았음은 이미 본편 10장 1절에서 살펴본 바 있는데, 송대에 오게 되면 대부분 육로를 선택하게 된다. 수대에는 구법을 위해 서쪽으로 간 사람은 없었고 동쪽으로 온 불경 번역가가 7명이 있었으니, 인도에서 5명과 서역에서 1명 그리고 나머지 1명은 어느 나라 사람인지 확실하지 않다.

사나굴다(闍那崛多, Jnanagupta): 예전에는 덕지(德志)로 번역했고 지밀(智密) 혹은 지장(智藏)이란 뜻으로 간다라 사람이다. 양 무제 보통 2년(521)생[1]으로 27세에 일행 10명과 함께 동쪽을 찾았는데, 호탄과 토욕혼을 지나 양 원제 승성 원년(552) 선주(鄯州: 지금의 감숙성 碾伯縣)

---

1) 원서에는 523년으로 되어있으나 오류가 분명하여 바로잡았다. 석동초(釋東初)의 《중인불교교통사(中印佛敎交通史)》(臺北, 中華佛敎文化館, 1968)에 따르면 522년생으로 되어있는데, 사망연도와 나이를 보면 522년이 맞는 것 같다.

에 도착했다. 그 때까지 남은 사람은 4명뿐이었으니, 사나굴다 외에 지현(智賢)·승명(勝名)·칭장(稱藏) 3명으로 후에 지현 한 사람만 귀국하였다. (북)주 명제 무성 원년(559) 장안에 도착하자 명제가 궁중의 후원(後園)으로 모셔 함께 불법을 논했다. 사나굴다는 모두 37부 176권의 불경을 번역했는데, 교리가 원통(圓通)하고 글이 명확하며 뜻이 간결했다. 통역할 일이 있을 때마다 항상 사나굴다가 주로 맡았다. 수 개황 20년(600) 78세로 사망했다.

달마반야(達摩般若, Dharmaprajna): 중국어로 번역하면 법지(法智)이다. 그 선조는 중인도 사람으로 동천(東川)²⁾에 이주해 살면서 마침내 중국 풍속에 동화되어 대대로 통역 일을 하였다. 북제시기 양주(洋州: 현 섬서성 西鄕縣 일대 - 역자)의 양천군수(洋川郡守)를 역임했다. 수대에는 황명을 받고 경전을 번역하였는데, 방언에 능하여 단어를 찾는데 어려움이 없었다.

나련제려야사(那連提黎耶舍, Narendrayasas)³⁾: 중국어로 번역하면 존칭(尊稱)⁴⁾이고 북인도 오장국(烏場國) 사람이다. 양 무제 천감 16년(517)생이다. 그가 동쪽으로 올 때는 돌궐의 목간(木杆)칸⁵⁾이 유연(柔然)을

....

2) 동천(東川): 현재 운남성 곤명시에 속한 지역의 명칭으로 양산이족자치주(凉山彝族自治州)에서 약 316km 떨어진 거리에 위치하고 있다.
3) 나련제려야사(那連提黎耶舍, Narendrayasas, 517-589): 북제 대보 7년(556) 업도(鄴都)의 천평사(天平寺)에 주석(駐錫)하면서 역경에 주력하였다. 수 문제 개황 2년 장안의 대흥선사(大興善寺)에서 역경을 계속하였고 다시 광제사(光濟寺)로 옮겨 외국승의 좌장격인 외국승주가 되어 불사에 전념하였다. 불전 15부 80여 권을 한역하였는데, 주로 대승방등부(大乘方等部)와 열반부(涅槃部)의 경전들이다.(《실크로드사전》, 53-54쪽)
4) 《중인불교교통사》에는 등칭(等稱)으로 되어있다.
5) 목간(木杆)칸(?-572): 본명은 아사나사근(阿史那俟斤) 또는 아사나연도(阿史

멸하고 엽달(嚈噠)을 격파한 다음, 남으로 토욕혼을 항복시키는 전쟁이 빈발하던 시대여서 서역으로의 길이 통하지 않았지만, 그의 의지는 조금도 줄지 않았다. 북쪽으로 7천 여리를 갔다가 다시 남쪽으로 꺾어 북제의 경내에 들어오자 문선제(文宣帝)가 융숭한 예로 맞이하였다. 북주가 북제를 멸한 후 겉에 속의(俗衣)를 걸치고 4년 간 피신해 있었다. 수나라가 흥한 후 황명을 받고 불경을 번역했는데, 개황 2년(582) 7월 장안에 들어와 외국승주(外國僧主)가 되었다. 개황 9년 사망하였으니,《속고승전》에서 그가 1백세를 채웠다고 한 것은 착오이다.

비니다류지(毗尼多流支, Vinitaruci): 중국어로 번역하면 멸희(滅喜)이고 오장국 사람이다. 불경 2부를 번역했다.

보리등(菩提登, Bodhitan): 어느 나라 사람인지 미상이고 외국에서《점찰경(占察經)》[6] 2권을 번역했다.

약나갈다(若那竭多, Jnanagupta): 서역의 승려이다. 수 문제 개황 12년(592) 사나굴다와 함께 내사내성(內史內省)에서 고서(古書) 및 천문서적[乾文] 2백여 권을 번역했다.

달마급다(達摩笈多, Dharmagupta): 중국어로 번역하면 법밀(法密)이고 남인도 나라국(羅囉國) 사람이다. 나라국은《대당서역기》에 나오는 남나라국(南羅囉國)으로 마가다국의 서남쪽에 있었다. 그가 동쪽을 향했을 때 물이 범람하여 길을 잃는 등의 고난도 겪었지만, 개황 10년(590) 겨울 10월 황제의 유지를 받고 장안에 들어왔다. 그때부터 끊임없이 경전을 번역하여 공제(恭帝) 의녕 원년(617)까지 28년간 계속했으며 그 2

....

那燕都)이다. 돌궐의 제3대 칸으로 553년에서 572년까지 재위하였다.
6)《점찰경(占察經)》: 지장보살이 부처의 명으로 과거의 선악 행위와 그 업보를 점치는 법을 설파하고 아울러 대승(大乘)의 실천을 밝힌 경전이다.

년 후에 사망했다. 승려 언종(彦琮: 개황연간 역경사업을 주관함 - 역자)은
달마급다가 (서역에서 중국까지) 거쳐 온 자취와 견문을 정리하여《대
수서국전(大隋西國傳)》1부를 저술했는데, 본전(本傳)·방물(方物)·시후
(時候)·거처(居處)·국정(國政)·학교(學校)·예의(禮儀)·음식(飮食)·복
장(服章)·보화(寶貨) 등 총 10편으로 구성되었다. 지금은 전해지지 않는다.

제2절 당대의 서역 불경번역가

당대의 서역 불경 번역가로 확인되는 사람은 모두 29명으로 인도가
20명, 호탄이 4명, 강거·토화라·쿠차·서역·자바가 각 1명씩이다. 동
쪽으로 온 사람이라고 부르지 않은 이유는 그 중 일부가 중국에 오지
않았기 때문이다. 개략적인 상황은 다음과 같다.

포여오벌야(布如烏伐邪, Punyopaya): 중국어로 번역하면 복생(福生)
이고 나제삼장(那提三藏)이라고도 부르며 중인도 사람이다. 해로를 통
해 중국에 왔는데, 대소승경(大小乘經)과 율론(律論) 5백여 협(夾) 1,500
여 부(部)를 가지고 당 고종 영휘 6년(655) 장안에 도착했다. 칙령을 내
려 자은사(慈恩寺)에 자리 잡게 했으나 뜻한 대로 되지 않자, 이듬해
황명을 받고 남해의 여러 나라로 이약(異藥)을 구하러 갔다. 그 곳 여러
왕들의 존경을 받아 그를 위한 사찰이 특별히 세워졌다. 용삭 3년(663)
에 자은사로 돌아왔다. 남해의 진랍국에서는 그를 보고자 거짓으로 나
라에 오직 그만이 식별할 수 있는 좋은 약이 있으니 직접 와서 채집해주
길 청하였다. 이에 칙령을 내려 진랍으로 가도록 허락하였는데, 그 이후
의 일은 알지 못한다.《고승전》에서는 이를 무척 애석해하고 있다.

야나발다라(若那跋陀羅, Jnanabhadra): 중국어로는 지현(智賢)이라 불렀고 남해 가릉국(訶陵國: 자바 중부) 사람이다. 이 사람은 중국에 오지 않았으나 인덕연간(664-665) 성도(成都)의 승려 회녕(會寧)과 함께 가릉국에서 《열반후분(涅槃後分)》[7] 2권을 번역했다. 번역이 끝난 다음 교주(交州)로 보냈고, 의봉연간 초(676) 교주도독 양난적(梁難敵)이 사신을 보내 회녕의 제자 운기(運期)와 함께 장안에 들어와 표를 올리고 경전을 바쳤다.

혜지(慧智): 부친이 인도인이고 중국에서 태어났으며 당 고종 상원·홍도연간(674-683) 장안에서 바라승(婆羅僧)의 제자가 되었다. 인도 말과 글에 익숙하고 또 한문에도 정통하여 항상 번역된 불경을 교정하였다. 언제 사망했는지는 불확실하다.

법장(法藏): 선조는 강거 사람이나 당 태종 정관 17년(643) 중국에서 태어났다. 《송고승전(宋高僧傳)》[8] 권5에서는 그가 명승의학(名僧義學)의 선발에 응시하여 현장의 역경에 참여했는데, 문장의 본뜻과 윤문(潤文)에서 의견이 일치하지 않아 번역장을 나갔다고 되어있다. 그러나 당시 법장의 나이는 3세에 불과하였으니, 《송고승전》이 얼마나 터무니없는지를 알 수 있다. 그래서 신라의 최치원(崔致遠)이 쓴 《당대천복사고

....

7) 《열반후분(涅槃後分)》: 정식 명칭은 《대반열반경후분(大般涅槃經後分)》이다. 담무참(曇無讖, 385-433)이 번역한 《대반열반경》에 들어있지 않은 부분인 불멸후의 이야기, 즉 부처님의 시신이 나타내 보인 여러 가지 신기한 조화와 사리의 분배, 불탑의 건축 등에 대해 서술하고 있다.
8) 《송고승전(宋高僧傳)》: 북송 때 학승 찬녕(贊寧, 919?-1001?)이 지은 인물전기. 도선의 《속고승전》 속편으로 서위부터 북송 단공 원년(988)까지 활동한 고승의 행적을 기술하고 있다. 정전(正傳)은 533명, 부견(附見)은 131명으로 《속고승전》에서 누락된 부분을 보완하였다.(《실크로드사전》, 417쪽)

사주번경대덕법장화상전(唐大薦福寺故寺主翻經大德法藏和尙傳)》에서 이 일을 기록하지 않은 것은 매우 옳은 일이다.

반랄밀제(般刺蜜帝, Pramiti): 중국어로는 극량(極量)이라 불렸고 중인도 사람이다. 본국의 왕이 그가 마음대로 경전을 반출한 것에 노하여 사람을 중국으로 보내 그를 데려오게 하였고 결국 배를 타고 서쪽으로 돌아갔다.

보리류지(菩提流支, Bodhiruci): 중국어로는 각애(覺愛)[9]라 불렸고 남인도 사람이다. 그는 나이가 매우 많아서 백 살 넘게 살았다고도 하지만, 156세까지 살았다는 《송고승전》의 기록을 반드시 믿을 수 있는 것은 아니다.

지엄(智嚴): 성이 위지(尉遲)이고 이름은 락(樂)으로 본래 호탄에서 온 볼모[質子]였다. 중종 신룡 2년(706) 집을 희사하여 절을 지었고 이듬해에 관직을 버리고 불교에 입문하였다.

발일라보리(跋日羅菩提, Vajrabodhi): 중국어로는 금강지(金剛智)[10]라

....

9) 각애(覺愛, 572-727?): 본명은 달마유지(達磨流支)였으나 측천무후가 보리유지란 이름을 하사하였다. 당 고종이 그의 명성을 전해 듣고 683년 장안으로 청해 머물게 했다. 고종 사후 낙양에 가서 《보우경(寶雨經)》 등 불경 19부 20권을 번역 출간하였다. 또 의정을 도와 《화엄경》을 새로 한역하기도 하였다. 중종이 복위되자 다시 장안의 서숭복사(西崇福寺)에 주석하면서 《대보적경(大寶積經)》 등을 번역 출간하였다. 일생 동안 총 53부 111권의 경전을 번역하였다.(《실크로드사전》, 308-309쪽)

10) 금강지(金剛智, 669-741): 남인도의 마뢰야국(摩賴耶國) 출신으로 10세에 출가해 나란타사(那爛陀寺)에서 10여 년간의 수행을 마치고 사자국과 실리불서국을 경유해 광주에 도착하였다. 이어서 바로 장안에 초빙되어 자은사와 천복사에서 밀교의 단장(壇場)을 세우는 등 밀교 전교에 전념하였다. 723년부터는 장안의 자성사(資聖寺)와 천복사에서 밀교 경전 25부 31권을 한역하였다. 중국 밀교 창시자로 불리는 그는 741년 낙양에서 입적하였다. 신라

불렀고 남인도 사람이다. 해로로 중국을 찾아 현종 개원 7년(719) 광주에 도착했고 20년(732)[11] 낙양에서 사망했다.

아목거발절라(阿目佉跋折羅, Amoghavajra): 중국어로는 불공금강(不空金剛)[12]이라 불렀고 북인도 사람이다. 현종 천보 원년(742)에 황명을 받아 해로로 오천축(五天竺)[13]과 사자국에 갔다가 4년 후 다시 돌아왔다.

반랄약(般刺若, Prajna): 중국어로는 지혜(智慧)라 불렀고 북인도 가필

....

승려 혜초는 719년 광주에서 금강지를 만나 사사하고 그의 권유에 따라 인도로 건너갔다. 그 후 혜초는 당나라에 돌아와 천복사에서 733년부터 8년간 금강지와 함께 밀교 경전을 연구하였다.(《해상실크로드사전》, 29쪽)

11) 사망연도에 차이가 나는데, 혜초나 불공금강과의 인연을 감안하면 저자의 착오로 보인다. 출생연도도 671년이라는 설이 있다.

12) 불공금강(不空金剛, 705-774): 사자국 출신의 불승으로 14세 때 금강지를 사사하고 720년 금강지를 따라 해로로 낙양에 와 역경을 도왔다. 스승이 입적한 후 유지대로 사자국에 가서 산스크리트어 경론(經論)과 진언(眞言) 등 비전(秘典)을 얻어 746년에 돌아와 밀교의 완성을 위해 진력하였다. 안사의 난 때는 장안 대흥선사(大興善寺)에 주석하면서 나라를 위해 호마단(護摩壇)을 세웠다. 765년 대광지삼장(大廣智三藏) 칭호를 받았다. 경전 77부 120여 권을 역출(譯出)하였으며 중국 밀종의 제2대 조사(祖師)가 되었다(《해상실크로드사전》, 212쪽). 출신지와 행적에 있어 원서의 내용과 약간 차이가 있지만 같은 인물로 보인다.

13) 오천축(五天竺): 지금의 인도반도와 그 주변지역으로 동천축·서천축·남천축·북천축·중천축을 일컫는다. 동천축은 지금의 인도 아샘주 서부·서벵골주 중부와 남부·오리사주 북부와 중부·방글라데시의 중부와 남부를, 서천축은 지금의 파키스탄 중부와 남부·인도 구자라트의 북부와 동부·마드야주 서북부와 서부·라자스탄주 남부를, 남천축은 인도의 오리사주 남부·마드야주 동남부·마하라시트 및 이상 세 지역 이남의 인도 각 주 및 서북면의 카티아와르반도를 아우르는 지역을, 북천축은 지금의 카시미르 지역·인도의 펀잡주·하리아나주·파키스탄 서북변·아프가니스탄의 카불강 남부안 일대를, 중천축은 지금의 방글라데시 북부·인도의 서벵골주 북부·라자스탄주 북부·우타프라데시주를 가리킨다.

시국(迦畢試國, Kapisa) 사람이다. 바다를 건너 중국에 오던 중 광주에 막 도착할 무렵 풍랑을 만나 사자국 동쪽에 표착하였다. 다시 큰 배를 만들어 남해의 여러 나라를 편력(遍歷)하고는 덕종 건중 원년(780) 비로소 불경을 갖고 광주에 도착했다.[14] 인도인으로 신책군(神策軍) 정장(正將)이 되었던 나호심(羅好心)이 그의 외숙부 아들이다.

시라달마(尸羅達摩, Siladharma): 중국어로는 계법(戒法)이라 불렸고 호탄 사람으로 중국에 오지는 않았으나 한문과 산스크리트어에 정통했다.

당대에는 인도 승려 외에 세속인으로 중국을 찾아 역경을 도운 사람도 적지 않았다. 당 중종 경룡 4년 즉 경운 원년(710)에 번역된《근본설일체유부니타나(根本說一切有部尼陀那)》권1에는 다음 다섯 명이 열거되어있다.

(1) 이석가(李釋迦): 중천축국 사람으로 산스크리트어로 된 불경을 읽었다. 우효위익부중랑장(右驍衛翊府中郎將)과 원외치숙위(員外置宿衛)를 지냈다.

(2) 적금강(翟金剛): 동천축국 사람으로 불경의 뜻을 밝혔다. 좌둔위익부중랑장(左屯衛翊府中郎將)과 원외치동정원(員外置同正員)을 지냈다.《개원석교록(開元釋敎錄)》권9에는 적담금강(翟曇金剛)이라 되어있다.

(3) 이금라(李金羅): 동천축국 사람으로 산스크리트어로 된 불경의 뜻을 밝혔다.《개원석교록》권9에는 이사라(伊舍羅)라 되어있다.

(4) 하순(何順): 가습미라(迦濕彌羅)국의 왕자로 불경의 뜻을 밝혔다. 좌령군위중랑장(左領軍衛中郎將)을 지냈다.《개원석교록》권9에는 아순(阿順)이라 되어있다.

(5) 파구(頗具): 동천축국 사람으로 산스크리트어로 된 불경을 읽었

....

14) 그 후 786년 초 장안에 정착하여 역경 사업에 종사하다 낙양에서 입적하였다.

다. 좌령군우집극(左領軍右執戟)과 직중서성(直中書省)을 지냈다. 《개원
석교록》 권9에는 도파다(度頗多)라 되어있다.

제3절 현장(玄奘)의 구법여행

현장을 연구한 자료 가운데 가장 먼저 손꼽히는 것은 혜립(慧立)의
《대자은사삼장법사전(大慈恩寺三藏法師傳)》 10권으로 간단히 《자은전》
이라 부른다. 1853년 줄리앙(Julien)은 이를 프랑스어로 번역하여 《현장
의 삶과 그의 인도여행(서기 629-645)에 관한 역사》(Histoire de la vie
de Hieuen-Thsang et de ses voyages dans l'Inde, depuis l'an 629
jusqu'en 645)라는 이름으로 출판했고, 사무엘 빌(Samuel Beal)은 영어
번역본을 《현장의 생애》(The Life of Hiuen-Tsang)라는 이름으로 1888
년 출판하였다. 그 다음으로는 《송고승전》 권4와 권5가 있고, 또 그 다
음으로는 《개원석교록》 권8, 《정원신정석교목록(貞元新定釋敎目錄)》 권
11, 《불조통기(佛祖通紀)》[15] 권39, 《불조역대통재(佛祖歷代通載)》[16] 권

....

15) 《불조통기(佛祖通紀)》: 전 54권(현행 본은 권19와 20이 결락됨). 남송 때 승
   려 지경(志磬)이 지은 책으로 함순 7년(1271) 간행되었다. 천태종(天台宗)의
   원류에 대해 상세하게 기술되어있으니, 여러 부처님과 여러 조사(祖師)들을
   본기(本紀)로 삼고 여러 조사들의 방계를 세가(世家)로 삼았으며 스님들마다
   열전(列傳)을 만들었다. 또 표(表)와 지(志)까지 붙여 완전히 정사(正史)의
   형식을 따랐다.
16) 《불조역대통재(佛祖歷代通載)》: 전 22권. 그냥 《역대통재》라고도 부른다. 원
   대 사람 염상(念常, 1282-1341)이 쓴 편년체 불교 사료로 지원 원년(1341)
   완성되었고 《대장경(大藏經)》 제49책에 수록되어있다.

12에서 권15까지, 《석씨계고략(釋氏稽古略)》[17] 권3, 《신승전(神僧傳)》[18] 권6 그리고 《구당서》 권141 등이 있다.

변기가 편찬한 《대당서역기》는 현장의 구술을 정리한 여행기로, 줄리앙이 또 1857년과 1882년에 그 프랑스어 번역본 *Mémoires sur les con-trées occidentaux, traduits du sanscrit en chinois, en l'an 648, par Hiuen -Thsang*을 2책으로 출판하였다.

1884년 사무엘 빌도 영어 번역본 *Buddhist Records of the Western World, translated from the Chinese of Hiuen-Thsang*을 역시 2책으로 출판하였다.

1905년 토마스 와터스(Thomas Watters)가 다시 영어로 번역하여 *On Yuan Chwang's Travels in India, 629-645 A.D.*라는 제목으로 출판하니 역시 2책이다.

사무엘 빌은 번역을 하면서 때때로 줄리앙의 주석을 수정하였는데, 원래 착오가 없는 것을 잘못 수정한 것도 있다. 워터스는 원서의 지리·전설·언어 등을 고증하여 《대당서역기》 연구에 실제로 큰 도움을 주었다. 그는 책이 완성되고 나서 바로 세상을 떠났다.

민국 3년(1914) 전 도쿄제국대학 강사 켄토쿠 호리(堀謙德)가 쓴 《해설서역기(解說西域記)》 1권이 나왔는데, 서양인의 연구결과를 검토한 기초 위에 한역(漢譯) 불전을 근거로 고전(古傳)·사실(史實)·교의(敎義) 등에 대한 고증을 덧붙인 참으로 훌륭한 저작이다.

....

17) 《석씨계고략(釋氏稽古略)》: 전 4권. 원대 사람 각안(覺岸, 1286-?)이 쓴 편년체 불교사로 줄여서 《계고략》으로도 부르며 역시 《대장경》 제49책에 수록되어있다.
18) 《신승전(神僧傳)》: 전 9권. 찬자(撰者) 미상의 불교 전기로 명 성조 영락제가 쓴 서문이 실려 있다.

현장의 원래 성은 진(陳)씨이고 이름은 위(禕)이며 하남(河南) 사람이다. 그의 행장에 따르면 수 문제 인수 2년(602)에 태어났다고 되어있는데, 혹자는 개황 16년(596)에 태어났다고도 한다. 13세에 형을 따라 출가한 후 형과 함께 자오곡(子午谷)[19]을 통해 한천(漢川)[20]으로 들어갔고, 당 고조 무덕 5년(622) 성도(成都)에서 구족계(具足戒)를 받아 경론(經論)을 연구하였다. 그 후 몰래 상인과 약속하여 삼협(三峽)으로 내려와 형주(荊州)에 이르러 북으로 상주(相州)와 조주(趙州)를 둘러본 다음, 장안에 들어가 진표(陳表)를 친구로 사귀고 법현과 지엄의 뒤를 이어 서쪽으로 구법여행을 떠나고자 하였다. 황제가 이를 불허하였으나 현장은 홀로 뜻을 굽히지 않았다. 정관 원년(627) 8월 26세의 나이로 진주(秦州)·난주(蘭州)·양주(凉州)를 지나 몰래 과주(瓜州)에 이르러 옥문관을 지났는데, 동행했던 호승이 자신을 죽이려하자 그가 돌아가게 내버려두었다. 그때부터 혈혈단신으로 외로이 사막을 헤매었는데, 하늘을 나는 새도 땅을 걷는 짐승도 물도 풀도 없었다. 그렇게 여러 곳을 거쳐 고창(高昌)에 도착하니 왕이 그를 머물게 하고 싶었으나 현장이 이를 거부하자, 편지와 돈을 넉넉히 주고 호위하는 기병을 딸려 서돌궐까지 호송토록 했다. (서돌궐의) 칸 역시 편지를 써 주고 기병을 보내 호위하게 했다. 도화라(覩貨羅) 경내의 13국을 지나 북인도에 도착한 후 가필시(迦畢試, Kapisa)·건타라(健陀羅, Gandhara)·오장나(烏仗那, Uddi-yana)·가습미라(迦溼彌羅, Kasmira)를 거쳐 중인도에 도착하였고 이어

....

19) 자오곡(子午谷): 섬서성 장안현 남쪽에 있는 관중(關中)에서 한중(漢中)으로 통하는 계곡.
20) 한천(漢川): 호북성 중부의 약간 동쪽에 위치하며 한수(漢水) 하류 지역에 해당한다.

마게타(摩揭陀, Magadha)국에 이르렀다. 정관 11년(637)에는 동쪽으로 참파(瞻波, Campa) 등의 나라를 방문했고 다시 남쪽으로 가서 삼마달타 (三摩怛吒, Samatata)·탐마율저(耽摩栗底, Tamralipti)·오다(烏茶, Uda)· 갈릉가(羯陵伽, Kalinga) 등의 나라를 방문한 뒤 서북쪽에서 동북쪽으로 방향을 바꾸었다. 16년(642)에는 동인도로 갔다. 다시 마게타국에 이르러서는 계일왕(戒日王, Harsa Siladitya)의 초청에 응했는데, 왕이 그를 위해 다섯 명의 인도 승려와 바라문 외도(外道)21) 등을 모아 교리를 변론토록 했다. 또 송별연을 베풀기 위해 발라야가(鉢羅耶伽)에서 무차대회(無遮大會)22)를 75일간이나 열었다. 이듬해 18개의 큰 나라 왕들에게 하직하고 동쪽으로 돌아오는데, 계일왕이 구마라왕(鳩摩羅王) 및 민중들과 함께 수십 리를 따라오며 송별하였고 이별할 때는 울음소리가 하늘을 뒤흔들었다. 히말라야와 파미르고원을 넘을 때는 갖고 있던 경전 때문에 많은 고생을 하였다. 호탄으로 돌아와 표를 올려 상황을 보고하니, 태종이 사람을 보내 맞이하게 했다. 19년(645) 정월 24일 장안에 들어오자 불자와 속인 수십만 명이 나와 환영하였다. 현장은 외국에서 17년을 머물며 130여개 국가를 유람하였고 경률론 657부를 얻어가지고 왔다(《歷代求法翻經錄》에는 大衆部23) 경률론 15부가 누락되었을 뿐 아니

....

21) 바라문 외도(外道): 바라문은 인도 특유의 신분 제도인 카스트의 네 가지 신분 중에서 가장 높은 위치인 승려 계급 브라만(Brahman)을 음차한 것이다. 외도는 정도를 벗어난 자를 말하는데, 불교에서는 종종 불교를 믿지 않는 브라만을 부정적인 이미지로 묘사한다.
22) 무차대회(無遮大會): 승속(僧俗)·노소(老少)·귀천(貴賤)을 가리지 않고 누구나 자유롭게 참여하여 법문을 듣고 잔치를 열어 물건을 베푸는 법회를 뜻하는 용어이다.
23) 대중부(大衆部): 소승불교의 한 파. 석가 열반 약 백 년 후 불교가 분파하였을 때 교단의 계율에 대해 이의를 가진 혁신적인 일파로서 석가의 위대성을

라 上座部[24] 경률론 14부를 15부로 오기한데다 전체 수량도 627부라고 잘못 적혀있다). 그 후 현장에 의해 번역된 것이 75부 1,335권이다. 현장이 번역한 불경은 그가 불러주는 대로 사인(詞人)이 바로 받아 적은 것임에도 쉽게 읽어 내려갈 수 있어서, 이전에 번역되었던 불경이 여러 사람의 손을 거쳐 문구가 혼란스러웠던 것과 비교해 완전히 달랐다.

현장의 업적은 너무 많아서 여기서는 간략히 몇 가지만 소개하겠다.

하나는 불학(佛學)상의 성취이다. 현장은 유학을 위해 서쪽으로 떠나 일찍이 인도에서 가장 유명한 나란다(Nalanda)사원 대학에서 계현(戒賢, Silabhadra)을 스승으로 모시고 공부했다. 계현은 학문이 박학다식하여 많은 중생의 추앙을 받던 명사(名師)였다. 그러나 인도에 유학하던 마지막 2-3년 동안 현장은 계현을 대신하여 그 대학의 수석교수가 되었고 명성이 이미 그를 초월하였다. 나란타사원은 인도의 신흥 철학인 법상종(法相宗)의 발원지였는데, 현장이 그 법상종의 첫 번째 대사(大師)가 되었던 것이다. 요즘 사람들은 현장이 번역의 명가라고만 알고 현장이 산스크리트어로《회종론(會宗論)》3천 송(頌)과《진유식량송(眞唯識量頌)》을 저술한 것은 모르고 있으니, 당시 인도 학술계에서 18일 회기(會期) 동안 7천여 명이 모였어도 단 한 구절도 깨우친 사람이 없었다. 대소승에 정통했고 불교와 모든 외도(外道)에도 통달하였다. 귀국 후 유식대승교(唯識大乘敎) 즉 법상종을 창시하여 후세 사람들이 그를 조사(祖師)로 모시고 있다.

....

강조하고, 또 인간의 본성은 선하며 과거나 미래는 없고 현재만이 실재한다는 이상주의적 교리를 주장하였다. 대승불교도 대중부에서 발전한 것으로 보고 있다.

24) 상좌부(上座部): 인도 소승불교 2대 부문의 한 파.

다른 하나는 불경을 구하고 번역한 업적이다. 현장이 구한 경률론 520협(夾) 657부는 20마리 말이 짊어지고 돌아왔다. 그가 가지고 온 불상 역시 매우 많았는데, 그것이 중국 불교예술에 미친 영향도 지대하다. 현장이 불경을 구할 때 좋은 판본을 얻는데 목적이 있었기 때문에 주로 원본 혹은 필사본을 구하였고 여의치 않을 때에는 이를 필사하였다. 카슈미르(Kashmir)국에 있을 때 국왕은 그에게 필경사 20명을 줘서 필사를 돕게 했다. 귀국 길에 인더스강에서 불경을 잃자 다시 사람을 우디야나(Uddiyana)에 보내 《가섭비부삼장(迦葉臂部三藏)》을 필사하게 하였다. 그의 불경 번역작업은 정관 19년(645) 3월부터 시작되어 고종 용삭 3년(663)까지 총 19년에 걸쳐 하루도 쉬지 않고 진행되었다. 현장 이후의 번역을 신역(新譯)이라 부르니, 이는 산스크리트어 번역에 있어 신기원을 열었다는 의미이다. 먼저 황명을 받고 홍복사(弘福寺)에 머물면서 역경사업을 진행했는데, 증문(證文)·철집(綴緝)·녹문(錄文)·증범어(證梵語)·정자위(定字僞) 등의 부서가 있었다. 정관 22년 10월부터는 홍법원(弘法院)에 거주하며 낮에는 황제와 얘기 나누고 밤이면 홍법원에 돌아가 경전을 번역했다. 같은 달에 대자은사(大慈恩寺: 황태자가 文德皇后를 위해 세운 것임)가 낙성되자 따로 번경원(翻經院)을 세워 12월 대자은사에 들어갔다. 한차례 홍복사에 돌아왔다가 다시 취미궁(翠微宮)으로 갔다. 고종이 즉위한 뒤 대자은사로 돌아가 그때부터 오로지 번역에만 몰두하였다. 낮에 일이 있으면 밤에 번역을 계속하여 3경(更)에 잠시 잠들었다가 5경에 다시 일어나 먼저 산스크리트어본을 읽으며 표점을 찍은 후 새벽에 번역을 하였다.

또 하나는 사학과 지리학상의 공헌이다. 《대당서역기》는 현장의 여행 종적을 기록한 것으로 사실은 그의 제자 변기가 편찬한 것이다. 정관 20년에 만들어졌으며 《서역전(西域傳)》이라고도 부른다. 중국에서 서역

으로 간 사람들 중 혹자는 천산남로 혹자는 천산북로만을 기록하고 있
는데 반해, 현장만이 남북 두 길을 왕복하였다. 인도에 갈 때는 천산을
넘고 열해(熱海)를 건넜으며 인도에 있을 때는 전국을 종횡무진 하였다.
당시 5인도에는 모두 80개 국가가 있었는데, 그 중 5개국만 방문하지
못하였으니 95% 이상을 방문한 셈이었다. 당시의 정치와 종교 상황을
모두 기록하여 오늘날 인도의 고대사와 고지리(古地理) 연구에 중요한
자료가 되고 있다. 다른 고승들과 비교해보면 법현(法顯)은 15년간 방문
한 국가가 30여 국에 불과하고 구해온 경전도 현장에 훨씬 못 미친다.
오공(悟空)은 인도에 40년, 지맹(智猛)은 37년, 의정(義淨)은 25년을 머
물러 모두 현장보다 오래 있었지만, 의정만이 약간의 업적을 남겼을 뿐
나머지는 모두 업적이라고 할 만한 것이 없다. 그 행적 역시 가장 고난
에 차 있었다. 앞에서 밝혔던 것처럼 신강(新疆)의 사막 속에서 고통
받았던 것 외에도 북인도의 갠지스강에서 만난 도적은 그를 죽여 신에
게 제를 올리려 했다. 당시 북인도는 문화수준이 낮고 정치가 혼란하여
도적이 창궐했는데, 현장이 도적을 만난 것은 그 한 번만이 아니었다.

제4절 혜초(慧超)의 구법여행

혜초는 혜초(惠超)라고도 하는데, 신라인으로 8세기 초에 서쪽으로
떠난 것 같고 그가 택한 노선은 북로였던 듯하다.[25] 중천축국에서 남천

....

25) 일설에는 개원 7년(719) 입당(入唐)한 혜초가 광주에서 금강지(金剛智)와 그
　　의 제자 불공(不空)을 만나 금강지에게 사사하고 금강지의 권유에 따라 개원

축국으로 갔다가 다시 서천축국을 경유하여 북천축국으로 들어갔다. 다시 아프가니스탄·페르시아·투르키스탄을 주유(周遊)하고 파미르고원을 넘어 카슈가르를 지나 쿠차의 안서도호부(安西都護府)에 도착하니, 그 때가 당 현종 개원 15년(727) 11월 상순이었다. 당시 안서절도대사(安西節度大使)는 성이 조(趙)씨였다. 《구당서》 권8 〈현종본기〉에 따르면 개원 14년 적서부대도호(磧西副大都護) 두섬(杜暹)26)이 중서문하평장사(中書門下平章事)를 겸했다고 나오고, 개원 16년에 안서부대도호(安西副大都護) 조귀정(趙歸貞)의 이름이 나오는데 바로 이 사람이다. 《신당서》 〈돌궐전〉에는 조이정(趙頤貞)으로 되어있다. 《역대구법번경록(歷代求法飜經錄)》에서 그가 729년 안서에 도착했다고 한 것은 착오이다. 혜초의 저서로는 《왕오천축국전》이 있으나 이미 오래전에 산일되었다. 펠리오(Pelliot)가 돈황 명사산(鳴沙山) 석실에서 발견한 것은 저지(楮紙)에 쓴 필사본으로 앞부분과 뒷부분이 모두 잘리고 6천여 자만 남아있는데, 각 행은 27자에서 30자까지 일정하지 않다. 오천축국을 주유한 여정 및 국토·종교·물산·민속을 기록하고 있다. 처음에는 그 서명과 작자의 성명도 살피지 않았다가 후에 나진옥(羅振玉)이 혜림의 《일체경음의(一切經音義)》 권100에서 《혜초왕오천축국전》이 있음을 확인하고 그 음과 뜻에 근거하여 이 책을 고증한 결과, 부합하는 것이 15조나 되고 차례도

....

11년(723) 광주를 떠나 해로로 인도로 건너간 것으로 본다.(《해상실크로드사전》, 390-391쪽)
26) 두섬(杜暹, 678-740): 당대의 관료로 하남성 복양(濮陽) 출신이다. 계모에게 효성이 지극하다는 이유로 천거를 받아 관직에 등용되었다. 현종 개원 14년(726) 황문시랑동중서문하평장사(黃門侍郎同中書門下平章事)로 임명되었다. 재상 이원현(李元絃)과 불화하여 지방으로 좌천되었으나 후에 다시 예부상서에 임명되어 중앙으로 복귀하였다.

일치하여 《혜초전》임을 알게 되었으니, 책이 사라진지 천여 년 만에 다시 찾게 된 것이었다. 책 속에는 위에서 언급했던 안서에 도착한 연월만 있지만 그나마 이를 통해 그 시대를 알 수가 있었다. 이 책의 중요 부분은 그런대로 보존되었으나 아쉽게도 기록된 여정은 상당히 뒤섞여있다. 그러나 서역 불교와 당시 돌궐이 중앙아시아와 북인도에 세웠던 여러 나라를 연구하는데 있어 더할 나위 없이 중요한 자료이다. 후지타 토요하치(藤田豐八)는 《혜초왕오천축국전전석(慧超往五天竺國傳箋釋)》(전 1권, 1911년 - 역자)을 썼다. 혜초도 시를 읊는데 능숙하였으니, 그가 토화라국에 있을 때 서번(西蕃)으로 들어가는 중국 사신을 만나 지은 오언시 한 수가 현재 《돈황석실유서(敦煌石室遺書)》[27] 제1책에 수록되어있다. 그 내용을 옮기면 다음과 같다. "그대는 서쪽 번국이 멀다고 한탄하지만 난 동쪽 길이 멀다고 탄식하노라. 길은 험하고 눈 덮인 산마루 아득한데 험한 계곡 길엔 도적들이 들끓네. 날던 새는 가파른 산봉우리에 놀라고 사람은 기우뚱한 다리 건너기가 어려워라. 평생에 눈물 훔친 적 없었다만 오늘만큼은 천 줄기 눈물을 뿌리노라.[28]"

---

27) 《돈황석실유서(敦煌石室遺書)》: 나진옥이 1909년 펴낸 돈황학 저서로 펠리오가 돈황에서 수집하여 북경으로 가져온 일부 사본(寫本) 중 중요한 문헌을 초록하여 만든 책이다.

28) "君恨西蕃遠, 余嗟東路長. 道荒宏雪嶺, 險澗賊途倡. 鳥飛驚峭嶷, 人去偏樑□. 平生不揾淚, 今日灑千行."

제5절 오공(悟空)의 구법여행

오공은 속성이 차(車)씨이고 이름은 봉조(奉朝)이며 경조(京兆) 운양
(雲陽) 사람이다. 천보 9년(750) 계빈국이 당나라에 귀부(歸附)하고자 대
수령 살파달간(薩婆達幹)과 큰 스님[三藏] 사리월마(舍利越摩)가 찾아와
순시해 줄 것을 청하였다. 이듬해 현종이 장도광(張韜光)과 오공 등 40
여 명을 서쪽으로 보냈다. 당시 오공은 좌위경주사문부별장(左衛涇州四
門府別將)에 임명되었다. 안서를 경유하여 카슈가르를 지나 파미르를
넘고 12년(753) 2월 21일 간다라국에 도착했다. 지덕 2년(757) 오공의
나이 27세 때 병이 심하게 들어 출가하기를 발원해 법계(法界)라는 법호
를 받았다. 나머지 사신들은 모두 돌아갔다. 그 후 수년 간 간다라국과
카슈미르를 오가며 산스크리트어를 배웠다. 광덕 2년(764) 남쪽으로 중
천축국을 유력하였다. 카슈가르와 호탄을 경유하여 안서로 돌아왔는데,
당시 사진절도사(四鎭節度使) 안서부대사(安西副大使)가 곽흔(郭昕)이
었다. 덕종 정원 6년(790) 2월 비로소 장안에 도착했으니, 출발로부터
이미 40년이 지났고 나이는 60여 세였다. 그의 여행기는 《불설십력경
(佛說十力經)》[29]의 서문에 보이는데, 원조(圓照)가 편찬한 《대당정원신
역십지등경기(大唐貞元新譯十地等經紀)》 안에 수록되어있다. 카슈미르
에 관한 기록은 당시 불교의 상황을 연구하는데 아주 좋은 자료이다.
1895년 《아주학보(亞洲學報)》[30] 제6책에 레비(Lévi)와 샤반느(Chavan-

....

29) 《불설십력경(佛說十力經)》: 전 1권. 당나라 승려 물제제서어(勿提提犀魚)가
   8세기 말에 번역한 불경으로 부처님의 열 가지 힘에 대하여 설법하고 있다.
30) 원제는 *Le Journal Asiatique*이다.

nes)가 프랑스어 번역본을 실었는데, 제목은 〈오공의 여정(旅程)〉 ("L'i-tinéraire d'Ou-K'ong, 751-790")이다.

제6절 송대 계업(繼業) 등의 서행

북송 초기 정부가 국비를 들여 승려를 인도에 파견한 일이 있었는데, 그 규모는 가장 컸지만 성과는 역대 서행 가운데 가장 나빴다. 그런 까닭에 《불조통기》 권44에는 진종 "함평 6년(1003) 지개봉부(知開封府) 진서(陳恕)가 '서역으로 가 불경을 구할 승려를 신이 일찍이 불러 물어보았더니 모두 불경 익히기를 등한히 하여 용렬하고 비루했습니다. 이들이 만약 여러 번국에 가게 되면 경멸받을 것이 분명합니다. 지금부터는 마땅히 불경을 시험 쳐서 인재를 가려 가능한 자를 골라 보내야 하겠습니다'라고 하자 황제가 이를 허가하였다"고 기록되어있다.

이 대규모 인도 유학단의 여행기는 송나라 범성대(范成大)[31]의 《오선록(吳船錄)》[32](일명 《出蜀記》)에 남아있다. 그 일은 《송사》 권490 '천축

----

31) 범성대(范成大, 1126-1193): 남송의 관료로 소주(蘇州) 출신이다. 29세에 진사가 되었고 관직이 재상의 지위인 참지정사(參知政事)에 이르렀다. 황제의 신임이 두터웠고 금나라에 사절로 갔을 때 부당한 요구에 굴하지 않고 소신을 관철하여 사가(史家)들의 찬양을 받았다. 시인으로서는 남송 4대가의 한 사람으로 청신(淸新)한 시풍으로 전원의 풍경을 읊은 시가 유명하다.
32) 《오선록(吳船錄)》: 남송 사람 범성대가 쓴 일기체의 여행기로 상하 2권으로 되어있다. 송 효종 순희 4년(1177) 사천제치사(四川制置使)로 있던 저자가 소환을 받아 5월 성도(成都)를 출발하여 물길을 따라 내려와 10월 임안(臨安)에 도착할 때까지 체험한 바를 기록한 것이다.

(天竺)'조과《불조통기》권43〈법운통새지(法運通塞志)〉에 보이는데, 두 책 모두 157명이라고 기록하고 있다. 《오선록》에서 3백 명이라 한 것과 《대송승사략(大宋僧史略)》33)에서 1백 명이라 한 것은 모두 오기인 듯하다. 출발한 해는《불조통기》에는 건덕 4년(966)으로 나오는데, "4년에 진(秦)과 양(涼) 일대의 길이 이미 뚫렸으니 서축(西竺)에 구법승을 보내게 하라는 조서를 내렸다. 그러자 승려 행근(行勤) 등 157명이 이에 응하였다. 이들이 경유하는 카라샤르·쿠차·카슈미르 등의 나라로 하여금 사람을 보내 길을 안내하도록 조서를 내리고 아울러 각각 여비 3만 전(錢)을 하사하였다"고 되어있다.

《오선록》의 기록에 따르면 그 보다 2년이 더 빠른데, "계업 큰 스님은 성이 왕(王)씨이고 요주(耀州) 사람으로 동경(東京) 천수원(天壽院)에 소속되어있었다. 건덕 2년 조서를 내려 승려 3백 명에게 천축에 들어가 사리(舍利)와 불경을 구해오게 하자 계업이 파견단에 참여하였다. 개보 9년(즉 태평흥국 원년, 976) 사찰로 돌아왔다. 계업은《열반경》1함 42권을 지니고 돌아왔는데, 매 권 후미에 서역의 여정을 나누어 기록해두었기에 비록 자세하지는 않지만 지리는 대략 고증해 볼 수가 있다. 세상에 잘 알려지지 않은 바를 여기에 기록함으로써 국사(國史)의 빠진 부분을 채우고자 한다"고 되어있다.

그 여정은 계주(階州: 현 감숙성 武都縣)에서부터 서쪽으로 출발하여 영무(靈武: 현 영하성 서북부 – 역자)·서량(西凉: 현 감숙성 武威 - 역자)·감(甘: 즉 張掖 - 역자)·숙(肅: 즉 酒泉 - 역자)·과(瓜: 즉 安西 동남 - 역자)·사(沙:

....

33)《대송승사략(大宋僧史略)》:《송고승전》의 저자 찬녕(贊寧, 930-1001)이 978-999년 사이에 지은 불교 교단의 제도와 의례·계율·참법(懺法) 등을 서술한 책으로 일종의 불교 교단사이다.《승사략》으로 줄여서 부르기도 한다.

즉 돈황 - 역자) 등의 주(州)를 지나 이오(伊吾: 혹은 伊吾로 씀, 현 신강성 하미 - 역자)·고창·카라샤르·호탄·카슈가르·대석(大石)[34] 등 여러 나라를 들린 후 설령(雪嶺)을 넘어 인도에 도착했다. 귀국 전에 네팔에도 들렀다. 장안에 돌아와 구해 온 산스크리트어 경전과 사리 등을 태종에게 진상했다. 그 후 아미(峨眉)산에 은거하다 84세에 사망했다.

송대에 서행했던 승려들 중 출국 여정은 알 수 없고 단지 귀국 여정만 알 수 있는 사람은 다음과 같다.

- 개보 4년(971) 건성(建盛)이 서축(西竺)에서 돌아왔다. 아마도 계업과 동행했다가 먼저 돌아온 사람인 듯하다.
- 태평흥국 3년(978) 계종(繼從) 등이 서천(西天)에서 돌아왔다.
- 태평흥국 7년(982) 광원(光遠)이 서천축을 유력하고 돌아왔다. 역시 계업과 동행했던 사람인 듯하다.
- 태평흥국 8년(983) 법우(法遇)가 서천에서 돌아왔다가 해로로 다시 중천축으로 떠났다.
- 순화 2년(991) 중달(重達)이 서천에서 귀환했다. 왕복 10년이 걸렸다고 하니 태평흥국 7년에 출발한 것이 된다.
- 대중상부 9년(1016) 계전(繼全)이 서천에서 귀환했다.
- 천성 9년(1031) 일찍이 천축에 갔다 온 적이 있는 회문(懷問)이 다시 가고자 함에 황제가 허락했다. 이로 인해 사신(詞臣)으로 하여금 승려 회문의 《삼왕서천기(三往西天記)》를 기록하게 하였다. 보원 2년(1039) 5월 회문이 승려 득제(得濟)·영정(永定)·득안(得安)과 함께 중천축의 마가다국에서 귀환하였다.

....

34) 대석(大石): 현 신강성 타스쿠얼간(塔什庫爾干)의 타지크(塔吉克) 자치현 일대.

제12장
수·당·송시기 전래된 인도의 학술

제1절 수·당시기 사용된 인도 역법(曆法)

인도의 천문역산(天文曆算)은 원래 상당히 발달하였으니 중국 남북조 시기에 이미 널리 유행했다.《구당서》권158〈서융전〉에는 "천축국에는 문자가 있고 천문산력(天文算曆)의 학술이 뛰어났다"고 되어있다.《수서》 권34〈경적지〉에는《바라문사선인소설천문경(婆羅門捨仙人小說天文經》 21권,《바라문걸가선인천문설(婆羅門朅伽仙人天文說)》30권,《바라문천 문(婆羅門天文)》1권,《마등가경설성도(摩登伽經說星圖)》1권,《바라문산 법(婆羅門算法)》3권,《바라문음양산력(婆羅門陰陽算曆)》1권,《바라문 산경(婆羅門算經)》3권이 기록되어있다.《고일총서(古逸叢書)》[1] 제19종 《일본국현재서목(日本國見在書目)》에도《바라문음양산력》1권이 기록되 어있다. 당나라 비장방(費長房)의《역대삼보기(歷代三寶記)》권3에는《바

---

1) 《고일총서(古逸叢書)》: 청 광서연간 주일공사를 지낸 여서창(黎庶昌)이 일본 에서 편찬 간행한 총서로 총 26종에 200권으로 되어있다.

라문천문》 20권으로 적혀있는데, 달마류지(達摩流支)가 번역했다고 한다. 《대당내전록(大唐內典錄)》[2]에도 같은 기록이 있으니, 《수서》에 기록된 21권 본과 같은 책임이 틀림없다. 《개원석교록(開元釋敎錄)》 권7의 주에서 "《바라문천문》 20권은 삼장교(三藏敎)[3]가 아니기 때문에 지금은 남아있지 않다"라고 하였으니, 불장(佛藏)에 포함될 수 없었기 때문에 마침내 산실되고 말았던 것이다. 그러나 인도의 천문역산 관련 서적으로 중국에 번역 소개된 것이 수대에 이미 7종 60권이나 되었음을 알수 있다. 《고승전》 〈언종전(彦琮傳)〉에서는 수대에 불경을 번역하던 경양(涇陽) 사람 학사(學士) 유풍(劉憑)이 음양에 정통하고 천문·역법·점술에 특히 능하여 《내외방통비교수법(內外旁通比較數法)》 1권을 지었다고 하였다.

당나라 초에 오면 역법이 제때 개정되지 못해 일식 예측에 자주 착오가 생겼고, 그래서 서역 각국의 천문역산가와 천문역산 서적이 잇달아 중국으로 들어왔다. 《구당서》 권198 '계빈'조에는 "개원 7년(719) 사신을 장안에 보내 《천문경(天文經)》 1협(夾)을 진상했다"고 되어있고, 《책부원구》 권971에는 개원 7년 6월 토화라국에서 "천문에 정통한 대모사(大慕闍)를 보내면서 '이 사람은 지혜가 심오하여 물으면 모르는 것이 없습

....

2) 《대당내전록(大唐內典錄)》: 전 10권. 당나라 학승 도선(道宣)이 기존의 대장경 목록과 장안 서명사(西明寺)의 대장경을 참조하여 엮은 대장경 목록이다. 1권에서 5권까지는 《역대삼보기》를 거의 그대로 계승하고, 6권에서 7권까지는 수나라 언종(彦琮) 등이 엮은 《중경목록(衆經目錄)》을 거의 그대로 답습하고 있다. 8권은 서명사에 소장되어있던 대장경 목록이고, 9권과 10권에는 중국에서 찬술된 주석서와 위경(僞經) 등이 수록되어있다.
3) 삼장교(三藏敎): 경(經)·율(律)·논(論)의 가르침을 말하는 것으로 곧 부처의 가르침 전체를 뜻하는 용어이다. 천태종에서는 소승(小乘)의 가르침을 뜻하는 용어로도 사용한다.

니다. 천은(天恩)을 바라옵건대 모사를 불러 직접 저희에 관한 일과 여러 교법(敎法)을 물어보시면 그 사람이 이와 같은 능력을 갖고 있음을 아시게 될 것입니다. 삼가 그로 하여금 황제를 모시도록 해주시고 아울러 법당 하나를 세워 본교(本敎)의 교의에 따라 봉양할 수 있도록 해주시길 청합니다'라는 표문을 올렸다"는 기록이 있다. 이처럼 같은 해에 두 나라에서 천문가와 천문서적을 보냈다는 것은 대단한 일이었다고 할 수 있다. 모사는 고대 페르시아어 모제(Moze)의 대음으로 스승[師]이란 뜻이다.

고종과 현종 시기 인도의 구담(瞿曇)[4]씨가 역법 개정에 참가하여 명성을 얻었다. 고종과 측천무후 시기에는 유명한 천문학자인 구담라(瞿曇羅)라는 사람이 역법 개정에 참여했다. 《원화성찬(元和姓纂)》[5]에서 구담씨는 서쪽 나라 사람의 성명이라고 하였다. 《일체경음의(一切經音義)》 권21에는 "구담씨는 자세히 설명하면 구답마(瞿答摩)인데, 구(瞿)라는 것은 중국어로 번역하면 땅이다. 하늘을 제외한 땅에 사는 인류 중이 종족이 가장 뛰어났기에 땅에서 가장 뛰어나다고 불렀다"고 되어있다. 《통지》 권29 〈씨족략〉에서 "구담씨는 서역 천축국 사람이다"고 하였기 때문에 그가 인도사람임을 알 수 있다. 《옥해》 권10에서는 구담약(瞿曇躍)으로 잘못 기록하고 있다. 《당회요》 권42에는 "태사(太史) 구담

....

4) 구담(瞿曇, Gautama): 당대 장안에 상주하면서 명성이 높았던 인도 천문학자로는 구담과 가섭(迦葉, Kasyapa) 및 구마라(俱摩羅, Kumara) 3대 가문이 있었다. 특히 구담 일가는 구담과 그 후손이 4대를 이어 110년간 사천감(司天監, 천문대의 총감)을 맡으면서 유명한 천문학 저서 다수를 찬술하였다.(《실크로드사전》, 40-41쪽)

5) 《원화성찬(元和姓纂)》: 전 10권. 당 헌종 때 재상 이길보(李吉甫)가 임보(林寶)에게 명하여 편찬한 성씨(姓氏)에 관한 책으로 원화 7년(812)에 완성되었다.

라가《경위역법(經緯曆法)》9권을 바치자 명을 내려《인덕력(麟德曆)》과
서로 참고하여 사용하게 했다"고 되어있다.《인덕력》은 인덕 2년(665)
정월에 반포를 명하여 붙여진 이름으로 이순풍(李淳風)[6]이 편찬한 것이
다. 이를 통해 그 당시 이미 중서의 역법이 함께 사용되었음을 알 수
있다. 구담라는 30여 년간 사천대(司天臺) 태사 직을 맡았다.

측천무후 성력 원년(698) 구담라는 또 황명을 받아《광택력(光宅曆)》
을 편찬했는데, 이 역시 거의 인도 역법이었다.《구당서》권32〈역지(曆
志)〉에는 "신공 2년(698)《원성력(元聖曆)》을 개정하면서 구담라에게《광
택력》을 편찬하라고 명하였다"고 되어있다. 이 내용은《신당서》권26
〈역지〉에도 나온다. 그러나 신공 3년에 이를 폐지하고 다시《인덕력》을
사용하였다.《구당서》권47〈경적지〉에는《대당광택력초(大唐光宅曆草)》
10권으로 기록되어있고,《신당서》권59〈예문지〉에는 남궁열(南宮說)[7]
의《광택력초(光宅曆草)》10권으로 기록하고 있다.

현종 때에도 역산(曆算)에 능한 것으로 유명한 구담겸(瞿曇謙)이라는

....

6) 이순풍(李淳風, 602~670): 당대의 천문학자 겸 수학자로 섬서 기산(岐山) 출신
   이다. 혼천의를 제작하여 별을 관측했으며 태사승(太史丞)에 임명되어《법상
   지(法象志)》를 저술하였고 태사령(太史令)을 역임하면서《인덕력》을 편찬했
   다.《오조(五曹)》·《손자(孫子)》등의 옛 산서(算書)를 주해했으며《진서(晉
   書)》와《오대사(五代史)》의〈율력지(律曆志)〉를 지었다.
7) 남궁열(南宮說, 생몰연도 미상): 당나라 중기의 천문학자. 중종 복위 때(705
   년) 태사승을 지내면서 다른 역관과 함께《을사원력(乙巳元曆)》을 만들었으
   나 채택될 단계에 예종의 즉위로 말미암아 무위로 돌아가고 말았다. 실측을
   통해 중국식 위도 1도의 길이가 351리(里) 80보(步)임을 알아냈다(300보가
   1리). 이것은 일행(一行)의《대연력(大衍曆)》제작에 중요한 자료가 되었고,
   에라토스테네스의 지구둘레 측정과 이슬람 천문학자들의 위도 측정과 함께
   고대 3대 측지사업의 하나로 꼽힌다.

자가 종정승(宗正丞)이 되었다. 《대당갑자원진력(大唐甲子元辰曆)》 1권을 지었는데, '대(大)'자를 빼고 《당갑자원진력》이라고도 한다. 《당회요》 권44에서 그가 "보응 원년(762) 사천소감(司天少監)에 임명되었다"고 하였으니 역법에 정통하여 당나라 관직에 오른 인도인이었던 것 같다.

《개원점경(開元占經)》[8]에는 "당 경운 3년(712) 조서를 내려 … 태사령(太史令) 구담실달(瞿曇悉達) …… 등에게 혼의(渾儀)를 만들게 하여 선천 2년(713) 혼의가 완성되었다"고 적혀있다.

개원 6년(718) 구담실달은 태사감(太史監)으로 황명을 받아 《구집력(九執曆)》[9]을 번역하였다. 또 《개원점경》 120권을 편찬했는데, 《신당서》 〈예문지〉에는 《대당개원점경(大唐開元占經)》 110권이라고 되어있고 《송사》 〈예문지〉에는 구담실달이 《개원점경》 4권을 지었다고 되어있다. 《옥해》에서는 《당지(唐志)》(즉 《신당서》 〈예문지〉 - 역자)를 인용하여 110권이라 기록하면서 "《국사지(國史志)》(즉 《송사》 〈예문지〉 - 역자)에는 4권, 《숭문목록(崇文目錄)》에는 3권으로 되어있으나, 120권으로 된 판본이 있다"고 주를 달고 있다. 현행 판본은 120권으로 인쇄되어있다.

개원 9년(721) 《인덕력》에 의거하여 계산한 일식 예측이 빗나가자 승려 일행(一行)[10]에게 조서를 내려 《대연력(大衍曆)》을 만들게 하고 16년

----

8) 《개원점경(開元占經)》: 당 개원연간에 구담실달 등이 지은 책으로 많은 당대 이전의 천문역법 자료와 위서(緯書)를 보존하고 있어 그 가치가 매우 높다.

9) 《구집력(九執曆)》(Navagraha): 구집은 구요(九曜)라고도 한다. 월·화·수·목·금·토·일의 칠요 외에 일월교차처(日月交叉處)의 은요(隱曜)를 용수(龍首)와 용미(龍尾)로 나누어 모두 구요로 보는 역법으로 이에 근거해 인간의 길흉을 점쳤다.

10) 일행(一行, 683-727): 당대의 밀교 승려이자 천문학자. 창락(昌樂) 출신으로 경사(經史)와 역상(曆象), 음양오행의 학문에 정통하였다. 724년 역법 개편작업을 시작하여 역법에 역의 형이상학을 결부시킨 《대연력》을 완성시켰다.

(728) 이를 반포하였다. 《당회요》 권42에서는 장열(張說)[11]이 진상했다고 하면서 "일행이 초안을 만들고 장열로 하여금 완성하게 했다"고 주를 달고 있는데, 장열은 아마도 윤색의 책임만 맡았던 것 같다. 같은 책에서 또 그 책은 《경장(經章)》 10권, 《장력(長曆)》 5권, 《역의(曆議)》 10권, 《입성천축구집력(立成天竺九執曆)》 2권, 《고금역서(古今曆書)》 24권, 《약례주장(略例奏章)》 1권 등 총 52권으로 구성되어있다고 하였다. 《구집력》이 천축력(天竺曆)이므로 《대연력》 역시 인도의 역법을 채택한 것이었다.

《신당서》 권27상 〈역지〉에는 일행이 개원 15년(727) 《대연력》의 초안을 마련하고 완성된 뒤 사망했다고 되어있고, 《구당서》 권191 〈방기전(方伎傳)〉 '일행'조에도 그가 15년에 사망했다고 적혀있다. 당시 역법 개정에 참여하지 못한 구담선(瞿曇譔)은 이를 상당히 원망하여 21년(733) 진현경(陳玄景)과 함께 《대연력》은 《구집력》을 베껴 쓴 것으로 그 산법(算法)이 완전하지 못하다고 상주(上奏)하였다. 이를 보면 구담선이 분명 《구집력》을 계속 이어서 썼던 것 같은데, 언제 완성되었는지 고증할 수가 없다. 다만 알 수 있는 것은 개원 21년 이린(李麟) 등에게 조서를 내려 영대(靈臺)[12]의 천문관측 기록과 대조하게 한 결과, 《대연력》은 7–80%, 《인덕력》은 겨우 3–40%, 《구집력》은 1–20%만 맞아 어느 것이 정확한 지가 결정되었다는 점이다. 이는 《신당서》 권27상 〈역지〉에 나

....

11) 장열(張說, 667–730): 당대의 관료이자 시인으로 낙양 출신이다. 문장과 비문(碑文)에 능하여 국가의 큰 저술사업을 주도하였다. 현종 때 재상 직을 맡았으나 이임보(李林甫)의 견제를 받아 악주자사(岳州刺史)로 좌천되기도 했다. 이때 많은 시를 남겼는데, 비애와 탄식의 내용이 주를 이룬다는 평가를 받는다.
12) 영대(靈臺): 중국 고대에 황제들이 올라서 사방을 둘러보거나 천문을 관측하던 장소를 말한다.

오는 내용으로 《구집력》이 비록 채용은 되었지만 《대연력》만큼 득세하지 못하였음을 알 수 있다. 구담선은 앞에 나온 구담겸과는 다른 사람으로 그의 아들 구담안(瞿曇晏) 역시 동관정(冬官正)을 역임했다. 이 내용은 《통지》〈씨족략〉 권5에 나오는데, 사천대(司天臺) 내에서 구담씨가 갖고 있던 세력이 어떠했는지를 보여준다.

또 건중연간(780-783)에 오면 조사위(曹士蒍)가 편찬한 《부천력(符天曆)》이 나오는데 역시 《구집력》의 1부(部)였다. 그 역법은 현경 5년(660)을 상원(上元)으로 하고 우수(雨水)를 세수(歲首)로 삼으니, 사람들은 이를 소력(小曆)이라 부르고 민간에서만 사용하였다. 이는 또 《칠요부천력(七曜符天曆)》이라고도 불렀다. 《곤학기문(困學紀聞)》[13] 권9 '역수(曆數)'조에는 "당대 조사위의 《칠요부천력》은 《합원만분력(合元萬分曆)》이라고도 불리는데 본래 천축의 역법이다"고 되어있다. 그 외 《칠요부천인원력(七曜符天人元曆)》 3권도 있으니, 이상은 모두 《신당서》〈역지〉 역산류(曆算類)의 주에 나오는 내용이다. 또 《나계이은요립성력(羅計二隱曜立成曆)》 1권이 송대 진진손(陳振孫)[14]의 《직재서록해제(直齋書錄解題)》 권12에 보인다. '나계(羅計)'는 《구집력》에서 가정(假定)한 '나후(羅睺: Rahu, 龍首)'[15]와 '계도(計都: Ketu, 龍尾)'[16] 이요(二曜)를 말한다.

....

13) 《곤학기문(困學紀聞)》: 전 20권. 남송 말 왕응린이 지은 실증풍(實證風)의 찰기(札記)를 모은 책으로 경(經)·천도(天道)·지리(地理)·제자(諸子)·고사(考史)·평시문(評詩文)·잡지(雜識) 등의 항목으로 나누어 2,628개에 이르는 고증과 평론을 망라하고 있다.

14) 진진손(陳振孫, 1181-1262): 남송의 관료로 절강성 안길(安吉) 출신이다. 대주지주(臺州知州)·가흥지부(嘉興知府)·국자감사업(國子監司業) 등을 역임하였다. 일생 동안 많은 책을 수집하였는데, 소장한 저서가 5만 여권에 달했다고 한다. 저서로 《직재서록해제》 등이 있다.

15) 나후(羅睺): 인도 천문학에서 황도(黃道)와 백도(白道)의 강교점(降交點: 천

《속일체경음의(續一切經音義)》[17] 권6의 《최승무비대위덕금륜불정치성광다라니경(最勝無比大威德金輪佛頂熾盛光陀羅尼經)》에는 "지금 나후라고 하는 것은 산스크리트어로 파호(擺護)라고도 하는데, 중국어로 번역하면 암장(暗障)으로 해와 달의 빛을 막을 수 있는 즉 암요(暗曜)이다"라는 주가 달려있다. 또 계도에 주를 달아 "역시 산스크리트어로 계두(鷄兜) 또는 계도(計覩)라고도 하는데, 중국어로 번역하면 식신(蝕神)으로 역시 암요이다"라고 하였다. 불전 중에서 구요(九曜)를 언급하고 있는 것으로는 《대공작명왕경(大孔雀明王經)》[18]·《문수사리보살급제선소설길흉시일선악숙요경(文殊師利菩薩及諸仙所說吉凶時日善惡宿曜經)》[19]·

....

체의 궤도가 북쪽에서 남쪽으로 내려가면서 황도면을 지나는 점)을 가리키는 명사. 구성(九星)의 하나로 해와 달을 가리어 일식이나 월식을 일으킨다고 한다. 인도의 전설에 의하면 나후아수라왕(羅睺阿修羅王)을 가리킨다.

16) 계도(計都): 인도 천문학에서 황도와 백도의 승교점(昇交點: 천체의 궤도가 남쪽에서 북쪽으로 올라가면서 황도면과 만나는 점)을 가리키는 명사.

17) 《속일체경음의(續一切經音義)》: 전 10권. 11세기 말 요나라의 학승 희린(希麟, 생몰연도 미상)이 편찬한 사전으로 《대승이취육바라밀다경(大乘理趣六波羅蜜多經)》부터 《속개원석교록》에 이르는 107종 266권의 신역(新譯) 경전에서 뽑은 용어들의 음과 뜻을 주석하고 있다.

18) 《대공작명왕경(大孔雀明王經)》: 전 3권. 8세기 중엽 인도 출신의 학승 불공(不空)이 한역한 불경으로 공작명왕의 진언과 그것을 외우는 공덕에 대해 설법하고 있다. 《불모대금요공작명왕경(佛母大金耀孔雀明王經)》 또는 《불모대공작명왕경(佛母大孔雀明王經)》으로도 부르며 《대장경》제19책에 수록되어있다.

19) 《문수사리보살급제선소설길흉시일선악숙요경(文殊師利菩薩及諸仙所說吉凶時日善惡宿曜經)》: 당대 인도 점성술의 한역서. 인도 점성술에 관한 한역서로는 이 책 외에도 거공(璩公)이 번역한 서천축의 《도리경(都利經)》과 《율사경(聿斯經)》 등이 있다. 인도 점성술에 관한 연구서로는 당나라 때 밀교 승려이자 천문학자인 일행(一行)이 찬술한 《범천화요구요(梵天火曜九曜)》와 《칠

《불설치성광대위덕소재길상다라니경(佛說熾盛光大威德消災吉祥陀羅尼經)》[20] 등이 있다. 대개 구집(九執)이라는 것은 바로 구요를 가리키는 것으로, 일월과 오성의 칠요 외에 다시 이요를 더한 것이다. 이요는 가정한 것이기 때문에 '이은요(二隱曜)'라고도 부른다. '구집'에 대해 《대일경소(大日經疏)》[21] 권4에서는 "구집이라는 것은 산스크리트어 그라하(Graha, 鈝栗何)의 번역으로 집지(執持)[22]라는 뜻이다"라고 하였다. 천축에서는 이 구성(九星)을 '천신(天神)을 집지하는 아홉 가지 이름'으로 삼았으니, "천신을 집지하는 이 아홉 가지는 큰 위력을 갖고 있다"고 한 게 바로 이것이다.

제2절 오대시기 사용된 인도의 역법

오대시기 마중적(馬重績)이 편찬한 《조원력(調元曆)》 역시 《구집력》

요성신별행법(七曜星辰別行法)》 등이 있다.(《실크로드사전》, 267쪽)

20) 《불설치성광대위덕소재길상다라니경(佛說熾盛光大威德消災吉祥陀羅尼經)》 : 전 1권. 당대의 승려 불공이 한역한 책으로 정식 명칭은 《대위덕명왕법성금륜불정치성광여래소제일체재난길상다라니경(大威德明王法性金輪佛頂熾盛光如來消除一切災難吉祥陀羅尼經)》이고 《대위덕소재길상다라니경(大威德消災吉祥陀羅尼經)》또는《소재길상경(消災吉祥經)》으로도 부른다.

21) 《대일경소(大日經疏)》: 전 20권. 8세기 초에 성립된 《대일경》의 주석서로 당대의 승려 선무외(善無畏, 637-735)가 해석하고 일행(一行)이 찬술하였다.

22) 집지(執持): 산스크리트어 아타나(阿陀那, ādāna)를 번역한 말이다. 집지란 가진다는 말로 선업이나 악업의 세력 등 모든 종자(種子)를 온전히 지니고 있다는 뜻이다.

과 관련이 있다. 《오대사기》권58 〈사천고(司天考)〉에는 "(후)진 고조 때 사천감 마중적이 다시 새로운 역법을 만들었는데, 더 이상 예전의 상원·갑자·동지·칠요의 시기를 미루어 생각하지 않고 당 천보 14년 을미(乙未, 755)를 상원으로 하였으며 정월 우수(雨水)를 세수(歲首)로 삼았다. …… 곧 조정에서 시행하고 《조원력》이라는 이름을 하사했다"고 되어있다.

후주 현덕 2년(955) 역법에 또 혼동된 모습이 나타나자 세종이 왕박(王朴)[23]에게 고증을 명하였다. 왕박은 《흠천력(欽天曆)》15권을 완성하여 진상했다. 이 역법은 《구집력》에서 가정한 이요를 없애고 예전의 칠요로 돌아갔는데, 그 표문에서 이르기를 "신이 선대의 도적(圖籍)을 검토해본 바 고금의 역서에 모두 식신수미(蝕神首尾)라는 표현이 없으니, 아마도 이것이 천축 호승(胡僧)의 요설(妖說)이기 때문일 것입니다(《오대사기》에는 '천축 호승의 요설'이라는 구절이 없음). 근래 사천복축(司天卜祝)의 작은 술수만을 쫓아서 그 대체(大體)를 들 수 없어 마침내 등접(等接)의 법이 되었습니다. 가설을 따라 첩경(捷徑)을 구했기 때문에 역행(逆行)하는 숫자가 번번이 있고 후학이 정확하게 알 수가 없어 역법에 구도(九道: 《오대사기》에서는 '九曜'라 되어있음)가 있다고 말하게 되었습니다. 그리하여 이것이 역법을 해석하는 고정된 격식으로 여겨져 왔기에 이제 따로 이를 삭제하였습니다"라고 하였다. 이 내용은 《구오대사》권140 〈역지〉 및 《오대사기》권58 〈사천고〉에도 나온다. 식신은 풍함(風咸)으로 번역되기도 하니, 즉 《구집력》에 나오는 나후(羅

....

23) 왕박(王朴, 생몰연도 미상): 자는 문백(文伯)이고 산동성 동평(東平) 사람이다. 오대 후한과 후주의 대신을 지냈고 저서로 《대주흠천력(大周欽天曆)》·《율준(律準)》 등이 있는데, 《전당문(全唐文)》에 수록되어있다.

眜)의 이역(異譯)이다. 불경에서는 나후아수(羅侯阿修)라고 부르는데,《개원점경》 권104에 실린 구담실달이 번역한《구집력》 '추아수장(推阿修章)'의 주에 보인다.[24] 즉 식신은 나후로 용수(龍首)라고도 하며 계도(計都)는 용미(龍尾)라고 하니, 이에 대해서는 이미 앞에서 언급하였다. 따라서 '식신수미(蝕神首尾)'는 '식신용미(蝕神龍尾)' 혹은 '식신계도수미(蝕神計都首尾)'의 오기임이 분명하다.

제3절 당·송시기의 인도 점성술

그러나 당대에《칠요력》과《구요력》은 대부분 길흉과 선악을 점치는 데 사용되었다. 예를 들어 돈황 석굴에서 발견된《칠요력일(七曜曆日)》은 펠리오(Pelliot)와 하네다 도오루(羽田亨) 두 사람이 편집한《돈황유서(敦煌遺書)》 제1집에 보인다.《칠요성점서(七曜星占書)》는 현재 프랑스 국가도서관에 소장되어 있는데, 유복(劉復)이《돈황철쇄(敦煌掇瑣)》와《추구요행년용액법(推九曜行年容厄法)》에 이를 수록하였다. 또 불전 중에서는 당의 승려 불공이 번역하고 이순풍이 주를 단《길흉시일선악수요경(吉凶時日善惡宿曜經)》[25] 2권, 불공이 번역한《불모대공작명왕경

....

24) 《구집력》 '추아수장'에 달린 주를 보면 원서에서 인용한 내용과 차이가 있다. 그 원문에는 "推阿修章: (承前或譯爲風, 或譯爲蝕神, 梵之日呼爲羅眜. 釋典所云, '羅眜, 阿修王, 卽此臣靈也.'……)"로 되어있다.

25) 《길흉시일선악수요경(吉凶時日善惡宿曜經)》: 759년 번역된 인도 점성술 입문서로 원명은《문수사리보살급제선소설길흉시일선악수요경(文殊師利菩薩及諸仙所說吉凶時日善惡宿曜經)》인데, 간단히 줄여서《수요경(宿曜經)》이라

(佛母大孔雀明王經)》3권, 당의 승려 의정이 번역한《불설대공작주왕경
(佛說大孔雀呪王經)》3권, 일행이 편찬한《칠요성진별행법(七曜星辰別行
法)》1권·《북두칠성호마법(北斗七星護摩法)》1권·《범천화라구요(梵天
火羅九曜)》1권, 서천축국의 바라문 승려 금구질(金俱叱)이 편찬한《칠
요양재결(七曜禳災訣)》·《불설북두칠성연명경(佛說北斗七星延命經)》1권
이 있다. 불공이 번역한《길흉시일선악수요경》권하에는《칠요력》의 용
도에 대해 "그 쓰이는 바가 각각 일에 적절한 것과 적절하지 않은 것이
있으니 자세히 살펴보고 사용하기 바란다. 갑자기 기억이 나지 않으면
마땅히 호인이나 페르시아인 그리고 오천축국 사람들은 모두 알고 있으
니 물어야 한다. 니건자(尼乾子)26)와 말마니(末摩尼: 즉 마니교 - 역자)는
항상 밀일(密日: 예배일인 일요일 - 역자)에 지재(持齋: 정오 이후 금식하는 것
- 역자)하고 또 이 날을 큰 날[大日]로 여기는데, 이러한 일은 잊지 말고
지켜라"고 적혀있다.

　고종 영휘 4년(653) 1월 19일 장손무기(長孫無忌) 등이《당률소의(唐
律疏議)》를 바쳤는데, 권5에서《칠요력》을 "개인이 가져서는 안 되며 위
반하는 자는 징역 2년에 처하는" 것으로 분류하였다. 대종 대력 2년
(767) 정월에는 조서를 내려《칠요력》등을 "개인이 함부로 가지는 것은
옳지 않으니, 앞으로 천하의 제(諸) 주부(州府)가 마땅히 철저하게 금지
해야 한다"고 명하였다.

　당나라 말 이부(李涪)가 지은《간오(刊誤)》권하의 '칠요력'조에서는
"상국(相國) 가탐(賈耽)이 편찬한《일월오성행력(日月五星行曆)》은 길흉

....

　고도 한다.
26) 니건(尼乾, Nirgrantha): 尼犍, 尼虔, 尼健으로도 쓴다. 인도의 6대 외도(外道)
　　중 하나이다.

을 점치는데 잘못되지 않은 것이 없었다. …… 가공(賈公)이 기이한 것을 좋아하여 그 기괴망측한 것을 깨닫지 못하였다. 그 결과 고변(高騈)27)이 일공(一公)의 행위를 흠모하여 어리석고 미천한 자들을 속이고 호려서 종종 그것을 신성하게 여기도록 함에 이르렀다”고 하였다. 《일월오성행력》은 곧 《칠요력》이고, 일공은 장수일(張守一)을 가리킨다. 《구당서》권182 〈반신전(叛臣傳)〉에서는 고변이 “날마다 신선놀이 하는 것을 업으로 삼았다”고 하였고, 《신당서》권224하에서는 “백 척 높이의 누각을 세우고는 점성(占星)을 위한 것이라고 핑계를 댔지만 사실은 성내에 변화가 있는지를 몰래 살피려 한 것이었다”고 하였다.

칠요점성술은 오대에 와서도 쇠락하지 않았다. 그래서 후주 광순 3년(953) 8월 조칙을 내려 《칠요력》역시 금지 명단에 넣도록 하면서, “개인이 가져서는 안 되고 몰래 전승하며 배우는 경우 반드시 불태워 없애야 한다”고 명하였다.

그러나 최근 돈황에서 발견된 옹희 3년(986)의 역서(曆書) 중에 여전히 칠요점성법이 기록되어있으니, 역대로 비록 금지령이 내려지기는 했지만 송대 초기에도 여전히 이를 행하는 자들이 있었음을 알 수 있다. 게다가 남송 때 《구집력》은 중국에서 고려로 전래되었는데, 이에 대해서는 장세남(張世南)28)의 《유환기문(遊宦紀聞)》권8에 보인다. 《명사》

....

27) 고변(高騈, 821 - 887): 자는 천리(千里)이고 선대는 발해군 사람이나 유주(幽州)로 이주하였다. 당나라 말 황소의 난을 진압하는 공을 세울 때 최치원이 그의 종사관으로 〈토황소격문(討黃巢檄文)〉을 써서 유명해졌다. 만년에 신선 방술을 믿어 영선루(迎仙樓)를 세우고 술사(術士)인 여용지(呂用之)와 장수일(張守一) 등을 중용하였다.

28) 장세남(張世南, 생몰연도 미상): 자는 광숙(光叔)이고 파양(鄱陽) 사람이다. 대략 송 이종(理宗) 보경 초년 전후에 활동했으며 일찍이 복건 영복(永福)에서 관리를 지낸 적이 있다. 저서로 《유환기문》 10권이 있다.

권31 〈역지(曆志)〉에는 정통 13년(1448) 누각박사(漏刻博士) 주유(朱裕)가 회회과(回回科)에 명하여 서역의 구집력법을 검증할 것을 상소하였다는 기록이 있다. 청 강희연간에 칙수(敕修)된 《협기변방서(協紀辨方書)》[29]에도 여전히 '나후'와 '계도'의 명칭이 나오는 것을 보면, 그것이 얼마나 오랫동안 전해져 내려왔는지를 알 수 있다.

제4절 당·송시기의 인도 천문역산(天文曆算) 서적

앞에 나온 구담실달이 편찬한 《개원점경》은 사실 점복서이기도 하였다. 그러나 서역의 필산(筆算)도 함께 수입하였으니, 권104에서는 인도의 숫자를 언급하며 "우천축(右天竺)의 산법(算法)은 위의 아홉 개 글자를 이용하여 곱하고 나누는데, 그 글자는 모두 찰(札) 하나씩을 들어 만든다. 아홉수에서 열로 가면 앞자리로 들어가며 각 빈 자리에는 항상 점 하나를 찍는다. (글자) 사이에 모두 표기가 있어 항상 착오가 없고 계산이 간단히 눈에 들어온다"라고 하였다. 원본에는 천축 '산법의 글자 모양이 기록되어있었으나 현재 전해지는 판본에는 이미 빠져버려 열 개의 □ 형태로 이를 대신하고 있고 그 옆에 '일자(一字), 이자(二字) …… 구자(九字), 점(點)' 등으로 주를 달아 놓았다. 《신당서》 권28하 〈역

....

29) 《협기변방서(協紀辨方書)》: 전 36권으로 《흠정협기변방서(欽定協紀辨方書)》라고도 부른다. 길일 선택과 같은 점복용 만들어진 도서로 건륭 4년(1739) 칙명을 받아 편찬되었고 《사고전서》 제811책에 수록되어있다. 원서에 나오는 편찬연도와 차이가 있다.

지)에서 "《구집력》은 서역에서 나온 것으로 …… 계산을 모두 글로 써서 하고 주책(籌策: 대나무로 만든 고대의 계산 도구 - 역자)을 사용하지 않는다. ……"고 말한 것과 같은 내용이다.

그 외에 또 《도리율사경(都利聿斯經)》 2권이 《신당서》 권59 〈예문지〉에 기록되어있는데, "정원연간(785-804) 도리(都利)30)의 술사(術士) 이미건(李彌乾)이 서천축으로부터 가져온 것으로 거공(璩公)이라는 사람이 그 글을 번역했다"는 주가 달려있다. 《통지》 권68 〈예문략〉에는 "정원 초기 도리의 술사 이미건이 장안에 이르러 《십일성행력(十一星行曆)》을 이용하여 인명과 귀천을 설명하였다"고 되어있다. 《옥해》 권5의 내용도 대체적으로 이와 동일하나 "본래 범서(梵書)로 5권이다"라고 하였고 정원(貞元)을 정원(正元)으로 적고 있다. 또 진보(陳輔)의 《율사사문경(聿斯四門經)》 1권이 있는데, 모두 인도의 천문 혹은 점복서 인듯하나 안타깝게도 전해지질 않아 그 자세한 내용을 알 수가 없다. 《통지》에서는 "《도리율사경》 2권은 본래 범서로 5권이다"라고 하였다. 《불학대사전(佛學大辭典)》의 '구요(九曜)'조에는 숭양(崇陽)의 《범천화라(梵天火羅)》를 인용하여 "《율사경》에 따르면 '무릇 사람들은 단지 칠요만 알고 암허성(暗虛星)은 모르니 나후와 계도라 부른다. 이 별은 숨어있어서 보이지 않는데, 해와 달을 만나면 식(蝕)이 일어나니 이를 일러 식신이라 한다. 계도는 식신의 꼬리로 표미(豹尾)라 부른다'고 한다"라고 되어있다. 즉 《율사경》이 분명 《구요력》과 관련이 있음을 알 수 있다.

송나라 소흥연간(1131-1162)에 나온 《비서성속편사고궐서목(祕書省續編四庫闕書目)》 권2 〈역산류(曆算類)〉에는 《도리율사경가(都利聿斯經

....

30) 도리(都利): 즉 도뢰(都賴)로 강 이름인데, 서역의 강거성(康居城)이 도뢰를 끼고 건설되었다.

歌)》1권으로 적혀있고, 또 《직재서록해제(直齋書錄解題)》 권12에도 "《율사가(聿斯歌)》1권은 청라산인(靑羅山人) 포의(布衣) 왕희명(王希明)이 지었으나 어떤 사람인지는 알 수 없다. 또 《사문경(四門經)》1권이 있는데, 당나라 시조(侍詔) 진주보(陳周輔)가 편찬했다"고 되어있다. 《신당서》〈예문지〉에서는 진주보를 진보(陳輔)로 적고 있다.

《송사》〈예문지〉의 '천문류'에는 《도리율사경》·《율사사문경》·《율사가》각 1권으로 기록되어있고, '오행류'에는 《율사사문경》·《율사경결(聿斯經訣)》·《율사도리경(聿斯都利經)》각 1권과 《율사은경(聿斯隱經)》3권으로 적혀있다. '역산류'에는 《염자명주안수목도리율사가결(閻子明注安修睦都利聿斯歌訣)》·《율사은경》·《율사초리요지(聿斯抄利要旨)》각 1권으로 적혀있다. 《통지》 권288 〈예문략〉에는 7종이 기록되어있는데, 《송사》나 《신당서》에 나오지 않는 것으로 《서씨속율사가(徐氏續聿斯歌)》1권, 《율사초략지(聿斯鈔略旨)》1권, 《나빈사율사대연서(羅濱斯聿斯大衍書)》1권이 있다.

일본 승려 슈에이(宗叡)가 덴표(天平) 18년(746) 6월 중국에서 책을 가지고 귀국했다는 기록이 《일본속기(日本續紀)》[31] '덴표 18년 기해(己亥)'조에 나오는데, 그 중에 《도리율사경》1부 5권이 있다. 이 책은 슈에이의 《서사청래법문등목록(書寫請來法門等目錄)》에도 보인다. 이러한

....

31) 《속일본기(續日本紀)》의 오기로 보인다. 《속일본기》는 나라시대와 헤이안시대에 편찬한 편년체 정사인 육국사(六國史)의 하나로 《일본서기(日本書紀)》에 이어 두 번째로 편찬되었다. 몬무(文武)천황 원년(697)부터 칸무(桓武)천황 재위기인 791년까지의 역사를 기록하고 있어 나라시대 연구에 중요한 사료가 되고 있다. 헤이안시대 초기인 797년 칸무천황의 명으로 스가노노 마미치(菅野眞道, 741-814)와 후지와라노 쓰구타다(藤原継繩, 727-796) 등이 편찬하였다.

사실은 인도의 《율사경》이 정원연간 이전에 이미 중국 땅에 전해졌음을 보여준다.

제5절 중국에 온 인도의 유명한 천문역산가

당 고종 말년에서 현종시기까지 70-80년간 인도인으로 중국에서 관직에 오른 사람 중 구마라(矩摩羅, Kumâra)·가섭(迦葉, Kâsyapa)·구담(瞿曇, Gautama) 등 3대 천문가와 관련 있는 자는 다음과 같다.

남송 정초(鄭樵)[32]의 《통지》 〈예문략6〉에 《서문구마라비술점(西門俱摩羅祕術占)》 1권이 수록되어있는데, 구마라(俱摩羅)는 천문가 구마라(矩摩羅)의 가족임이 분명하다.

가섭 가문 출신으로는 우효기장군(右驍騎將軍)과 지태사사(知太史事)를 지낸 가섭지충(迦葉志忠)이 있다. 또 가섭제(迦葉濟)가 있으니, 《원화성찬》 권5에 "서역 천축사람, 정원연간 경원대장(涇原大將) 시태상시경(試太常寺卿) 가섭제"라고 적혀있다.

구담 가문 출신으로는 구담라(瞿曇羅)가 있다. 《당회요》 권42에는 고종[33]이 "구담라에게 명하여 《경위역법》 9권을 올리게 하고 《인덕력》과

....

32) 정초(鄭樵, 1104-1162): 송대의 역사가로 복건성 보전(莆田) 출신이다. 상고시대부터 당대까지 역대 제도의 변천을 다룬 《통지(通志)》를 저술한 것으로 유명하다. 《통지》는 문자학·음성학·씨족의 발달 등도 다루었는데, 이전에는 체계적으로 다루어진 적이 없는 것들이었다. 정초의 방법론과 서술양식은 후일 많은 역사가들의 모범이 되었다.

33) 원서에는 태종으로 되어있으나 오류가 분명하여 《당회요》 원문에 의거하여

함께 참고하여 사용토록 명하였다"고 되어있다. 《인덕력》은 인덕 2년 (665)에 이순풍이 지은 것으로 역시 인도 역법을 참고하였다. 구담라는 측천무후 초기에 황명을 받아 《광택력》을 지은 사람이다. 왕응린의 《옥해》 권10에서는 《광택력》의 저자를 구담약(瞿曇躍)으로 잘못 기록하고 있다.

또 구담선(瞿曇譔)이 있는데,《통지》〈예문략〉에 그의 《당갑자원진력 (唐甲子元辰曆)》이 수록되어있다.[34] 《신당서》 권27상 〈역지〉에는 "당시 역산에 능했던 구담선이 역서 편찬에 참여하지 못한 것을 원망하였다. (개원) 21년(733) (진)현경과 함께 '《대연력》은 《구집력》을 베껴 쓴 것으로 그 산법이 완전하지 못하다'고 상주하였다. 태자명우사어솔(太子命右 司禦率)[35] 남궁열도 그것이 옳지 않다고 하였다"고 되어있다.

현종 개원 6년(718) 태사감 구담실달이 《개원점경》 120권을 편찬했는 데, 그 중에 인도의 《구집력》을 번역한 것이 들어있다.

제6절 수·당시기 전래된 인도 의학(醫學)

인도의 의학은 상당히 일찍 발달되었으니, 불교가 중국에 전래된 후

....

바로잡았다.

34) 《통지》〈예문략6〉 '천문류'에 보면 《당갑자원진력》의 저자가 구담겸(瞿曇謙) 으로 나와 있고 본장 제1절에서도 구담겸으로 소개하고 있는데, 여기서 구담 선이라고 한 것은 저자의 착오인 듯하다.

35) 태자좌우사어솔(太子左右司禦率)의 오기인 것 같다. 본래 명칭은 태자좌우종 위부(太子左右宗衛府)였는데, 용삭연간(661-663)에 태자좌우사어솔부로 변 경되었다. 솔(率)은 각 한 명으로 정4품에 해당하며 부솔(副率)은 각 2명으로 종4품에 해당한다.

그 의술과 의약품도 승려들을 통해 들어왔다. 《개원석교록》권1에서는 후한 말에 안세고(安世高)가 의술로 유명했다고 기록하고 있다. 《수서》권34 〈경적지3〉의 '의방부(醫方部)'에 수록된 인도 의학과 직간접적으로 관련된 의서로는 다음 7종이 있다.

1) 《용수보살약방(龍樹菩薩藥方)》 4권

2) 《서역제선소설약방(西域諸仙所說藥方)》 23권

3) 《서록바라선인방(西錄波羅仙人方)》 3권

4) 《서역명의소집요방(西域名醫所集要方)》 4권

5) 《바라문제선약방(婆羅門諸仙藥方)》 20권

6) 《바라문약방(婆羅門藥方)》 5권

7) 《용수보살양성방(龍樹菩薩養性方)》 1권

이 외에 《기파소술선인명론방(耆婆所述仙人命論方)》 2권, 《건타리치귀방(乾陀利治鬼方)》 10권, 《신록건타리귀방(新錄乾陀利鬼方)》 4권도 완전히 미신만은 아니고 의학과 관련이 있는듯한데 애석하게도 그 후에 유행하질 못했다. 그리고 인도의 유명한 해부학과 의학용 화학(化學) 등도 중국 의학에서 받아들이지 못했다.

인도의 장생술과 장생 약재도 당나라 때 중국에 전래되었다. 대개 당나라 사람들은 장생술을 논하기 좋아했고 특히 황제는 항상 불로장생 약을 복용하였으니, 이에 대해서는 조익(趙翼)[36]의 《이십이사차기(卄二

---

36) 조익(趙翼, 1727-1814): 청대의 역사학자이자 시인으로 강소성 상주(常州) 출신이다. 상인의 아들로 태어나 1761년 진사에 급제하였으나 관료로서 출세하지는 못했다. 학자로서 고증학에 정통해 청대 고증사학의 걸작인 《이십이사차기》와 언어·사물(事物) 등의 기원과 전거(典據)를 기록한 《해여총고(陔餘叢考)》 등의 저술을 남겼다. 시작(詩作)에도 뛰어나 원매(袁枚)·장사전(蔣士銓)과 함께 건륭삼대가(乾隆三大家)라 불렸다.

史劄記)》권19 '당제제다이단약(唐諸帝多餌丹藥)'조에 보인다. 태종은 인도의 방사 나라이파사(那羅邇娑婆:《신당서》〈서역전〉에는 那羅邇娑婆寐라 되어있고《당회요》도 동일함)가 만든 연년약(延年藥)을 복용했는데, 그 사람은 자칭 2백 살이고 장생술을 닦았다고 하여 정관 22년(648) 왕현책이 인도를 정벌했을 때 데리고 귀국한 사람이다. 태종은 또 사람을 파견하여 전국에서 원료를 수집하여 약을 만들었으나, 효과가 없자 후에 본국으로 돌려보냈다고 한다. 이상의 내용은《유양잡조(酉陽雜俎)》 권7과 《신당서》〈서역전(상)〉의 '천축국'조에 나온다. 뿐만 아니라《당회요》 권52 〈식량(識量)(하)〉에는 태종이 "그것을 시험 삼아 복용하고 갑자기 병이 들어 위독해지자, 군신이 이를 알고 호승을 죽이려 하였으나 외이(外夷)의 웃음거리가 될까봐 그만두었다"고 적혀있다. 이는 이번(李藩)[37]이 헌종(憲宗)에게 한 말이었다. 학처준(郝處俊)[38]도 일찍이 이를 간언한 바 있었다.

고종은 동천축에서 노가일다(盧伽逸多:《대당서역구법고승전》에는 盧伽溢多로 적혀있고《구당서》 권84 〈학처준전〉에는 盧伽阿逸多로 적혀있음)를 모셔와 회화대장군(懷化大將軍)에 임명하고 각지로 파견하여 불로장생의 약재를 구하게 했다.《고승전》 2집 권5에 따르면 "현경 원년(656) 곤륜의 여러 국가에 칙서를 내려 이약(異藥) 채취하게 했다"고 한다.《대당서역구법고승전》 권상에는 현조(玄照)[39]가 "북인도 경계에 이

....

37) 이번(李藩, 754-811): 자는 숙한(叔翰)이고 당 헌종 때 재상을 지냈다. 810년 신선의 유무에 대한 황제의 질문에 위와 같은 사례로 솔직하게 답하였다고 한다.
38) 학처준(郝處俊, 607-681): 당대의 인물로 호북성 안륙(安陸) 출신이다. 정관 연간 진사에 합격하였고 관직이 이부시랑에 이르렀다. 당 고종이 정권을 측천무후에게 위임하는 것을 극력 반대하였다.

르렀을 때 당나라 사신이 노가일다를 데리고 가는 것을 길에서 만났다. 노가일다는 다시 현조와 사신 및 시종 몇 사람에게 명하여 서인도 나다국(羅茶國, Lata)에 가서 장년약(長年藥)을 구하게 하였다. 왕이 예를 다해 접대하니 4년을 안거하였다. 남천국을 두루 돌고 여러 잡약(雜藥)을 가지고 동하(東夏)로 돌아가길 희망했다"고 적혀있다. 그러나 결국에는 서역길이 막혀 동인도에서 사망하였다.

《구당서》권198 및 《책부원구》권971에는 "개원 17년(729) 6월 북천축국의 삼장사문(三藏沙門) 승려 밀다(密多)가 질한(質汗)[40] 등의 약을 바쳤다"고 되어있다.

《책부원구》권971에는 "개원 25년(737) 4월 동천축국의 삼장대덕(三藏大德) 승려 달마전(達摩戰)이 와서 호약(胡藥)인 비사비지(卑斯比支) 등과 새로운 주법(呪法)인 《범본잡경론(梵本雜經論)》·《지국론(持國論)》·《점성기(占星記)》·《범본제방(梵本諸方)》을 헌상했다"고 적혀있다. 이상의 기록을 통해 당시 인도의 약물이 이미 중국에 유입되었음을 알 수 있다.

《고승전》3집 권2에서는 석혜지(釋慧智)에 대해 "그의 부친은 인도인

....

39) 현조(玄照, 생몰연도 미상): 태주(太州) 선장(仙掌) 출신으로 당 정관연간 (627-649) 장안 대흥선사(大興善寺)에서 산스크리트어를 배우고 인도에 가서 나란다에서 3년간 체류하면서 불경을 연찬하였다. 고종 인덕연간(664-665) 귀국하였는데, 그의 왕복노선은 중국과 인도 간의 첩경인 당-티베트-네팔-천축을 잇는 이른바 '중인장도(中印藏道)'였다. 귀국 후 얼마 안 있어 고종이 다시 그를 천축에 파견하였고, 이 때 나란다에서 체재 중인 의정을 만났다. 귀국하지 못하고 인도 동북부의 암마라파국(庵摩羅波國)에서 입적하였다. (《실크로드사전》, 929-930쪽)

40) 질한(質汗): 서번(西番) 지역에서 만들어지는 약으로 따뜻한 피와 여러 약재를 섞어 달여서 만드는데, 창칼에 의한 외상과 잘린 상처를 치료한다고 한다.

으로 바라문 종족인데 중국에 사신으로 왔다가 지(智)를 낳았다. 어려서부터 총명하고 근면했으며 출가의 뜻을 갖고 있었다. 천황(天皇: 당 고종의 시호 - 역자) 때 장년의 바라문 승려를 따르다가 칙령을 받고 제자가 되었다"고 기록하고 있다. 이 내용은 《개원석교록》 권9에도 나온다. '장년의 바라문 승려(長年婆羅門僧)'라는 말은 아마도 전문적으로 장생술을 전수하였기 때문에 붙여진 이름인 듯하다. 용수보살은 장생술에 능한 것으로 유명함으로 《수서》에 기록된 《용수보살양성방(龍樹菩薩養性方)》 1권도 어쩌면 장생술과 관련이 있을 것이다.

인도는 고대부터 안과(眼科)가 발달했는데, 당대에도 중국에서 개업한 인도 안과의사가 있어서 시인 유우석(劉禹錫)[41]이 일찍이 치료를 받은 적이 있다. 《전당시(全唐詩)》 권358[42] 〈유우석5〉에 〈증안의바라문승(贈眼醫婆羅門僧)〉이라는 시가 있는데, "깊은 가을 쓸쓸히 먼 곳을 보며 갈 길 몰라 하루 종일 눈물 흘립니다. 두 눈 모두 침침하여 앞을 보는 게 시원찮아 중년에 벌써 늙은이 되어버린 것 같습니다. 붉은 것을 보자면 푸른색 되어버리고 햇빛과 바람 모두 눈을 시리게 하네요. 스님께서는 눈에 생긴 탈을 잘 살피신다니 어떻게 하면 제가 빛을 볼 수 있을까요"[43]라고 읊었다.

천보 7년(748) 당나라 감진(鑑眞)[44] 스님이 일본에 가기 전에 영남

....

41) 유우석(劉禹錫, 772-842): 당대의 저명한 철학가이자 문학가이며 시인이다. 소주 가흥(嘉興) 사람이고 자는 몽득(夢得)이다. 정원 9년(793) 유종원과 함께 진사가 되었다. 백거이는 그를 시호(詩豪)라고 칭했으며 태자빈객(太子賓客)을 지낸 까닭에 사람들이 유빈객(劉賓客)이라고 불렀다. 작품으로는 〈누실명(陋室銘)〉과 〈죽지사(竹枝詞)〉가 특히 유명하다.
42) 원서에는 권13으로 되어있으나 오류가 분명해 바로잡았다.
43) "三秋傷望遠, 終日哭途窮. 兩目今先暗, 中年似老翁. 看朱漸成碧, 羞日不禁風. 師有金篦術, 如何爲發蒙."

소주(韶州)에서 호의(胡醫)에게 안과 치료를 받았다. 이는 유우석의 시를 증명하는 것으로 이 호의가 바로 인도 안과의사일 가능성이 매우 높다. 《당대화상동정전(唐大和上東征傳)》에 이르기를 "당시 스님은 자주 열이 있어 눈이 어두워졌는데, 이에 어떤 호인이 눈을 고칠 수 있다고 하여 마침내 치료를 받고 완치되었다"고 하였다.

중세시대 서방에서 안과에 정통했던 나라로는 인도 외에 대진(大秦)이 있었다. 《통전》권193에 수록된 두환(杜環)[45]의 《경행기(經行記)》[46]에는 "대진(사람)은 눈과 이질[痢] 치료에 뛰어나서 혹 발병하기 전에 먼저 발견하거나 뇌를 절재하여 벌레를 꺼내기도 한다"라는 구절이 있다. 《신당서》〈서역전(하)〉에서도 "대진에는 뛰어난 의사가 있어 뇌를 절개하여 벌레를 꺼낼 수 있고 그렇게 함으로써 눈에 낀 백태[目眚]를

....

44) 감진(鑑眞, 688?-769): 10대에 출가해 40대에 일가견을 이룬 당나라 고승이다. 일본 견당(遣唐) 유학승 요에이(榮叡)와 후쇼(普照)의 초청으로 5차례나 도해(渡海)를 시도한 끝에 753년 규슈의 아키메야노우라(秋妻屋浦, 현 坊津町 秋目)에 도착했다. 759년 나라(奈良)에 도쇼다이지(唐招提寺)를 건립하고 일본 율종의 개조가 되었다. 쇼무상황(聖武上皇)과 고묘(光明)황태후를 불교로 개종시켰다.(《해상실크로드사전》, 11쪽)

45) 두환(杜環, 생몰연도 미상): 당대 장안 출신으로 751년 고선지(高仙芝)가 이끈 당나라 군대의 탈라스 전투에 종군했다가 이슬람군에게 생포되어 아랍세계에서 11년을 보내다가 우여곡절 끝에 상선을 타고 762년 남해를 거쳐 광주로 귀국하였다. 그 후 아랍세계의 견문록인 《경행기》를 저술하였다.(《실크로드사전》, 145쪽)

46) 《경행기(經行記)》: 두환이 지은 견문록으로 원전은 남아있지 않지만 두우(杜佑)가 찬술한 《통전》에 1,700여 자의 단편적인 내용이 전재되어있어 그 내용을 개략적으로 짐작할 수 있다. 이 책은 두환이 직접 주유한 나라와 지역의 경계·풍토·물산·의식주·습속·신앙·예법 등 여러 방면의 실황을 기술하고 있는데, 특히 중국인으로는 처음으로 대식국에 관한 기록을 남기고 있어 사료적 가치가 높다.(《실크로드사전》, 21쪽)

치료한다"고 하였다. 자세한 내용은 본편 20장 '당·송시기의 경교(景敎)'에서 설명하겠다.

[부기(附記)]

개원 7년(719) 계빈국 역시 사신을 보내 《천문경(天文經)》1협(夾)과 《비요방(祕要方)》 및 번약(蕃藥) 등을 진상했는데, 이는 《구당서》 권819에 보인다. 《신당서》 권221상에는 "사절을 보내 천문과 비방기약(祕方奇藥)을 바쳤다"고 적혀있다. 《책부원구》 권971의 내용은 《구당서》와 동일하나 그것이 개원 8년의 일이라고 되어있다.

제13장
당·송과 인도·페르시아·아랍 사이의 정치관계

제 **1** 절 **왕현책(王玄策) 등의 3차에 걸친 인도 출사**

현장이 경전을 구하러 인도에 갔을 때는 당나라의 성망과 위세가 가장 왕성한 시기였다. 현장이 계일왕(戒日王)에게 "(당) 태종은 영명하고 위엄이 있어 화란(禍亂)을 평정했고 사이(四夷)가 사신을 보내 조공하고 있습니다"라고 하니, 계일왕이 기뻐하며 "내가 마땅히 동면(東面)하여 알현해야겠구나"라고 말했다고 한다.

그 후 중국과 인도의 정치관계는 매우 밀접해지는데,《구당서》권198에는 "정관 15년(641) 시라일다(尸羅逸多: 즉《대당서역기》에 나오는 계일왕)가 스스로 마가다(Magadha: 갠지스강 하구에서 멀지 않은 하류에 있음)왕이라 칭하고 사절을 보내 조공하였다. 태종이 새서(璽書)를 내려 위문하자, 시라일다가 크게 놀라 여러 국인(國人)에게 '예전에 일찍이 마하진단(摩訶震旦)[1]에서 우리나라에 사절을 보낸 적이 있었는가?'라고 물으니, 모두 '아직 없었습니다'라고 답하였다. 이에 예를 다하여 엎드려 조서를 받고 사절을 파견하여 조공하였다. 태종은 그들이 멀리서 왔기에 예를 더욱 두터이 하고 다시 위위승(衛尉丞) 이의표(李義表)를 파견하여 답방하게 하니, 시라일다가 대신을 교외까지 보내 영접하였다. 온 성의 사람들이 다나와 와자지껄 둘러서 보는 가운데 길 양 옆에 향을 피우고 시라일다가 신하를 이끌고 나와 동면하여 절을 하고 조서를 받았다. 다시 사절을 보내 큰 구슬[大珠]·울금향(鬱金香: 즉 Tulip - 역자)·보리수(菩提樹)를 바쳤다. 정관 10년 승려 현장이 그 나라에 이르러 산스크리트어로 된 경론(經論) 600여 부를 가지고 돌아왔다"고 기록되어 있다.

> "이전에 조정에서 우위솔부장사(右衛率府長史) 왕현책을 천축에 사신으로 보냈는데, 4천축국에서도 모두 사절을 보내 입조하고 진공하였다(마가다가 중천축국이고 그 나머지는 동·서·남·북의 4천축국임). 당시 중천축국에서는 마침 국왕 시라일다가 사망하여 국내가 크게 어지러웠으니, 대신(大臣) 나복제아라나순(羅伏帝阿羅那順)이 찬위(簒位)하고는 모든 호병(胡兵)을 동원하여 왕현책의 입국을 막았다. 왕현책이 수행한 기병 30명을 데리고 호병과 교전하였으나 이기지 못하고 활을 모두 소모하고는 전부 포로가 되었다. 호병은 또 여러 나라에서 진공한 물품을 약탈하였다. 왕현책은 위험을 무릅쓰고 밤을 틈타 몰래 도망하여 토번에 이르러 정예병사 1,200명을 동원하니, 니바라국(泥婆羅國: 지금의 네팔)의 7천여 기병도 왕현책을 따랐다. 왕현책과 부사(副使) 장사인(蔣師仁)은 두 나라의 군대를 이끌고 중천축국의 도성에 도착한 후 3일을 계속 교전하여 중천축 군대를 크게 패퇴시켰는데, 3천여 명을 참수하였고 물에 빠져 익사한 사람도 1만여 명이나 되었다. 나복제아라나순은 성을 버리고

---

1) 마하진단(摩訶震旦): 마하는 크다[大] 또는 많다[多]는 뜻이고, 진단은 고대 인도에서 중국을 부르는 용어였다.

도망갔지만 장사인이 추격하여 그를 사로잡아왔다. 포로가 된 남녀가 1만 2천여 명에 소와 말이 3만여 마리였다. 그리하여 천축이 모두 놀라 두려워했고 나복제아라나순을 포로로 데리고 22년(648) 장안으로 돌아왔다. 태종이 크게 기뻐하여 …… 왕현책을 조산대부(朝散大夫)에 봉했다. …… 가설로국(伽設路國, Kamarupa:《대당서역기》에서는 迦摩縷波로,《신당서》〈지리지〉에 수록된 가탐의 '安南通天竺道'에는 迦摩波로 되어있음)에서는 동쪽 문을 열고 태양을 마주보는 풍속이 있는데, 왕현책이 도착하자 국왕이 사절을 보내 진귀한 물건과 지도를 진공했다."

이상은 왕현책이 인도에 출사했던 경과로 《구당서》에 나오는 내용이다. 《구당서》 권46 〈경적지〉와 《신당서》 권58 〈예문지〉에는 왕현책의 《중천축국행기(中天竺國行記)》 10권이 기록되어있으나 지금은 전해지지 않는다. 이 책을 가장 먼저 기록한 것은 《법원주림(法苑珠林)》 권100이고 그 다음이 《역대명화기(歷代名畵記)》[2] 권3인데, 거기에 실린 〈중천축국도(中天竺國圖)〉 밑에 "《행기(行記)》 10권, 《도(圖)》 3권이 있으며 명경(明慶: 顯慶의 오기임) 3년(658) 왕현책이 편찬했다"라는 주가 달려있다.

《신당서》 권121상에 적힌 내용도 《구당서》와 대략 동일하다.

《불조통기(佛祖統紀)》 권39에 기록된 내용으로 《신당서》와 《구당서》에 언급되지 않는 부분을 보충할 수 있으니, 예를 들어 이의표가 출사한 것은 정관 17년(643)의 일로 왕현책도 동행하였다. "서역에 이르러 1백여 국가를 돌아보았다. …… 고종 때 왕현책이 다시 황명을 받아 천축에 사신을 갔다가 용삭 원년(661)에 귀국했다." 요즘 사람들이 승려의 거처

....

2) 《역대명화기(歷代名畵記)》: 전 10권. 당대 후기 미술사가인 장언원(張彦遠, 815?-?)이 847년에 지은 화론서(畵論書)겸 화사서(畵史書)이다.

를 방장(方丈)이라 부르고 또 주지승(主持僧)을 방장이라고도 하는데, 이는 왕현책이 당시 인도로 가던 중에 정명(淨名)[3]의 집에 붙인 이름이었다. 원서에서는 "비리사성(毗離邪城)[4]의 동북쪽에 이르니 유마실(維摩室)이 있었는데, 왕현책이 수판(手板)[5]으로 재어보니 종횡으로 10홀(笏)이었던 고로 방장이라 불렀다"고 기록하고 있다.

의정은 《대당서역구법고승전》 권하에서 왕현책은 낙양 사람으로 지홍율사(智弘律師)라는 조카가 있었는데, 일찍이 호남을 거쳐 계림으로 들어갔다가 합포에 이르러 바다를 건너 교주에 갔고 상선을 따라 실리불서국(室利佛逝國)·말라유주(末羅瑜洲: 현 수마트라 Jambi 지방 - 역자)[6]·갈다국(羯荼國: 현 말레이반도 서안의 Kedah주 - 역자)·나가발단나(那伽鉢亶那: 현 인도 동남해안의 Negapatam - 역자)·사자주(師子洲: 즉 실론)·하리계라(訶利鷄羅: 현 벵골의 Harikela 혹은 동인도의 Orissa주 연안 - 역자)·첨부주(瞻部洲)[7]까지 갔다고 하였다. 1년을 머물고 동인도에 가서 2년간 거주하다가, 중인도에서 근 8년을 있은 후에 북부의 갈습미라(羯濕彌羅: 즉迦濕彌羅, Kashmir - 역자)에 이르러 귀국할 예정이었으나 마지막에 어찌

....

3) 정명(淨名): 《유마경(維摩經)》의 주인공 유마힐(維摩詰, vimalakīrti)의 한역 명칭으로 무구칭(無垢稱)이라고도 한다.

4) 비리사성(毗離邪城): 갠지스강 북안에 위치한 비사리(毘舍釐, Vaisali)성 즉 《대당서역기》에 나오는 폐사리(吠舍釐)국인 것 같다.

5) 수판(手板): 관위(官位)에 있는 자가 관복을 하였을 때 손에 쥐던 물건으로 홀(笏)이라고도 한다.

6) 말라유(Malayu): 7세기 경 인도네시아 수마트라섬 동안(東岸)에 있던 나라로 '무율라'라고도 하였다. 중국 문헌에는 '말라유(末羅瑜)' 또는 '마라유(摩羅瑜)' 등으로 기록되어있으며 11세기 후반에는 담비국(詹卑國)이란 이름으로 송나라에 조공하였다.

7) 첨부주(瞻部洲, Jambudvīpa): 불경에 나오는 사대주(四大洲) 중 남쪽에 위치한 주 이름으로 구체적으로 어느 지역을 가리키는지 알 수 없다.

되었는지는 알지 못한다고 하였다.

《책부원구》 권973에는 왕현책이 나복제를 패퇴시킨 해가 정관 22년 (648) 5월이라고 기록하고 있다. 또 왕현책이 "중천축국에서 약탈을 당했을 때, 장구발(章求拔)[8] 국왕이 군사를 데리고 와서 도적을 물리치는 데 공을 세웠다"고 적혀있다.

외국 학자 중에 왕현책의 사적을 연구한 최초의 인물은 산스크리트학으로 유명한 프랑스의 레비(Lévi)이다. 그는 먼저 《법원주림》에 기록된 《중천축국행기》 잔문(殘文)을 1편으로 모아 1900년 《아주학보》에 발표했고, 풍승균이 이를 한역하여 〈왕현책사인도기(王玄策使印度記)〉라는 이름으로 《사지총고초편(史地叢考初篇)》[9]에 수록하였다. 후에 펠리오 (Pelliot)는 《제경요집(諸經要集)》[10]·《법원주림》·《집고금불도논형(集古今佛道論衡)》[11] 3책에서 세 가지 일을 더 찾아 〈현장번노자위범문사고 증(玄奘翻老子爲梵文事考證)〉[12]이라는 글을 써 1912년 T'oung Pao(《通

....

8) 장구발(章求拔): 서강(西羌)족의 후예로 대략 현재 인도의 아루나찰프라데시 (Arunachal Pradesh) 혹은 아삼(Assam)주 동부 일대에 있었던 나라로 추정된다.
9) 원명은 《사지총고(史地叢考)》로 1931년 상무인서관에서 출판되었다. 1933 년에 나온 《사지총고속편(史地叢考續篇)》과 구분하기 위해 초편이란 이름을 덧붙인 것 같다.
10) 《제경요집(諸經要集)》: 전 20권. 당대의 승려 도세(道世, 생몰연도 미상)가 지은 일종의 불교백과사전으로 현경 4년(659) 완성되었다. 경률론(經律論) 중에서 선악업보와 관련된 주요 문장을 발췌하여 분류 편집한 책이다. 《선 악업보론(善惡業報論)》이라고도 부르며 《대장경》 제54책에 수록되어있다.
11) 《집고금불도논형(集古今佛道論衡)》: 전 4권. 7세기 중엽 당나라의 학승 도선 (道宣, 596-667)이 저술한 책이다. 《고금불도논형》 또는 《불도논형》이라고 도 부른다. 불교가 중국에 들어오기 시작한 1세기 중엽부터 7세기 중엽까지 불교와 도교 간 논쟁의 역사를 담고 있어서 두 종교 간의 교섭사를 연구하는 데 중요한 문헌으로 평가된다.

報》)에 발표하였다. 또 1923년 *T'oung Pao*에 발표한 〈육조와 당대의 몇몇 예술가(六朝與唐代幾個藝術家)〉[13]라는 글은 《책부원구》에서 확인한 자료 하나와 히르트(Hirth)가 《역대명화기》에서 이미 찾아낸 자료에 근거한 것이다. 민국 21년(1932)에는 풍승균이 또 《석가방지(釋迦方志)》와 《법원주림》에서 두 가지 자료를 찾아내어 〈왕현책사집(王玄策事輯)〉이라는 글을 써서 《청화학보(淸華學報)》 제8권 제1기에 발표하였다.

왕현책의 《중천축국행기》와 《도(圖)》는 이미 산실되었고, 그 외 《왕현책전(王玄策傳)》이라는 것도 있었으나 지금은 남아있지 않다. 《법원주림》 권100에는 "《현장법사행전(玄奘法師行傳)》과 《왕현책전》 및 서역의 여정과 그 지역의 신비한 현상에 의거하여 문학사(文學士)들에게 모두 모아 상세히 편찬하도록 칙령을 내려 60권으로 완성하였다. 이를 《서국지(西國志)》라 이름 붙이고 《도화(圖畫)》 40권과 합쳐 100권으로 만들었다"고 되어있다. 이 《서국지》도 지금은 전해지지 않는다. 《법원주림》에서는 이를 또 《서역지(西域志)》라고도 불렀는데, "당나라 인덕 3년(666) 칙명을 받아 백관(百官)이 편찬했다"고 하였다.

풍승균은 《중천축국행기》가 분명 인덕 3년[14] 이전, 용삭 원년(661) 이후에 편찬되었다고 보았는데, 이는 왕현책이 현경 2년(657)에 출발하여 5년(660) 10월 1일 귀국길에 올라 이듬해 봄에 장안에 도착했기 때문이다. 왕래하던 도중에 책을 저술할 수는 없으므로 《역대명화기》에서 현경 3년에 편찬했다고 하는 것은 사실이 아니다.

왕현책 등의 사적을 연도별로 정리하면 대략 다음과 같다.

....

12) 원제는 "Autour d'une traduction sanscrite du Tao tö king"이다.
13) 원제는 "Artistes des Six Dynasties et des T'ang"이다.
14) 인덕연간(664-665)은 2년뿐으로 3년이 없으니 저자의 착오인 듯하다.

- 정관 15년(641) 운기위(雲騎尉) 양회경(梁懷璥)이 부절(符節)을 갖고 가서 마가다국을 위무했다.
- 정관 17년(643) 3월 이의표가 정사(正使), 왕현책이 부사가 되어 장안을 출발하여 12월 마가다국에 도착했다.
- 정관 19년(645) 정월 27일 기사굴산(耆闍崛山)[15]에 명(銘)을 세우고, 2월 11일 마하보리(摩訶菩提)[16]에 비(碑)를 세웠다.
- 정관 20년(646), 이 해에 귀국한 듯하다.
- 정관 21년(647) 왕현책이 정사, 장사인이 부사가 되어 마가다국을 방문하였으나 마가다국에서 입국을 거부하자, 왕현책이 인근 국가의 군대를 빌어 그 왕을 사로잡았다.
- 정관 22년(648) 5월 포로를 천자에게 바쳤다.
- 현경 2년(657) 왕현책에게 가사(袈裟)를 인도에 전하도록 명하였다.
- 현경 4년(659) 파율사국(婆栗闍國)[17]에 도착했다.
- 현경 5년(660) 10월 1일 귀국했다.

《중천축국행기》 잔문에 "삼도지피(三度至彼)", "삼회왕피(三廻往彼)", "전후삼도(前後三度)"라는 말이 있어 왕현책이 세 차례만 출사했음을 증명할 수 있다. 다만 《대당서역구법고승전》〈현조전〉에 왕현책이 다시 서천(西天)에 갔다가 현조를 쫓아 입경(入京)했다고 기록되어있는 까닭

....

15) 기사굴산(耆闍崛山): 영취산(靈鷲山)이라고도 한다. 중인도 마가다의 수도인 왕사성 동북쪽에 위치하는데 부처의 설법지로 유명하다.
16) 마하보리(摩訶菩提): 산스크리트어 Maha-bodhi의 음역으로 석가모니가 성불한 곳이다.
17) 파율사국(婆栗闍國): 현재 인도 비하르(Bihar)주 북쪽에 있는 다르방가(Darbhanga)시 북부에 위치했다고 한다.

에, 레비는 1912년 *T'oung Pao*에 발표한 〈카니슈카와 왕현책(迦賦色伽與王玄策)〉[18]이라는 글에서 왕현책이 용삭 3년(663) 네 번째로 인도에 갔다고 가정하고 있다.

제2절 당대에 중국으로 파견된 인도 사절 연표

● 정관 16년(642) 오다(烏荼) 국왕이 사절을 보내 용뇌향(龍腦香)을 바쳤다.

● 정관 20년(646) 나게라(那揭羅)[19]국에서 사절을 보내 토산물을 진 공하였다. 장구발국에서 사절을 보내 입조하였다.

● 함형 3년(672) 남천축국에서 토산물을 바쳤다.

● 천수 2년(691) 오천축 국왕이 모두 입조하여 토산물을 바쳤다. 《책 부원구》에는 이 일이 그 다음해에 있었던 일이고, 또 쿠차[龜玆] 국 왕도 함께 왔다고 적혀있다.

● 경룡 4년(710) 남천축국에서 사절을 보내 입조했고, 같은 해에 또 토산물을 진공했다(《구당서》에는 토산물 진공을 경운 원년의 일로 기록하고 있는데, 사실 경룡 4년과 경운 원년은 같은 해이다).

● 선천 2년(713) 남천축국에서 사절을 보내 조공하였다.

● 개원 2년(714) 서천축국에서 사절을 보내 토산물을 진공했다.

....

18) 원제는 "Wang Hiuan-ts'ö et Kaniska"이다.
19) 나게라(那揭羅): 고대 인도 16대국 중 하나인 말라(Mallas)의 도성 쿠시나가 르(Kushinagar, 拘屍那揭羅)를 지칭하는 듯하다. 현재 인도 우타르프라데시 (Uttar Pradesh)주 북동부에 위치하였다.

- 개원 3년(715) 천축국 사절이 와서 토산물을 바쳤다.
- 개원 5년(717) 중천축국에서 사절을 보내 입조하여 토산물을 바쳤다.
- 개원 8년(720) 남천축국에서 말하는 오색(五色) 앵무새를 헌상하며 그 왕이 코끼리와 병마(兵馬)로 대식과 토번 등을 토벌할 것을 청하였다. 현종이 그 청을 받아들여 그 군대에 회덕군(懷德軍)이라는 이름을 붙여 주고, 또 귀화(歸化)라는 사액(寺額)을 하사하였다. 11월에 사신을 파견하여 리나라가보다(利那羅伽寶多)를 국왕으로 책봉하자 사절을 보내 입조하였다.
- 개원 13년(725) 중천축국에서 사절을 보내 입조하였다.
- 개원 18년(730) 중천축국에서 사절을 보내 조공하였다.
- 개원 19년(731) 중천축 국왕이 그 신하 대덕승(大德僧) 발달신(勃達信)을 파견하여 입조하고 토산물을 바쳤다.
- 개원 29년(741) 중천축국 왕자 이승은(李承恩)이 입조하자 유격장군(遊擊將軍)직을 제수하였다. 천보연간(741-755)에 여러 차례 사절을 보내왔다.
- 건원 원년(758) 간다라 국왕의 사절 대수령(大首領) 중랑장(中郞將) 답복륵특차비시(踏匐勒特車鼻施) 원천(遠千)[20]에게 장군(將軍)직을 제수하고 본국[蕃]으로 돌려보냈다.

[부기(附記)]
- 정관 17년(643) 이의표가 천축에 출사하였는데, 니바라(尼婆羅: 지

....

20) 원천(遠千): 이 내용은 《책부원구》 권976에 나오는데, 일부 판본에서는 '원천'을 '달간(達幹)'으로 적고 있다. 달간은 유연·돌궐·회흘 등 민족의 관직명이다.

금의 네팔.《대당서역기》권7에는 尼波羅로,《명사》권331에는 尼八剌로 적혀있음)에도 이르렀다.

- 정관 21년(647) 니바라에서 사절을 보내 입조하여 파릉(波稜: 즉 시금치 - 역자)과 초채(酢菜: 즉 榨菜 - 역자)를 바쳤다.
- 영휘연간(650~655) 니바라 왕 시리나련타라(尸利那蓮陀羅)가 사절을 보내 조공하였다.

제3절 당대에 중국으로 파견된 페르시아 사절 연표

- 정관 21년(647) 페르시아 왕 이사사(伊嗣俟: 즉 사산조 페르시아의 마지막 왕 Yazdegerd 3세 - 역자)가 사절을 보내 조공하였다(《책부원구》권966).
- 영휘 5년(654) 5월 페르시아 왕이 대식국에게 살해되자, 그 아들이 원군을 청하러 왔으나 이를 거절했다(《책부원구》권995).
- 용삭 원년(661) 페르시아 왕 비로사(卑路斯)[21]가 사절을 보내 조공하였다(《책부원구》권966).
- 건봉 2년(667) 10월 토산물을 바쳤다(《책부원구》권970).

....

21) 비로사(卑路斯, Pêrôz 3세): 야즈데게르드 3세의 아들로 토화라(현 아프가니스탄)에 피신해있던 그를 662년 당(唐)이 페르시아 왕으로 책립하자, 674년 당에 입조하여 우무위장군(右武威將軍) 칭호를 수여받았다고 한다(《실크로드사전》, 338쪽). 한편 661년 당이 아프가니스탄 지역에 페르시아 도독부를 설치하여 그를 도독으로 삼았다고도 하는데(《태평어람》권794), 어느 쪽이 사실인지는 좀 더 조사가 필요하다.

- 함형 2년(671) 5월 토화라·페르시아·강국·계빈국에서 사절을 보내 입조하고 그 토산물을 바쳤다(《책부원구》 권970).
- 함형 4년(673) 비로사가 직접 와서 입조하였다(《책부원구》 권999).
- 함형 5년(674) 12월(즉 상원 원년으로 그해 12월은 양력으로 이미 675년임) 비로사가 입조하였다(《책부원구》 권999).
- 영순 원년(682) 5월 대식과 페르시아에서 각기 사절을 보내 토산물을 바쳤다(《책부원구》 권970).
- 신룡 2년(706) 3월과 7월 사절을 보내 입조하고 공물을 바쳤다(《책부원구》 권970).
- 개원 7년(719) 정월 사절을 파견하여 돌[石]을 진공했고, 2월에 사절을 보내 토산물을 바쳤으며, 7월에 사절을 보내 조공하였다(《책부원구》 권971).
- 개원 10년(722) 3월 국왕 발선활(勃善活)이 사절을 보내 표문을 올리고 한인(漢人) 관리 한 명을 파견하길 청하니 이를 허가하였다(《책부원구》 권999). 10월에는 사절을 파견하여 사자(獅子)를 바쳤다(《책부원구》 권971).
- 개원 13년(725) 7월 수령 목사락(穆沙諾)이 입조하자 절충류숙위(折衝留宿衛)직을 제수하였다(《책부원구》 권975).
- 개원 15년(727) 2월 나화이(羅和異)국의 대성주랑장(大城主朗將) 파사아발(波斯阿拔)이 입조하자 백(帛) 1백 필을 하사하고 본국으로 돌려보냈다. (파사)아발이 돌아갈 때 조서를 보내 불서(彿誓) 국왕을 위무하였다(《책부원구》 권975).
- 개원 18년(730) 정월 왕자 계홀파(繼忽婆)가 입조하여 향약(香藥)과 코뿔소 등을 바쳤다. 국왕이 하정사(賀正使)를 파견하여 입조하였다(《책부원구》 권971). 11월 수령 목사락이 입조하여 토산물을 바

치자 절충류숙위직을 제수하였다(《책부원구》 권975).

- 개원 20년(732) 9월 국왕이 수령 반나밀(潘那密)과 대덕승(大德僧) 급렬(及烈)을 파견하여 조공하였다(《책부원구》 권971, 권975).

- 개원 25년(737) 정월 왕자 계홀파가 입조하였다(《책부원구》 권971).

- 천보 4년(745) 3월 사절을 보내 토산물을 바쳤다(《책부원구》 권 971).

- 천보 6년(747) 4월 사절을 보내 마노(瑪瑙)로 만든 침상을 바쳤다. 5월 국왕이 사절을 보내 표범 4마리를 바쳤다(《책부원구》 권971).

- 천보 9년(750) 4월 화모수무연(火毛繡舞筵)·장모수무연(長毛繡舞 筵)·구멍 없는 진주를 바쳤다(《책부원구》 권971).[22]

- 건원 2년(759) 8월 진물사(進物使) 이마일야(李摩日夜) 등이 입조하 였다(《책부원구》 권971).

- 보응 원년(762) 6월과 9월 사절을 보내 조공하였다(《책부원구》 권 972).

- 보응 원년 9월 사절을 보내 진주와 호박(琥珀) 등을 바쳤다(《책부원 구》 권972).

제4절 당대에 중국으로 파견된 대식(大食)국 사절 연표

대식 즉 아랍을 얘기하려면 먼저 회교에 대해 얘기하지 않을 수 없지만,

....

22) 원서에는 "獻大毛繡舞·延長毛繡舞·延舞·眞珠"로 되어있으나, 《책부원구》 원문을 확인하여 바로잡았다. 무연(舞筵)은 춤을 출 때 까는 자리이다.

이 책에서 회교를 다루는 장이 따로 있기 때문에 여기서는 생략하겠다.

- 영휘 6년(655) 6월 대석국(大石國)과 염막념(鹽莫念)에서 함께 사절을 파견하여 조공하였다(《책부원구》 권970, 《구당서》 권4의 내용도 동일하나 대식으로 되어있다).[23]
- 영륭 2년(681) 5월 대식과 토화라가 각각 사절을 보내 말과 토산물을 바쳤다(《책부원구》 권970).
- 영순 원년(682) 5월 사절을 보내 토산물을 바쳤다(《책부원구》 권970).
- 장안 3년(703) 3월 사절을 보내 좋은 말을 바쳤다(《책부원구》 권970, 《구당서》에도 보인다).
- 경운 2년(711) 12월(양력으로는 이미 712년) 대식(임읍·사자국)에서 사절을 보내 토산물을 바쳤다(《책부원구》 권970, 《구당서》에도 보인다).
- 개원 4년(716) 7월 대식국의 흑밀모니소리만(黑密牟尼蘇利漫)이 사절을 보내 표문을 올리고 금선직포(金線織袍)·보장옥(寶裝玉)·쇄지병(灑地瓶) 각 하나씩을 바쳤다(《책부원구》 권971, 권974).
- 개원 7년(719) 6월 대식(토화라·강국·남천축)에서 사절을 보내 조공하였다(《책부원구》 권971).
- 개원 12년(724) 3월 사절을 보내 말과 용뇌향을 바쳤다(《책부원구》 권971).

....

23) 대석국을 대식국이 아니라 중앙아시아에 있던 석국(石國)으로 보아야 하며 염막념도 나라 이름이 아니라 석국 왕의 이름으로 해석해야 한다는 주장이 있다.(周保明, 〈大石国塩莫念"(永徽)六年六月遣使朝貢"考辨〉, 《中国辺疆史地研究》 13-3, 2003.9)

- 개원 13년(725) 정월 장군 소려(蘇黎) 등 13명을 보내 입조하여 새해를 축하하고 토산물을 바쳤다(《책부원구》 권971).

- 개원 14년(726) 3월 소려만(蘇黎滿)을 사절로 보내 토산물을 바치니, 과의(果毅)직을 제수하고 비포(緋袍)와 대(帶)를 하사했다(《신당서》 권221하).

- 개원 16년(728) 3월 수령 제비다(提毖多) 등 8인이 입조하니, 모두에게 낭장(朗將)직을 제수하고 본국으로 돌려보냈다(《책부원구》 권975).

- 개원 17년(729) 9월 사절을 보내 입조하고 토산물을 바쳤다(《책부원구》 권971).

- 개원 21년(733) 12월(양력으로 이미 734년) 국왕이 수령 마사람달간(摩思覽達干) 등을 보내 입조하였다(《책부원구》 권971).

- 개원 29년(741) 12월(양력으로는 이미 742년) 수령 화살(和薩)이 입조하니, 좌금오위장군(左金吾衛將軍)직을 제수하고 자포(紫袍)와 금전대(金鈿帶)를 하사하여 본국으로 돌려보냈다(《책부원구》 권975).

- 천보 3년(744) 7월 사절을 보내 말과 보물을 바쳤다(《책부원구》 권971).

- 천보 4년(745) 5월 대식국과 합마국(合麼國)에서 사절을 보내 조공하였다(《책부원구》 권971).

- 천보 6년(747) 5월 국왕이 사절을 보내 표범 6마리를 바쳤다(《책부원구》 권971).

- 천보 11년(752) 12월(양력으로는 이미 753년) 흑의(黑衣)대식(즉 Abbass왕조)의 사다하밀(謝多訶蜜)이 사절을 보내 입조하였다(《책부원구》 권971).

- 천보 12년(753) 3월 흑의대식이 사절을 보내 토산물을 바쳤다. 4월 사절을 보내 입조하였다. 12월 사절을 보내 말 30필을 바쳤다(《책부원구》 권971).

- 천보 13년(754) 4월 흑의대식이 사절을 보내 입조하였다(《책부원구》 권971).

- 천보 14년(755) 7월 흑의(대식)에서 사절을 보내 진공하였다(《책부원구》 권971).

- 천보 15년(756) 7월 흑의대식에서 대 추장 망(望) 등 25명을 보내 입조하였다(《책부원구》 권971).

- 숙종 지덕 초(756) 대식국에서 사절을 보내 진공하였다(《책부원구》 권971).

- 건원 원년(758) 5월 임신(壬申) 초하루 회흘(廻紇) 사신 다을해아파(多乙亥阿波) 등 80명과 흑의대식 추장 요문(鬧文) 등 6명이 함께 입조했는데, 편전의 앞문[閣門]에 이르러 서로 먼저 들어가려고 다투었다. 이에 통사사인(通事舍人)이 이들을 좌우로 나누어 동문과 서문을 통해 동시에 들어가게 했다. 문섭시(文涉施) 흑의대식 사절이 입조하였다. 12월 흑의발타국(黑衣跋陁國)의 사신 복사다(伏謝多)가 본국으로 돌아가려 함에 연회를 베풀고 차등을 두어 선물을 하사하였다(《책부원구》 권976).

- 상원 원년(760) 12월(양력으로는 이미 761년) 백의사(白衣使)와 파알사(婆謁使) 등 18명을 연영전(延英殿)에 불러 연회를 베풀었다(《책부원구》 권971). 백의대식(白衣大食)은 우마이야(Umaija)왕조로 멸망한지 이미 오래되었으니, 사신이 그 이름을 사칭했거나 아니면 그 유신(遺臣)일 것이다.

- 보응 원년(762) 5월과 12월(763년) 흑의대식에서 사절을 보내 조공

하였다(《책부원구》 권972).

- 대력 4년(769) 정월 흑의대식에서 사절을 보내 조공하였다(《책부원구》 권972).
- 대력 7년(772) 12월(양력 772년 12월 29일에서 773년 1월 27일까지) 대식에서 사절을 보내 조공하였다(《책부원구》 권972).
- 대력 9년(774) 7월 흑의대식에서 사절을 보내 입조하였다(《책부원구》 권972).
- 정원 7년(791) 정월 흑의대식에서 사절을 보내 입조하였다(《책부원구》 권972).
- 정원 14년(798) 9월 흑의대식의 사신 함차(含嵯)·오계(烏鷄)·사비(莎比) 3인을 모두 중랑장(中郞將)에 봉하고 본국으로 돌려보냈다(《책부원구》 권976).

제5절 대식의 동침(東侵)과 각국의 지원 요청

당 개원 원년(713) 대식(즉 우마이야 왕조 - 역자)의 장군 아미르 쿠타이바(Emir Kutaiba)가 사마르칸트를 정복하고 중앙아시아를 석권했다. 7년 2월 강국(康國)의 왕 오륵가(烏勒伽)가 사신을 보내 지원을 요청하는 표문을 올리며 "엎드려 천은(天恩)을 바라오니 약간의 한병(漢兵)을 이곳으로 보내시어 신의 고난을 도와주소서. …… 만약 한병이 이곳에 오면 신 등은 분명 대식을 격파할 수 있을 것입니다"라고 말했다(《책부원구》 권999).

같은 해 같은 달, 안국(安國: 즉 Bokhara)의 왕 독살파제(篤薩波提)도

사신을 보내 지원을 청하는 표문을 올렸고 아울러 진공도 하였다. 표문 말미에 이르기를 "만약 천은의 혜택을 받을 수 있다면 신에게 안비(鞍轡)·기장(器仗)·포대(袍帶)를 하사해주시고, 신의 아내 가돈(可敦)[24]에게는 의상(衣裳)과 장분(粧粉)을 하사해주시기 바랍니다"라고 하였다(《책부원구》 권999). 《신당서》에는 개원 22년에 진공한 것으로 기록되어있으나, 이때는 안국이 정복당한지 이미 한참 지난 때이다.

같은 해 같은 달, 구밀국(俱密國, Comedi 혹은 Kumedh - 역자)의 왕 나라연(那羅延)도 표문을 올려 지원을 요청했다. 구밀국은 당나라 초기 중국의 영토였다. 《신당서》 권43하 〈지리지〉에는 안서도호부가 관할하는 토화라도(道)의 16개 도독부 중에 지발주(至拔州)도독부가 있는데, 구밀국의 저슬성(褚瑟城)에 설치했다는 주석이 그 아래에 달려있다.

개원 15년(727) 토화라의 엽호(葉護)[25]가 사신을 보내 지원을 요청하는 표문을 올리면서 "소인은 지금 대식에게 무거운 세금을 바치느라 모욕과 고통이 실로 심하니, 만약 천가한(天可汗)의 도움을 얻지 못한다면 소인은 스스로 살지 못할 것이고 국토는 분명 깨어지고 흩어질 것입니다"라고 하였다(《책부원구》 권999). 천가한은 정관 4년(630) 돌궐의 힐리(頡利)가한을 사로잡은 후 서북 지역 군장들이 당 태종에게 올린 존호

....

24) 가돈(可敦): 선비·연연(蠕蠕)·돌궐·회흘·몽고 등 북방 유목민족의 최고통치자인 가한(可汗)의 부인을 가리키는 명칭으로 가하돈(可賀敦), 가손(可孫), 각존(恪尊), 합둔(合屯), 합돈(合敦)으로도 불린다.

25) 엽호(葉護, Yabghu): 고대 투르크 제국(諸國)의 관직. 그 실태는 확실하지 않으나 돌궐에서는 샤드[設]와 함께 최고위 대관(大官)으로 칸(可汗) 밑에서 이 양자가 전국을 나누어 통치한 것으로 추정된다. 그 지위의 중요성에 비추어 본래는 칸의 자제 중에서 임명되었으나, 뒤에는 다른 부족 출신도 있어 때로는 이 관직이 널리 쓰인 것으로도 생각된다. 돌궐 멸망 뒤에는 부왕(副王) 또는 군장(君長)의 칭호로도 사용되었다.

로, 그 때부터 당나라는 서북 여러 나라에 조령(詔令)을 내릴 때 이 존호를 사용했다.

《신당서》 권221상에는 인도도 일찍이 구원을 요청했다는 기록이 있는데, "개원연간 중천축에서 사신을 세 번 보냈다. …… 군사를 보내 대식과 토번을 토벌해줄 것을 청하였다"고 되어있다.

《신당서》 권221하에는 (사산조) 페르시아가 지원을 요청한 경과에 대해 "이사사가 통치를 제대로 못하여 대추(大酋)에게 쫓겨 토화라로 도망가는 도중에 대식국이 그를 공격하여 죽였다. 아들 비로사는 토화라로 들어가 화를 면했다. 사신을 파견하여 어려움을 고했으나 고종은 너무 멀어 군사를 동원할 수 없다며 거절하고 돌려보냈다. 대식국이 군대를 철수시키자 토화라가 출병하여 이를 접수하였다. 용삭 초(661)에 또 대식국이 침입했다고 알려왔다. 당시 천자는 마침 사신을 서역에 보내 주현(州縣)을 나누어 설치하려던 참이어서 질릉성(疾陵城)에 파사도독부를 설치하여 비로사를 도독으로 삼았다. 그러나 얼마 지나지 않아 대식국에 의해 패망하여 나라가 없어졌지만, 함형연간에도 여전히 입조하여 우무위장군(右武衛將軍)직을 제수 받고 사망했다"고 적혀있다.

제6절 고선지(高仙芝)의 탈라스(Talas) 패전

《신당서》 권221하에 따르면 "석국(石國: 즉 타슈켄트 - 역자)은 혹 자지(柘支)라고도 하고 자절(柘折) 또는 자시(赭時)라고도 부른다(타슈켄트의 옛 이름이 Chach였던 고로 柘支라고 번역한 것 같음). …… 천보 초(742) 왕자 나구차비시(那俱車鼻施)를 회화왕(懷化王)에 봉하고 철권(鐵

券)26)을 하사했다. 한참이 지나 안서절도사(安西節度使) 고선지가 석국이 번신(藩臣)의 예를 갖추지 않는다고 탄핵하고 토벌할 것을 청하였다. 석국 왕이 항복을 약속했으나 고선지가 사자(使者)에게 개원문(開遠門)27)까지 호송토록 요청하여 포로로 바치고 대궐 앞에서 참수해 버렸다. 이에 서역 전역이 모두 그를 원망하였다. 이에 석국의 왕자는 대식국에 가서 군사를 청하여 탈라스성을 공격한 끝에 고선지의 군대를 패퇴시키고 그 이후로 대식국을 섬겼다"고 되어있다.

《구당서》 권104 및 《신당서》 권135의 〈고선지전〉에서는 모두 그 일이 천보 9년(750)에 일어난 것으로 기록하고 있다. 《구당서》에는 "군사를 동원하여 석국을 토벌 평정한 후 그 국왕을 사로잡아 돌아왔다. 고선지는 성격이 탐욕스러워 석국에서 10여 석(石)의 벽옥(大瑟瑟)과 낙타 대여섯 마리에 실은 황금, 명마(名馬)와 보옥(寶玉) 등을 전리품으로 가져왔다"고 되어있다.

고선지의 실패는 《구당서》 권109 〈이사업전(伊嗣業傳)〉에 비교적 자세하게 기록되어있다.

"처음에 고선지가 석국 왕을 속여 화해하기로 약속하고는 군사를 동원하

....

26) 철권(鐵券): 황제가 공신에게 하사하던 쇠로 만든 패(牌). 원래는 한 고조가 공신들을 봉할 때 사용한 것에 그 유래가 있다고 한다. 이 패의 표면에는 공신의 이력(履歷)과 은수(恩數)를 새기고 그 공을 기록하며, 안쪽에는 면죄 (免罪)나 감록(減祿)을 새겨 나중의 화를 면하게 하였다. 이 철권의 글자는 모두 금으로 새기고 반으로 나누어 왼쪽은 공신에게 반사(頒賜)하고 오른쪽은 내부(內府)에 보관해 후일의 징표로 삼았다.
27) 개원문(開遠門): 서안(西安)의 옛 서시(西市)자리에 있던 문으로 "먼 길 떠나는 시작을 알리는 문"이라는 뜻을 가지고 있다. 현재는 실크로드의 출발지로 여겨지고 있다.

여 석국을 습격하였다. 노약자를 살해하고 정장(丁壯)을 포로로 삼았으며 황금과 보물, 슬슬(瑟瑟)[28], 낙타와 말 등을 취했다. 사람들이 소리치며 울자 석국 왕을 데리고 동으로 가서 조정에 바쳤다. 그 아들이 달아나서 여러 호국(胡國)을 돌아다니며 이 사실을 알리자, 많은 호인들이 분개하여 대식국과 함께 연합하여 계획을 짜 사진(四鎭)을 공격하려 하였다. 고선지가 두려워서 2만의 병사를 이끌고 호인의 땅에 깊숙이 들어가 대식과 전투를 벌였으나 크게 패퇴하였다. 밤이 되어 양쪽 군사가 교전을 멈추었다. 고선지의 군사 다수가 대식에게 살상당하여 남은 자가 수천에 불과하였다. 일이 급박해지자 이사업이 고선지에게 아뢰기를 '장군께서 호인의 땅에 깊이 들어와 원병이 끊어졌는데, 지금 대식이 승리한 것을 여러 호인들이 알게 되면 분명 승기를 틈타 전력으로 우리를 공격할 것입니다. 만약 전군이 몰살당한다면 저와 장군이 모두 적에게 포로가 될 것이니 누가 돌아가 황제에게 알리겠습니까? 차라리 말을 달려 백석령(白石嶺)을 지키고 빨리 위기에서 벗어날 방법을 도모하는 편이 좋을 것 같습니다'라고 하였다. 고선지는 이에 대해 '너는 전쟁터에 나온 장수다. 나는 나머지 병사를 수습하여 내일 다시 싸워 한 번 승리하길 바랄 뿐이다'라고 말했다. 이사업이 또 '어리석은 자도 여러 가지 생각 중에 취할 만한 훌륭한 것이 간혹 있다고 합니다. 형세가 이와 같이 급박하니 더 이상 고집을 부려서는 안 됩니다'라고 하며 떠날 것을 고집스럽게 청하자 고선지가 이를 따랐다. 길이 좁아 사람과 말이 일렬로 줄을 지어 달아났는데, 마침 발한나(跋汗那: 즉 Fergana – 역자)의 병사들이 먼저 달아남에 사람과 낙타와 말이 길을 막아 통과할 수가 없었다. 이사업이 큰 몽둥이

....

28) 슬슬(瑟瑟): 슬슬의 자의(字意)는 주옥(珠玉), 바람소리, 짙게 푸른 색깔 등 여러 가지가 있으나 여기서는 보석으로서의 주옥을 뜻한다. 《자치통감》 권216 현종 천보 9년 12월 을해조에 기재된 고선지의 '석국슬슬략취기사(石國瑟瑟掠取記事)'의 주에서 "슬슬은 푸른 빛깔의 주(珠)이다"라고 하였고, 라우퍼(Laufer)도 "보석으로서의 슬슬은 이란어(se-se)의 표음(表音)으로서 에메랄드(emerald, 翠玉)를 지칭한다"고 밝히고 있다.(《실크로드사전》, 453쪽)

를 들고 앞으로 달려가 그들을 내려치자 몽둥이에 맞은 사람과 말이 모두 쓰러져 죽었다. 호인들이 흩어지자 길이 열렸고 고선지는 화를 면할 수 있었다."

《구당서》권128 〈단수실전(段秀實傳)〉에서는 군대의 퇴각 시 단수실이 세운 공로에 대해 "밤중에 도장(都將) 이사업의 말을 듣고 큰 소리로 그를 꾸짖으며 '군대가 패하였는데 살기를 구하는 것은 대장부가 아니다'라고 하였다. 이사업이 심히 부끄러워 마침내 단수실과 함께 흩어진 병사를 모아 다시 전열을 갖추었다. 군대가 돌아온 후 이사업이 고선지에게 청하여 단수실을 판관으로 삼았다"고 적고 있다.

제14장
당·송시기 아랍인의 중국에 대한 기록

제1절 아랍인의 지리 지식

사라센(Saracen)제국의 출현은 6, 7세기 및 그 이후의 동서교통에 심대한 영향을 끼쳤다. 당시 아랍인은 비록 극도의 활약상을 보이기는 했지만 그 문명 수준은 오히려 낮았기에, 이 대제국의 새로운 문화를 촉진시킨 것은 그리스인과 페르시아인이지 아랍인은 아니었다. 다만 아랍인이 정권을 장악했을 뿐 아니라 새로운 종교 신앙으로 각 민족을 연결시켰기 때문에, 아랍의 언어와 문자는 동일한 문화와 동일한 신앙자의 공통된 문자와 언어가 되어 엄청난 효용을 발휘하였다.

그러나 아랍이 그리스와 인도의 지식을 흡수하기 시작한 것은 8세기 중엽 칼리프 만수르(Khalifa Mansur, 754-775)의 발의로부터 비롯되었다. 다만 서적의 번역은 여전히 이리저리 타인의 도움에 의지해야만 했다. 예컨대 그리스 서적의 번역은 모두 시리아어로 이미 번역된 것에 한하여 시리아인을 매개로 진행되었고, 인도 서적 번역은 페르시아인의 도움을 받았다.

아랍인의 학술은 사실 지리학에서 가장 큰 공헌을 하였다. 지리학이 발달하게 된 이유는 첫째, 영토가 넓었기 때문이다. 사라센제국의 영역은 북아프리카·남유럽·서아시아에 걸쳐있었기에, 그들이 접촉한 국가와 민족은 당연히 매우 많았다. 둘째, 완벽했던 우역(郵驛)제도가 있었기 때문이다. 셋째, 경제적으로 어렵거나 건강하지 못한 경우를 제외하고 모든 회교도는 반드시 일생에 한 번 메카(Mecca) 성지를 참배해야 하는 규정이 있었기 때문이다. 넷째, 회교도의 기부하고 단식하는 생활 습관이 장거리 여행에 가장 적합하였기 때문이다.

당·송시기 아랍인이 서방 사람에게 동방의 지식을 전해줄 수 있었던 것도 해상 교통이 발달했기 때문이다. 페르시아와 아랍 상인은 이미 직접 중국의 광주 및 장강 연안에 도착하였기에 더 이상 실론 부근을 교역지로 삼지 않았다. 중국의 해선 역시 직접 페르시아만 입구의 호르무즈(Hormuz)와 시라프(Siraf)를 찾았고, 유프라테스강을 거슬러 바스라(Basra)까지 오르내리기도 하였다. 또 페르시아와 아랍 사람은 육로를 통해 중국에 들어와 양주(涼州)·장안·낙양 등지에서 무역을 했을 뿐 아니라 멀리 요동(遼東)까지 간 사람도 있었다. 당 현종 천보 10년(751) 고선지의 부대가 패하여 많은 중국 병사가 포로가 되었고, 아랍인으로 중국 군대에 참가하여 안록산과 사사명(史思明)의 난을 평정한 자도 있었다. 따라서 아랍인의 중국에 대한 지식은 해로 외에도 하나의 루트가 더 있었던 것이다. 그들 중 해로를 통해 지식을 얻은 사람들은 신라와 왜국에 관한 지식도 갖고 있었다. 아랍인의 지리 지식이 여기까지 이르러 그리스인과 로마인이 알고 있던 바를 훨씬 뛰어넘었던 것도 시대가 그렇게 할 수 있게 만들었기 때문이다.

회교의 저술이 유럽에 들어갈 수 있었던 것은 십자군 원정 덕분이었다. 게다가 이를 통해 유럽인들은 로마와 그리스 교회 외에 다른 기독교

교파 즉 페르시아의 경교나 아르메니아인 위주의 야곱파(Jacobites)가 있으며, 이들 두 파가 회교의 위협에 저항하기 위해 12세기 이후 서로 타협하였음을 알게 되었다. 아랍인이 이용했던 서아시아에서 중앙아시 아와 동아시아로 통하는 해로와 육로의 상업 루트는 모두 경교 등의 선교사들도 이용하던 교통로였다. 따라서 동서 교류 상에 있어 아랍인 의 공로는 굳이 말하지 않아도 명백하다고 하겠다.

제2절 코르다드베(Khordādbeh)와 마수디(Mas'ûdi)의 기술(記述)

이븐 코르다드베(Ibn Khordādbeh)는 압둘 카심 우바이드 알라(Abu'l-kasim ubaid-Allah)라고도 불리며 대략 당 헌종 원화 15년(820)에서 문종 태화 4년(830) 사이에 태어나 후량 태조 건화 2년(912) 사망하였다. 일찍이 지발(Jibal)성의 우역(郵驛)장관을 역임했고 저서로 《도로와 성구 기록(道路與省區記)》[1]가 있는데, 각 역참의 지명과 서로간의 거리가 기록되어있고 또 상세한 주석이 첨부되어있다. 중국 부분은 용편(龍編)·광부(廣府)·천부(泉府)·강도(江都) 즉 현재의 하노이·광주·천주·양주(揚州)로 나누어 기술하고 있으니, 원서에서는 Loukin, Khanfou, Djanfou, Kantou라 표기하고 있으며 간간이 풍토와 물산에 대해서도 서술하고 있다. 그는 신라에 대해서도 알고 있었던 것 같은데, 책 속에서

....

1) 원제는 *Kitāb al Masālik w'al Mamālik* 영어로는 *The Book of Roads and Kingdoms*이다.

Sila라고 표기한 것은 신라의 한국식 독음이다. 또 중국 동쪽의 와크와크(瓦克瓦克, Wâk Wâk)라는 나라에서는 황금이 많이 생산되고 기이한 나무도 있다고 적고 있다. 이것이 만약 왜국을 가리키는 것이라면 일본에 대해 기록한 가장 빠른 서양 서적이다. 또 이 책에서는 셀람(Sellām)의 《장성기행(長城紀行)》도 인용하고 있으니, 셀람이란 사람이 아마도 일찍이 만리장성을 여행했던 것 같다.

이븐 루스타(Ibn Rustah)[2)]는 대략 당 소종 천복 3년(903) 백과전서 성격을 띤 《이란 백과사전》(Kitāb al-A'lāk an-Nafîsa)[3)]이란 책을 저술하였는데, 중국에 관한 서술도 있으나 매우 간략하다.

직접 중국을 방문하고 기록을 남긴 사람으로는 알 마수디(al-Mas'ûdi)[4)]가 시기상으로 가장 빠르고 그 내용도 상당히 정확하다. 그는 유명한 역사학자이고 지리학자였다. 어려서부터 각지를 유람하여 아주 멀리까지 행적을 남겼다. 후량 태조 건화 2년(912) 북인도에 도착하였고 나중에 다시 동아프리카의 잔지바르(Zanzibar: 현 탄자니아의 섬 – 역자) 및 칸발루(Kanbalu)섬까지 갔다. 3년 후에는 인도·실론·참파 및 중국 연해 각지를 유력하였고 마지막에는 또 Zabaj국[5)]과 중앙아시아·투르키스탄

....

2) 원서에는 Ibn Rosteh로 되어있다. 아마도 헨리 율의 《중국으로 가는 길》의 오기를 그대로 따른 것으로 보이는데, 조사하여 바로잡았다.
3) 원서에는 Al-A'lāk al-Nafisa로 되어있는데, 이 역시 헨리 율의 책 내용을 그대로 따른 것으로 조사하여 바로잡았다. 영어로는 Encyclopaedia Iranica 이다.
4) 알 마수디(Abu al-Hassan Ali ibn al-Husayn al-Mas'ûdi, 896-956): 압바스조 이슬람제국의 수도 바그다드 출생으로 청·장년기를 거의 여행으로 보냈고, 그 때 수집한 자료와 선학들의 저술을 참고해 30권에 달하는 《황금초원과 보석광산(寶石鑛山)》이란 책을 펴냈다. 원서에는 Abu-I-Hassan ali-el-Mas'udi로 되어있으나 조사하여 바로잡았다.

의 각지를 다니다가 후주 세종 현덕 3년(956) 사망하였다. 저서로는 《황금목지(黃金牧地)》6)가 있는데, 역사와 지리 및 기타 여러 학문이 포함되어있다. 중국에 대한 기록이 상당히 많아서 황소의 난에 대해서도 언급하고 있다. 또 당 의종 함통 10년(869)에 이븐 합바르(Ibn Habbar)라는 사람이 중국을 유람하고 기록을 남겼다고 적었다.

제3절 아부 자이드 하산(Abu Zaid Hassan)의 기술

아부 자이드 하산은 《중국인도기정(中國印度紀程)》7)을 저술했는데, 특히 중국 부분이 학자들의 주목을 받아왔다. 책의 전반부는 하산이 저술한 것이 아니라 《인도중국사집(印度中國事輯)》8)이라는 책으로 지은 이는 모르나 851년(당 선종 대중 5년)에 만들어진 것이다. 그 자료는 술레이만(Suleiman)과 몇몇 이름이 알려지지 않은 사람들의 중국견문기에서 수집한 것이고, 거기에 하산이 직접 인도에서 조사한 바를 첨가한 것이었다. 후반부는 하산이 직접 기록한 것으로 본인이 전해들은 중국의 상황을 골간으로 하고 인도에 관한 잡사(雜事)와 이븐 와하브(Ibn

....

5) Zabaj국: 영어로 Zabag Kingdom이고 산스크리트어로는 Suvarnadvipa 또는 Javaka이며 Zabaj는 아랍어 표기이다. 다수의 학자들이 스리비자야로 비정하고 있다.
6) 원제는 《황금초원과 보석광산》(*Murûju adh-ahahab wa Ma'ādinu'l jawhar*)이고 영어로는 *The Meadows of Gold and Mines of Gems*이다.
7) 원제는 《술레이만 알 타지르 여행기》(*Rihalatu Sulaimān al-Tājir*)이다.
8) 원제는 《중국과 인도 소식》(*Akhbāru'd Sîn wa'l Hind*)이다.

Wahab)의 장안(長安) 여행기를 덧붙여 916년(후량 말제 정명 2년)에 편찬 저술한 것이다.

1718년(강희 57년) 프랑스인 르노도(E. Renaudot)[9]가 프랑스어로 번역하여[10] 유럽에 소개하였는데, 곧바로 그 원본을 잃어버리자 학자들은 르노도가 위조한 것이라고 여겼다. 1764년(건륭 29년) 조제프 드 기네(Joseph de Guignes)가 프랑스 왕립도서관(지금의 파리 국가도서관)에서 그 원본을 찾았으나 여전히 르노도가 위조했다는 의심을 받았다. 1811년(가경 16년) 아랍어 원본이 랑글레스(Langlès)에 의해 인쇄되어 세간에 나왔다.[11] 1845년(도광 25년) 레노(M. Reinaud)[12]가 이를 다시

....

9) 에우세비오 르노도(Eusèbe Renaudot, 1646-1720): 프랑스의 동방교회 관계 학자 겸 전례학자. 파리 태생. 오라또리오 신학교에 잠깐 머물렀다가 동방교회 관계 학문에 열중했고 1689년 Academie Française 회원이 되었다. 저서로 《알렉산드리아의 야곱파 태조 주교들의 역사》(Historia Jacobitarum Patriarcharum Alexandrinorum), 1713; 《동방교회 전례 모음》(Liturgiarum Orientalium Collectio), 2 vols., 1716이 있다. 후자는 동방교회 전례의 많은 부분을 수록했고 풍부한 해석과 주해를 곁들여서 오늘날에도 전례 연구에 빼놓을 수 없는 귀중한 자료로 평가된다.

10) 프랑스어 번역본 제목과 서지사항은 《9세기 두 무슬림 여행가의 인도와 중국 여행》(Anciennes Relations de l'Inde et de la Chine de Voyageurs Mahometans qui y alterent dans le IX siécle), Paris, 1718이다.

11) 즉 Relation des voyages faits par les Arabes et les Persans dans l'Inde et à la Chine dans le IXe siècle de l'ère chrétienne, éd. par Louis-Mathieu Langlès, 1811이다.

12) 조제프-투생 레노(Joseph-Toussaint Reinaud, 1795-1867): 1815년 파리에서 실베스트르 드 사시(Silvestre de Sacy) 밑에서 사사한 후, 1818년 로마주재 외교관으로 발령을 받아 근무하면서 이슬람 화폐에 관심을 갖게 된다. 1824년 파리 왕립도서관 동양문서자료실에 들어가고 1838년 드 사시가 죽은 후 그 자리를 이어받아 동양어 강좌를 맡게 된다. 1847년 아시아학회 회장에 선출되고 1858년 황실도서관 동양문서자료실 실장을 맡았다.

번역을 하고 상세하게 고증하여 원본임을 확인하고 원본에 번역본을
첨부하여 출판하였다.[13]

이 책의 전반부에는 광주의 시장과 회교도, 흉년에 공창(公倉)을 개방
한 일, 빈민에게 약을 나누어 준 일, 정부가 학교를 연 일, 정연한 관제
(官制), 엄중하고 명확한 행정, 관리의 계급별 담당업무의 복잡함 등을
기록하고 있다. 또 모든 사무는 문서를 사용하는데 그 격식이 엄격하게
규정되어 있으며, 금화와 은화가 없는 대신 동전을 사용하며, 사람이
죽은 후 몇 년이 지난 뒤에야 매장하는 경우도 있으며, 여행객에 대해
조직적이고 엄밀한 보호가 실시되고, 도기를 제작하며, 미곡으로 술을
빚고, 차를 음용하는 일 등을 설명하고 있다. 그리고 종교는 인도에서
왔고 우상을 숭배하며 두 나라 모두 윤회설을 믿으나 약간의 차이가
있다고 하였다. 기록 중 사실이 아닌 것들이 상당히 많지만 진실에 부합
하는 것도 적지 않다.

후반부에서 작자는 술레이만의 책이 완성된 지 60여년이 지나 중국
내부 상황이 크게 변해 반란이 사방에서 일어나고 나라에 주인이 없으
며 조정의 위엄이 완전히 사라졌다고 언급하고 있다. 이는 오대(십국)시
기의 상황을 말한 것으로 중국 사서의 부족한 부분을 충분히 보충해주
고 있으니, 클라프로트(Klaproth)·쿠와바라 지츠조(桑原隲藏)·츠보이
쿠메조(坪井九馬三) 등이 모두 이에 대해 비교 고증한 바 있다.

첨부되어있는 이븐 와하브의 〈희종근견기(僖宗覲見記)〉 역시 매우 귀

....

13) 즉 《9세기 기독교 시대에 인도와 중국을 여행한 아랍인들과 페르시아인들의
   관계, 아랍어 원문을 레노가 번역하고 주석 및 해설을 붙임》(*Relation des
   Voyages faits par les Arabes et les Persans dans l'Inde et á la Chine, dans
   le IXe Siècle de l'ère chrétienne, texte arabe et traduction enrichie de notes
   et d'éclaircissements by M. Reinaud*)이다.

한 기록이다. 이븐 와하브는 황소의 난 이전에 광주에서 장안에 도착했는데, 희종과 나눈 담화 기록이 상당히 길다. 또 강국(康國)을 통해 육로로 중국에 이를 수 있다고도 밝히고 있다. 중국의 중심부에서 변경까지는 족히 두 달이 걸리고 가는 길이 모두 사막이라 물을 구할 수 없다고 하였다. 회교도 군대가 아주 변경 가까이 있지만 함부로 침입하지 못하는 이유는 바로 사막이 장벽이 되고 있기 때문이라고 하였다. 또 사향(麝香) 한 포대를 등에 메고 사마르칸트에서 광주까지 걸어온 사람을 만난적이 있다고 어떤 친구가 그에게 알려주었는데, 이는 당시의 육상 교통이 활발했었음을 확인할 수 있는 내용이다. 또 중국 조정에 3대 관원즉 우대신(右大臣)·좌대신(左大臣)·중대신(中大臣)이 있다고 하였으니, 아마도 중서령(中書令)과 좌우복야(左右僕射)를 가리키는 것 같다.

제4절 무할힐(Muhalhil) 등의 기술

아부둘라프 미사르 빈 무할힐(Abu Dulaf Misar Ibn Muhalhil)[14] 역시

....

14) 아부둘라프 미사르 빈 무할힐(Abu Dulaf Misar Ibn Muhalhil, 생몰연도 미상): 10세기에 활동한 아랍 여행가이자 시인이고 광물학자다. 부하라의 사만조 왕궁에 체류하고 있을 때 이곳에 온 중국 사절단을 수행, 동유(東遊)의 길에 올라 중국의 서부지역에 이르렀다. 그가 도착했다고 하는 산다빌(Sandābil)은 서주(西州)의 위구르[回鶻] 도성 고창(高昌)으로 짐작된다. 귀국후 여행기를 남겼는데, 원본은 소실되었으나 13세기 아랍 학자인 알 야쿠트(al-Yaqūt)의《지명사전(地名事典)》(1224년)과 알 까즈위니(al-Qazwini, 1203-1283)의《생물기관(生物奇觀)》에 여행기의 내용 전체가 수록되어있다. 그러다가 1922년 이란 마슈하드(Mashhad)의 한 이슬람 사원에서 완전한 초본(抄

아랍인으로 10세기 중엽 중국을 여행하고 여행기를 저술하였다. 그 책은 이미 산실되었는데, 13세기 때 야쿠트(Yakut, 1220)와 까즈위니(Qazwini, 1268~69)가 자주 그 내용을 인용하였다. 1845년(도광 25년) 독일인 폰 슐레저(K. von Schloezer)가 두 사람이 인용한 것을 모아 라틴어로 번역하여 《아주유기(亞洲遊記)》라는 이름을 붙였다. 1903년(광서 29년) 독일인 마콰르트(J. Maquart)가 독일어로 다시 정리했는데, 그 주석이 이전 사람의 것보다 정확했다. 1913년에는 페랑(Ferrand)이 프랑스어로 번역했다.[15] 무할힐은 자신이 중국에서 페르시아로 파견한 사신을 따라 941년(후진 고조 천복 6년)에 동쪽으로 왔다고 말하였다. 그의 여행기는 대부분 믿을 수 없는 내용으로 구성되어있다. 예컨대 중국의 도성 이름을 신다빌(Sindabil)이라 하였고, 중국 왕의 이름을 칼라틴(Kalatin)이라 하였으며, 아버지 이름을 샤크바르(Shakbar) 혹은 샤크히르(Shakhir)라고 하는 등 모두 알 수 없는 것들이다. 게다가 현재 남아있는 것이 잔문(殘文)뿐인데다 순서가 정연하지 않고 그래서 행적도 확실하지 않으며 방위도 혼란스럽게 섞여있다. 그러나 기록하고 있는 범위가 상당히 넓어서 돌궐과 달단(韃靼) 등도 언급하고 있고 흑해에서 흑룡강까지 모두 가보았다고 기록하고 있는데, 이 역시 이해하기 힘든 부분이다.

이븐 두하크 가르데지(Ibn Duhak Gardezi)는 무할힐보다 1세기 정도

....

本)이 발견되었다고 한다. 아래에 나오는 원서의 내용과 일부 차이가 있으나 확인이 어려워 참고로 제시한다.
15) 아마도 《8세기-18세기 극동과 관련된 아랍·페르시아·터키인들의 여행과 지리 텍스트(문헌)들의 관계》(*Relations de voyages et textes géographiques arabes, persans et turks relatifs à L'Extrême Orient du VIIIe au XVIIIe siècles*), Paris, E. Leroux, 1913-14를 가리키는 듯하다.

가 지난 1050년(송 인종 황우 2년) *Zain al-Akbar*라는 책을 저술했는데, 중국에 대해 언급한 부분이 있다. 19세기 말 러시아의 동방학자 바르톨드(Bartol'd)[16]가 가장 먼저 그 가치를 인정했다. 가르데지는 현재의 투루판에서 시작하여 하미·돈황·안서부(安西府)·숙주(肅州)·감주(甘州)·고장(姑藏)을 거쳐 황하를 건너 장안(長安, Khumdan)에 도착하였으니, 오는 도중에 역마(驛馬)가 있어 바꿔 탈 수 있었다고 하였다.

10세기 아랍의 지리학은 실로 황금시기였다. 그러나 11세기 이후 한두 가지를 제외하고는 모두 이전의 것과 중복되거나 그 내용을 초록한 것으로 새로운 내용이 없고 심지어 잘못 해석하기도 하였다. 아래에 인용하는 두 사람은 12, 13세기의 걸출한 인물이었음에도 이러한 점에서 자유롭지 못했다. 하지만 9세기와 10세기의 책들 중 지금 제대로 남아 있는 것이 드물기 때문에 이처럼 그 내용을 옮겨 적어놓은 것도 충분히 소중하다고 하겠다.

이드리시(Idrisi)[17]는 시칠리아 사람으로 1153-1154년(송 고종 소흥 23-24년) 사이에 시칠리아 왕의 명을 받고 지리서 《즐거운 자의 여행》(*Nuzhat al-Mushtaq*)[18]를 편찬했다. 1836년(도광 16년) 조베르(P. A.

....

16) 바실리 블라디미로비치 바르톨드(Vasilii Vladimirovich Bartol'd, 1869-1930): 러시아의 동양학 연구자이자 중앙아시아학의 창시자. 현 러시아 상트페테르부르크 태생으로 페테르부르크대학에서 중근동의 중세사에 관심을 갖고 아랍·페르시아·투르크·타타르어 등을 공부하였다. 1900년 불후의 명저인 《몽골 침입 시대의 투르키스탄》(*Turkestan down to the Mongol Invasion*)를 발표하고 이 저작으로 박사학위를 받았다. 볼셰비키 혁명 이후에는 표트르 대제 박물관장을 역임하였으며 간행된 저작과 논문이 약 400편이나 된다.
17) 무함마드 알 이드리시(Muhammad al-Idrisi, 1100-1165): 중세 아랍의 지도학자 겸 지리학자이다. 세우타(Ceuta) 출신. 세계지도를 작성한 것으로 유명하다.
18) 영역하면 *The Journey of the Pleasant*가 된다.

Jaubert)[19]가 그 일부를 발췌하여 프랑스어로 번역했다. 이 책에 나오는 중국과 동남아시아 예컨대 인도 등지의 기록은 모두 간략하고 혼란스럽다. 또 열거하고 있는 각 지역 사이의 거리는 너무 짧고 쿰단(Khumdan)을 강 이름이라고 하는 등 중세 아랍 지리학 말기의 쇠퇴한 모습을 확인할 수 있다.

야쿠트 알 루미(Yāqūt-al Rumi, 1179-1229)[20]는 부모가 그리스인인데, 어려서 노예로 팔려 어떤 상인을 따라 바그다드로 간 뒤 페르시아만 연해의 여러 지역을 수차례 왕복하였다. 주인이 죽은 뒤 책방을 차리고 시리아와 이집트 등지를 유력하면서 《지리학대사전》[21]을 저술했다. 뷔스텐펠트(F. Wüstenfeld)[22]가 이를 교감하여 간행했고 메이노(B. de Meynard)[23]가 그 중 일부를 발췌하여 프랑스어로 번역했다.

....

19) 피에르 아메데 조베르(Pierre Amédée Jaubert, 1779-1847): 프랑스의 외교관 ·동양학자·번역가·정치인·여행가로 나폴레옹이 좋아했던 동양학 조언자 겸 (아라비아와 터키 등지의) 통역이었다.
20) 전체 이름은 Yāqūt ibn-'Abdullah al-Rūmī al-Hamawī이다.
21) 원제는 *Kitāb mu'jam al-buldān*이고 영어로는 *The Dictionary of Countries*이다.
22) 하인리히 페르디난트 뷔스텐펠트(Heinrich Ferdinand Wüstenfeld, 1808-1899): 독일의 동양학자로 아랍문학사가로 알려져 있다. 괴팅겐과 베를린에서 이론과 동양 언어를 배웠고 1842년부터 1890년까지 괴팅겐대학에서 교수로 재직했다.
23) 샤를 바르비에르 드 메이노(Charles Barbier de Meynard, 1826-1908): 19세기 프랑스 역사학자 겸 동양학자로 주로 이슬람과 칼리프국가의 초기 역사를 연구했다.

제15장
당·송과 불름의 관계

제1절 불름에 대한 중국과 외국학자의 고증

'불름'이라는 이름은 《수서》 권67 〈열전32〉 '배구'조, 권84 〈북적전〉 '철륵'조, 권83 〈서역전〉 '파사'조에 처음으로 등장하는데, 특히 뒤의 두 열전은 수·당시기 불름을 연구하는데 아주 중요한 사료이다.

그 외 두우(杜佑)[1]가 지은 《통전》 중의 〈대진전(大秦傳)〉, 두환(杜環) 의 《경행기(經行記)》 그리고 《구당서》 권198 〈서융전〉이 있으나, 그 중 당대 이전의 사서를 베껴 쓴 부분은 제외해야 한다. 또 《신당서》 권221 〈서역전(하)〉에도 기록이 있으나, 새로운 자료가 없을 뿐 아니라 이전 사람이 기록한 내용을 줄이고 생략한 관계로 종종 문장의 뜻이 더 난해

---

1) 두우(杜佑, 735-812): 당대의 관료이자 역사가로 장안 출신이다. 귀족 집안 에서 태어나 일찍부터 여러 관직을 역임하였고 덕종·순종·헌종 등 3대에 걸쳐 재상을 지냈다. 사마천 이후 제일가는 역사가로 인정받았으며, 상고부 터 당 현종까지 역대의 제도를 아홉 부분으로 분류하여 수록한 저서 《통전》 은 중국제도사 연구의 필수 자료로 손꼽히고 있다.

하여 그 의미를 알 수가 없다.

불름의 이역(異譯)은 상당히 많다. 《대당서역기》 권1에서는 '불름(拂懍)'이라 하였고, 혜초의 《왕오천축국전》에서는 '대불림(大拂臨)' 또는 '소불림(小拂臨)'이라 하였으며, 《송사》도 이와 같다. 경교의 《서청미시소경(序聽迷詩所經)》2)에서는 '불림(拂林)'이라 하였고, 《책부원구》 권971도 이와 같다. 《태평어람》 권795에는 불름(佛菻)이라 쓰고 있다(王靜安씨의 교정본도 동일함). 《원사》 권149 〈곽간전(郭侃傳)〉에서는 부랑(富浪)으로 쓰고 있고, 유욱(劉郁)의 《서사기(西使記)》도 이와 동일하다. 《원사》 권40에서는 불랑(佛郞), 《주택민집(朱澤民集)》에서는 불림(佛㗆), 명대 이후로는 불랑기(佛郞機)로 쓰고 있다. 《위서》 권102에 나오는 복로니(伏盧尼) 역시 다른 번역 중 하나로 보인다. 다만 각 시대별 개인별로 가리키는 함의가 같지 않으니, 예컨대 《원사》 〈곽간전〉의 부랑은 프랑크(Frank)인을 가리키는 것이고, 불랑국(拂郞國)은 로마교황청 바티칸을, 불랑기는 스페인과 포르투갈을 가리킨다. 아래에서는 이에 대한 여러 학자의 고증을 간단히 소개하겠다.

《통전》에서는 두환의 《경행기》를 인용하여 "불름국은 점국(苫國)의 서쪽에 위치하는데(拂菻國在苫國西), 산을 사이에 두고 수천 리 떨어져 있으며 대진이라고도 부른다"라고 하였고, 또 "항상 대식국과 서로 맞섰고" "서쪽으로 서해에 면해있으며 남쪽으로 남해에 면해있고 북쪽으로는 가살돌궐(可薩突厥)3)과 접해있다"고 기록하고 있다. 《통지》에서는

----

2) 《서청미시소경(序聽迷詩所經)》: 돈황석실에서 발견된 경교 교의가 적힌 권축(卷軸)이다. 《일신론(一神論)》의 저자와 동일인이 쓴 것으로 본다. 그 외 자세한 내용은 본편 20장 3절을 참고.
3) 가살돌궐(可薩突厥, Khazar): 서돌궐의 일파로 7-10세기 카스피해 북쪽에서부터 코카서스와 흑해 연안에 걸쳐 번영했던 유목민족 및 그 국가를 지칭하

'접해있다[接]'를 '면해있다[枕]'로 쓰고 있다. 두환은 일찍이 대식에 간 일이 있기 때문에 들은 내용이 분명 다른 사람보다 정확했을 것이다. 서해는 지중해가 분명하니, 시라토리 구라키치(白鳥庫吉)도 같은 견해를 피력하였다. 남해는 프로폰티스(Propontis)[4]를 번역한 것으로 보거나(헨리 율), 혹은 이집트와 소아시아 사이에 위치한 지중해의 일부분을 지칭하는 것으로 보기도(시라토리 구라키치) 한다. 《태평환우기(太平寰宇記)》에서는 이 구절을 인용하면서 '점국(苫國)'을 '약(若)'이라 썼고, 《문헌통고》에서는 '재점(在苫)'을 '유고(有苫)'라 썼으며, 《통지》에서는 '재고(在苫)'라 썼다. 왕정안(王靜安: 즉 왕국유로 정안은 그의 字이다 - 역자)의 교정본에서도 '고(苫)'라고 썼으며, 《고금도서집성》에서는 '재점국서(在苫國西)'를 '덕약국서(德若國西)'로 잘못 인용하고 있다. 시라토리 구라키치와 히르트(Hirth) 그리고 플레이페어(G. M. H. Playfair)[5] 모두 점국이 시리아라고 주장하고 있어 불름이 동로마인 것은 사실 의문의 여지가 없다. 플레이페어의 견해는 《왕립 아시아학회 중국지부 회보》(*Journal of the China Branch of the Royal Asiatic Society*), 1885, vol. ⅩⅩ pp.74-75에 발표되었는데, 논문명은 〈신비한 대진〉("Mystery of Ta-ts'in")이다. 히르트는 그의 명저 《중국과 동로마》에서 불름은 시리아 일대에 있던 로마의 속지(屬地)를 가리키는 것으로 보았다. 샤반느(Chavannes) 역시

....

는데, 지배층은 투르크계 민족으로 추정된다.

4) 프로폰티스(Propontis): 현재의 마르마라 해(Marmara Denizi)로 터키 북서부의 내해(內海)이다. 흑해와는 보스포루스 해협으로, 에게 해와는 차나칼레 해협으로 연결된다. 북동쪽 보스포루스 해협 어귀에 이스탄불이 있고 남서쪽에 마르마라 섬이 있다.

5) 조지 맥도날드 홈 플레이페어(George Macdonald Home Playfair, 1850-1917): 영국 외교관으로 복주(福州) 주재 영국영사를 지냈고 1886년 William Frederick Mayers와 함께 *The Chinese government*를 펴냈다.

이 견해에 동의하였다.

유럽 학자 중 가장 먼저 불름에 대해 고증하고 해석한 사람은 강희 26년(1687) 중국에 온 선교사 비스델루(Visdelou)이다. 그는 〈경교비(景教碑)〉에 나오는 소위 "서쪽으로 선경(仙境) 화림(花林)을 바라본다"의 '화림'이 헬렌(Hellen)의 음역이고 원래의 뜻은 '희랍' 즉 '대진'으로 역시 로마를 가리킨다고 보았다. 그 후 클라프로트(Klaproth)와 리히트호펜(Richthofen)도 로마설을 주장하였다.

학자 중에는 불름이 페르시아라고 주장하는 사람도 있다. 스미스(P. Smith)는 팔레스타인(Philistine)일 것이라고 보았으며, 조제프 드 기네는 그것이 불란서의 음역으로 불름은 십자군 당시 불란서 사람들이 점령했던 지역을 가리킨다고 보았다.

자케(Jaquet)는 이것이 그리스어 폴린(Polin)에 해당하는 말로 콘스탄티노플(Constantinople)의 약칭이라 주장하였고, 포티에(Pauthier)도 동일한 의견을 제기하였다. 헨리 율(Henry Yule)은 마수디(Mas'ûdi)의 기록에 근거하여 그리스인들이 그 도성을 볼린(Bolin)이라 부르고 그 제국의 수도에 대해서는 이스탐볼린(Istambolin)이라 존칭하기 때문에 불름은 볼린의 음역으로 보인다고 하였다. 이 내용은《중국으로 가는 길》원서 제4책 8쪽에 나온다. 샤반느도 후에 앞서 했던 주장을 바꾸어 돌궐인이 동로마의 사자로부터 볼린(Bolin, 혹은 Polin)이라는 이름을 들었고 중국인이 또 돌궐인으로부터 전해 듣는 과정에서 불름으로 와전되었다고 주장하였다(《서돌궐사료》번역본, 241쪽). 코르디에(Cordier)는 볼린설에 찬동하지 않았다.

히르트도 나중에 이전의 자기 견해를 뒤엎고 베들레헴(Bethlehem)의 음역이라고 주장했다. 위원(魏源)이 저술한《해국도지》권26에서도 이설을 따르고 있다. 코르디에는 베들레헴이라는 작은 지역을 당시 중국인들이 알 수는 없었을 것이라고 보았다.

멜렌도르프(O. F. von Maellendorff)와 브레트슈나이더(Bretschneider)는 모두 프랑크(Frank)설을 주장했다. 후에 브레트슈나이더는 증거 부족을 이유로 다시 비잔틴(Byzantine)설로 견해를 바꾸었는데, 아마도 회교 사학자들이 비잔틴을 룸(Rum)으로 불렀기 때문인 듯하다. 히르트는 기번(Gibbon)의 책6)을 근거로 동방에서는 프랑크를 유럽 각국의 총칭으로 여긴다고 주장했지만, 이는 10세기에 있었던 일로서 7세기 사서 속에 나오는 불름을 비정할 수는 없다. 《회편》의 편자도 프랑크설을 주장하였다.

1904년 시라토리 구라키치는 〈대진국 및 불름국 고찰〉 초고를 쓸 때, 이상 여러 학설에 대해 의심을 품고 나중에 샤반느의 주장을 따랐다. 즉 불름이라는 이름은 중국인이 돌궐인으로부터 전해들은 것으로, 돌궐어의 습관 상 보통 단어 첫머리에 r이 있으면 발음이 곤란하여 그 앞에 음모 하나를 덧붙이기 때문에 룸(Rum)이 우룸(Urum), 후룸(Hurum), 부룸(Burum)이 되었고 중국에서 이를 불름으로 번역했다고 해석했다.

그 10년 후 펠리오(Pelliot) 역시 유사한 결론을 제기하였다. 즉 그는 아르메니아어에서 로마(Rōm)를 Hrom이라고 부르고 팔라비어(Pahlavi: 중세 이란어)에서는 Hrōm으로 쓰는데, 파르티아(Parthia)형 이란어 방언의 음 중에는 페르시아어의 f를 모두 h로 바꾸는 습관이 있고 그래서 아르메니아어의 Hrōm이 호라즘(Kharism)이나 소그드어로 옮겨지면서 Frōm으로 바뀐 것으로 추정하였을 뿐 아니라 단어 첫머리의 f는 결코 중국인이 더한 것이 아니라고 말했다.

....

6) 영국의 역사학자 에드워드 기번(Edward Gibbon, 1737-1794)의 《로마제국 쇠망사》(1788)를 말하는 것 같다.

라우퍼(Laufer)는 펠리오의 주장을 대체적으로 정확하다고 여겼지만 일부 내용에 대해서는 동의하지 않았다.

풍승균은 《경교비고(景敎碑考)》(상해상무인서관, 1932 – 역자)에 첨부된 〈불름고(拂菻考)〉에서 Polis 즉 성(城)이 분명 아니라고 보았다. 다시 말해 동로마 도성 부근의 여러 성 중에 이 음으로 끝나는 이름들이 매우 많기 때문에 콘스탄티노플을 가리키는 게 아니라는 것이다. 풍승균은 마땅히 아랍어 속에서 그 답을 찾아야 한다고 말했을 뿐 결론을 내리지는 못했다. 다만 불름이 폴린 혹은 볼린의 대음으로 콘스탄티노플을 가리킨다면 콘스탄티노플만이 폴린으로 약칭될 수 있고 다른 성들은 그럴 수가 없으니, 이는 라틴어에서 '성(城)'을 가리키는 Urbs의 경우 만약 첫 번째 글자를 U라고 쓰면 로마를 가리키고 다른 성은 이렇게 부를 수 없는 것과 같다고 주장하였다.

그리스인들은 콘스탄티노플을 원래 스탐볼린(Stambolin)이라고 불렀고, 원나라 말 아랍 여행가 이븐 바투타 역시 그 지역 사람들이 이 성을 이스탐불(Istambul)이라 불렀다고 하였으며, 명나라 초 스페인 사절 루이 곤잘레스 데 클라비호(Ruy González de Clavijo)[7]의 여행기에도 그리스인이 그들의 수도를 에스톰볼리(Estomboli)라 불렀다고 기록하고 있다. 동시에 게르만의 여행가 실트베르거(J. Schiltberger)[8]의 여행기에

....

7) 루이 곤잘레스 데 클라비호(Ruy González de Clavijo, ?-1412): 스페인 카스티야왕국의 대신으로 15세기 초 티무르제국에 사절로 파견되어 사마르칸트에서 티무르를 만났다. 그의 여정과 여행기에 대해서는 본서 제3편 6장 3절을 참고.
8) 요한 실트베르거(Johann Schiltberger, 1380-1440?): 15세기 중세 독일의 기사 겸 탐험가. 일찍이 중동지방을 여행하였으며 1396년 니코폴리스 전투에서 포로가 되어 여러 해 동안 바예지드와 티무르의 군대에서 일하는 동안 소아시아와 이집트 등지를 돌아본 견문을 기록했다. 1427년 귀국하여 《여행

도 그리스인들이 콘스탄티노플을 이스팀볼리(Istimboli)라 불렀다고 기록하고 있으며, 터키 사람들은 지금도 여전히 이를 스탐볼(Stambol)이라 부르고 있다.

펠리오가 주장하는 불름이 로마의 이역(異譯)이라는 설은 지금도 많은 사람이 따르고 있다. 즉 불름이 실은 대진이 가리키는 바와 서로 같다는 것인데, 하지만 아직 결론이 내려진 것은 아니다.

제2절 당대 서적 중의 불름과 대진

당대 중국과 불름의 관계를 알고 싶으면 반드시 먼저 《구당서》와 《신당서》 〈불름전〉의 가치를 이해해야 한다. 풍승균은 두 책의 〈불름전〉이 "두환의 설에 근거한 것으로, 《경행기》에 '또 대진이라고도 부른다'는 말이 있기 때문에 《위략》, 《후한서》, 강태의 《(오시)외국전》, 만진의 《남주(이물)지》, 송응(宋膺)의 《이물지(異物志)》[9]에 나오는 여러 이야기를 덧붙이기만 하고 그 시기 상의 차이나 사건의 진위를 따지지 않았다. 다른 책에 없는 기록으로는 오직 '정관 17년(643) 불름왕 파다력(波多力)이 사신을 보내 적파리(赤玻璃)와 녹금정(綠金精) 등 물건을 헌상하니

....

안내》를 집필하였는데, 이것은 독일어로 쓰인 최초의 중동지방 여행기로서 동양의 진귀한 사정을 서양에 전하는 가교 역할을 하였다.
9) 원서는 이미 산실되었고 사지(史志)에 저록되어있지 않아 권수와 목차 및 저자의 사적을 알 수가 없다. 단지 그 내용의 일부가 《사기정의(史記正義)》·《통전주(通典注)》·《태평어람》·《태평환우기》 등의 책에 인용되어있는데, 모두 월지·대원·대진·거수(渠搜) 등 나라의 이물(異物)에 관한 것들이다.

태종이 새서(璽書)을 내려 위로하고 얇게 꽃문양을 수놓은 비단을 하사하였다. 대식(大食)이 강성해져 점점 여러 나라를 압박하다가 마침내 대장군 마예(摩栧)를 보내 그 도성을 공격했다. 이로 인해 화약을 맺고 매년 금과 비단을 바치기를 요청하여 결국 대식에 신속(臣屬)하게 되었다. 건봉 2년(667) 사신을 파견하여 저야가(底也伽)[10]를 바쳤다. 대족 원년(701) 다시 사신을 보내 입조하였다. 개원 7년(719)에는 그 왕이 토화라의 대수령을 파견하여 사자(獅子)와 영양(羚羊) 각 두 마리를 바쳤다. 몇 개월 지나지 않아 다시 대덕승(大德僧)을 보내 입조하였다'는 부분뿐이다. 그러나 이 단락은 동로마에 속하는 일이 아닌 듯하다. 동로마에서 중국으로 사신을 보내려면 반드시 대식을 거쳐야 하는데, 대식을 지날 수 있었다면 왜 굳이 토화라의 대추장을 통해 조공을 바쳤겠는가? 즉 개원 7년의 불름은 아마도 송 원풍 4년(1081)에 입공한 불름인 것으로 보이는데, 그 나라는 '서쪽으로 바다에 이르기까지는 30일 일정이 소요된다. 동쪽에 있는 서대식(西大食)에서부터 우전(于闐)·회흘(回紇)·달단(韃靼)·청당(靑唐)[11]을 거쳐 중국에 이른다'고 하였은즉, 그 나라는 유럽 서쪽이 아니라 중앙아시아에 위치하였던 것이다. 당시 대식과 적대관계에 있던 동로마의 황제는 헤라클리우스(Heraclius)이고 그 뒤를 이은 황제 중에도 파다력이라는 이름을 가진 사람은 없다.[12] 신속하

....

10) 저야가(底也伽): 독을 해독하는 고약의 일종이다.(《구당서 외국전 역주, 605쪽)

11) 청당(靑唐): 현 청해성 서녕(西寧)에 있었으며 당대에는 이곳을 선성(鄯城)이라 불렀다. 안사의 난 이후 토번이 당나라 군대를 따라 선성을 탈취하였는데, 그 때 성(城)의 연못 주변의 산에서 수풀이 하늘을 가리면서 푸른빛으로 가득했기 때문에 토번족들이 청당성이라 칭하게 되었다. 이후 청당성은 실크로드 남로 상의 '당번고도(唐蕃古道)'의 중요한 지역이 되었다.(《송사 외국전 역주, 468쪽)

였다는 말도 이상할 것이 없는데, 대개 동로마가 항상 페르시아와 대식에게 돈을 바쳐왔기 때문이다. 다만 나는《(신·구)당서》에 나오는 불름이 결코 두환이 전해들은 불름이 아니라고 의심한다.《(신·구)당서》〈불름전〉은 여기저기서 자료를 너절하게 긁어모은 것이어서 믿을 수가 없다"고 하였다.

풍승균의 말은 너무나도 옳은 얘기이다. 그런데 그의 원서에서 두환(杜環)을 모두 두환(杜還)으로 잘못 쓰고 있고, 파다력은 모두 파다리(波多利)로 잘못 적고 있다. 이는 아마도 풍승균의 저작이 모두 그가 구술하고 다른 사람이 필기하여 완성되었기 때문으로 보인다. 또 (풍승균의) 원서에서는 원래《신당서》에 나오는 내용을 인용했는데, 여기서는《구당서》의 내용으로 바꾸었다.

《구당서》와《신당서》〈불름전〉의 가치는 위에서 밝힌 바와 같다. 두환은 두우(杜佑)와 같은 집안사람으로 천보 10년(751) 고선지를 따라 탈라스 전투에 참가했다가 대식인의 포로가 되어 대식국에서 10년을 거주하였고 보응 원년(762) 비로소 상선을 타고 해로로 광주를 통해 귀국하였다. 그의《경행기》는 바로 그가 보고 들은 바를 책으로 만든 것이다. 하지만 안타깝게도 그 책은 이미 오래전에 사라져버렸으니, 여기서《통전》〈대식전〉에 인용된《경행기》의 본문을 소개하면 다음과 같다.

"불름국은 점국의 서쪽에 위치하는데, 산을 사이에 두고 수천 리 떨어져 있으며 대진이라고도 부른다. 사람들의 피부색은 홍백(紅白)색이고 남자들은 모두 흰색 옷을 입으며 부인들은 모두 주금(珠錦)을 입는다. 음주를

---

12)《구당서 외국전 역주》605쪽에서는 태종 정관 17년(643) 당시 동로마제국의 황제가 콘스탄스 2세(Constans Ⅱ, 641-668)이므로 파다력을 콘스탄스 2세로 볼 수 있다고 하였다.

즐기고 건병(乾餠)을 좋아하며 기상천외하지만 쓸모없는 것이 많고 옷을
짜고 기우기를 잘한다. 설사 포로가 되어 다른 나라에 살아도 고향의
풍속을 고치지 않고 사수(死守)한다. 정교한 유리는 천하에 비할 곳이
없다. 왕성(王城)은 사방 80리이고 국토는 사방으로 각각 수천 리이다.
약 100만 명의 정예병이 있으며 항상 대식국과 대치하고 있다. 서쪽으로
는 서해에 면해있고 남쪽으로는 남해에 면해있으며 북으로는 가살돌궐
(可薩突厥)과 접해있다. 서해 중에 있는 시장에서는 주객(主客)이 화합하
여, 내가 오면 그가 떠나고 그가 오면 내가 돌아간다. 판매하는 사람이
먼저 물건을 진열해 놓으면 구매하는 사람이 나중에 값을 지불한다. 물
건 값에 해당하는 돈을 살 물건 옆에 놓고 기다렸다 그 돈을 받으면 물건
을 가져가니, 이를 '귀시(鬼市)'라 불렀다. 또 서쪽에 여국(女國)이 있는데
물에 감응하여 아이를 낳는다고들 한다."

"마린국(摩隣國)은 추살라국(秋薩羅國: 秧薩羅國으로 쓰기도 함)의 서남
쪽에 있는데, 넓은 사막을 넘어 2천 리를 가면 그 나라에 도착한다. 사람
들은 피부가 검고 풍속은 거칠며 쌀과 보리는 적고 초목은 없으며, 말[馬]
이 건어(乾魚)를 먹고 사람은 골망(鶻莽)을 먹는데 골망은 페르시아 대추
[棗]이다. 악성 학질[瘴癘]이 특히 심하고 여러 나라로 가는 육로가 통과하
며 산호(山胡)는 그 한 종족이다.[13] 종교로는 대식법(大食法)·대진법(大
秦法)·심심법(尋尋法) 등 여러 가지가 있다. 그 중 심심[14]에서의 근친상
간은 여러 이적(夷狄) 중 가장 심하며 식사할 때는 말을 하지 않는다.
대식법에서는 설령 작은 잘못일지라도 제자(弟子)와 친척 신분으로 재판
을 맡을 경우 서로 연루되지 않도록 한다. 돼지·개·당나귀·말 등의 고

....

13) 원서에는 "出胡則一種"으로 되어있으나 《통전》 원문에 따라 "山胡則一種"으
로 바꾸어 해석하였다.
14) '심심(尋尋)'은 유대인이라는 설이 있고, 홍해와 나일강·앗바라강 사이의 지
역 가운데 아스완 지방부터 에리트레아 고원에 이르는 지역, 즉 이집트 남동
쪽에서 수단을 거쳐 에리트레아까지의 산악지대에 사는 유목민인 베자족
(Bujah)을 가리킨다는 설이 있다.

기를 먹지 않고 국왕과 부모를 높이 받들지 않으며 귀신을 믿지 않고 하늘에만 제를 올린다. 그 풍속은 매 7일마다 하루를 쉬는데, 장사도 출납(出納)도 하지 않고 오직 술만 마시고 종일토록 실없는 말로 희롱하고 익살을 부린다.[15] 대진(사람)은 눈과 이질 치료에 뛰어나서 혹 발병하기 전에 먼저 발견하거나 뇌를 절개하여 벌레를 꺼내기도 한다."

《책부원구》권970과 권971에는 불름국 사신이 두 차례 입조한 기록이 있는데, 《구당서》와 《신당서》에는 그 내용이 없다. 첫 번째는 경운 2년 (711) 12월에 특산물을 헌상한 것이고, 두 번째는 천보 원년(742) 5월에 그 왕이 대덕승을 파견하여 입조한 것이다.

《수서》에도 〈대진전〉은 없으니, 남북조 말부터 중국인 중에 대진을 언급한 사람은 없었다. 당나라 사람 중 가장 먼저 대진을 언급한 이는 아마도 《경행기》의 두환인 듯하다. 즉 "불름국은 점국의 서쪽에 위치하는데, 산을 사이에 두고 수천 리 떨어져 있으며 대진이라고도 부른다"고 하였고, 글 속에서 또 '대진법' 및 "대진(사람)은 눈과 이질 치료에 뛰어나다"고 언급하고 있다.

그 후 경교가 중국에 전래되면서 자칭 '대진사(大秦寺)', '대진승(大秦僧)'이라 하고 '대진경교(大秦景敎)'라고도 함에 따라 '대진'이라는 명칭이 성행하게 되었다. 그러나 초기에는 사실 '페르시아사[波斯寺]'라 불렀으니, 송민구(宋敏求)[16]의 《장안지(長安志)》에서는 "의녕방(義寧坊) 거

....

15) 원서에는 '放浪'으로 되어있으나 《통전》원문에 따라 '謔浪'으로 바꾸어 해석하였다.
16) 송민구(宋敏求, 1019-1079): 송대의 문학자 겸 역사학자로 하북 조현(趙縣) 사람이다. 3만 여권에 달하는 장서를 소장하고 있었는데, 책을 빌리러 오는 사람들을 항상 후하게 대접해주었다고 한다. 저서로 《장안지》외에 《춘명퇴조록(春明退朝錄)》등이 있으며, 당 무종부터 애제까지의 실록을 보충하고

리 동쪽의 북편에 페르시아 호사(胡寺)가 있는데, 정관 12년 태종이 대진국 호승 아라사(阿羅斯)를 위해 세운 것이다"고 하였다. 또 이르기를 "예천방(醴泉坊) 동쪽에 옛 페르시아사가 있었는데, 의봉 2년 페르시아 왕 비로사의 요청에 따라 세운 것이다. 중종 신룡연간 종초객(宗楚客)이 이를 점유하여 집으로 삼자, 사원을 포정방(布政坊) 서남쪽 모퉁이로 옮겼으니 요사(祆寺)의 서쪽이다"라고 하였다.

즉 경교 사원을 페르시아사로 부르게 된 이유가 그것이 페르시아에서 왔기 때문임을 알 수 있다. 대진사로 개명된 이유와 그 경과에 대해서는 《책부원구》에 나오니, "천보 4년 9월 '《페르시아경[波斯經]》은 대진으로부터 전래된 것으로 오래 전부터 중국에서 유행하였다. 이제 처음 사원을 세움에 이로서 이름 붙이니, 사람들에게 보여 반드시 그 근본을 따르도록 하라. 양경(兩京)에 있는 페르시아사는 마땅히 대진사로 이름을 바꾸고 천하의 여러 주군(州郡)도 이를 따르도록 하라'는 조서를 내렸다"고 되어있다.

시라토리 구라키치는 개명의 원인에 대해 당시 경교 선교사들이 한(漢)·위(魏)시기의 대진이 예수 출생지 부근의 시리아로 여겼기 때문이라고 보았는데, 나는 경교 선교사들이 대진을 로마 혹은 최소한 동로마의 통칭이라고 여겼기 때문이라고 생각한다. 당시 사람들이 대진교(大秦敎)라고 부른 것은 현대인들이 기독교를 로마교라고 부르는 것과 같았다. 또는 당시 사람들이 대진을 서양의 총칭으로 여겼기 때문에 대진교라고 불렀을지도 모른다. 이는 명대 이후 기독교를 '서교(西敎)' 혹은 '서양교(西洋敎)'로 부른 것과 대략 같은 이치이다. 〈대진경교유행중국비(大秦景敎流行中國碑)〉에 "처녀가 성인(聖人)을 대진에서 낳았다"는

《당대조령집(唐大詔令集)》 130권 편집하여 《신당서》 편찬에 기여하였다.

말이 있는데, 이는 마리아가 예수를 서양에서 낳았다고 해석할 수 있는 것으로 반드시 이스라엘이나 시리아에서 낳았다고 지목할 필요는 없다.

〈대진경교유행중국비〉에는 또 당시 대진에 대한 관념을 보여주는 구절이 있으니, "《서역도기》 및 한·위의 사책(史策)에 따르면 대진국은 남쪽으로 산호해(珊瑚海)를 통괄하고 북쪽으로 중보산(衆寶山)에 이르며 서쪽으로 선경(仙境) 화림(花林)을 바라보고 동쪽으로 장풍약수(長風弱水)에 접해있다"고 하였다. 이상의 지명에 대해서는 학자들의 견해가 다양한데 몇 가지 예를 들면 다음과 같다.

산호해: 키르허(Kircher)와 포티에 그리고 히르트는 홍해(紅海)로, 비스델루와 시라토리 구라키치는 홍해 혹은 페르시아만으로 보았다.

중보산: 비스델루는 레바논(Libanon)산[17] 혹은 안티레바논(Anti-Lebanon)산[18]으로, 히르트와 시라토리 구라키치는 타우루스(Taurus)산[19]으로 보았다.

화림: 키르허는 카르멜(Carmel)[20]산이라 하였고, 비스델루는 불름과 마찬가지로 헬렌(Hellen) 즉 그리스인을 가리킨다고 보았다. 히르트는

....

17) Libanon은 Lebanon의 독일어 표기로 레바논산맥을 가리킨다. 레바론의 중앙부를 남북으로 관통하는 산맥으로 길이는 160㎞이다.

18) 원서에는 Antibanon으로 되어있으나 오기가 분명해서 바로 잡았다. 안티레바논 산맥은 아라비아반도 서북부, 시리아와 레바논 국경에 있는 평균 높이 2,000m의 넓은 용식(鎔蝕) 지형 산지로 레바논산맥의 동쪽에 나란히 남북으로 뻗어있다.

19) Taurus는 Toros의 영어 표기로 터키 남쪽에 동서로 뻗은 토로스산맥을 가리키는데, 지중해 연안과 아나톨리아 고원을 나눈다. 서쪽의 에이르디르호에서 동쪽의 티그리스강과 유프라테스강 상류까지 800km에 걸쳐있다.

20) 카르멜(Carmel): 팔레스타인의 지중해 연안 중앙부에 남동쪽으로 약 21㎞ 뻗어있는 카르멜산맥 중 가장 높은 산(546m).

베들레헴으로, 시라토리 구라키치는 로마라고 여겼다.

약수: 키르허·비스델루·포티에는 사해(死海)라고 하였고, 히르트는 유프라테스강이라고 보았다.

선경: 포티에는 Thubaide라고 보았다.

시라토리 구라키치는 중국 고대전적에서 항상 약수와 서왕모가 함께 언급되고 있는데 착안하여, 비문의 편찬자가 문구를 화려하게 만들어 독자로 하여금 그 종교 발상지에 대해 신성한 관념을 갖게 만들고자 시적 감각이 풍부한 문구를 선택한 것으로 추정하였다. 즉 '선경화림'으로 로마제국을 대신하고 타우루스산을 '중보산'으로, 홍해 혹은 페르시아만을 '산호해'로 표현하였으며 거기에 중국 신화 속의 약수를 더하여 그 교주(敎主) 출생지의 신성성(神聖性)을 더 높이려 했다고 보았다. 다만 시라토리 구라키치는 대진이 시리아만을 가리키는 것이지 로마 혹은 로마의 속지인 시리아를 범칭(泛稱)하는 것은 아니라고 보았는데, 이는 당시 경교 선교사가 자칭 '대진 경교'라고 한 원래의 뜻과는 다른 것 같다.

제3절 송대 서적 중의 불름과 대진

'페르시아'와 '대진'은 당대에는 분명히 구분되었으나 송대에 오면 늘 같은 의미로 혼용되었다. 예를 들어 《불조통기(佛祖統紀)》 권39와 권54에서는 페르시아 마니(摩尼: 원문에는 末尼로 표기되어있음) 조로아스터교의 사원을 대진사라고 불렀는데, 권39에 이르기를 "연재 원년(694) 페르시아 사람 불다탄(拂多誕: 원문에는 서해 대진국인이란 주석이 달려있음)21)이 《이종경(二宗經)》이란 거짓 교리를 가지고 입조하였다"라고 하였다. 그 주석의 내용을 보면 저자가 실제로 페르시아와 대진을 같은 나라로 보고 있음을 알 수 있다.

《송사》 권490 〈외국전6〉 '불름'조에서는 송나라와의 관계에 대해 언급하며 "불름국은 동남쪽으로 멸력사(滅力沙), 북쪽으로 바다에 이르는데 모두 40일이 걸리며 서쪽으로 바다에 이르기까지는 30일이 소요된다. 동쪽에 있는 서대식(西大食)에서부터 우전·회흘·달단·청당을 거쳐 중국에 이른다. 역대로 조공한 적이 없다. 원풍 4년(1081) 10월 그 왕 멸력이령개살(滅力伊靈改撒)이 처음으로 대수령 이시도령시맹판(儞廝都令廝孟判)을 보내 안마(鞍馬)·도검(刀劍)·진주를 바쳤다"고 하였다.

'멸력사'에 대해 히르트는 Malik Shah22)의 대음으로 셀주크 투르크 왕조의 유력한 군주라고 하였고23) 시라토리 구라키치도 이에 동의하였는데, 〈대진국 및 불름국 고찰〉이란 글에서 이를 상세히 고증하고 있다.

'멸력이령개살'에 대해 포티에와 조제프 드 기네 그리고 클라프로트 등은 모두 '개살'이 카이사르(Caesar)의 대음이라고 여겼으니, 이들 모두가 《송사》에 나오는 불름국을 동로마제국이라고 보았기 때문이다.

'멸력이령'의 원문에 대해 클라프로트는 Michael이라고 보았는데, 포티에는 이 주장에 동조하는 편이나 헨리 율은 동의하지 않았다.

히르트는 이 사람이 분명 술탄(Sultan)의 신하 중 시리아를 관장하던 한 명으로 바로 술탄의 동생인 Tutush 혹은 Soliman이 분명하다고 보았

....

21) 불다탄(拂多誕): 마니교의 교직인 Mihr-Ohrmazd를 말하는 것 같다.
22) 원서에는 Milik Shah로 되어있으나 오기가 분명해서 바로잡았다. Malek Shah 또는 Melik Shah라고도 적는다.
23) 일설에는 동로마제국의 황제인 미카엘 두카스(Michael Ducas)의 음역이라고 도 한다.(송사 외국전 역주, 468쪽)

는데, 그러면 그 원문은 마땅히 Melek-i-Rum Caesar가 되어야 한다.

샤반느는 '멸력이'가 '멸력사(滅力俟)'의 오기로 즉 Melissene이고 '령'은 '신령(神靈)'이란 뜻으로 그리스어의 Nicéphore이며 개살은 지금의 카이사르[愷撒]라고 보았다.

시라토리 구라키치는 히르트의 주장에 찬성하였지만, '개살'을 Ghazi(이교도와 싸우는 이슬람 용사 - 역자)로 보았고 또 술탄과의 관련도 부인하였으며 소아시아 Rum국의 군주 Soliman의 칭호라 보았다.

'이시도령시맹판'의 원문에 대해 히르트는 Nestor Simon Pan이라고 하였으니, 아마도 그가 불름의 왕이 경교의 대주교였다고 생각했기 때문인 듯하다. 시라토리 구라키치는 만약 경교의 선교사였으면 '대수령'이라는 칭호를 붙여서는 안 되며 따라서 '령' 역시 Rum의 음역이고, '이시도'는 관직명일 수 있으며 '시맹'은 Osman 혹은 Soliman의 음역인 것 같다고 주장하였다. '판'은 Beg, Bey 혹은 Pasha의 음역인 것 같다고 하였다.

송대 사람의 저술 중 대진에 대해 자세히 기록하고 있는 것으로 조여괄(趙汝适)의 《제번지(諸蕃志)》 권상만한 것이 없다. 다만 대부분의 내용이 송대 이전의 사서에 근거해 작성되었으니, 그 출전을 밝힌 것으로 《위략》·《위서》·《후한서》·《진서(晉書)》·《통전》 등이 있다. 게다가 주거비의 《영외대답(嶺外代答)》 권3을 베껴 썼다는 점은 이미 앞에서 상술한 바 있다.

제4절 유럽 서적에 기술된 중국

유럽 서적 중 나름 정확한 사실에 근거하여 중국에 대해 기술한 것으로는 코스마스(Cosmas)의 《기독교 세계 풍토기》가 가장 빠른데, 양 무제 대동 원년에서 간문제 대보 원년(535~550) 사이에 완성되었다. 이 책에서는 중국을 '치니차(Tzinitza)' 또는 '치니스타(Tzinista)'라고 불렀으니, 그 개략적인 내용은 다음과 같다. 실론에서 중국까지는 거리가 상당히 멀고 중간에 정향국(丁香國)이 있다. 중국과 남방 여러 나라에서 실론으로 운반되는 상품에는 사(絲)·가라목(伽羅木)[24]·정향·단향 등이 있다. 중국은 아시아 대륙 동쪽 끝에 있고 큰 바다가 그 좌측을 둘러싸고 있으며 바다는 바베리언(Barbarian, 蠻人)[25]의 우측 해안의 큰 바다와 서로 통한다. 중국으로 가는 배는 동쪽으로 여러 날 항해한 후 다시 북쪽으로 방향을 바꾸어 여러 날을 더 가야하는데, 최소 호르무즈해협에서 유프라테스강 입구까지 가는 것과 비슷한 일단의 노정을 거쳐야만 비로소 중국에 도착한다. 이를 통해 왜 페르시아에서 육로를 통해 중국으로 가는 것이 해로보다 더 빠른지를 알 수 있다고 하였다.

코스마스는 그리스인으로 이집트의 알렉산드리아항에서 태어나 어려서부터 상업에 종사하면서 페르시아와 인도 서해안, 실론 등지를 다녔고 아프리카 동해안까지도 항해하였으며 늙어서는 수도사가 되었다. 그의 책은 여러 번 수정되었는데, 맥크린들(J. W. McCrindle)의 영역본[26]이 1897년 출판되었다. 헨리 율의 《중국으로 가는 길》 원서 제1책

....

24) 가라목(伽羅木, agallochum): 주목과(朱木科)의 상록 관목으로 주목의 변종인데, agallochum는 그리스어 침향(沈香, agalloch)에서 온 말로 침향수(沈香樹)를 가리킨다.
25) 코스마스의 원문을 확인하지 못했으나 원서에 Barbary로 되어있고 바로 뒤에 만인(蠻人)이란 저자의 설명이 있어 그 의미에 맞게 바베리언으로 바꿔 번역하였다.
26) 원제는 *Universal Christian Topography*이다.

의 212-231쪽에 그 일부가 수록되어있다.

역사학자 프로코피우스(Procopius)[27]의 저서 《고트 전쟁》(De Bello Gothico)에는 누에가 인도에서 로마로 들어온 경과가 기록되어있다. 그는 500년 즉 북위 선무제 경명 원년에 태어나 진(陳) 문제 천가 6년인 565년에 사망했다.

6세기 말 테오파네스(Theophanes: 비잔틴제국의 역사학자 - 역자)는 사국 (絲國)에 거주한 적이 있는 한 페르시아인이 지팡이[手杖] 속에 누에를 넣어 동로마 수도로 가져왔다고 하였다.

7세기 초 동로마의 역사학자 테오필락트 시모카타(Toeophylactus Simocatta)는 《마우리스(Maurice) 황제 대사기(大事記)》를 저술했는데, 마우리스 황제는 수 문제 개황 2년(582) 즉위하여 문제 인수 2년(602)에 사망했다. 거기에 다음과 같은 내용이 있다.

"타우가스트(Taugast)국의 군주는 '대산(戴山)'이라 불리니, 이는 상제(上帝)의 아들이라는 뜻이다. 나라가 평안하고 조용하며 어지러운 일이 없어 황제는 태어나자마자 황자(皇者)가 되었다. 백성들은 우상을 숭배하고 법률은 공정하며 생활의 지혜가 충만하였다. 나라 풍속에 남자가 금장식을 하는 것을 금하였는데, 그 효력이 법률과 같았다. 그러나 그 나라

....

27) 프로코피우스(Procopius, 500-565): 팔레스타인에서 태어나 유스티니아누스 1세 때 활약했던 벨리사리우스 장군의 비서 겸 법률고문을 역임한 비잔틴제국의 저명한 역사학자. 그의 기술에 따르면 유스티니아누스 황제 시대에 인도 북부의 세린다(Serinda)국에 다년간 체류했던 몇 명의 경교 사제가 페르시아에서 비단을 구입해오는 것을 원치 않는 황제의 의중을 헤아려 황제를 알현하는 자리에서 양잠과 견직 과정을 상술하였고, 잠종(蠶種)을 지팡이 속에 몰래 넣어서 비잔틴에 반입하는데 성공했다고 한다.(《실크로드사전》, 848쪽)

는 금과 은이 많이 생산되고 상업에도 능하였다. 타우가스트국은 강을
국경으로 삼았다. 예전에 이 강 양안에 아주 큰 두 민족이 서로 대치하였
으니, 한쪽은 검은 옷을 입고 한쪽은 붉은 옷을 입었다. 우리 마우리스왕
이 집정하던 때 검은 옷을 입은 사람들이 강을 건너 붉은 옷을 입은 사람
들과 전쟁을 벌여 승리하고 그 땅을 속지로 만들었다. 만인(蠻人)들은
마케도니아의 알렉산더대왕이 타우가스트를 건설하였고 당시 그가 박트
리아 사람들(Bactriens, 大夏人)과 소그드(Sogdiane, 康居)를 정복하면서
만인 12만 명을 죽였다고 말한다. 이 성 안에 살고 있는 왕비의 금 수레
[金車]는 어린 소가 끌었는데, 황금과 보석으로 화려하게 장식했으며 소
의 고삐도 모두 도금한 것이었다. 타우가스트의 왕은 비빈(妃嬪)이 7백
명이었다. 타우가스트의 귀부인은 모두 은 수레를 사용했다. 혹자는 알
렉산더대왕이 이곳에서 몇 리 떨어진 곳에 따로 성을 하나 지었다고 말
하니, 만인들은 이를 '쿱단(Khubdan)'이라 불렀다. 황제가 죽으면 비빈들
은 삭발하고 검은 옷을 입어 애도를 표했으며, 비빈들이 황제의 무덤에
서 멀리 떨어져 있는 것을 법으로 금했다. 쿱단은 두 개의 큰 강에 의해
분할되었는데, 높은 언덕에 있는 곳은 강가에 송백(松柏)이 우거져 그늘
을 드리우고 있다. 그 백성들은 코끼리를 많이 가지고 있고 인도인과
무역을 하였다. 혹자는 북부에 사는 사람이 바로 인도인으로 얼굴이 희
고 깨끗하다고 말한다. 사국(絲國) 백성의 벌레(누에)를 공급하니, 이곳
의 생산이 매우 풍부하다. 만인들은 이 동물(누에)을 기르는데 상당한
인내심을 갖고 있다."

상술한 문장은 니케포루스 칼리스트(Nicephorus Calliste)[28]의 《교회

....

28) 니케포루스 칼리스트(Nicephorus Calliste, 1256-1336?): Nicephorus Callistus
    라고도 함. 비잔틴제국의 역사가로 콘스탄티노폴리스 출신이다. 저서인 《교
    회사》(Histoire ecclésiastique)에서 그리스도 탄생부터 Phocas(610)황제의 죽
    음까지를 18권에 수록하였다. 이 책은 10세기의 역사서를 기반으로 했으며
    1555년 라틴어로 번역되어 성화상(聖畵像) 문제와 성인 유해 문제 논쟁에

사(敎會史)》 제18책 30쪽에서도 전부 확인되는데, 단지 일부 세부 내용 상의 차이와 주석에 약간의 다름이 있을 뿐이다. 위 인용문은 조르주 세데스(George Coedès)가 편찬한 그리스어와 프랑스어 대조본[29] 139-141쪽에 의거하여 번역한 것이다.

시모카타의 이 글에 나오는 타우가스트에 대해 히르트가 가장 먼저 그것이 중국이라고 지적했고, 그 후 이 주장에 동의했던 사람으로 영국 사학자 기번과 클라프로트가 있다. 조제프 드 기네는 '대위(大魏)'의 음역이라고 보았고, 《회편》의 편자는 '대한(大漢)'의 음역이라고 하였다. '대산'은 '천자(天子)'의 음역인 듯하다.

이 글에서 얘기하고 있는 내용은 남북조시기의 일과 수 문제의 통일임이 틀림없다. 쿰단은 장안(長安) 부근의 대흥성(大興城)으로 고대 돌궐민족의 여러 나라와 서아시아 등지에서는 장안을 모두 '쿰단(Khumdan)'이라고 불렀는데, 이것이 쿰단과 같은 글자임은 〈경교비〉의 시리아 문자 및 아랍인의 지리서에서 모두 확인할 수 있다. 이를 보면 타우가스트가 중국임은 이미 증명되었다고 할 수 있다. 그 원명에 대해서는 '장안', '궁전(宮殿)', '궐내(闕內)', '경도(京都)' 등의 학설이 있으나 아직 결론이 나지 않았다.

글 속에 나오는 중앙의 큰 강은 장강을 가리키고, 소위 붉은 옷과 검은 옷은 아마도 당시 수(隋)나라와 진(陳)나라의 군복 색깔을 말하는 것 같다. 소가 끄는 수레에 관한 일 역시 사실이니, 진계유(陳繼儒)[30]의

....

관한 역사 자료를 제공하였다.

29) 즉 본서 제1편에서 소개된 《기원전 4세기에서 서기 14세기 그리스 라틴작가의 극동에 관한 기술》을 가리키는 것 같다.

30) 진계유(陳繼儒, 1558-1639): 명말 문학가 겸 서화가로 강소성 화정(華亭) 출신이다. 문재(文才)가 뛰어나 동기창(董其昌) 함께 명성을 떨쳤으나 29세 때

《군쇄록(羣碎錄)》을 보면 "삼대(三代)와 양한(兩漢)시기에는 말 수레를 이용했고 위·진(魏晉)에서 양·진(梁陳)까지는 소 수레를 이용했다"고 되어있다. 송민구의 《장안지》에 따르면 장안성 내에 두 개의 강이 있는데, 하나는 서쪽에서 동도문(東都門)·청명문(淸明門)·청문(靑門)·하두문(下杜門)을 지나 방림문(芳林門) 서쪽에 이르고, 다른 하나는 동쪽에서 청문정(靑門亭)·대안궁(大安宮) 동쪽을 지나 방림문 동쪽에 이른다고 하였다. 따라서 쿱단 성에 두 개의 강이 있다는 말 역시 허구가 아니다.

곤산(崑山) 남쪽에 초당을 지어 은거했다. 서예에 능했고 산수와 묵매를 잘 그렸다. 동림서원(東林書院)의 고헌성(顧憲成)으로부터 초청을 받았으나 응하지 않고 생애를 마칠 때까지 풍류와 자유로운 문필생활로 일생을 보냈다. 저서로 《군쇄록》 1권 외에 《니고록(妮古錄)》·《진미공전집(陳眉公全集)》·《소창유기(小窗幽記)》 등이 있다.

제16장
수·당·송시기 서양으로 전해진 중국 발명품

제1절 인쇄술의 전파

중국은 진(秦)나라 시기에 이미 석각(石刻)이 등장했고 한·당시기에는 석경(石經)이 있었으며 남조 양나라 시기(502–556)에 오면 이미 비문을 탁본하는 방법이 발명되었다. 왕국유는 《관당집림(觀堂集林)》 권20 〈위석경고(魏石經考)〉에서 "《수서》〈경적지〉에 나오는 두 종류의 석경은 분명히 탁본이다"라고 하였는데, 이는 인쇄술 발명 과정의 첫 단계에 해당된다. 둘째 단계는 인장(印章)을 종이에 찍는 것으로, 도교에 인장이 백여 개가 있었다고 한 것으로 보아 도교의 유행 역시 인쇄술 발명에 도움이 되었음을 알 수 있다. 셋째 단계는 작은 종이에 불상을 인쇄하는 것으로, 당나라 풍지(馮贄)[1]의 《운선잡기(雲仙雜記)》(《雲仙散錄》이라고

....

1) 풍지(馮贄, 생몰연도 미상): 금성(金城)사람으로 대략 당 소종 천우연간 전후에 살았던 것으로 보인다. 일찍이 집에 소장하고 있던 이서(異書)의 내용을 발췌하여 《운선잡기》 10권을 편찬했다고 한다.

도 함) 권5에서는 《승원일록(僧園逸錄)》을 인용하여 "현장이 회봉지(回鋒紙)에 보현상(普賢像)을 인쇄하여 사중(四衆)[2]에게 나누어주었는데, 매년 다섯 마리 낙타가 짊어질 분량을 인쇄해도 남는 것이 없었다"고 하였다. 현장은 수나라 인수 2년(602)에 태어나(다른 설도 있음) 당 고종 인덕 원년(664)에 사망하였으니, 중국에서 인쇄술이 발명된 것은 7세기 중엽이 된다.

그런데 이 책의 구제(舊題)에는 풍지가 편찬한 것으로 되어있으나 《사고제요(四庫提要)》[3]에서는 송나라 사람 왕질(王銍)이 쓴 것으로 단정하고 있다. 또 이 책에서 인용한 《승원일록》은 다른 책에서 언급된 적이 없는데다 서술된 내용도 황당무계한 것들이 많다. 현장이 보현상을 인쇄한 얘기는 《대자은사삼장법사전(大慈恩寺三藏法師傳)》 및 도선(道宣)[4]의 《속고승전》〈현장전〉에도 보이지 않기 때문에 사람들이 대부분 신뢰하지 않고 있다. 그러나 풍지의 책은 《송사》〈예문지〉권206 '소설류(小說類)'에 기록되어있고, 또 송나라 공전(孔傳)[5]의 《속육첩(續六帖)》

....

2) 사중(四衆): 불문의 네 가지 제자인 비구·비구니·우바새·우바니의 통칭.
3) 《사고제요(四庫提要)》:《사고전서총목제요(四庫全書總目提要)》의 간칭이다. 《사고제요》는 청나라 때인 1782년에 만들어진 중국 최대의 목록으로 전 200권이며 《사고전서》에 수록된 총 10,289종의 서적들에 대한 제요가 수록되어있다.
4) 도선(道宣, 596~667): 수말(隋末) 당초(唐初)의 승려로 오흥(吳興) 출신이며 남산율종(南山律宗)의 개조이다. 20세 때 구족계를 받고 율학의 대가 지수(智首) 밑에서 공부했다. 645년 현장이 인도에서 귀국하자 초대를 받아 장안 홍복사(弘福寺)에서 불전번역 사업에 참가하였고 기원정사(祇園精舍)의 제도를 모방한 서명사(西明寺)가 658년에 완성되자 그 상좌로 초대받았다. 당시 장안 불교계의 최고 지도자라고 전해진다.
5) 공전(孔傳, 생몰연도 미상): 송나라 연주(兗州) 선원(仙源) 사람. 자는 세문(世文)이고 호는 삼계(杉溪)이다. 송조가 남도(南渡)한 뒤 떠돌다 구주(衢州)

(즉 《白孔六帖》)에서도 이 책을 인용하고 있다. 게다가 '대성비사문천왕(大聖毘沙門天王)'이라는 화상(畵像)과 '대자대비구고관세음보살(大慈大悲救苦觀世音菩薩)' 화상이 돈황에서 발견되었는데, 이는 모두 목판에 새겨 종이에 인쇄한 것들이다. 이런 점에서 풍지가 한 말이 전혀 근거 없는 것은 아니다.

또 《대자은사삼장법사전》에 "법사는 자신이 받은 모든 것으로 나라를 위해 탑을 세우고 불경과 불상을 만들었다"라는 구절이 있고, 또 "십구지상(十俱胝像)의 제작을 발원하여 백만(百萬)을 십구지(十俱胝)[6]로 삼아 모두 완성하였다"라는 구절도 있다. 혹자는 이를 소상(塑像)이라 여기는 사람도 있으나 백만 개의 소상을 제작하는 것이 어찌 쉬운 일이겠는가. 그래서 나는 이것이 불상을 인쇄한 것으로 생각한다. 당시 인도에서는 이미 불상을 인쇄하고 있었으니, 의정의 《남해기귀내법전(南海寄歸內法傳)》 권4 '삼십일관목존의(三十一灌沐尊儀)'조에 "진흙 바탕에 불상의 본을 만들어 견(絹)과 종이에 인쇄하여[或印絹紙] 도처에 공양하기도 하고, 이를 쌓아 모아서 벽돌로 이를 감싸 불탑을 만들기도 한다"고 되어있다. 여기서 말하는 '혹인견지(或印絹紙)'란 당연히 인쇄를 지칭한 게 분명하다. 현장이 인도에 간 것은 정관 3년(629)으로 의정이 인도에 간 것보다 45년밖에 빠르지 않으니, 의정이 본 바를 현장도 분명 목격할

....

에서 살았다. 많은 책을 두루 읽었으며 특히 역학(易學)에 밝았다. 관직은 중산대부(中散大夫)까지 올랐고 75세에 죽었다. 저서로 《공자편년(孔子編年)》·《동가잡기(東家雜記)》·《삼계집(杉溪集)》 등이 있으며 《백씨육첩(白氏六帖)》의 속편 30권을 완성하니, 이를 《백공육첩》이라 부른다.

6) 구지(俱胝)는 산스크리트어 koti의 음역으로 고대 인도 숫자 중 가장 큰 단위인 천만에 해당한다. 따라서 10구지면 1억이 되는 것이 맞지만 너무나 엄청난 양이어서 현장이 100만을 10구지로 하였던 것 같다.

수 있었을 것이다.

대력 2년(767) 무렵 두보가 지은 〈이조팔분소전가(李潮八分小篆歌)〉에서는 "역산(嶧山)의 비(碑)가 들불에 타버려서, 대추나무에 옮겨 새겼지만 글씨가 조잡하고 커서 실제 모습을 잃었네7)"라고 하였다. 비(碑)를 나무에 조각한 것이 판(板)인데, 이는 조판인쇄술에 한층 더 접근한 것이다.

중국으로부터 인쇄술을 가장 먼저 획득한 나라는 일본이다. 일본은 텐표호지(太平寶字) 8년 즉 당 대종 광덕 2년(764)부터 100만 개의 탑을 영조하기 시작하여 진고케이운(神護景雲) 4년 즉 대력 5년(770)에 완성하고 노반(露盤)8) 아래에 각각 《근본자심상륜육도(根本慈心相輪六度)》 등의 다라니를 두었다고 하니, 이 경전들은 늦어도 770년 이전에 간행되었음이 틀림없다. 다만 목각인지의 여부는 일본에서 아직 확실한 결론을 내리지 못하고 있다. 만약 그것이 정말 목각이라면 중국의 인쇄술은 이미 770년 이전에 발명되어 해외로 전해진 것이 된다.

중국의 초기 인쇄물에는 불상 외에 불경도 있었다. 스타인(Stein)이 돈황석굴에서 발견한 판각본 《금강경(金剛經)》에는 "함통 9년(868) 4월 15일 왕개(王玠)가 두 부모님을 위해 만들어 보시했다"고 쓰여 있으며 현재 런던박물관에 보관되어있다. 당대에 판각본 불경이 등장한 것은 이보다 훨씬 더 이른 시기임이 분명하나, 현재까지 남아있는 것은 단지 이것 하나뿐이다.

《전당문(全唐文)》 권62에는 당 (문종) 태화 9년(835) 풍숙(馮宿)9)이

---

7) "嶧山之碑野火焚, 棗木傳刻肥失眞."

8) 노반(露盤): 탑의 꼭대기 층에 있는 네모난 지붕 모양의 장식.

9) 풍숙(馮宿, 767-836): 당대의 관료로 무주(婺州) 동양(東陽) 출신이다. 하남

올린 〈청금인시헌서소(請禁印時憲書疏)〉가 있는데, 대략적인 내용은 하남(河南)과 사천(四川)에서 역서(曆書)를 관아에서 반포하여 나눠주기 전에 시장에 유포되고 있는 행위를 마땅히 금지시켜야 한다는 것이다. 풍숙은 덕종 정원연간(785-804)에 진사가 되었고 개성 2년(837) 사망한 인물이니, 9세기 중국에서 이미 인쇄물이 널리 유행했음을 알 수 있다.

《당어림(唐語林)》[10] 권7에도 역서 인쇄에 관한 일이 기록되어있으니, "희종이 촉(蜀)에 들어갈 때, 태사력(太史曆)이 아직 강동(江東)에 배포되지 않았음에도 시중에 역서를 인쇄해 파는 자가 있었다. 매번 그믐날과 초하루 날이 서로 차이가 났기 때문에 역서를 파는 사람끼리 각기 절후(節侯)를 검증하다가 다툼이 생기자 동네사람들이 잡아다가 관아에 보냈다"고 하였다. 희종이 촉에 들어간 것(황소의 난을 피해 촉으로 피란한 것을 말함 - 역자)은 중화 원년(881)으로 풍숙이 상소를 올린 지 47년밖에 지나지 않은 때였다.

원진(元稹)[11]도 풍숙과 비슷한 시대에 살았는데, 장경 4년(824)에 쓴

....

윤(河南尹)과 남동천절도사(南東川節度使) 등을 역임했다. 서안의 비림(碑林)에 〈풍숙비(馮宿碑)〉가 있다. 원서의 사망연도와 1년의 차이가 나는데, 아마도 풍숙의 사망일자가 음력 12월 3일이어서 저자가 양력으로 따져서 837년으로 적은 것이 아닌가 한다.

10) 《당어림(唐語林)》: 송대 장안(長安) 사람 왕당(王讜, 생몰연도 미상)이 편찬한 일사(軼事) 필기류이다. 전 8권이고 집일(輯佚) 1권이 첨부되어있다. 당나라 사람의 다양한 필기소설에서 자료를 채록하여 당대의 역사와 문학 등을 연구하는데 참고가치가 있다. 원서는 명초에 산실되었는데, 현행 본은 《사고전서》를 편찬하면서 《영락대전》 등에 의거하여 교정 증보한 것이다.

11) 원진(元稹, 779-831): 당대 중기의 문인으로 낙양(洛陽) 출신이다. 탁월한 문재로 백거이와 이름을 나란히 해 '원백(元白)'으로 불렸으며 그의 시풍을 원화체(元和體)라고 하였다. 719수의 시가 전해지는데, 내용별로 보면 풍유시(諷諭詩)가 가장 많다. 대표작으로 오랜 전쟁으로 고통 받는 농민의 한을

《백씨장경집(白氏長慶集)》12) 서문에서 "등사하고 판각하여 시장에서 자랑하며 판다"라고 적고 "양주(揚州)와 월주(越州) 사이에서 책을 많이 만드니, 백낙천(白樂天)과 나의 잡시(雜詩)를 판각하여 시장 상점에서 판매한다"고 직접 주를 달고 있다.

그 후 중국의 인쇄술은 더욱 보급되었다. 당말에서 오대사이에 사천 지역에서는 이미 교자(交子)라 불리는 지폐가 인쇄되었고, 심지어 원 지정연간(1341-1367)에는 주묵투인법(朱墨套印法: 붉은색과 검은색 목판으로 중복 인쇄하는 방법 - 역자)이 등장하였으니, 민국 36년(1947) (국립)중앙도서관에서는 붉은색과 검은색으로 채색 인쇄된 《금강반야바라밀경(金剛般若波羅密經)》을 입수하였다.

중국의 활자 인쇄에 관해서는 《몽계필담(夢溪筆談)》 권18에 다음과 같은 내용이 보인다. "경력연간(1041-1048)에 포의(布衣) 필승(畢昇)이 활판(活版)을 만들었는데, 그 방법은 아교를 섞은 진흙에 글자를 새기는 것으로 얇기를 동전의 가장자리 정도로 하여 글자마다 하나씩 만든 다음 불에 구워 단단하게 한다. (그 다음으로) 먼저 철판(鐵板) 하나를 설치하여 그 위에 송진 기름과 종이를 태운 재를 뿌린다. 인쇄하고자 하면 철범(鐵範: 철로 된 모형 내지 틀을 말함 - 역자) 하나를 철판 위에 놓고 활자를 철범에 빽빽하게 채우면 판 하나가 되는데, 불에 구워 약(藥)이 조금 녹기를 기다렸다 평판(平板)을 그 면(面)에 누르면 글자가 고운 숫돌처

....

쓴 〈전가사(田家詞)〉와 당 현종의 사치하고 황음무도함 풍자한 〈연창궁사(連昌宮詞)〉 등이 있다.

12) 《백씨장경집(白氏長慶集)》: 당나라 백거이가 지은 시문집. 그가 죽은 뒤 원진이 목종 장경 4년에 편찬했기 때문에 《백씨장경집》이라 불렀다. 백거이가 만년에 거처하였던 향산(香山)의 이름을 따서 《백향산집(白香山集)》이라 부르기도 한다.

럼 평평하게 나온다."

　서양의 활자 인쇄 발명에 관해서는 그 설이 일치하지 않는데, 이는 각국이 모두 활자 인쇄술의 발명을 자신의 공로로 자랑하고 있기 때문이다. 그러나 서양에서 처음으로 활자를 통해 인쇄된 《성경》은 명 경태 5년(1454) 독일인 구텐베르그(Gutenberg)가 완성한 것으로 필승의 발명과 4백여 년의 차이를 보인다.

　인쇄술의 서양 전래에 대해서는 원나라 지원 29년(1292) 마르코 폴로가 귀국하여 설명한 바에 의거하여 시작되었다고 하는 사람이 있는가 하면, 몽고 군대가 사용한 지폐로부터 계발을 받았다고 말하는 사람도 있다. 이시다 미키노스케(石田幹之助)는 〈중서문화의 교류〉에서 몇몇 무명의 마르코 폴로가 이 문화의 매개가 되었다고 말했는데, 매우 설득력 있는 학설이다.

　인쇄술의 서양 전파는 지폐의 인쇄 및 그 유포에 기인했을 가능성이 가장 크다. 그러나 중국 최초의 지폐 인쇄는 원대에 시작된 것이 아니다. 현존하는 세계에서 가장 오래된 지폐는 금나라 정우연간 즉 남송 영종 6년에서 10년(1213-1217) 사이에 제작된 것이고, 이보다 빠른 것으로 사천의 교자가 있다. 그러나 언제 처음으로 유럽에 전해졌는지는 단언하기 어렵다.

제2절　제지술의 전파

　중국에서 종이의 발명은 잠사(蠶絲)와 깊은 관련을 맺고 있다. 즉 종이 '지(紙)'자는 그 부수가 '사(糸)' 방(旁)인데다 '씨(氏)' 성(聲)을 따른다.

종이 제작은 솜을 씻는데서 시작되었다. 누에고치에는 진액이 있어 물에 씻지 않으면 찢을 수가 없기에 옛날에는 강물에 돗자리를 펴고 그 위에 명주(絲綿)를 묶어 놓으면 돗자리에 남은 잔여 명주가 얇은 편(片)을 이루는데, 이것이 바로 중국의 가장 원시적인 형태의 종이가 되었다. 《한서》권97하 〈조황후전(趙皇后傳)〉에서는 이를 혁제(赫蹏)라고 불렀고 또 혁제(閒蹏), 계제(繫蹏)라고도 불렀는데, 계(繫)는 격(擊)과 통한다. 제(蹏)는 사(繰)로도 쓰고 혁체(幘帳)라고도 쓴다. 모두 헌솜을 가공하여 만든 종이로 물건을 포장할 수 있었으니, 그 시기는 전한 말이다.

(후한) 명제 때에는 사(絲) 이외의 재료로 만든 종이가 이미 등장했을 뿐 아니라 글자를 쓸 수도 있었다. 화제 말년에는 채륜(蔡倫)이 어망(魚網)으로 종이를 제조하는 방법을 처음 사용하기 시작했는데, 채륜이 제작한 종이를 황제에게 올린 것은 원흥 원년(105)이었다. 민국 31년(1942) 가을 중앙연구원은 어지나(額濟納)강 유역의 바옌(Bayan) 보그도(Bogdo)산 남쪽 챠콜테이(Tsakhortei) 봉화대 아래에서 한대의 종이뭉치를 발굴했고, 조사 결과 식물섬유로 만들어진 것이 확인되었다. 그 지역은 일찍이 중국과 스웨덴 합동 조사단이 영원 10년(98)의 목간을 발견한 곳인데, 종이가 목간 아래에 있었던 것으로 보아 종이의 제작 연대도 분명 영원 10년 전후일 것으로 판단된다. 만약 이 종이가 영원 10년 땅에 묻혔다면 채륜이 만든 종이보다 7년이나 더 빠르기 때문에 채륜 이전에 종이가 존재했음을 부인할 수가 없게 된다. 대개 모든 대발명은 반드시 약간의 미성숙한 시도를 기초로 삼아 이루어지는 것이다. (勞貞一, 〈論中國造紙術之原始〉, 《역사어언연구소집간》 제19본)

중국에서 수피(樹皮)·마설(麻屑)·폐포(敝布)로 종이를 만들 때, 서역 일대에서는 여전히 짐승 가죽을 이용하여 글을 썼고 이를 후대 사람은 혁지(革紙)라 부르기도 했다. 이집트도 물론 일찍부터 갈대로 만든 종이를 사용했으나 중국의 종이와는 달랐다. 중국의 제지술이 서양으로 전래된 것은 천보 10년(751) 고선지가 탈라스에서 아랍인에게 패한 때였다. 그 당시 두환(杜環) 역시 포로가 되었다가 나중에 풀려나 귀국하여 《경행기(經行記)》를 저술했는데, 대식국에 대해 기록하면서 "능견(綾絹) 직포기[機杼]·금은장(金銀匠)·화장(畫匠)이 있었다. 중국 장인[漢匠]으로 그림을 그린 사람은 경조(京兆) 사람 번숙(樊淑)과 유차(劉泚)가 있었고, 방직을 한 사람으로는 하동(河東) 사람 악환(樂隑)과 여례(呂禮)가 있었다"고 하였다. 그렇다면 포로로 잡힌 중국 사병 중에 당연히 제지기술자도 있었을 터이고, 이들이 사마르칸트로 이송된 뒤 아랍인이 제지공장을 세웠을 것이다. '사마르칸트 종이'는 당시의 명품으로 서아시아에 유행하였다. 9세기 중엽 회교 작가 쥬니스(Juhith)는 "서쪽에 이집트의 갈대 종이가 있고 동쪽에 사마르칸트 종이가 있다"고 하였다. 11세기의 역사학자 사리비(Tha'alibi)도 "사마르칸트의 명품을 추천한다면 오직 종이뿐이다. 그 종이는 이미 기존에 사용하던 이집트의 갈대 종이와 양피로 된 서적을 대신하였는데, 더 아름답고 더 편리하며 매끈하다. 이 물건은 사마르칸트와 중국에서만 생산된다"고 하였다.

793-794년(당 덕종 정원 9년과 10년) 사이에 바그다드에도 제지공장이 세워져 중국인을 기술자로 초빙했으나 사마르칸트에 대적할 수 없었다.

그 후 다마스쿠스(Damascus)에도 제지공장이 세워져 유럽의 종이 공급지가 되어 수세기를 이어갔다. 당시 시리아의 봄비스(Bombyx)에도 제지공장이 있었는데, 유럽인들은 그 곳에서 생산되는 종이를 봄비시나의 종이(Charta bombycina)라고 불렀다. 또 Bombycina의 원래 뜻이 목면(木棉)이기 때문에 마르코 폴로 이후 유럽인들은 대부분 이를 목면지(Cotton Paper)라고 불렀다. 요즘 사람들이 5백장 한 묶음의 종이를 1령(令)이라 부르고 이를 영어로는 Ream, 스페인어로는 Resma, 이탈리아어로는 Risma, 프랑스어로는 Rame이라고 부르는데, 이는 모두 아랍어 Rezma에서 나온 것으로 작은 묶음이라는 뜻이다.[13]

아랍인이 제지술을 얻어 이를 다시 스페인과 이집트 등지로 전파시킴에 따라 점차 양피지(羊皮紙)를 대신하게 되었다. 이집트는 900년, 프랑스는 1189년, 이탈리아는 1276년에 제지업이 시작되었으나, 유럽 전체적으로는 14, 15세기가 되어서야 비로소 제지업이 발달하기 시작하였다.

제3절 나침반의 전파

나침반의 발명을 이야기하려면 반드시 먼저 지남침(指南針)의 발명에 대해 알아야 한다. 전설에 따르면 황제(黃帝)와 치우(蚩尤)가 축록(逐鹿)의 들판에서 전쟁을 벌일 때, 치우가 큰 안개를 일으켜 군사들이 방향을 잃자 황제가 지남거(指南車)를 만들어 방향을 가리키게 했다고 한다. 또 주나라 성왕(成王) 때 월상씨(越裳氏)[14]가 입조했다가 돌아가는 길에 사신이 길을 잃자 주공(周公)이 병거(軿車) 5대를 하사했는데, 이듬해에 사신이 다시 병거를 타고 찾아왔다고 전해진다. 병거란 바로 지남거로 전한 말에 실전(失傳)되었다가 후한 때 장형(張衡)이 다시 만들었지만 재차 실전되었다. 위 명제(226-238) 때 박사 마균(馬鈞)이 또 다시 새로

....

13) 한국에서는 500장 한 묶음을 1련(連)이라 부른다.
14) 월상씨(越裳氏): 중국에서 먼 남쪽의 오랑캐로《후한서》〈남만전〉에 보면 주 성왕 때 흰 꿩[白雉]을 바치며 "하늘의 모진 바람과 바다의 험한 파도가 없은 지 3년이나 되니, 아마도 중국에 성인이 있는 것입니다"라고 말했다고 되어있다.

만들었으나 위나라 이후 진씨(晉氏)의 난(八王의 亂을 말하는 것 같음 - 역자)으로 인해 그가 남긴 제작법 역시 전해지지 않게 되었다. 후조 석호(石虎, 333-348) 때의 해비(解飛)[15], 후진 요흥(姚興, 394-415) 때의 영호생(令狐生)[16], 남제의 조충지(祖沖之), 북위의 마악(馬嶽)[17] 등이 또 잇달아 이를 제작하였다. 서진 혜제 때 태부(太傅)를 지낸 최표(崔豹)[18]는 《고금주(古今注)》를 저술하면서 황제와 주공이 지남거를 만든 일 외에 지남거의 형태와 구조까지 기술했는데, "처음 지남거를 만들 때 할(轄)과 세(轊)를 모두 쇠[鐵]로 만들었으나 돌아왔을 때 쇠도 다 닳아서 없어졌다"고 하였다. 세는 수레의 축이고 할은 수레축의 빗장이다. 쇠로 제작한 까닭은 아마도 나무보다 튼튼하기 때문일 것이나 쇠와 자석의 관계를 이용했을 가능성도 있다. 혹자는 지남거가 수레의 회전만을 이용하는데 방위와 톱니바퀴가 서로 연결되어있다고도 하고, 더 나아가 톱니바퀴를 이용하여 수레 위의 선인(仙人)과 서로 연결시켜 한 방위만 가리키게 하면 수레는 움직여도 선인은 움직이지 않는다고도 말하지만 역시 모두 추측일 뿐이다.

....

15) 해비(解飛, 생몰연도 미상): 육홰(陸翽)의 《업중기(鄴中記)》에 따르면 후조 석호 때 위맹변(魏猛變)과 함께 세계 최초의 곡식을 빻는 기계[車磨]를 만들었다고 한다.
16) 해비와 영호생의 지남거 제작에 관한 기록은 《송서》 권18에 보인다.
17) 위 태무제가 손재주가 좋은 곽선명(郭善明)에게 지남거를 만들도록 명하였으나 시종 이를 완성치 못하였는데, 부풍(扶風) 사람 마악이 이를 이어받아 거의 완성했을 때 곽선명에 의해 독살되었다고 한다.
18) 최표(崔豹, 생몰연도 미상): 서진 연국(燕國) 사람으로 자는 정웅(正熊)이다. 혜제 때 상서좌병중랑(尙書左兵中郎)과 태부복(太傅僕)을 지냈다. 성제 함강 중에 후조 석호 밑에서 상시(常侍)와 시중(侍中)을 지냈다. 저서에 《논어집의(論語集義)》와 《고금주》가 있다

기원전 250년에 만들어진 《여씨춘추》의 〈정통(精通)〉편에 이미 "자석은 쇠를 부르는데 그것을 당긴다고도 한다"는 말이 있고, 《산해경》에도 "유택(泑澤) 속에 자석이 많다"는 말이 있으며, 《회남홍렬해》에서는 "수인씨(燧人氏)가 햇빛에서 불을 취하였고 자석은 쇠를 당긴다"고 말하고 있다. 이들 모두 중국인이 선진(先秦)시기에 이미 자석의 작용을 알고 있었다는 사실을 증명해주고 있다.

후한 때 왕충이 저술한 《논형》 〈시응편(是應篇)〉에서 "사남(司南)의 표(杓)를 땅에 두면 그 자루가 남쪽을 가리킨다"라고 하였고, 《한비자》에서도 "선왕(先王)이 사남을 이용하여 방위를 정하도록 규정하였다"고 하였으니, 이들 모두가 자석을 이용하여 만든 것임은 의심의 여지가 없다.

그러나 중국에서 가장 일찍 자석과 쇠가 서로 끌어당기는 속성을 이용하여 방위를 정하는 기구로 삼은 것은 사실 병가(兵家)와 방술지사(方術之士) 즉 소위 음양가(陰陽家)들이다.

송 인종 강정 원년(1040) 증공량(曾公亮)[19]과 정도(丁度)[20] 등이 《무경총요(武經總要)》[21]를 편찬하기 시작하여 경력 4년(1044) 경에 완성했

....

19) 증공량(曾公亮, 998~1078): 북송의 관료로 복건성 진강(晉江) 사람이다. 1024년 진사가 되었고 이부시랑·중서문하평장사(中書門下平章事) 등을 역임하였다. 왕안석의 신법을 지지하였기 때문에 보수파의 불만을 사기도 하였다. 정도 등과 함께 군사기술서인 《무경총요》를 찬술하였다.

20) 정도(丁度, 990~1053): 북송의 관료이자 학자로 개봉(開封) 출신이다. 관직이 참지정사(參知政事)에 이르렀으나 나중에 해임되어 관문전학사(觀文殿學士)가 되었다. 변방의 일에 관심을 가지고 《비변요람(備邊要覽)》·《경력병록(慶歷兵錄)》·《섬변록(贍邊錄)》 등을 저술하였다.

21) 《무경총요(武經總要)》: 증공량과 정도 등이 인종의 명을 받고 만든 군사기술서로 주제가 광범위하여 각종 수군 전함이나 투석기에 대한 것까지 모두 수록하고 있다. 또 화약 제조 방법을 언급한 세계에서 가장 오래된 기록이기도 하다. 1126년 금나라가 개봉을 함락시켰을 때 원본이 소실되었으나, 1231

는데, 권15 〈향도(鄕導)〉에 보면 다음과 같이 적혀있다.

"만약 하늘에 구름이 끼고 흙비가 오는 날을 만나거나 밤빛이 검게 어두워 방향을 분별할 수 없으면, 늙은 말을 앞세워 아는 길을 따라가게 하거나 지남거나 지남어(指南魚)를 이용하여 방향을 분별하게 한다. 지남거를 만드는 방법은 세상에 전해지지 않는다. 지남어를 만드는 방법은 얇은 철판을 길이 2촌(寸)에 너비 5푼(分)으로 자르고 그 앞과 뒤를 물고기 모양으로 뾰족하게 만든다. 이를 타는 불 속에 넣고 가열하여 완전히 붉게 변하기를 기다렸다가 철검(鐵鈐)으로 물고기 머리 부분을 찍어 불꽃이 튀면, 꼬리를 정확히 자(子) 방위를 향해 놓고 물 대야에 담그는데 꼬리 부분의 몇 푼까지만 담갔다가 밀봉된 용기에 담는다. 사용할 때는 물그릇을 바람이 없는 곳에 평평하게 놓고 물고기를 수면에 띄워놓으면 그 머리가 항상 남쪽 오(午) 방위를 향한다."

이 책에서는 육상(陸上)에서 방향을 분별하는데 도움이 되는 것만 얘기했고 수상(水上)에서 방향 분별하는 법은 얘기하고 있지 않다.

심괄(沈括)²²은 송 인종 가우 8년(1063) 진사가 되었고 《무경총요》가 완성된 지 20년 후에 《몽계필담》을 저술하였는데, 그 권24에서 다음과 같이 말하고 있다.

년 남송에서 몇몇 부본(副本)을 토대로 다시 간행하였다. 전후(前後) 2집(集)으로 구성되어있으며 총43권 2,869쪽에 달한다. 전집 22권은 군사 이론과 규칙에 대해 서술하였고, 후집 21권의 전반부는 고금의 군사 및 전쟁 사례를, 후반부는 음양과 점술에 대해 소개하고 있다.
22) 심괄(沈括, 1031-1095): 송대의 관료이자 학자로 여러 학문에 두루 능했다. 그의 대표적 저서 《몽계필담》은 몽계원(夢溪園)이라는 정원에서 손님들과 나눈 대화를 기록한 것인데, 나침반과 역법(曆法)에 대한 최초의 설명이 있으며 화석의 기원 등에 대해 비교적 정확한 설명을 하고 있다.

"방술가들이 자석으로 침봉(針鋒)을 갈면 남쪽을 가리킬 수 있으나, 항상 약간 동쪽으로 치우쳐 정확히 남쪽을 가리키지 못한다. 물에 띄우면 많이 흔들린다. 손톱이나 주발 상단 가장자리에 놓아도 가능하고 회전이 특히 빠르지만 딱딱하고 미끄러워 쉽게 떨어진다. 차라리 실에 매달아 놓는 것이 가장 좋다. 그 방법은 새 솜에서 한 가닥 실을 뽑고 겨자씨에서 짜낸 밀랍으로 바늘허리에 매달아 바람이 불지 않는 곳에 걸어놓으면 바늘이 항상 남쪽을 가리킨다. 그 중에는 자석에 갈아서 북쪽을 가리키게 하는 것도 있는데, 우리 집에는 남북을 가리키는 것이 모두 있다."

심괄은 사물을 관찰함이 극히 정밀했을 뿐 아니라 각종 방법을 이용해 실험할 줄도 안 과학정신이 상당히 풍부한 사람이었다. 심괄과 같은 시기에 살았던 정계(程棨)라는 사람도 자신이 쓴 《삼류헌잡식(三柳軒雜識)》에서 다음과 같이 적고 있다.

"음양가들이 자석으로 바늘을 끌어당겨 남북의 방위를 정하는데, 매번 자오(子午: 즉 남북)의 다름이 있었다. 《본초연의(本草演義: 演은 衍자와 같음)》에 따르면 '자석으로 침봉을 갈면 남쪽을 가리킬 수 있으나, 항상 약간 동쪽으로 치우치고 완전히 남쪽을 가리키지 않는다. 정 남쪽을 가리키게 하는 방법은 새 솜에서 실 한 가닥을 뽑고 겨자씨의 밀랍으로 바늘허리에 매달아 바람이 없는 곳에 걸어놓으면 바늘이 항상 남쪽을 가리킨다. 바늘로 등심(燈心)을 관통시키거나 물에 띄워 놓아도 역시 남쪽을 가리키지만 자주 병(丙)의 방위로 치우친다'고 되어있다."

두 사람의 기록은 거의 동일하여 같은 원전에서 나온 것임을 알 수 있다. 그러나 《본초연의》는 구종석(寇宗奭)[23]이 선화 원년(1119)에 저

....

23) 구종석(寇宗奭, 생몰연도 미상): 송대의 약물학자로 약성(藥性)에 대한 연구

술한 것이고 심괄의 저서는 그 보다 50년 전에 나온 것이 확실하다. 그래서 나는 《본초연의》가 《몽계필담》을 베끼고 주를 달지 않은 것으로 추정한다. 혹자는 심괄이 인용한 것이 《본초》 원본이어서 더 상세하다고 말하지만 실질적인 증거는 없다. 소위 등심(燈心)이라는 것은 등심초(燈心草)를 가리킨다. 두 책 모두 '방술가'와 '음양가'만을 얘기하고 당시 이미 항해에 사용된 사실은 언급하지 않고 있는데, 이는 저자들도 몰랐던 때문인 듯하다.

한대 이후 중국과 해외의 각종 항해기록을 읽어보면 나침반을 사용하지 않았음을 분명히 알 수 있다. 법현의 《역유천축기전(歷遊天竺記傳)》에 보면 "대해는 끝없이 펼쳐지고 동서를 분별할 수 없기 때문에 오로지 해와 달과 별자리를 보면서 나아갈 뿐이었다. 만약 흐리고 비가 오면 바람이 부는 대로 흘러가서 정확한 방향을 잡을 수가 없었다. 어두운 밤에는 단지 큰 파도가 서로 부딪쳐 번쩍이는 불빛과 자라나 거북 및 물속의 괴이한 것들만 보일 뿐이었다. 상인들은 겁에 질려 어디로 가야 할 지를 알지 못했다. 바다는 끝없이 깊어 돛을 내릴 곳도 찾을 수 없었다. 날이 밝아지면 그제야 동서를 분별할 수 있게 되어 다시 바른 방향을 회복하여 앞으로 나아갔다"고 하였으니, 그 때가 동진 의희 7년(411) 가을이었다.

지남어가 발명된 뒤 항해에 이미 사용되어졌을 수 있지만 《무경총요》에서는 언급하고 있지 않다. 원나라 지원 17년(1280) 진원정(陳元靚)[24]

를 중시하고 처방에 쓰이는 약물은 반드시 약의 성질을 알아야 한다고 강조하였다. 실제 약물에 대한 오랜 관찰과 실험을 근거로 여러 의학자들의 의견을 참고하여 정화 6년(1116) 《본초연의》20권을 지었는데, 상용 약물 460여 종이 실려 있다. 원서에 나오는 저술연도와 차이가 있지만 어느 것이 정확한지 확인하지 못했다.

이 쓴《사림광기(事林廣記)》계집(癸集)에서도 지남어와 지남귀(指南龜)
의 형태 및 구조에 대해 "나무로 손가락 크기의 물고기 하나를 깎은[25]
다음 배에 구멍을 내어 좋은 자석 하나를 넣고 납(蠟)으로 가득 채운다.
바늘의 절반을 모두 물고기 입 속에 걸어 넣고 물속에 담그면 자연히
남쪽을 가리킨다. 손으로 돌려도 또 다시 처음처럼 돌아온다." "나무로
거북이 하나를 깎아서 앞서 했던 방식으로 만든다. 다만 꼬리 가에 바늘
을 두드려 넣고 작은 판 위에 놓은 뒤 젓가락처럼 생긴 죽침(竹針)으로
꼬리를 크게 하고 거북의 배에 구멍 하나를 조금 파서 못 위에 놓고
돌리면 항상 북쪽을 가리키는데, 반드시 꼬리 뒤에 못을 박아야 한다"라
고 언급하고 있으나, 여기서도 바다에서 사용했다는 말은 없다.

　중국에서 나침반을 항해에 이용했다는 가장 이른 시기의 정식 기록은
선화 원년(1119) 주욱(朱彧)이 쓴《평주가담(萍洲可談)》으로 "주사(舟師)
가 지리를 식별할 때, 밤에는 별을 보고 낮에는 해를 보며 흐린 날에는
지남침을 본다. 혹은 열 장(丈) 길이의 끈 달린 고리로 해저의 진흙을
채취하여 그 냄새를 맡아 다다른 곳을 알았다"고 적고 있다. 지남침을
방향 식별의 유일한 도구로 삼지 않고 흐린 날에만 사용한 이유에 대해
서는 잘 알 수가 없다. 그의 부친 주복(朱服)은 원부 2년(1099)에서 숭녕

....

24) 진원정(陳元靚, 생몰연도 미상): 복건성 숭안(崇安) 사람으로 대표작인《사림
　　광기(事林廣記)》외에《세시광기(歲時廣記)》와《박문록(博聞錄)》등이 있다.《사림광기》
　　는 중국 최초의 삽화가 들어간 유서(類書)로 남송시대의 예의(禮儀)·곡예(曲
　　藝)·무고(巫蠱)·일상생활·의학·기물(器物) 등을 소개하고 있으며《세시광
　　기》와《박문록》은 원대의 생활백과에 관한 유서이다.
25) 원서의 인용문에는 "以木刻魚子一個, 如母子大"로 되어있는데,《사림광기》
　　원문을 확인하지 못해서 원문대로인지, 원문대로라면 '母子'가 무슨 뜻인지
　　정확히 알 수가 없다.

원년(1102)까지 지광주(知廣州)를 지냈기에, 주욱이 기록한 것은 부친에게서 들은 내용임이 틀림없다. 그렇다면 광주 방면의 해양선박들이 늦어도 11세기 말에서 12세기 초에 이미 나침반을 사용할 줄 알았다는 것이 된다.

선화 5년(1123) 서긍(徐兢)은 고려에 사신으로 갔다가 돌아와서 《선화봉사고려도경(宣和奉使高麗圖經)》을 썼는데, "만약 어두워지면 지남침을 이용하여 남북을 가렸다"고 하였다. 원대의 기록으로는 《진랍풍토기(眞臘風土記)》가 있는데, 이는 주달관(周達觀)[26]이 지정 9년(1349) 캄보디아에 가면서 보고 들은 이야기를 기록한 책이다. 원정 2년(1296) 2월 20일 온주(溫州)에서 바다로 나가 정미침(丁未針)으로 항해했다고 하였으니, 정미(丁未)는 남남서(南南西) 방향을 가리키는 것으로 당시에 이미 침로도(針路圖)[27]가 있었다는 말이다.

《일본서기(日本書紀)》에는 사이메이(齊明)천황 4년(658) "이 해에 고시노쿠니(越國)의 수(守) 아베노히키타노오미노히라후(阿部引田臣比羅夫)[28]가 숙신(肅愼)을 토벌하고 살아있는 곰 2마리와 곰 가죽 70장을

....

26) 주달관과 《진랍풍토기》에 대해서는 본서 제3편 3장 5절을 참고.
27) 침로도(針路圖): 침로 즉 바다를 항해할 때 나침판에 의거하여 만든 항로(航路)를 그려놓은 지도. 침경(針經) 또는 침부(針簿)라고도 부른다. 침로를 명시함으로써 항해의 안전은 물론이거니와 항진 방향을 예정하고 항해 소요 시간을 정확히 산출할 수 있었다. 중국에서는 남송 말엽에 출현한 후 원대에는 다양한 침로도가 제작 이용된데 반해, 유럽에서는 1300년 전후에 비로소 침로가 표시된 항해도가 나타났다.
28) 아베노히키타노오미노히라후(阿部引田臣比羅夫, 생몰연도 미상): 阿倍比羅夫, 安倍比羅夫, 阿倍比羅夫, 阿倍引田臣, 阿倍比邏夫 등으로도 표기된다. 아베는 씨(氏)이고 히라후는 이름이며 약 7세기 중엽에 활약한 일본 아스카 시대의 장군이다.

바쳤다. 승려 치유(智踰)가 지남거를 만들었다"는 기록이 있다. 《일본기 (日本紀)》에서는 덴지(天智)천황 6년(667)의 일로 기록하고 있다. 그런데 히라후[29]가 선박 180척을 이끌고 숙신을 공격했다고 하나, 여기서 말하는 지남거는 분명 항해와는 무관한 것으로 보인다. 또 일본의 지남거는 아마도 중국에서 전래된 것 같지만, 자석과 쇠가 서로를 끌어당기는 원리를 이용한 것인지는 고증할 수가 없다. 일본에서 자석에 관한 가장 이른 기록은 와도(和銅) 6년(713)으로 오우미노쿠니(近江國)에서 자석 (慈石)을 바쳤다는 내용이 《속일본기(續日本記)》에 나온다. 당시에는 중국에 유학 온 일본 학승이 상당히 많았으므로 주공이 지남거를 만든 일에 대해서 분명 들은 바가 있었을 것이고, 당 고종 때는 본초학도 매우 발달했던 시기로 당시 일본의 음양가들이 사용했을 가능성이 매우 높다. 다만 항해에 사용했는지 여부는 아직까지 확실한 증거가 없다.

　서방에서 나침반을 사용했다는 것을 알 수 있는 확실한 기록은 13세기 초에 나온 아불피다(Abulfeda)[30]의 지리서이다. 이에 따르면 1180년 (송 효종 순희 7년)에 (나침반은) 이미 '선원의 친구'라는 이름을 얻었다고 한다. 원 지원 18년(1281) 바일락 알 킵자키(Bailak al-Kibjaki)가 쓴 《경상보감(經商寶鑑)》(Merchant's Treasure)[31]에는 당시 알렉산드리아

....

29) 원서에는 히라시쓰(比羅失)로 표기되어있으나 오류가 분명하여 바로잡았다.
30) 아불피다(Abulfeda, 1273-1331): 아부 알피다(Abu al-Fida) 혹은 아불 피다 이스마일 함비(Abul Fida Ismail Hamvi)라고도 한다. 정식 이름은 아부 알피다 이스마일 빈 알리 빈 마흐무드 알무이야드 이마드 앗딘(Abu Al-fida' Isma'il Ibn 'ali ibn Mahmud Al-malik Al-mu'ayyad 'imad Ad-din)이다. 보통은 아불피다 혹은 아부 알피다(Abu Alfida)등으로 번역된다. 쿠르드인(Kurdi)으로 시인·역사가·지리학자였으며 한 지역의 술탄이었다. 그가 쓴 지리서의 이름은 《나라들의 안내 목록》(영어: A Sketch of the Countries, 아랍어: Taqwim al-Buldan)이다.

항에서 인도양으로 항해하는 선원들이 모두 나무 조각을 물 위에 띄우고 나무 조각 위에 자침(磁針)을 놓았다고 기록되어있다. 또 쇠로 물고기 모양을 만들고 속은 비워둔 채 바닷물에 던지면 물고기 머리와 꼬리가 수면에서 남북을 가리킨다고 하였는데, 이는 중국 책에 기록된 지남어와 공교롭게도 일치한다.

유럽이 나침반을 항해에 이용하게 된 것은 사실 아랍인을 통해서인데, 아랍인은 또 중국을 통해서 알게 된 것이다.

제4절 화약의 전파

화약(火藥)이라는 이름은 아마도 그 가장 중요한 세 가지 성분인 유황(硫磺)·초석[硝]·목탄(木炭)이 모두 약(藥)인데다 불을 일으킬 수 있기 때문에 붙여진 것 같다. 세 가지 성분 중 특히 중요한 것은 초석으로, 화약이 폭발력을 갖는지 여부와 그 폭발력의 세기는 모두 초석의 많고 적음에 달려있다. 중국인은 초석에 대해 일찍부터 알고 있었지만, 안타깝게도 모두 의학과 연단술(鍊丹術)에 사용하였고 그 군사적 가치에 대해서는 알지를 못했다. 그러나 화약의 발명에는 연단술사들이 분명 의사들보다 더 큰 공을 세웠다. 유황·초석·목탄은 모두 불의 성질을 지닌 것이어서 의사들이 이를 섞어 약을 만들지는 않았다. 그러나 연단술사들은 그들이 금을 만들려 했든 아니면 불로장생의 선단(仙丹)을 만들려

....

31) 원제는 《비밀을 알아내기 위한 상인들의 보물》(*Kitab Kanz al Tujjar fi ma rifat al ahjar*)이다.

했든 간에 그것을 위해 모험하기를 원했으니, 이것이 바로 연금술 (Alchemy)이다. 애석하게도 중국인들은 송·원 이후로 이를 주로 벽사 (辟邪)와 축귀(逐鬼)에만 이용한데 반해, 서양인들은 15, 16세기 이후부터 화학(化學)의 길로 이미 들어서고 있었다.

화약의 발명은 연단술사들이 연단·연금하는 과정에서 순간의 실수로 불이 붙으면서 이루어졌다. 삼국시기 정사원(鄭思遠)이 쓴 《진원묘도요략(眞元妙道要略)》[32]에는 "유황과 웅황(雄黃)에 초석과 꿀을 섞어서 불을 붙이자, 불꽃이 튀면서 손과 얼굴에 화상을 입고 집을 다 태운 적이 있다"고 적혀있다. 유황과 초석은 모두 불의 성질을 갖고 있고, 꿀은 불에 타면 소량의 탄소가스를 함유하게 되어 잠시 이산화탄소를 배출하는 기능을 하게 된다.

중국인이 화약을 발명한 후 어떻게 연단술에서 군사용으로 바꾸어 나갔을까? 대개 고대의 병서(兵書)는 방술(方術)과 불가분의 관계여서 병서 중에서 항상 방술을 얘기했고 연단서 역시 늘 군사에 관한 일을 기록하였다. 화약이라는 이름이 처음 등장한 것은 송 인종 강정 원년 (1040) 증공량과 정도 등이 칙명을 받아 편찬한 《무경총요》이다. 그러나 노진(路振)의 《구국지(九國志)》[33] 권2에 따르면 《무경총요》 이전인 당

....

32) 저자는 《진원묘도요략》의 지은이를 서진의 방사(方士)이며 자가 사원(思遠) 인 정은(鄭隱, ?-302)으로 본 듯한데, 《진원묘도요략》(《眞元妙道經》이라고도 함)의 내용을 보면 이적(李勣)과 오균(吳筠) 및 연라자(煙蘿子)의 말이 인용되어있는 것으로 보아 오대와 송나라 초기에 나온 책이 분명하다.
33) 《구국지(九國志)》: 북송의 역사가 노진(957-1014)이 쓴 오대시기 9개 나라(吳·南唐·吳越·前蜀·後蜀·荊南·南漢·閩·楚)의 역사책. 원래는 49권이었으나 원본은 일찍이 산실되었고 청나라 소진함(邵晉涵)이 《영락대전》 중에서 뽑아낸 것을 주몽당(周夢棠)이 12권으로 다시 편집한 것이 남아있다.

애제 천우 초(904)에 이미 비화(飛火)가 있었고, 《삼조북맹회편(三朝北盟會編)》[34] 권97에 인용된 《조야첨언(朝野僉言)》에 따르면 비전(飛箭)·금즙포(金汁砲)·화포(火砲)가 있었으며, 《송사》 권197 등에 의하면 송 진종 함평 3년(1000)에 화전(火箭)·화구(火毬)·화질려(火蒺藜) 등이 있었다고 한다.

《무경총요》에는 권11에 독약연구(毒藥烟毬), 권12에 질려화구화약(蒺藜火毬火藥)과 화포화약(火砲火藥) 등 세 가지 제조방법이 소개되어있다. 그런데 이 세 가지 모두 유황·염초(焰硝)·목탄 및 기타 잡다한 물질로 구성되고 모두 폭발성과 연소성 및 사격성(射擊性)을 갖추고 있으며 각각의 배합량이 있는 것으로 보아 오랜 실험을 통해 완성되었음을 알 수 있다.

그러므로 중국에서 화약을 무기로 사용하게 된 때는 당말에서 오대시기, 아무리 늦어도 북송 초기라고 보아야 할 것이다. 정식으로 전투에서 화약을 사용한 기록은 정강 원년(1126) 겨울 금나라가 변경(汴京)을 공격했을 때 송나라가 화포를 쏘아 방어했던 일로 석무량(石茂良)의 《피융야화(避戎夜話)》와 정특기(丁特起)의 《정강기문(靖康紀聞)》에 보인다. 소흥 2년(1132) 중국은 이미 관(管)에 화약을 넣어 발사하는 무기를 갖고 있었다. 탕도(湯濤)의 《덕안수어록(德安守禦錄)》 권하에는 진규(陳規)가 덕안부(德安府)를 지킨 일을 기록하며 이르기를 "또 화포약(火砲藥)으로 긴 죽간(竹竿) 화창(火鎗) 20여 개를 만들고 당창(撞鎗)과 구겸(鉤鎌)도 각각 몇 개 만들어 모두 두 사람이 함께 하나씩 들게 한 후,

....

34) 《삼조북맹회편(三朝北盟會編)》: 송나라 휘종·흠종·고종 3조(朝)의 송·금 양 국 간 전쟁과 화평 교섭관계를 기록한 책. 남송의 서몽신(徐夢莘)이 200여 종의 자료에 입각하여 편집한 편년체 사서로 250권이며 1194년에 완성되었다.

적들이 천교(天橋)를 준비하여 성에 접근하면 전붕(戰棚) 위아래에서 사용하게 했다”고 하였다. 이 일은《송사》권377〈진규전(陳規傳)〉에도 보인다. “두 사람이 함께 하나씩 들게 했다”는 말에서 큰 죽간 즉 죽관(竹管)임을 알 수 있으니,분명 화약을 관 안에 넣고 불을 붙여 발사했을 것이다. 보우 5년(1257) 이증백(李曾伯)이 정강(靜江)에 가서 군비(軍備)를 조사하고 올린 글에도 화창(火槍)이 언급되어있다. 즉《가재속고후집(可齋續稿後集)》권5에 “화전(火箭)은 95벌[隻] 있고 화창은 105통(筒)만 있다”고 기록되어있는데, 통(筒)은 죽관을 말한다.

중국의 화약과 무기 제작법이 외국에 전해진 것은 북송이 마지막으로 여진(女直)의 침략을 받았을 때였다. 북송은 화약으로 강적에 대항했으나 오래지 않아 포로의 누설과 투항한 자의 보고로 인해 그 비밀이 마침내 여진에게 알려졌는데, 그 시기는 정강 원년(1126) 12월 무렵으로 이 내용은 작자미상의《정강요록(靖康要錄)》권13에 보인다.

13세기 아랍인과 유럽인은 이미 화약이란 물질에 대해 알고 있었다. 영국의 베이컨(Roger Bacon)35)은《기술과 자연의 신비로운 공적 및 마술의 허무를 논한 서찰》(*Epistola de Secretis Operibus Artis et Naturae, et de Nulitate Magiae*) 등의 책에서, 그리고 독일의 알베르투스 마그누스(Albertus Magnus)36)는《세계 기관(奇觀) 논의》(*Demirabilibus Mundi*)

---

35) 로저 베이컨(Roger Bacon, 1214?-1294): 영국의 중세 신학자이자 철학자. 근대과학의 선구자로 평가되어 ‘경이(驚異)의 박사’로 불리었다. 그의 언어 연구는 성서에 대한 비판적 연구의 선구가 되었다.

36) 알베르투스 마그누스(Albertus Magnus, 1193?-1280): 독일의 스콜라 철학자 겸 신학자. 신학과 철학 사이에 명백한 경계선을 그음으로써 철학이 지니는 자율적인 가치를 분명히 하였고 동물학·지리학·천문학·광물학·연금술·의학 등 광범위한 연구를 하였다.

에서 모두 화약에 대해 언급하고 있다. 그러나 군사적으로 사용된 것은 1326년(원 태정 3년) 이후부터였다.

초석이 중국에서 아랍으로 전해진 것은 1227-1250년(송 보경 3년에서 송 순우 10년) 사이임이 틀림없다. 왜냐하면 1250년 아랍인 아벨 알라 빈-알바이-다르(Abel Allah Ibn-Albay-thar: 알바이 다르의 아들 아벨 알라라는 뜻임 - 역자)가 쓴 의학자전에 처음으로 '중국설(中國雪)'이라는 이름으로 초석을 기록해 놓았으나, 상당히 많은 연소성 물질을 소개하고 있는 1227년의 한 아랍 필사본에는 초석에 대한 기록이 없기 때문이다.

1325년(원 태정 2년) 아랍인이 화약무기로 스페인의 바사(Baza)성을 공격한 일이 있고 이듬해에는 이탈리아의 플로렌스 공화국에서 철포(鐵砲)와 철탄(鐵彈) 제작을 명한 일이 있는데, 무기학자들은 대부분 이 해를 유럽에 철탄이 등장한 해로 보고 있다. 이는 금나라가 변경을 공격한 지 정확히 200년이 지난 후의 일이다.

독일의 화약은 이탈리아에서 전래되었다. 프랑스는 1338년(원 지원 4년), 네덜란드와 벨기에는 1339년(지원 5년), 영국은 1340년(지원 6년), 독일은 1346년(원 지정 6년)에 화약무기에 대한 기록이 처음 등장한다. 즉 중국보다 200년 하고도 20년 이후의 일이다.

제17장
수·당·송시기 서역인의 중국화

제1절 수대 이전 중국으로 이주한 이민족

본서 제1편 14장 5절에서 이미 '북조시대 외국인의 잡거와 귀화'에 대해 간략히 서술한 바 있다. 서진의 무제는 특히 이민족을 불러들이는 것을 중시했는데, 《자치통감》에 기록된 무제시기 중국으로 이주한 이민족 현황은 다음과 같다.

- 함녕 3년(277) 여러 호족(서북의 雜虜, 선비, 흉노 등) 20만 명이 투항해왔다.
- 태강 5년(284) 흉노 2만 9천 3백 명이 투항해왔다.
- 태강 7년(286) 흉노 등 호인(胡人) 10여만 명이 옹주(雍州)에 와서 투항하였다.
- 태강 8년(287) 흉노 1만 1천 5백 명이 투항해왔다.
- 태강 10년(289) 해가(奚軻: 즉 夷種族)의 남녀 10만 명이 투항해왔다.

태강 원년(280) 당시 전국의 인구는 겨우 1,600만 명이었는데, 《진서

《晉書》 권14 〈지리지(상)〉에 따르면 무제시기 중국으로 이주한 외국인은 전체 인구의 약 1/30에 해당한다. 만약 거기에다 후한부터 삼국시대까지 중국 내지에 들어와 잡거한 흉노·저강(氐羌)·오환(烏桓) 등을 더하면 외국 혈통은 아마도 이미 100만 명이 넘었을 것이다. 남북조시대에는 특히 거주의 자유가 있었다. 그러나 오호십육국과 남북조시대에 이주한 사람들 대부분은 북적(北狄)과 동호(東胡)였고 수·당·송·원 시대로 오면서 서역에서 오는 사람들이 점차 증가하였다. 그래서 원나라 초 호삼성(胡三省)이 《자치통감》 〈진기(晉紀)30〉 '태원 21년(396)'조에 주석을 달면서 "오호라! 수대 이후로 시대에 이름을 남긴 사람들 중 대북(代北)[1])의 자손이 10 중 6, 7이네! 씨족의 구별이 과연 무슨 도움이 되겠는가?"라고 하였던 것이다.

남북조시대부터 중국의 성씨 역시 문란해지기 시작했는데, 거기에다 북위의 효문제가 선비족으로 하여금 한족의 성씨를 쓸 수 있게 함으로써(이에 대한 내용은 《위서》 권113 〈官氏志〉에 나옴) 중국인과 외국인이 점점 더 혼합되어 더 이상 구분할 수 없는 지경에 이르게 되었다.

제1편 11장 '여헌에 대한 한나라의 인식'의 제3절 '그리스문화의 동방 전래와 한대의 그리스어 역명(譯名)'에서 전한시기 여헌의 포로가 집중된 곳의 지명을 '여간현(驪靬縣)'이라 불렀고 장액군에 속하게 했다는 사실을 언급한 바 있다.

그러나 이와 같은 사례는 그 외에 구자현(龜玆縣)도 있으니, 현재 섬서성 북쪽에 위치한 미지현(米脂縣)이 이에 해당한다. 당대의 안사고(顏師古)는 《한서》 권28하 〈지리지(하)〉에 주석을 달아 "구자국 사람으로 투항하거나 귀부해온 자들을 이곳에 거주하게 하였기에 이름을 그렇게

....

1) 대북(代北)은 선비족의 일파인 탁발씨가 세운 북위를 가리킨다.

불렀다"고 하였다.

　안사고는 또 《한서》 권96 〈서역전(하)〉의 '온숙국(溫宿國)'조에 주석을 달아 "지금의 옹주(雍州) 예천현(醴泉縣) 북쪽에 온숙령(溫宿嶺)이라는 산이 있는데, 본래 한나라 때 온숙국 사람들이 오면 이 땅에 살면서 농경과 목축을 하도록 하였기에 그렇게 불렀다"고 하였다.

　《한서》〈지리지(하)〉에 보면 안정군(安定郡) 관할 지역 내 '월씨도(月氏道)'라는 곳이 나오는데, 양수경(楊守敬)[2]의 《전한지리도(前漢地理圖)》에서는 현 감숙성 진원현(鎭原縣)의 동북쪽으로 표시하였다. 전점(錢坫)[3]은 《신각주지리지(新斠注地理志)》 권12에서 "이 곳은 그 나라의 투항한 사람을 안치한 곳이었다"고 하였다.

　지겸(支謙)은 월지 사람이고 안세고(安世高)는 안식(즉 파르티아 - 역자) 사람임은 이미 제1편 15장 1절에서 언급한 바 있다. 《위서》 권30 〈안동전(安同傳)〉에 보면 "안동은 요동(遼東)의 호인이다. 그 선조인 세고(世高)는 한나라 때 안식국의 왕자로 낙양에 들어와 위(魏)나라를 지나 진(晉)나라 때에 요동으로 피란 가서 일가를 이루었다"고 되어있다. 이는 서역에서 중국에 들어와 안씨 성을 갖게 된 사람이 자신을 안식국 왕자 안세고와 억지로 연결시킨 경우로 보인다. 왜냐하면 (후한) 환제 때 유

....

2) 양수경(楊守敬, 1839-1915): 호북성 의도현(宜都縣) 출신의 부유한 상가(商家) 자제로 여러 차례 과거에 응시하였으나 실패하고 저술활동에 전념하였다. 《역대지리지도(歷代地理地圖)》·《수경주소(水經注疏)》·《수경주도(水經注圖)》 등 주로 역사지리관계의 유용한 서적을 제자의 협력을 얻어 발행하였다.
3) 전점(錢坫, 1744-1806): 청대의 관료이자 학자 겸 서예가로 강소성 가정(嘉定) 출신이다. 전대흔(錢大昕)의 조카로 지리·소학·훈고학을 연구했으며 금석비판에 정통했다. 서예에도 일가견이 있어 소전(小篆)을 잘 썼다. 말년에 오른손이 잘 움직이지 않아 왼손으로 쓴 서예가 절정을 이루었다. 저서에 《십경문자통정서(十經文字通正書)》·《설문해자각전(說文解字斠詮)》 등이 있다.

명한 승려였던 안세고는 강남에서 포교 활동을 하였지 요동에 간 적이
없기 때문이다.

남조의 제나라와 양나라 때는 공을 세워 관직에 오른 서역인이 상당
히 많았다. 《양서》 권19에서는 강현(康絢)4)의 조상을 기술하면서 "그
선조는 강거(康居)에서 왔다. 예전에 한나라가 도호부(都護府)를 설치하
여 서역을 모두 신복시켰는데, 강거 역시 왕자를 보내 하서(河西)에서
황제의 명을 기다렸다. 그로 인해 중국에 남아서 일반 백성이 되었고
그 후 강(康)을 성으로 삼았다"고 하였다.

양한시대에 귀화한 외국인은 보통 집단으로 서북 변방의 군(郡)에 안
치되었고 이를 속국(屬國)이라 불렀다. 호삼성은 《자치통감》〈송기(宋
紀)5〉 '원가 16년'조에 주석을 달기를 "한나라는 변군(邊郡)에 속국을 두
고 투항한 호인들을 거처하게 했다"고 하였다. 도위(都尉)을 두어 투항
한 무리를 관리하게 했던 고로 《후한서》 권38 〈백관지(百官志)〉 권5에
이르기를 "각 속국에 도위 1인을 두었는데, 품계는 이천석(二千石)에 해
당한다. …… 속국에 도위를 두고 만이(蠻夷)의 투항자들을 관장하게 했
다"고 하였다. 《한서》 〈지리지〉에 따르면 천수군(天水郡)5)・상군(上
郡)6)・안정군(安定郡)7)에 속국도위를 두었다고 되어있다. 또 상군에는

....

4) 강현(康絢, 464-520): 남조 양나라 화산(華山) 남전(藍田) 사람으로 남제에서
   벼슬을 하다 후에 양나라 사주자사(司州刺史)와 위위경(衛尉卿)을 역임했으
   며 후덕함으로 널리 알려졌다.
5) 천수군(天水郡): 전한 원정 3년(B.C. 114) 농서군(隴西郡)을 나누어 설치한
   군으로 치소는 기현(冀縣: 현 감숙성 甘谷 동남)이고 16개 현을 관할하였다.
   후한 영평 17년(74) 한양군(漢陽郡)으로 개칭되고 관할 현도 11개로 축소되
   었다.
6) 상군(上郡): 전국시대 위나라 문후(文侯)가 설치한 군으로 진나라 때의 치소
   는 부시현(膚施縣)이고 전한시대 관할 구역은 지금의 섬서성 북부와 내몽고

흉노인만 전문적으로 관리하는 자가 있어 흉노도위(匈奴都尉)라 불렀다. 《후한서》〈군국지(郡國志)〉 권5에서는 속국도위를 둔 곳으로 광한(廣漢)8)·촉군(蜀郡)9)·건위(犍爲)·장액(張掖)·거연(居延) 그리고 요동(遼東)을 들고 있다.

《북사》 권21 〈최굉전(崔宏傳)〉에 첨부된 '최호전(崔浩傳)'에서 이르기를 "최호는 인재를 알아보는 능력이 있어 인물을 평가하는 것을 자신의 임무로 여기고 명원제(明元帝)와 태무제(太武帝)시기에 천하의 현재(賢才)를 찾아 하층민부터 먼 지방의 외국 명사(名士)까지 선발하여 중용했는데, 이 모두가 최호의 힘이었다"고 하였다. 이 글의 뜻을 살펴보면 최호가 중용한 외국인이 결코 소수가 아니었을 뿐 아니라 먼 지방이라고 한 것으로 보아 아마도 중앙아시아나 서아시아 사람도 있었던 듯하다. 따라서 《수당제도연원략논고(隋唐制度淵源略論稿)》(陳寅恪 저, 판본 미상, 1940 − 역자) 28쪽에서 말하는 하서(河西)의 여러 학자나 원식(袁式)10)

....
자치구 오심기(烏審旗) 등지였다. 후한 건안 20년(215)에 폐지되었다.
7) 안정군(安定郡): 전한 원정 3년(B.C. 114) 북지군(北地郡)을 나누어 설치한 군으로 치소는 고평현(高平縣: 현 寧夏 高原縣)이고 12개 현을 관할하였다. 후한 때 안정군은 양주(凉州)에 속했고 치소는 임경현(臨涇縣)으로 바뀌었고 영초 5년(111) 강족(羌族)의 침입으로 치소를 미양(美陽: 현 섬서성 扶風縣 法門鎭)으로 옮겼다.
8) 광한(廣漢): 전한 고조 6년(B.C. 201) 군이 설치되어 현 사천성 성도(成都) 평원의 13개 현을 관할하였다. 무제 원봉 5년(B.C. 106) 13주 자사(刺史)를 설치하면서 익주(益州)로 편입되었고 신망(新莽) 때 용부(庸部)로 개명되었다. 후한 광무제 건무 12년(38) 익주와 광한군을 다시 설치하였다.
9) 촉군(蜀郡): 진·한대에 현 사천성 성도시 일대에 설치한 군으로 관할 영역은 시기에 따라 달랐다.
10) 원식(袁式, ?-467): 북위 진군(陳郡) 양하(陽夏) 사람으로 동진 무릉왕(武陵王) 사마준(司馬遵)의 자의참군(咨議參軍)으로 있다가 나중에 요흥(姚興)에게 귀순했다. 명원제 태상 2년(417) 위나라로 들어와 상객(上客)이 되어 양하자(陽

같은 사람만을 가리킨 것은 아니라고 생각된다.

제2절 수대에 중국화 된 서역인

중국에 귀화한 서역인은 당·송·원시기에 와서 크게 많아지지만, 사실 수나라 때의 왕수(王收)·왕세충(王世充)·우문개(宇文愷)·염비(閻毗)·하타(何妥)·하조(何稠) 등이 그 효시였다.

왕세충의 사적은《수서》권85,《북사》권79 등에 나오는데, 일찍이 이연(李淵)[11]과 천하를 다투었던 인물이다. 서역 호인 지퇴누(支頹褥)라는 사람이 신풍(新豊: 현 섭서성 臨潼 인근)으로 이주한 후 사망하자, 그 처가 왕찬(王粲)의 첩이 되었고 그 아들 수(收)도 왕찬의 성을 쓰게 되었다. 왕수는 수나라를 보좌하여 회주(懷州)와 변주(忭州)의 장사(長史)를 역임했고, 왕세충을 나으니 곱슬머리에 승냥이 목소리를 내었다고 한다. 따라서 왕(王)은 그 어미로 인해 빌려온 성이고 그 본인은 자신의 조상 성씨인 지(支)를 따르는 것이 마땅하니, 그렇다면 월지인일 가능성이 높다. 남송 때 등명세(鄧名世)가 지은《고금성씨서변증(古今姓氏書辨證)》권3에는 "(支씨는) 그 선조가 월지 호인으로 후에 성씨가 되었

....

夏子)라는 작위를 받았다. 사도(司徒) 최호(崔浩)와 국사(國士)로서 교제해, 최호가 조의전장(朝儀典章)을 고안할 때 항상 그를 찾아와 자문을 구했다고 한다.
11) 이연(李淵, 566-635): 선비족 계통의 무장으로 당나라를 창업한 군주이다. 618년 즉위하여 9년을 재위하다 태자 이세민(李世民)에게 양위하였다. 시호는 대무(大武)황제이고 묘호는 고조(高祖)이다.

다. 석륵(石勒) 18기(騎)12) 중에 지굴륙(支屈六)이 있고 당대에는 감화군
절도사(感化軍節度使) 지상(支祥), 송대에는 소주(蘇州) 오현(吳縣) 사람
지영(支詠)이 있다"고 되어있다. 《통지》〈씨족략2〉에서도 〈석조사공지
웅전(石趙司空支雄傳)〉에 이르기를 '그의 선조는 월지 호인인데, 월지는
서역의 나라이다'"라고 되어있다. 당 고종 용삭 원년(661) 서역에 도독부
(都督府)와 기미주(羈縻州)를 설치할 때, 토화라 지방에 월지도독부를
두었은즉 왕세충의 원적이 토화라일 가능성도 있다.

　수대의 유명한 3대 기술자인 우문개·염비·하조는 모두 호족 혈통을
갖고 있었지만 한편으로는 오랫동안 중국문화에 물들었던 사람들이다.
그들이 제작한 명당(明堂)13), 황제의 마차[輅輦], 곤룡포와 면류관[衮冕]
등은 모두 옛날부터 중국에 있던 것들이지만, 그 정교한 제조 기술은
이들 세 사람이 전문적으로 익혔던 서역의 공예에 힘입은 바가 컸다.
〈우문개전〉은 《수서》 권86과 《북사》 권60, 《주서》 권19에 보인다. 이에
따르면 우문개는 일찍이 조운(漕運)을 총 감독하고 인수궁(仁壽宮)을 축
성했으며 문헌황후릉(文獻皇后陵)을 영조하였다. 수 양제 즉위 후 낙양
으로 천도할 때 우문개는 동도부감(東都副監)이 되었다. 동경성(東京城)
의 각종 시설은 장엄하고 화려함의 극치를 다했으니, 큰 장막(帳幕) 하
나에 수천 명이 앉을 수 있을 정도였고 관풍행전(觀風行殿: 이동하는 궁전

----

12) 오호십육국의 하나인 후조(後趙)의 개국 군주인 석륵(274-333)이 젊었을 때
　　산동에 노예로 팔려갔다가 군도(群盜)의 수령이 되었는데, 당시 강호(江湖)
　　에서는 왕양(王陽) 등 17명과 함께 석륵 18기라 불렀다고 한다.
13) 명당(明堂): 고대 중국에서 왕이 정령(政令)을 펴던 집. 선조와 상제(上帝)를
　　제사하고 제후의 조회(朝會)를 받으며 존현(尊賢), 양로(養老)하는 국가의 큰
　　의식을 모두 여기에서 하였다. 시대에 따라서 호칭을 달리하여 하나라에서
　　는 세실(世室), 은나라에서는 중옥(重屋), 주나라에서는 명당이라고 하였다.

- 역자)도 그 위에 시위(侍衛) 수백 명을 태우고 아래에 바퀴를 달아 밀어서 움직일 수 있도록 만들었다. 우문개는 많은 서적을 두루 연구하여 새로운 명당을 세울 것을 건의했지만 고구려 정벌로 인해 실행에 옮기지는 못했다. 우문개의 저서로는《동도도기(東都圖記)》20권,《명당도의(明堂圖議)》2권,《석의(釋疑)》1권이 있다. 우문개의 씨족은 원래 동북 출신이지만 대대로 하주(夏州)14)에 거주하여 지리적으로 서역에 가까웠고 그래서 혹 서역의 혈통이 섞였을 수도 있는데, 그가 익혔던 기술은 순수한 서역의 것이었다.

〈염비전〉은《수서》권68과《북사》권61의〈염경전(閻慶傳)〉에 첨부되어있다. 염비는 연로(輦輅)와 거여(車輿) 제작에 많은 건의를 했고 낙구(洛口)의 수로 개착 공사를 감독했으며 임삭궁(臨朔宮) 축성에도 참여하였다. 염비는 옛 전적에 통달했을 뿐만 아니라 전서(篆書)에 능했고 초서(草書)와 예서(隷書)도 뛰어났으며 특히 그림을 잘 그렸으니, 이런 모습은 그가 얼마나 중국화 되었는지를 분명하게 보여준다. 염씨 가문에 관해서는《수당제도연원략논고》에서 그들이 자신을 한족 출신인 것처럼 족보를 바꾸었다고 이미 결론을 내리고 있다. 또 우문호(宇文護)15)의 모친이 염경의 고모인데, 우문호가 모친에게 보낸 편지에서 자신을 살보(薩保)16)라고 부르고 있는 것으로 보아 그 모친이 조로아스터교와

....

14) 하주(夏州): 북위 태화 11년(487)에 설치된 주로 관할 지역은 대략 현재 섬서성 대리하(大理河) 이북의 홍류하(紅柳河) 유역 및 내몽고자치주 항금기(杭錦旗)와 오심기(烏審旗) 등지이다. 당말에는 당항(黨項)족이 점거했고 이후 서하의 영토가 되었다.

15) 우문호(宇文護, 513-572): 남북조시대 북주의 황족으로 대군(代郡) 무천(武川) 출신이다. 북주의 실질적인 창건자 우문태(宇文泰)의 형 우문호(宇文顥)의 아들로 우문태 사후 권력을 잡았으나 북주 무제에게 암살당했다.

16) 살보(薩保): 그 어원에 관해서는 장자(長者), 수령(首領), 상주(商主) 등 여러

관련이 있을 수도 있다고 추정하면서 "염씨 가족은 아마도 서역에서 온 것 같다"고 하였다.

염비의 아들 입덕(立德)과 입본(立本)은 당나라 때 사람으로 그들의 중국화 정도는 더 이상 말할 필요가 없다. 《구당서》 권77에 그들에 관한 전기(傳記)가 있고 《신당서》 권100 〈염양전(閻讓傳)〉에도 같은 내용이 있다. 염입덕은 곤면(袞冕)과 대구(大裘) 등 육복(六服)[17] 및 요여(腰輿)[18]와 산선(傘扇)[19]을 만들었는데, 그것들이 "모두 법식(法式)에 의거하였다"고 사서에 기록된 것으로 보아 그가 분명 옛 전적을 널리 연구할 수 있었음을 알 수 있다. 그는 또 산릉(山陵)을 영조했고 정관 18년(644)에는 고구려 정벌에 참가하여 요동의 습지에 길을 닦고 다리를 놓은 것이 무려 2백여 리나 되었다. 취미궁(翠微宮)과 옥화궁(玉華宮) 모두 그의 손에 의해 축성되었다. 현경 원년(656) 사망하였다. 염입본은 그림에 능하고 특히 초상화를 잘 그렸으니, 〈진부십팔학사도(秦府十八學士圖)〉와 〈정관중릉연각공신도(貞觀中凌煙閣功臣圖)〉는 모두 그의 작품이다. 여기에 그 그림을 첨부한다.[20]

....

학설이 있고 표기도 시대에 따라 薩甫, 薩薄, 薩寶 등으로 다르다. 대략 남북조·수·당시기 조로아스터교 신자들을 관리하기 위해 역대 중국정부가 임명한 관직명으로 그 대부분 소그드 지역의 귀족 출신이 맡았던 것으로 짐작된다.

17) 육복(六服): 주대 천자의 여섯 종류의 복장이나 황후의 여섯 가지 복색을 뜻하는 말이다.

18) 요여(腰輿): 시신을 묻은 뒤에 혼백과 신주(神主)를 모시고 돌아오는 작은 가마로 영여(靈輿)라고도 한다. 상여가 묘지로 향할 때 맨 앞에 명정(銘旌)이 서고 다음에 공포(功布), 그리고 요여와 상여 순으로 행렬이 이루어진다.

19) 산선(傘扇): 임금이 거둥할 때에 쓰는 의장(儀仗)으로 산은 일산(日傘) 모양이고 선은 부채 모양인데 긴 대가 달려있어 이를 잡고 받쳐 들었다.

20) 실제 원서에는 이 두 그림이 첨부되어있지 않다.

하타는 《수서》권75 〈유림전(儒林傳)〉에 그 전기가 있고 《북사》권82 〈유림전(하)〉에도 같은 내용이 있으니 다음과 같다.

　"하타는 서역인으로 부친 하세호(何細胡)는 무역하러 촉(蜀) 땅에 들어왔다가 비현(郫縣)에서 가정을 이루었다. 양나라 무릉왕(武陵王) 소기(蕭紀)를 모시며 금백(金帛)을 주관하여 큰 부를 쌓아 서주(西州: 여기서는 옛 揚州城을 가리킴 - 역자)의 거상으로 불리었다. 하타는 어려부터 영리하였고 17세에 기교(技巧)를 인정받아 상동왕(湘東王)을 모시게 되었는데, 후에 상동왕이 그의 총명함을 알고 그를 불러 옆에서 책을 낭송하게 했다. 강릉(江陵)이 함락된 후 (북)주 무제가 특히 그를 중용하여 태학박사(太學博士)에 임명하였다. 수 문제가 선양을 받은 후 국자박사(國子博士)에 제수되었고 국자좨주(國子祭酒)가 된 후 사망하였다."

　그 부친이 호인이고 상업에 종사했는데, 자식이 국자좨주가 되었으니 중국화 된 속도가 매우 빨랐다고 하겠다. 하타의 조카 하조(何稠)는 《수서》권68에 전기가 있고 《북사》권90 〈예술전(藝術傳)(하)〉에도 같은 내용이 있다. 수 문제가 승상이었을 때 하조는 세작서(細作署)를 관장했고 태부승(太府丞)을 역임했다. 옛 그림을 많이 보아 옛 물건에 대한 견식이 많았다. 페르시아에서 일찍이 금면금포(金緜錦袍)를 바쳤는데, 천을 짠 것이 너무 아름다워 황제가 하조에게 그것을 만들게 하자 페르시아에서 바친 것보다 더 훌륭한 것을 만들어 황제를 크게 기쁘게 하였다. 사서에 또 이르기를 "당시 중국에는 유리로 만든 물건이 오랫동안 끊어져 장인들이 감히 만들 생각을 하지 못했으나, 하조가 녹자(綠瓷)로 이를 만드니 진짜와 다르지 않았다"고 하였다. 그는 또 공인(工人) 20여만 명을 거느리고 거여(車輿)와 연로(輦輅) 및 백관(百官)의 의복(儀服)을 만들었다. 사서에 따르면 일찍이 (수) 양제가 하조에게 "이제 천하가 안정되었고 짐이 제업을 이었는데, 복장과 문물에 부족한 것이 아직 많으니 경이 도적(圖籍)을 살펴 여복우의(輿服羽儀: 수레와 관복 및 의식에 장식으로 쓰는 새 깃 - 역자)를 만들어 강도(江都)로 보내라"고 말했다고 한다. 이를 보면 하조가 필히 고적(古籍)을 참고해야 했음을 알 수 있다. 이 때문에 이들이 완성된 후 "황제가 병부시랑 명아선(明雅選)과 부랑(部郎) 설매(薛邁) 등에게 이를 검사하게 하여 수년 만에 겨우 마쳤는데, 조금도 틀린 데가 없었다"고 사서에 기록되어있다. 그 외 그는 우문개를 도와 산릉(山陵)을 영조했고, 우문개가 요수(遼水)의 다리를 만들다가 실패하자 하조가 황명을 받고 도우러 가서 이틀 만에 완성하기도 하였다.

제3절 당대 군신(君臣)의 외국 혈통

《주자어류(朱子語類)》권116 〈역대류(歷代類)3〉에 이르기를 "당나라의 원류(源流)는 이적(夷狄)에서 나왔기 때문에 규문(閨門)에서 예를 잃는 일을 이상하게 여기지 않았다"고 하였다.

소위 원류라는 것은 혈통을 말하는데, 만약 모계 혈통을 놓고 본다면 당 고조의 모친 독고(獨孤)씨, 태종의 모친 두(竇)씨(즉 紇豆陵씨), 고종의 모친 장손(長孫)씨까지 모두 호족이었다. 게다가 당나라[李氏]의 흥기 역시 번호(蕃胡)의 힘을 빌린 바 있었기에 《신당서》권110에 별도로 번장열전(蕃將列傳)을 두기도 하였다. 안사의 난 때 반란을 일으킨 자나 이를 토벌한 자나 대부분 중국인이 아니었다. 안경서(安慶緒: 안록산의 장남 - 역자) 토벌 전쟁에 동원된 군사가 모두 삭방·안서·회흘·남만·대식 출신이었음을 보아도 당시 군대 내에 번호가 얼마나 많았는지를 짐작할 수 있다.

《구당서》권200상 〈안록산전〉에서 "안록산은 영주(營州) 유성(柳城: 현 요녕성 朝陽 - 역자)의 잡종호인(雜種胡人)이다"고 하였고, 《신당서》권 225상 〈역신전〉의 '안록산조'에서는 "안록산은 영주 유성의 호인으로 본래 성은 강(康)이고 모친은 아사덕(阿史德)이다. 어려서 부친을 잃고 모친이 재가한 안연언(安延偃)을 따라 안씨 성을 갖게 되었는데, 여섯 번국의 말에 능통하여 호시랑(互市郞)이 되었다"고 하였다. 따라서 안록산의 부계(父系)는 중앙아시아의 월지 민족임이 틀림없다.

사사명(史思明)도 호인이었으니, 《신당서》권225상 〈역신전〉의 '사사명조'에서 "사사명은 영이주(寧夷州)의 돌궐 종족으로 안록산과 고향이 같고 여섯 번국의 말에 능통하여 역시 호시랑이 되었다"고 하였다.

안록산은 또 일찍이 가서한(哥舒翰)[21]에게 "나는 부친이 호인이고 모친은 돌궐인이며 그대는 부친이 돌궐인이고 모친은 호인이므로, 그대와 같은 종족이니 어찌 서로 친하지 않겠는가?"라고 말했다는 기록이 《구당서》권104 〈가서한전〉에 보인다.

소위 '잡종호인'이라는 것은 소무구성 중의 월지를 말하는 것이다. 그래서 《신당서》권217상 〈회홀전(回鶻傳)〉에서 회국(回國)의 회흘인 가운데 '구성호(九姓胡)'가 섞여 있다고 하였고, 《구당서》권127 〈장광성전(張光晟傳)〉에서도 같은 일을 기록하면서 '잡종호(雜種胡)'라 부르고 있다. 그러므로 안록산 역시 구성호 출신이다.

《신당서》권118 〈위주전(韋湊傳)〉에 첨부된 '위견소전(韋見素傳)'을

....

21) 가서한(哥舒翰, ?-757): 돌궐족 돌기시(突騎施) 가서(哥舒) 부족의 후예로 당나라 무장이 되어 토번의 침입을 여러 차례 격파하였다. 755년 안녹산의 난이 일어나자 동관(潼關)을 지키며 분전하였으나 패하여 살해되었다.

보면 "다음 해(천보 14년) 안록산이 표문을 올려 번장(蕃將) 32명으로 한장(漢將)을 대신할 것을 청하니, 황제가 이를 윤허하였다"고 되어있다. 이때부터 예컨대 고구려인 고선지, 돌기시(突騎施)인 가서한, 철륵인 혼유명(渾惟明)과 혼석지(渾釋之), 서강(西羌)인 여비원례(荔非元禮), 토번인 논유명(論惟明), 구자인 백효덕(白孝德), 안국인 이포옥(李抱玉)과 이포진(李抱眞) 그리고 천헌성(泉獻誠)과 설사마지(薛士摩支) 등이 모두 번장이었다. 그 외에 당나라 황실 중흥에 큰 공을 세운 이광필(李光弼)[22] 같은 이는 《신당서》 권136에 열전이 있는데, 안록산과 동향으로 부친 이해락(李楷洛)은 측천무후 때 조정에 들어온 호족이 틀림없지만 정치적으로 안록산과 반대 입장을 취했다.

당말 오대시기 손광헌(孫光憲)[23]이 쓴 《북몽쇄언(北夢瑣言)》 권5에는 "당나라 대중연간부터 함통연간 사이(847-873) 중서령(中書令) 백민중(白敏中)이 재상이 된 이래 그 뒤를 이어 필성(畢誠)·조확(曹確)·나소권(羅劭權)이 사상(使相: 절도사이면서 재상인 경우의 호칭 - 역자)이 되어 계속해서 조정에 오르자, 재상 최신유(崔愼猷)가 '(고향으로) 돌아가도 되겠구나! 요즈음 중서성(中書省)에는 모두 번인(蕃人)뿐이니[24]'라고 말했던 것을 보면, 대개 필(畢)·백(白)·조(曹)·나(羅)를 번성(蕃姓)으로 삼았던

....

22) 이광필(李光弼, 708-764): 영주 유성 출신으로 측천무후 때 거란의 부족장이 었던 부친 이해락이 당에 복속하였고 부친이 죽자 이광필이 관위를 계승하였다. 안사의 난을 평정하는 데 큰 공을 세워 곽자의(郭子儀, 697-781)와 함께 '이곽(李郭)'이라고 불리며 명장으로 이름을 떨쳤다
23) 손광헌(孫光憲, 901-968): 사천성 인수(仁壽) 사람으로 능주판관(陵州判官) 등을 역임하였다. 후에 고계충(高繼沖)에게 항복을 권고하여 송 태조가 크게 기뻐하고 황주자사(黃州刺史)에 임명하였다. 저서에는 《북몽쇄언》이 있으며 〈완계사(浣溪沙)〉·〈보살만(菩薩蠻)〉 등의 작품이 있다.
24) "可以歸矣! 近日中書盡是蕃人."

듯하다"고 적혀있다.

《당대정치사술논고(唐代政治史述論稿)》(진인각 저, 상무인서관, 1941 - 역자) 34쪽에서는 "중앙아시아의 갈호(羯胡)는 중국 서북지역을 경유해 점차 동북에 이르렀음이 분명한데, 수나라 말 중국의 혼란한 시기가 중앙아시아 호인들이 잇달아 이동할 수 있는 가장 좋은 기회였다"고 보았다.

또 95쪽에서는 "수말에서 당초 사이에 아시아 대부분 민족의 주인(主人)은 돌궐이었지 중국이 아니었다. 그러나 이처럼 굴욕당하고 피폐한 중국을 당 태종이 단 10년 만에 일으켜 세워 일거에 돌궐을 멸망시킬 수 있었던 것은 물론 당나라 조정의 군신이 발분하여 자강(自强)을 위해 노력한 결과이기도 하지만, 사실 또 돌궐 자체의 부패와 회흘의 흥기라는 두 가지 요소에 힘입은 바도 크다"고 하였다. 돌궐 내부의 정치적 혼란 외에도 천재지변이 발생한데다 회흘의 설연타(薛延陀)[25]가 흥기함으로써 중국이 틈탈 기회를 제공하였던 것이다. 이는 이민족 흥망의 연관성을 보여주는 한 사례로서 외환(外患)과 내정(內政) 간의 상관관계도 아울러 볼 수가 있다. 물론 중국화 된 외국인이 많아진 것 역시 이로부터 시작되었다.

....

25) 설연타(薛延陀): 수나라 때 알타이산맥 서남에 자리 잡고 서돌궐에 복속되어 있었으나 605년 다른 부족과 연합하여 반란을 일으켜 독립하였다. 약 10년 후 다시 강성해진 서돌궐에게 복속되었으나 627년 이남(夷男)이 부족을 이끌고 셀렝가강 방면으로 이동하여 동돌궐의 북변으로 침입하였다. 630년 당군(唐軍)과 협력하여 동돌궐을 와해시키고 몽고고원을 지배하였으나 이남이 죽은 뒤 분열하여 국세가 쇠퇴하였다. 646년 당군의 토벌로 멸망하여 당의 간접지배를 받았다.

제4절 당대 서역에서 확인되는 중국화 현상

당 태종 정관 4년(630) 이주(伊州: 즉 하미)가 귀화한 지 10년 뒤, 국씨 (麴氏)가 세운 고창국(高昌國)을 멸하고 이어서 카라샤르와 쿠차 등지를 정벌하자, 카슈가르와 호탄도 오래지 않아 귀순함에 안서도호부를 쿠차 에 설치하였다. 고종부터 측천무후시대까지 더욱 더 진전이 있었다.

태종 때부터 이미 서역에 주현(州縣)을 설치하고 더 나아가 투르키스 탄을 공략하였다. 페르시아 사산왕조도 왕자를 보내 당의 힘을 빌려 나 라를 되찾고자 하였다. 현종 천보 10년(751) 당의 군대가 탈라스 강변에 서 아랍 군대와 전투를 벌인 결과 크게 패함으로써 서방에서의 세력이 크게 약화되었다. 천보 말년 안사의 난을 틈타 서역에서 당나라와 패권 을 다투던 토번이 점차 그 세력을 키워 정원 6년(790) 안서를 점령하자, 당나라는 어쩔 수 없이 서역 전체를 포기해야 했다. 그러나 당 태종 이래 150여년에 걸친 서역 경영은 실로 상당히 적극적인 것이었다. 중 국의 정치권력이 서역에 확실히 뿌리내렸음은 최근 출토되고 있는 문서 를 통해서도 알 수 있다. 예컨대 당 정부는 면세를 허용하지 않았으며, 그 지역 백성이 정부에 사망한 모친의 장례식 거행을 보조해달라고 요 청하기도 하였다. 또 발견된 유물 중에서는 관인(官印)이 찍힌 당대의 호적(戶籍)도 있고 유중현(柳中縣)에서 조사한 호적부도 있으며, 당 덕 종연간(780~804) 쿠차·카슈가르·호탄에 모두 당승(唐僧)이 주지를 맡 거나 많은 당승이 거주했던 사원이 있었음도 확인되었다. 그 외 정현(鄭 玄)이 주석을 단 《논어》와 《한서》〈장량전(張良傳)〉, 《사기》〈중니제자 열전(仲尼弟子列傳)〉의 당대 필사본 일부 등도 발견되었다. 르 코크(Le Coq)가 투루판 서쪽 야코토(Yarkhoto: 交河古城이 발견된 곳 - 역자)에서 발굴한 회흘 문서에 있는 괘상(卦象)은 중국의 《역경》과 직접적인 관계가 있는 것이다. 그리고 고창의 회흘 부족 중 소그드어를 쓰는 마니교도가 남긴 역서(曆書)가 독일 탐험대에 의해 발견되었는데, 하루하루를 소그드와 중국 그리고 돌궐의 세 가지 명칭으로 표시하고 있다. 즉 먼저 소그드어로 된 칠요(七曜)의 이름이, 다음으로 중국 십간(十干)의 역음(譯音)이, 그리고 소그드어로 된 쥐·소·호랑이·토끼 등 열 두 동물의 이름이 적혀있다. 또 소그드어로 번역한 중국의 금(金)·목(木)·수(水)·화(火)·토(土) 오행의 명칭도 있다. 이 세 가지 문명이 혼합된 역서는 실로 중서교통사에 있어서 가장 흥미로운 유물이다.

그 외에 예를 들어 한문(漢文) 불전의 번역, 중국 명칭을 그대로 본떠 쓴 역일(曆日), 붓·벼루·젓가락, 당대 중국 문서형식을 채택한 회흘문자로 된 매매계약서, 돈황에서 발견된 회흘 불전의 회흘어를 한자로 읽은 것 등은 모두 중국 문명이 서방에 영향을 주었음을 증명하고 있다.

서역에서 출토된 견직물의 경우 중국과 서방 두 체계가 혼합된 흔적을 발견할 수 있지만, 그것이 만들어진 장소는 장안 등 중국 내지였던 것 같다. 또 각지에 있는 천불동(千佛洞)의 회화 중에도 당나라 사람의 기법이 보이는데, 그것이 만약 서역인의 작품이 아니라 당대 화가의 그림이라면 중국 문명이 서역에 영향을 미쳤다고 말할 수는 없을 것이다. 다만 서방의 불화가 한인들에게 흡수되어 동서양이 혼합된 예술로 새롭게 태어나는 현상이 당대에도 상당히 활발했으니, 대개 이러한 그림들은 그 재료가 종이, 견(絹), 마포(麻布), 목판이든 혹은 벽면에 그린 것이든 대부분 당대의 연호가 적혀있고, 연호 없는 것도 그 화풍 혹은 제자(題字)의 글자체를 통해 그 시기를 구분하기 어렵지 않을 뿐 아니라 풍경과 수목(樹木) 역시 한눈에 그것이 서역의 것이 아님을 알 수 있다.

그러나 서역인의 중국화 정도를 알 수 있는 것으로 현재 가장 많이 남아있는 사료는 복식의 변화에 관한 기록들이다. 《신당서》 〈토번전(상)〉에 보면 "문성공주(文成公主)[26]가 (그) 나라 사람들이 얼굴에 붉은 칠하는 것[赭面]을 싫어하자 농찬(弄贊)[27]이 전국에 이를 금하도록 명을 내렸다. 그 자신도 모직 옷[氈裘]를 벗고 비단 옷[紈綺]을 입어 중국풍을 따랐다. 또 여러 호족의 자제를 국자학에 입학시켜 시서(詩書)를 배우게 하고 유학자를 초청하여 서소(書疏)를 담당하게 했다"고 되어있다.

《통전》 〈변방(邊防)7〉 〈서융3〉의 '고창'조에는 "복식: 장부(丈夫)는 호법(胡法)을 따르고 부녀자는 대개 중국과 같았다. …… 문자 역시 중국과 같은데 호서(胡書)도 함께 사용하였다. 《모시(毛詩)》·《논어》·《효경》, 역대의 자(子)·사(史)·집(集)이 있어 학관(學官)의 제자로 하여금 서로 가르치게 하니, 오직 그것을 배우고 익혀 모두 시부(詩賦)를 지을 수 있었다. …… 그 형법·풍속·혼인·상장(喪葬)이 중국과 대부분 동일하였다"고 기록되어있다.

《문헌통고》 〈사예고(四裔考)13〉의 '고창'조에도 "부인의 치마저고리

....

26) 문성공주(文成公主, ?-680): 당 태종이 화친의 표시로 토번의 군주에게 시집 보낸 종실의 딸로 기록되어있으나 그 가계는 분명하지 않다. 문성공주가 처음 결혼한 사람은 송첸감포(Songtsen Gampo)의 아들 궁송궁젠(gung srong gung btsan, ?-646)이나, 그가 죽은 뒤 송첸감포의 부인으로 공식화되었다고 한다. 641년 시집온 문성공주는 646년 라싸의 주요 사원 중 하나인 라모체(ra mo che, 小昭寺)를 창건하는 등 당의 불교나 중국식 문화를 티베트에 전파하는 역할을 한 것으로 알려져 있다.

27) 농찬(弄贊, ?-650): 기종농찬(棄宗弄贊) 또는 기소농(棄蘇農)이라고도 부르는 데, 토번의 건국자로 알려진 송찬감포(松贊干㫋)를 가리킨다. 정관 3년(629) 약관의 나이로 아버지의 뒤를 이어 부족의 수령이 된 뒤 티베트의 여러 지역을 통일하고 봉건국가를 형성했다. 도읍은 라싸로 정하고 문자를 창제했으며 관직과 군제(軍制)를 고안했다. 불교를 장려하고 당나라와 우호관계를 맺었다.

와 쪽진 머리가 대략 중국과 같았다"고 되어있다.

혜초의 《왕오천축국전》에서는 안서사진(安西四鎭) 즉 안서·호탄·카슈가르·카라샤르를 언급하며 "사람들이 한법(漢法)을 따라 머리를 싸매며 치마를 입는다"고 하였다.

제5절 당대에 중국화 된 서역인

당 정원 3년(787) 서역인 4천명이 귀화한 일이 있는데, 이는 당대에 호인들이 집단으로 귀화한 한 예이다. 《자치통감》〈당기(唐紀)48〉의 '정원 3년'조에는 다음과 같은 내용이 기록되어있다.

"애초 하(河)[서(西)]와 농(隴)[우(右)] 지역이 토번에게 함락되고 나서, 천보연간 이래 안서(安西)와 북정(北庭)에서 상주(上奏)하러 온 사람들과 서역의 사신으로 장안에 온 사람들이 돌아갈 길이 끊겨 사람과 말들이 모두 홍려시(鴻臚寺)의 예빈원(禮賓院)에 의지하고 있었다. …… 이필(李泌)[28]은 호객(胡客)들 중 장안에 머문 지 40여 년이나 된 자도 있고 모두 처자식이 있으며 땅과 집을 사고 고리대금으로 이익을 취하여 편안히 살며 귀국할 뜻이 없다는 것을 알았다. 이에 호객들 중 땅과 집이 있는

....

28) 이필(李泌, 722-789): 당대 경조(京兆) 사람으로 천보연간 시정방략(施政方略)에 대해 상서하여 현종의 인정을 받아 대조한림(待詔翰林)이 되었으나 양국충(楊國忠)의 시기로 인해 은거했다. 안록산의 난 때 숙종의 부름을 받고 군사에 관한 자문을 하였지만 이보국(李輔國) 등의 무고로 다시 은거해야 했다. 대종 즉위 후 한림학사가 되었으나 또 다시 원재(元載)와 상곤(常衮)의 배척을 받아 외관(外官)으로 나갔다가 뒤에 재상이 되었다.

사람을 조사하여 그간 이들에게 지급하던 것을 끊게 했는데, 그 숫자가 무려 4천명이나 되었다. …… 호객들이 모두 정부에 몰려와 이를 상소하였다. 이필이 이르기를 '…… 어찌 외국의 조공사절로 온 자가 수도에 수십 년을 머물며 귀국하지 않는가? 이제 회흘에게 길을 빌리거나 혹은 해로를 통해 각자 본국으로 돌아가게 하는 것이 마땅하다. 귀국하기를 원하지 않는 자는 응당 홍려시에 가서 직접 말하고 직위를 받고 봉록을 받아 당나라의 신하가 되어야 할 것이다'라고 하였다. …… 그 결과 호객들이 아무도 귀국하려 하지 않자, 이필은 이들을 모두 신책좌우군神策兩軍에 예속시켰다. 왕자 출신의 사신은 산병마사(散兵馬使)나 압아(押牙)로 삼았고 나머지는 모두 병사가 되었다. …… (이에) 홍려시에서 생활에 필요한 것을 공급해주는 호객은 10여 명만 남았고 매년 지출해야 하는 돈 50만 민(緡)을 절약할 수 있었다."

홍려시는 외국과의 교섭 사무를 관장하던 기관이고 (여기에 소속된) 예빈원은 외국 사신에게 연회를 베풀던 곳으로 호객의 거처이기도 하였다. 4천명의 호객에게 매년 50만 민을 제공하였다면 한 사람당 평균 130민, 즉 13만 전(錢)이 된다. 당대에는 1민으로 쌀 2곡(斛: 1곡은 10말임 - 역자), 풍년에는 최대 20곡까지 살 수 있었으니, 1민 당 2곡으로 계산하면 1인 당 1년에 260곡을 구입할 수 있는 상당히 좋은 대우였다.

손광헌이 《북몽쇄언》에서 "요즘 중서성에는 모두 번인뿐이니"라는 구절을 인용하면서 "필(畢)·백(白)·조(曹)·나(羅)를 번성(蕃姓)으로 삼았던 듯하다"고 말한 것은 이미 앞에서 언급한 바 있다.

《북사》 권97 〈서역전〉에 "[안(安)]국의 서쪽 1백여 리에 필국(畢國)이 있는데, 1천여 가구가 살고 나라에 군장(君長)이 없어 안국이 통치한다"고 되어있다. 이를 지리적으로 살펴보면 필간(畢干, Bikand)에 해당한다. 백민중(白敏中)이 재상이 된 것은 《신당서》 권75하 〈재상세계표(宰相世係表)〉에 나온다. 번인 중 백씨 성을 가진 자는 매우 많은데, 쿠차인

백효덕(白孝德), 돌궐인 백원광(白元光), 토욕혼인 백의성(白義成) 등이 있고, 송대 개봉의 유태인 중에도 백씨 성을 가진 사람이 있었다. 조씨 가운데 중국화 된 외국인으로 유명한 조묘달(曹妙達)과 조명달(曹明達) 등에 대해서는 이미 앞에서 언급하였다. 나씨로는 인도인 나호심(羅好心)이 있고 그 외 선비족 출신도 있다.

수·당시기 중국으로 이주한 서역인에 대해서는 쿠와바라 지츠조(桑原隲藏)가 쓴 논문을 참고할 수 있으니, 그 글은 《동양문명사논총》에 수록되어있다.

당나라 말 완전히 중국화 된 서역의 대식 사람으로 이언승(李彦昇)이라는 자가 있었다. 대중 원년(847) 변주자사(汴州刺史) 겸 선무군절도사(宣武軍節度使) 노균(盧鈞)이 조정에 추천하자, 천자가 춘사(春司: 禮部의 科擧 主試官 - 역자)를 불러 그 재능을 시험하였고 다음해 진사에 급제함으로써 명성을 얻었으니, 그가 《오경(五經)》에 통달하고 시무(時務)에 밝았음이 틀림없다. 당시 그의 재능을 의심하는 자도 있었지만 진암(陳黯)[29]은 〈화심(華心)〉이라는 글에서 그 마음이 중화(中華)이면 되었지 출신 지역을 가지고 이적시(夷狄視)해서는 안 된다고 말한 것이 《문원영화》 권364에 보인다.

아래는 회흘 사람의 중국화와 관련된 내용인데, 회흘은 당나라와의 관계가 특히 밀접하여 중국화 되기를 희망한 사람이 더욱 많았다. 대략 정관 20년(646) 태종이 회흘과 연합하여 설연타를 멸한 후부터 회흘의 여러 부족이 앞 다투어 당나라에 귀부하였고, 이에 이듬해 정월 그 땅에 6부(府) 7주(州)를 두었다.

....

29) 진암(陳黯, 생몰연도 미상): 천주 남안(南安) 사람으로 대략 당 의종 함통 초년(860) 전후에 살았던 문학가이다.

당과 회흘의 관계는 다섯 방면으로 나누어 얘기할 수 있다. 첫째는 파병(派兵)으로, 고종 영휘 2년(651)과 현경 2년(657) 서돌궐 토벌이 있었고 숙종 지덕 원년(756)에는 군사를 징발하여 안록산의 난을 평정하였으며 그 후 또 수차례 파병하여 안록산과 사사명의 잔당을 토벌하였다. 둘째는 책봉(冊封)으로, 현종 천보 3년(744) 골력배라(骨力裴羅: Khu-tluk Boila - 역자)를 '골돌록비가궐회인가한(骨咄祿毗伽闕懷仁可汗)'으로 책봉하였는데, '회인(懷仁)'은 당나라에서 덧붙인 것이다. 이때부터 칸[可汗]의 자리를 계승할 때면 모두 사신을 보내 책봉을 청하였고 당나라를 종주국으로 섬겼다. 셋째는 통혼(通婚)으로, 숙종과 덕종 그리고 헌종이 모두 친딸을 칸에게 시집보냈다. 이는 종실의 여자나 후궁의 딸을 공주로 삼아 번국과 화친했던 여타 사례와 달랐고 회흘도 당나라 공주를 가돈(可敦)으로 존숭하였으니 왕후(王后)라는 의미였다. 당나라 종실인 이승채(李承寀)도 칸의 처제를 아내로 맞았다. 장안의 민간에서 잡거하며 통혼하는 사람이 많고 복식을 고쳐 입는 경우가 있어서 조정이 이를 금하는 명을 내리기도 하였다. 《자치통감》〈당기〉에는 "대종 대력 14년(779) 7월 조서를 내려 장안에 거주하는 회흘 등 여러 호인들에게 각자 자기 나라 옷을 입도록 하고 중국인을 모방하지 못하게 하였다. 그 이전 장안에 머물던 회흘인은 늘 10명 정도였고 상호(商胡)로 위장하여 잡거한 사람은 그 배에 달했다. 혹 중국옷을 입고 처첩을 취한 까닭에 이를 금지한 것이다"라고 되어있다. 넷째는 말의 판매로, 당나라는 정벌을 위해 회흘에서 생산되는 명마가 필요했고 그래서 말 한 마리당 견(絹) 40필에 바꾸기로 약속하였다. 그런데 그 수가 걸핏하면 매년 수만 마리에 달해 덕종 때에는 밀린 말 값이 180만 (냥)이나 되었다. 그러나 회흘이 자주 노마(駑馬)로 숫자를 채웠기에 《구당서》〈회흘전〉에서는 "번국은 백(帛)을 얻는데 싫증을 내지 않고 우리가 얻은 말은 쓸모가 없으니 조정에서 이를 심히 힘들어했다"고 적고 있다. 다섯째는 마니교의 전래로, 이에 대해서는 따로 설명하겠다.

중국화 된 회흘인 중 비교적 유명한 사람은 다음과 같다.

계필하력(契苾何力)은 철륵인으로 9세에 부친을 잃고 정관 6년(632) 모친과 함께 천여 명의 무리를 거느리고 사주(沙州)에 와서 내속(內屬)하였는데, 태종이 그들을 감(甘)·양(涼) 두 주에 거처하게 하였다. 일찍이 토욕혼·고창·서돌궐·고구려 정벌에 참여하였고 벼슬이 양국공(涼國公)에 이르렀다. 계필하력은 한족과 통혼하였고 시문(詩文)을 즐겼으며 스스로 '대당열사(大唐烈士)'라 칭하였으니, 그 중국화의 정도가 아주 깊었다고 말하지 않을 수 없다.

혼감(渾瑊)은 철륵구성(鐵勒九姓)의 혼부(渾部) 출신으로 (그 선조가) 고조 때 이미 당나라에 귀속하였다. 《춘추》와 《한서》에 통달했으며 사마천의 〈태사공자서〉를 경모하여 《행기(行記)》 1편을 저술했다. 정원 4년(788) 관직이 검교사도겸중서령(檢校司徒兼中書令)에 올랐다.

복고회은(僕固懷恩)은 철륵부 사람으로 복고는 복골(僕骨)이 와전된 것이다. 할아버지 때에 이미 내속하였다. 안록산의 토벌에 참여하였고 상서좌복야겸중서령(尙書左僕射兼中書令)과 삭방절도사(朔方節度使)를 역임했다. 광덕 초(763) 태보(太保)에 임명되어 철권을 하사받았고 초상화가 능연각(凌煙閣)30)에 걸렸다.

이광진(李光進)과 이광안(李光顔)의 선조는 하곡(河曲) 제부(諸部) 출신이고 성은 아질(阿跌)이다. 정관연간에 내속하여 이씨 성을 하사받았다. 이광진은 관직이 진무절도사(振武節度使)에 이르렀고, 이광안은 낙

························

30) 능연각(凌煙閣): 당 태종이 공신 24인의 초상을 걸어두고 기념했던 전각으로 이후 나라에 공이 있는 신하를 표창하는 장소의 뜻으로도 쓰였다.

주자사(洛州刺史)에 임명되었다. 이광진은 모친상을 치를 때 3년 동안 침소에 들지 않았으니, 이는 그가 이미 유가의 기풍에 깊이 물들었음을 보여준다.

왕정주(王廷湊)는 원래 회흘의 아포사(阿布思)족으로 《귀곡자(鬼谷子)》 등 여러 병가의 서적을 읽기 좋아했다. 왕무준(王武俊)의 양자가 되었던 고로 왕씨 성을 쓰게 되었다.

이무훈(李茂勳) 역시 아포사의 후예로 공을 쌓아 성과 이름을 하사받았고 노룡군절도사(盧龍軍節度使)에 임명되었다.

이상 소개한 사람들은 《구당서》와 《신당서》에 모두 열전이 있으므로 여기서는 간략하게 마치겠다.

제6절 오대에 중국화 된 서역인

오대의 후촉(後蜀)[31] 사람 하광원(何光遠)이 쓴 《감계록(鑑戒錄)》 권4의 '척난상(斥亂常)'[32]조에 보면 "이순(李珣)은 자가 덕윤(德潤)이고 본래 촉 땅에서 태어난 페르시아 사람이다. 어려서부터 마음을 다해 노력하

----

31) 후촉(後蜀, 934-965): 오대의 십국 중 하나. 후당(後唐) 장종(莊宗)의 신하였던 맹지상(孟知祥)이 전촉(前蜀) 토벌 후 검남서천(劍南西川)절도사에 임명되어 촉 땅을 다스렸는데, 934년 장종이 살해되고 명종(明宗)이 즉위하자 독립하여 스스로 황제라 칭하였다. 중원의 난전(亂戰) 속에서도 비교적 평화롭게 번영하였으나, 아들 창(和)의 사치와 실정으로 2대 31년 만에 송나라에 멸망되었다.
32) 《사고전서》본 《감계록》에 의하면 '척난상'이 아니라 '척이순(斥李珣)'으로 되어있다.

여 여러 번 빈공과(賓貢科: 외국인 대상의 과거시험 - 역자)에 응시하였다. 그가 읊은 시구는 왕왕 사람들을 감동시켰다. 교서(校書) 윤악(尹鶚)은 금성(錦城: 지금의 사천성 成都 - 역자)의 풍류시인으로 평소 이순과 늘 친하게 지냈는데, 갑자기 이순의 놀림을 받고 마침내 그를 조롱하고는[遽因戲遇嘲之] 이순의 문장을 다 없애버렸다. 그리고 시를 지어, '이역(異域)에서는 예로부터 무강(武强)을 중시했지만 이파사(李波斯: 이순의 혈통이 페르시아여서 그렇게 부른 것임 - 역자)는 문장에 열중하였지. 설령 동당(東堂)의 계수나무를 꺾을지라도(과거 합격을 의미함 - 역자) 향을 쐬어도 향기가 나지 않을까[33] 심히 걱정이네[34]'라고 하였다[35]"고 되어있다. 이를 통해 그가 당시 중국인의 배척을 받았음을 알 수 있다.

이순의 내력과 집안에 대해서는 송나라 초 황휴복(黃休復)[36]이 쓴《모정객화(茅亭客話)》권2의 '이사랑(李四郎)'조에 기록이 있는데, "이사랑의 이름은 현(玹)이고 자는 정의(庭儀)며 그 선조는 페르시아 사람으로 희종을 따라 촉 땅에 들어와 솔부(率府)[37](의 벼슬)을 제수 받았다. 형

....

33) 페르시아 출신인 이순의 몸에서 암내가 많이 나는 것을 빗대어 풍자한 것으로 서역인에 대한 멸시 내지 편견을 보여준다.

34) "異域從來不亂常, 李波斯强學文章. 假饒折得東堂桂, 胡臭薰來也不香."

35) 《사고전서》본 《감계록》의 내용과 대조하여 원서의 잘못된 인용을 고쳐 번역하였다. 예컨대 '遽因戲遇嘲之'의 遇는 遂로, '異域從來不亂常'의 不亂常은 重武强으로, '胡臭薰來也不香'의 胡臭는 深恐으로 바꾸는 것이 맞다.

36) 황휴복(黃休復, 생몰연도 미상): 북송의 화가 겸 화론가이다. 춘추학에 정통했고 도술도 좋아 했다고 한다. 오래 동안 사천성 성도에 살면서 손지미(孫知微)·이전(李畋) 등의 문인과 교류가 있었다. 인물화를 잘 그렸고 저서로 《익주명화록(益州名畫綠)》 3권과 《모정객화》 10권 등을 남겼다.

37) 솔부(率府): 관서의 명칭으로 진(秦)대에 처음 설치되었고 한나라가 이를 계승했다. 진(晉)은 5개의 솔부를 두었고 남북조 및 수대에는 여러 번 바뀌었다가 당대에 10개의 솔부를 설치하였다. 모두 태자에 속했고 동궁(東宮)의

이순(李珣)은 시(詩)로 이름이 났고 빈공과에 응시했었다. 이현은 거동이 점잖고 품행에 상당히 절조(節操)가 있었다. 향약(香藥)을 판매하며 살았고 바둑을 잘 두었으며 양생술을 좋아하여 불로장생의 금단(金丹) 제작에 힘썼다. 말년에는 금단 제작 기구에 돈을 다 써서 집안에 남은 재산이 없었고 도가(道家) 서적과 약낭(藥囊)만이 남았다"고 하였다. 이를 보면 동생 이현 역시 깊이 중국화 되었음을 알 수 있다. 희종이 촉 땅에 들어간 것은 중화 원년(881)인데, 《감계록》에서 이순이 "촉 땅에서 태어났다"고 하였으니 그가 태어난 해는 분명 중화 원년 이후일 것이다.

소위 '그 선조'란 당연히 이순의 부친을 지칭하지만 그 이름은 알 수가 없다. 사서에 의하면 희종이 촉 땅으로 달아날 때 오직 4명의 왕자와 비빈 몇 사람만 데리고 갔고 백관들은 모두 알지 못했다고 하니, 황제가 피란하는 도중에 이순의 부친이 합류했던 것이 분명하다. '사랑(四郎)'이라는 호칭에서 이씨의 형제가 최소한 4명이었음도 알 수 있다.

이순의 《경요집(瓊瑤集)》이 《송사》〈예문지〉에 실리지 않은 것으로 보아 이미 오래전에 산실된 것으로 짐작된다. 다만 《화간집(花間集)》[38]과 《존전집(尊前集)》[39]에 그의 사(詞)가 실려 있으니, 《화간집》에 실린 것이 37수나 된다. 《전당시(全唐詩)》 권28에 이순의 〈어부가(漁父歌)〉 3수가 수록되어 있고 권29에는 그의 사 54수가 실려 있는데, 여기에 〈어부가〉가 중복해서 나온다. 아마도 권28에서 이를 시(詩)로 잘못 이해한

병장기·예절 및 경비·순찰 등을 관장하였다.

38) 《화간집(花間集)》: 전 10권. 후촉의 조숭조(趙崇祖)가 엮은 오대(五代)의 사(詞) 선집으로 18인의 작품 500수가 실려 있는데, 현존하는 사집(詞集) 중 가장 오래된 것이다.

39) 《존전집(尊前集)》: 전 2권. 오대의 사인(詞人) 38인의 사 290수를 수록한 선집으로 《화간집》과 함께 오대 사집(詞集)의 쌍벽을 이룬다.

것 같다.

이순의 사(詞)는 후주(後主: 전촉의 2대 황제 王衍을 가리킴 - 역자)의 호평을 받았을 뿐 아니라 후궁(後宮)과 혈연관계였음에도 고위 관직에 오르지 못하고 말년에는 은퇴하여 산림에 은거하며 도가(道家)를 공부하였기에 "도가 서적과 약낭만이 남았던" 것이다.

이순의 〈남향자(南鄕子)〉 17수는 모두 영남(嶺南)의 풍물을 묘사하고 있는데, 그 첫 수에 '사향처(思鄕處)' 운운하고 있는 것을 보면 아마도 그의 가족 일부가 아직 영남 지방에 있어서 일찍이 고향으로 귀성한 적이 있었기 때문에 이처럼 고향을 그리워하는 작품을 쓴 것으로 짐작된다. 또 〈어부가〉에 "일찍이 전당(錢塘)의 8월 파도를 보았다네"라는 구절이 있는 것으로 보아 그가 절강의 항주에도 갔었음을 알 수 있다.

이순의 부친이 촉 땅에 들어간 해부터 전촉(前蜀) 후주의 즉위 때(즉 919년 - 역자)까지 총 39년이므로, 당시 이순의 나이는 아무리 많아도 39세를 넘지 않았을 것이다.

이시진의 《본초강목》에서는 이순의 《해약본초(海藥本草)》[40]를 인용하고 있는데, 《해약본초》에서 단성식(段成式)의 《유양잡조(酉陽雜俎)》를 인용한 것을 보면 그 저자가 단성식 이후의 인물이 분명하며 따라서 오대시기의 이순이 확실함을 알 수 있다. 게다가 이현이 향약을 판매하며 살았고 윤악의 시에서도 "향을 쐬어도 향기가 나지 않을까 심히 걱정이네"라고 하였으니, 만약 대대로 향약을 업으로 삼은 집안이라면 《해약본초》 저술도 가능했을 것이고 이순 역시 의학에 조예가 있었을 것이다.

....

40) 《해약본초(海藥本草)》: 오대 때 이순이 저술한 책으로 63종의 해산물 약방을 자세히 수록하고 있다. 이 해산물들은 페르시아와 아랍·로마·인도·베트남 등지에서 치료에 사용되는 약재였다.(《해상실크로드사전》, 381쪽)

이순의 여동생 이순현(李舜弦)은 (전촉) 후주의 소의(昭儀)가 되었다. 그녀 역시 시에 능하여 《전당시》에 〈수가유청성(隨駕遊靑城)〉·〈촉궁응제(蜀宮應制)〉·〈조어불득(釣魚不得)〉 3수가 실려 있다. 《자치통감》에는 후당 장종 동광 3년(925) 9월, 즉 전촉이 멸망하기 두 달 전 촉주(蜀主)가 태후·대비(大妃)와 함께 청성산(靑城山)을 유람한 내용이 기록되어있는데, 첫 번째 시가 바로 이 때 지은 것이다. 양신(楊愼)[41]은 《사품(詞品)》에서 "이순현(李舜絃)[42]은 이순의 여동생으로 왕연(王衍)[43]의 소의가 되었다. 시문을 짓는 능력이 뛰어나 〈원앙와상(鴛鴦瓦上)〉 1수를 지었는데, 《화예부인집(花蕊夫人集)》[44]에 잘못 수록되어있다"고 하였다. 《도회보감(圖繪寶鑑)》[45]에서는 이순현이 그림에도 능하였다고 칭찬하고 있으니, 시만이 아니라 다른 재능도 뛰어난 여인이었음을 알 수 있다.

·····························

41) 양신(楊愼, 1488-1559): 명대의 학자로 사천성 신도(新都) 출신이다. 1524년 계악(桂萼) 등이 등용될 때 반대의견을 주장했다가, 황제 앞에서 곤장을 맞고 유배되었다. 그 뒤로는 시와 술로 세월을 보내며 재능을 숨기고 살았다. 경학과 시문이 탁월하였으며 박학하기로 이름이 높았다. 특히 운남에 관한 견문과 연구는 귀중한 자료로 전한다.

42) 현(弦)을 현(絃)으로 잘못 표기하고 있다.

43) 왕연(王衍, 899?-926): 오대십국시기 전촉의 마지막 군주(즉 後主)이다. 왕연은 사치에 몰두하고 정치는 환관에게 일임하여 백성들을 쥐어짰다. 이로 인해 민심은 급속도로 떨어져 나가기 시작했고 925년 후당 군대의 침공에 저항하는 자들이 없어 멸망당했으며 왕연은 장안으로 호송 도중 살해되었다.

44) 오대십국시기 화예부인으로 불렸던 여성은 ①전촉 초대 군주 왕건(王建)의 숙비(淑妃); ②후촉 후주 맹창(孟昶)의 비; ③남당 후주 이욱(李煜)의 궁인(宮人) 등 세 사람으로, 이들의 작품을 모은 책 이름은 《화예부인집》이 아니라 《화예부인궁사(花蕊夫人宮詞)》이다.

45) 《도회보감(圖繪寶鑑)》: 전 5권. 원대 하문언(夏文彦)이 1365년 편찬한 책으로 권1은 화론(畵論)이고, 권2 이하는 삼국시대 오나라부터 남송까지의 화가 전기를 기록하고 있다.

청나라 초 오임신(吳任臣)46)이 집성한 《십국춘추(十國春秋)》와 왕사정(王士禎)47)이 편찬한 《오대시화(五代詩話)》에 그녀에 관한 독립된 열전 혹은 독립된 조목을 두고 있지만, 그 선친이 페르시아 사람인 것에 대해서는 모두 자세히 설명하지 않았다.

제7절 송대에 중국화 된 서역인

(1) 미불(米芾): 남송 초 등명세의 《고금성씨서변증》 권24에서 "미(米)씨는 서역 미국(米國)의 호인으로 중국에 들어온 자이기에 그 나라 이름을 성으로 삼았다"고 하였은즉 미씨가 호인임은 의심의 여지가 없다. 당대에 미씨 성을 가진 유명한 사람으로는 음악가 미가영(米嘉榮)과 미화랑(米和郞) 부자, 배우 미도지(米都知), 의사 미수(米遂), 사환(仕宦) 미기(米暨)와 미지성(米志誠)이 있는데 모두 호인이었다. 호삼성은 《자치통감》〈당기64〉의 미기 사적 서술 부분에 "미씨 성은 서역에서 나왔

....

46) 오임신(吳任臣, ?-1689): 절강성 인화(仁和) 사람으로 강희 18년(1679) 박학홍사(博學鴻詞)로 천거되어 한림원 검토(檢討)에 올랐고 이어 《명사》〈역지(曆志)〉를 편수했다. 저서로 《십국춘추》 외에 《주례대의보(周禮大義補)》·《춘추정삭변(春秋正朔考辨)》·《자휘보(字彙補)》·《산해경광주(山海經廣注)》·《탁원시문집(託園詩文集)》 등이 있다

47) 왕사정(王士禎, 1634-1711): 산동성 신성(新城) 사람으로 순치 15년(1658) 진사가 되어 벼슬이 형부상서에까지 이르렀다. 청초 시풍을 확립한 대표적 시인이며 신운설(神韻說)을 주창하여 50여 년 동안 시단을 이끌었다. 저서로 《대경당집(帶經堂集)》 92권과 명작을 정선한 《어양산인정화록(漁洋山人精華錄)》 12권이 있다.

는데, 강거의 한 계열로 미국으로 분리되었다가 나중에 중국으로 들어오게 되자 그 자손들이 마침내 나라 이름을 성으로 삼았다"고 주석을 달았다. 미씨는 또 '구성호(九姓胡)'의 하나로 송대에 와서 미불과 미우인(米友仁) 부자가 그림으로 유명해져 '대미(大米)'와 '소미(小米)'로 불리었다.

남송 진진손(陳振孫)의 《직재서록해제(直齋書錄解題)》 권8에서는 미헌(米憲)의 《미씨보(米氏譜)》 1권을 기록하며 이르기를 "봉직대부(奉直大夫) 미헌이 작성했는데, 건국 초기 훈신(勳臣)인 미신(米信)의 후손이다. 미신의 5세손이 불원장(芾元章)이고 3세손이 헌(憲)이다"라고 하였다.

미불은 자가 원장(元章)이고 진진손이 말한 대로 미신의 후손이다. 《송사》 권260에 미신의 열전이 있는데, 대대로 삭주(朔州) 부근에 살았다고 되어있다. 《미해악연보(米海岳年譜)》[48]에서 인용한 남송 방신유(方信孺)[49]의 〈미공화상기(米公畵像記)〉에서는 미불의 원래 족보를 기록하면서 "대대로 태원(太原)에 거주했고 후에 상양(襄陽)으로 이주했다"고 하였으니 대체로 서로 일치한다. 《송사》 〈미불전〉에서는 또 미불이 "청결한 것을 좋아해 결벽증이 생겨 다른 사람과는 수건과 그릇을 같이 쓰지 않을 정도였다"고 하였고, 명대 범명태(范明泰)[50]의 《미양양

....

48) 《미해악연보(米海岳年譜)》: 청대의 서예가·문학가·금석학자인 옹방강(翁方綱, 1733-1818)이 쓴 미불에 관한 연보이다.

49) 방신유(方信孺, 1177-1222): 송나라 흥화군(興化軍) 보전(莆田) 사람으로 자는 부약(孚若)이고 호는 호암(好庵)이다. 방숭경(方崧卿)의 아들이며 부음(父蔭)으로 번우위(番禺尉)가 되었다. 저서에 《남해백영(南海百詠)》·《호암유희집(好庵遊戲集)》 등이 있다.

50) 범명태(范明泰, 생몰연도 미상): 절강성 수수(秀水: 현 嘉興) 사람으로 자는 장강(長康)이고 호는 홍초(鴻超)이다. 만력 28년(1600) 거인이 된 것 외에 그의 일생에 관해 알려진 바가 거의 없다.

지림(米襄陽志林)》권4〈결벽편(潔癖篇)〉에도 그의 결벽에 대한 일화가 기록되어있다. 쿠와바라 지츠조도 그가 회교도였다고 의심하였다.《원서역인화화고(元西域人華化考)》(陳垣 著, 勵耘書屋 刊, 1934 - 역자) 권1의 서론4(〈중국화 된 서역인 선구자〉- 역자)에서는 "회교인의 저술에 미불이 회회인이라고 기록한 것이 있지만 아직 확실한 증거가 없으니 잠시 그대로 둔다"고 하였는데, 쿠와바라 지츠조는 그 성씨를 근거로 그가 분명 서역 호인의 후예라고 여겼다. 그런데 가장 유력한 증거는 남송 때 왕응린(王應麟)이《성씨급취편(姓氏急就篇)》권상에서 이미 미불 부자가 호인이라고 분명하게 언급했다는 점이다. 즉 "(미씨는) 호성(胡姓)으로 …… 송나라에는 미신·미박(米璞)·미빈(米贇)·미불과 그의 아들 우인(友仁)이 있다"고 하면서 "미불은 미씨가 초(楚)의 후손이라고 하였다"고 적었다. 이는 귀화한지 오래된 외국인들이 항상 보이는 태도로 미불 역시 예외는 아니었다. 그러나 만약 당시에 아무도 미씨를 호인의 후예라고 여기지 않았다면 미불 또한 황급히 스스로 변명할 필요가 없었을 것이다. 왕응린이 미불의 말을 기록한 까닭은 아마도 당시 미씨 중에 그 조상이 외국에서 온 것을 부인하는 자가 있었기 때문에 미씨가 호성인 이유를 특별히 드러내어 설명하려 한 것 같다.

(2) 안세통(安世通): 안세통은《송사》〈은일전(隱逸傳)〉에 전기가 있는데, 일찍이 청성산(靑城山)에 들어가 도교를 배운 것 같다.《송사》에서는 그가 본래 서인(西人)이라 했으니, 서인이 도교에 입문했다는 자체가 완전히 중국화 되었음을 말해주는 것이다. 안세통이 안식(즉 파르티아 - 역자) 사람이었음은 거의 분명하다. 불경 한역의 대가인 안세고가 바로 안식국의 태자였는데, 두 사람 모두 안씨 성이고 이름에 세(世)자가 있는데다 안세와 안식의 발음이 비슷하지 않은가? 개희 2년(1206) 오희(吳曦)[51]가 반란을 일으키자, 안세통은 따르기를 거부하고 성도수(成都帥) 양보(楊

輔)에게 서신을 보내 의병을 일으킬 것을 권하며 "겨우 52년을 살았습니다. 옛 사람이 말하길 '살 수 있을 때 사는 것이 복이고 죽을 수 있을 때 죽는 것도 복이다'라고 했습니다. 결코 더러운 얼굴로 차마 살 수 없으며 함께 반란을 일으킨 무리가 될 수는 없습니다"고 말했다. 소위 '옛 사람의 말'은 《열자(列子)》〈역명편(力命篇)〉에 나오는 내용으로 안세통의 중국화 정도가 보통 사람에 비할 바가 아니었음을 보여준다.

(3) 포수성(蒲壽宬): 천주시박사 포수경(蒲壽庚)의 형이다. 나는 포씨 형제의 조상이 참파인이라 믿지만(자세한 내용은 아래 제21장 '당·송시기의 회교'에 나옴), 세상 사람들은 대부분 포씨가 대식인이라 생각하고 있다. 더욱이 포씨가 설령 참파인일지라도 중국에 들어온 후 처음부터 대식인으로 간주되었고 항상 대식인과 함께 지냈던 까닭에, 여전히 그들을 중국화 된 서역인으로 보지 중국화 된 참파인으로 여기지 않는다는 점이다. 포수성은 시에 능하여 시집으로 《심천학시고(心泉學詩稿)》가 있었으나 이미 산실된 것을 청나라 사람이 《영락대전》 중에서 찾아 모아 6권으로 만든 게 남아있다. 그는 원대 이전까지 중국 유일의 서역 시인이었다. 《강촌총서(彊村叢書)》[52]에 실려 있는 《심천시여(心泉詩餘)》 1권은 《사고전서》본 《심천학시고》 끝에 첨부되어있던 것이다. 《원서역인화화고》 권1의 서론4 〈중국화 된 서역인 선구자〉에서는 "송나라 말

....

51) 오희(吳曦, 1162-1207): 송 덕순군(德順軍) 농간(隴干: 현 감숙성 靜寧) 사람. 개희 2년 사천선무부사(四川宣撫副使) 겸 섬서하동초무사(陝西河東招撫使)로 금나라와 내통하여 촉왕(蜀王)에 봉해지자 송에 반기를 들었다. 다음해 10만 대군을 이끌고 가릉강(嘉陵江)을 따라 내려와 금군과 양양(襄陽)을 협공하려 하였으나 패하여 살해되었다.

52) 《강촌총서(彊村叢書)》: 주효장(朱孝臧, 1857-1931)이 편찬한 전 260권의 총서이다. 당·오대·송·원시기의 사집(詞集)을 모아놓은 것으로 1917년 발간되었다.

익왕(益王: 즉 趙昰 - 역자)과 광왕(廣王: 즉 趙昺 - 역자)이 복주에서 배를 타고 천주로 행차하자 수신(守臣) 포수경이 성을 닫고 들어오지 못하게 했다. 포수경은 무인(武人)으로 그의 계략은 모두 형 포수성이 기획한 것이었다. 처리가 끝나자 포수성은 평민 복장으로 갈아입고 법석산(法石山)에 은거하며 스스로 처사(處士)라 칭함으로써 성이 다른 두 군주를 섬길 수 없다는 뜻을 보였다. …… 안세통은 청성산의 도인이 되었고 포수성은 법석산의 처사가 되었으니, 남송의 두 서역인은 원대에 중국화 된 서역인의 서막을 열었다고 하기에 충분하다"고 적고 있다. 또 "이 책에 수록된 사람은 서역인으로 중국 시에 능한 순수하게 중국화 된 자들이다"고 하였다.

제18장
당·송시기의 조로아스터교[火祆敎]

제1절 당대 이전의 첫 전래

조로아스터교는 기원전 500~600년경 페르시아의 조로아스터(Zoroaster)가 창건하였다. 페르시아에서는 불을 숭배하는 풍속이 있었는데, 조로아스터가 선악(善惡) 이원설(二原說)을 주창하면서 밝은 것은 선의 근원이고 어두운 것은 악의 근원이라고 했기 때문에 광명을 숭배하였다. 불도 빛이 나기에 불을 숭배했고 더 나아가 일월성신(日月星辰)을 숭배하였다. 중국에서는 이를 배화교(拜火敎)라 이름 붙였고, 또 그들이 하늘을 섬긴다고 하여 화현교(火祆敎)라고도 불렀다.

서기 226년(촉 후주 건흥 4년) 페르시아 사산왕조가 흥기하여 이를 국교로 삼음으로써 중앙아시아 일대에서 크게 번성하게 되었다.

《위서》권102에 보면 "페르시아에서는 천신(天神)을 섬기는 풍속이 있는데, 신귀연간(518~519) 그 나라 왕 거화다(居和多)가 사신을 보내 글을 올리고 공물을 바쳤다"고 되어있다(이 내용은 《북사》권97에도 나온다). 《양서》권54에서는 "활국(滑國)[1]은 위·진 이래로 중국과 통하지 않았다. 천감 15년(516) 그 왕이 처음으로 사신을 보내 토산물을 헌상했다. 보통 원년(520)에 또 사신을 보내 페르시아 비단[錦] 등의 공물을 헌상했다. 7년에 다시 표문을 올리고 공물을 바쳤는데, 그 나라에서는 천신과 화신(火神)을 섬긴다"고 하였다(《남사》 권79에도 나온다). 이를 통해 볼 때 이 종교가 중국에 처음 전래된 것은 서기 516년에서 519년 사이인 것이 분명하다. 《위서》 권101과 권102에는 고창과 언기(즉 카라샤르 – 역자) 두 나라에 "천신을 섬기는 풍속이 있다"고 적혀있다.

그 후로 북조의 황제와 황후 중에도 이를 섬기는 자가 있었으니, 북위에서 시작되어 북제와 북주가 이를 이었다. 《위서》 권13 〈영태후전(靈太后傳)〉에는 태후가 숭산(崇山)에 행차하여 여러 음사(淫祀)를 없앴는데, 호천신(胡天神)은 여기에 포함되지 않았다고 기록되어있다. 《수서》 권7 〈예의지(禮儀志)〉에는 북제[後齊]의 후주(後主)가 말년(576)에 직접 북을 치고 춤을 추며 호천(胡天)을 섬기자, 업(鄴)성 내에 마침내 음사가 많아져 그 풍속이 지금까지 끊이질 않는다고 적혀 있다. 같은 책 같은 권에서는 또 북주[後周]가 서역 사람을 초빙하고자 했으며, 호천을 섬기는 제도가 있어 황제가 이를 직접 주관함으로써 그 예법이 마침내 이속(夷俗)을 따르게 되었다고 적고 있다.

....

1) 활국(滑國):《양서》에 보면 "차사(車師)의 별종이다"고 나오는데, 차사는 현 신강위구르자치구 투루판 서북에 있었던 도시국가이다.

제2절 당·송시기의 유행

당 이전에는 천신, 화신, 호천신으로 불렸고 당나라 초에 이르러 처음으로 '현(祆)'자가 사용되었는데, 시(示)자와 천(天)자를 합한 것이다. 이글자가 자전에 수록된 것은 《옥편(玉篇)》²⁾이 처음이고, 다음은 《속일체경음의(續一切經音義)》, 그 다음은 《설문신부(說文新附)》³⁾이다. 당대 전적 중에서 이 새 글자를 사용한 것은 두환(杜環)의 《경행기(經行記)》와 단성식(段成式)의 《유양잡조(酉陽雜俎)》가 있고, 또 《신당서》와 《구당서》의 살말건국(薩末建國)·효억국(孝憶國)·구덕건국(俱德建國)·소록국·우전국·파사국·강국의 종교 관련 기록에 등장한다. 불전 가운데 이 글자를 사용한 것으로는 혜초의 《왕오천축국전》과 의정이 번역한 《근본설일체유부비나야(根本說一切有部毗奈耶)》 등이 있다.

당대에는 이 종교를 상당히 존숭하여 서경(西京) 장안에 호천사(胡天祠)가 네 곳이 있었다. 위술(韋述)⁴⁾의 《양경신기(兩京新記)》 권3《日本

---

2) 《옥편(玉篇)》: 남조 양나라 학자 고야왕(顧野王, 519-581)이 543년 펴낸 자서(字書). 《설문해자》의 체제와 내용에 근거하여 16,917개의 표제자를 선정하여 542부수에 따라 배열하고 있다.

3) 《설문신부(說文新附)》: 송 태종 옹희연간에 서현(徐鉉)이 칙명을 받고 구중정(句中正) 등과 함께 《설문해자》를 교정하여 오류를 바로잡고 원서에 없는 402자를 새로 증보한 책이다.

4) 위술(韋述, 생몰연도 미상): 당나라 경조(京兆) 만년(萬年) 사람으로 현종 때 집현전직학사(集賢殿直學士)와 국자사업(國子司業)을 역임하고 천보연간 공부상서를 지냈다. 안록산에게 벼슬을 받았다가 투주(渝州)로 유배되어 얼마 뒤 죽었다. 저서로 《양경신기》 외에 《당직의(唐職儀)》·《고종실록(高宗實錄)》·《어사대기(御史臺記)》 등이 있으나 모두 실전되었다.

佚存叢書》본에는 권3만 남아있음)에 따르면 그 중 하나는 포정방(布政坊) 서남쪽 모퉁이에 있었는데 무덕 4년(621) 세워졌다고 하고,《통전》 권40〈직관전(職官典)〉에서는 같은 해에 또 특별히 관수(官守)를 두었다고 한다. 또 하나는 예천방(醴泉坊) 서북쪽 모퉁이에, 다른 하나는 보녕방(普寧坊) 서북쪽 모퉁이에 위치하며, 네 번째는 송민구의《장안지(長安志)》에서 정공방(靖恭坊) 거리 남쪽에 있었다고 하였다. 동경(東京) 낙양에도 세 곳이 있었으니,《당양경성방고(唐兩京城坊考)》권5에 따르면 하나는 회절방(會節坊), 다른 하나는 입덕방(立德坊)에 위치하였다.《당양경성방고》는 서송(徐松)이 옛 전적에서 찾아 집성한 것이다. 또 한 곳은 시서방(市西坊)에 있었는데, 이는 장작(張鷟)의《조야첨재(朝野僉載)》권3에 보인다. 이 책에서는 양주(涼州)에도 호천사가 있었다고 기록하고 있다.

돈황에서 발견된 당대 필사본《사주도경잔권(沙州圖經殘卷)》'잡신(雜神)'조 중의 '현신(祆神)' 아래에 "우측으로 주(州)의 동쪽 1리 지점에 건물을 세우고 신주(神主)를 그렸는데, 총 20개의 감실[龕]이 있었다. 그 건물 담의 둘레는 1백 보이다"라는 주석이 달려있다.

《신당서》권46〈백관지〉에 따르면 적서(磧西: 당대 서역에 대한 별칭 – 역자)의 여러 주(州)에는 모두 그 사당(祠堂)이 있어 매년 두 차례 제사를 지냈으나, 백성들이 기도하고 제사 올리는 것은 금지하였다고 한다.

당대에는 또 특별히 살보(薩寶)라는 관직을 두었으니 정5품 대우였고, 살보부(薩寶府) 현정(祆正)은 종7품 대우였다. 이는 앞에서 인용한 《통전》에 나오는데, 또 "항상 여러 호인들이 봉사(奉事)했다"고 적혀있어서 이러한 종교 관련 관직을 맡은 자들이 모두 호인이었음을 알 수 있다. 사당이 있고 관직이 있으며 제전(祭典)도 있었지만 민간에서 기도하고 제사 올리는 것을 금지했다는 것은, 그 기능이 순수하게 외국인을 불러들이는데 있었음을 보여준다.

이 종교는 서역인만 믿는 것으로 선교를 하지 않았지만, 무종 회창 5년(845) 도사(道士) 조귀진(趙歸眞)의 건의에 따라 불교를 탄압하면서 다른 모든 외래 종교를 배척할 때 함께 화를 입었다. 《당회요》 권47의 〈훼불사제(毀佛寺制)〉, 이덕유(李德裕)5)의 《회창일품집(會昌一品集)》 권20의 〈하폐훼제사덕음표(賀廢毁諸寺德音表)〉, 《신당서》 권52 〈식화지〉, 《자치통감》 권248에 모두 대진(大秦)·목호(穆護)와 함께 열거되어 있는데, 간혹 현(祆)을 '불(祓)'로 적은 경우도 있다.

무종이 죽고 선종이 불교를 부흥시키자 여러 외래 종교 역시 모두 금지령이 풀렸다. 장방기(張邦基)6)의 《묵장만록(墨莊漫錄)》 권4에 따르면 진강부(鎭江府) 주방문(朱方門)의 동성(東城) 위에 그 사당이 있었다고 한다. 또 회창 5년 금교령 이후 17년이 지난 함통 3년(862) 선무절도사(宣武節度使) 영호이(令弧已)가 다시 묘축(廟祝: 祠廟에서 향불을 관리하는 사람 - 역자) 사회은(史懷恩)에게 첩(牒)을 주었음을 알 수 있는데, 이는 조로아스터교가 이미 부흥되었음을 증명하는 것이다. 같은 책 같은 권에서는 또 개봉[東京]성 북쪽에 현묘(祆廟)가 있었다고 하고, 맹원로(孟元老)7)의 《동경몽화록(東京夢華錄)》 권3에서는 황궁 서쪽 우액문(右掖

....

5) 이덕유(李德裕, 784-849): 당대의 관료로 하북 영진(寧晉) 출신이다. 목종 즉위 후 한림학사가 되었는데, 이후 우승유(牛僧孺)·이종민(李宗閔) 등과 대립하여 격렬한 붕당의 화를 야기하였다. 또한 도사 조귀진과 함께 회창(會昌) 폐불(廢佛)을 야기한 인물로 후세 불교도들의 비난을 받기도 한다.

6) 장방기(張邦基, 생몰연도 미상): 자는 자현(子賢)이고 고우(高郵) 사람이다. 남송 고종 소흥 초년 전후에 살았던 것으로 보이며 저서로 《묵장만록》 10권이 있다.

7) 맹원로(孟元老, 생몰연도 미상): 호를 유란거사(幽蘭居士)라 했고 적관(籍貫)은 미상이다. 북송 말에 태어나 어려서 변경(汴京, 현 개봉시)에서 살았다.

門)에 현묘가 있었다고 하니, 결코 한 곳만이 아니었음을 알 수 있다. 그런데 요관(姚寬)[8]의 《서계총어(西溪叢語)》에 인용된 송민구(宋敏求)의 《동경기(東京記)》에서 영원방(寧遠坊)에 한 곳이 더 있었다고 하니, 개봉에도 현묘가 세 곳이나 되어 장안과 낙양에 필적할 정도였음을 알 수 있다.

<hr />

남도(南渡)한 뒤 《동경몽화록》 10권을 지었는데, 변경의 화려한 면모와 세시(歲時)의 산물(産物), 풍토와 풍습 및 예의, 전장제도(典章制度) 등을 묘사함으로써 사지(史志)의 잘못을 바로잡고 보충했다.

8) 요관(姚寬, 생몰연도 미상): 북송 말 남송 초에 살았던 걸출한 역사학자 겸 과학자로 자는 영위(令威)이고 호는 서계(西溪)이며 회계 승현(嵊縣) 사람이다. 저서로 《서계총어》 외에 《노수서(弩守書)》·《서계집(西溪集)》·《사기주(史記注)》·《전국책보주(戰國策補注)》 등이 있다.

제19장
당·송시기의 마니교(摩尼敎)

제1절 마니교의 전래와 분포

마니교(Manichaeism)는 명교(明敎), 명문(明門), 모니교(牟尼敎)라고
도 하며 페르시아 사람 마니(Mani)가 세운 종교로 중국 이름은 말니(末
尼) 혹은 말마니(末摩尼)라고도 한다. 그는 216년(후한 건안 21년)에 태
어났는데, 일부에서는 239-240년 혹은 240-241년 사이에 태어났다고도
하며 천문과 회화에 정통했고 마술에 능했다고 한다. 마니교의 교리는
뒤에서 소개하겠다.

277년(서진 함녕 3년) 체포되어 중형을 받고 사망하였다. 하지만 그
의 사망연도에 대해서는 273년, 274년, 275년, 276년 등 다양한 의견이
있다.

마니교가 중국에 들어온 것은 일설에 의하면 당 측천무후 연재 원년
(694)이라고 하는데,《불조통기(佛祖統紀)》권39에서는 그 해에 페르시
아 사람(권55에는 서해 대진국 사람이라 되어있음) 불다탄(拂多誕)이《이
종경위교(二宗經僞敎)》을 가지고 입조했다고 한다. 불다탄은 마니교의

직무(職務) 명칭으로 모사(慕闍)의 다음 직급이고 '이종(二宗)'은 즉 명(明)과 암(暗)인데, 이 내용은 돈황에서 출토되어 북경도서관에 소장되어있는 《마니교잔경(摩尼敎殘經)》에 보인다. 한편 《민서(閩書)》 권7 〈방역지(方域志)〉에서는 "모사가 당 고종 때 중국에서 교리를 전파했고 측천무후 때에는 모사의 고제(高弟) 밀오몰사(密烏沒斯) 불다단이 다시 입견(入見)함에 여러 승려가 시샘하여 헐뜯고 서로 비판하였다"고 적혀있다. 즉 고종 때 이미 마니교가 중국에 들어왔다는 것으로 《불조통기》의 기록보다 빠른데, 어느 것이 맞는지는 확인되지 않는다.

문헌상으로 확인되는 중국 최초의 마니교 교당(敎堂)은 대력 3년(768) 6월 칙명에 의해 세워졌고 '대운광명지사(大雲光明之寺)'라는 편액을 하사받았다. 이 내용은 《승사략(僧史略)》 권하와 《불조통기》 권41 및 권54에서 확인된다. 샤반느(Chavannes)는 《중국에서 마니교의 유행에 대한 고찰(摩尼敎流行中國考)》[1]에서 칙명에 따라 사원 건축이 허가된 곳은 장안과 낙양 두 곳 뿐인 것 같다고 하였다.

대력 6년(771) 정월에 다시 형주(荊州)·월주(越州)·홍주(洪州)에 각각 대운광명사(大雲光明寺) 한 곳씩을 세우도록 칙명이 내려졌다는 내용이 《승사략》 권하에 나온다. 《불조통기》 권41 및 권54에는 양주(揚州)가 첨가되어 있는데, 이는 칙명으로 사원 건축이 (처음) 허가된 지 3년만의 일이다.

원화 2년(807) 정월에는 회홀 사신의 요청을 받아들여 하남부(河南府)와 태원부(太原府)에 마니교 사원 세 곳을 설치하였다. 이는 《책부원구》 권999와 《구당서》 〈헌종본기〉 그리고 《당회요》의 '마니교'조에서 확인

---

[1] 이 책은 펠리오와 샤반느의 공저를 풍승균이 번역하여 1931년 상무인서관에서 출판한 것이다.

되는데, 뒤의 두 책에는 '세 곳[三所]'이라는 두 글자가 빠져있다.

남당(南唐) 사람 서현(徐鉉)[2]의 《계신록(稽神錄)》 권3에는 청원(淸源: 즉 泉州) 서쪽 지역에 귀신이 사는 큰 저택이 있었는데, 마니(명교)교도가 와서 이를 쫓아냈다는 기록이 있다. 이는 당나라 말 복건성에 이미 마니교가 있었음을 말해주는 것이다.

《불조통기》 권48에서는 《이견지(夷堅志)》[3]를 인용하여 "채식을 하고 마(魔)를 섬기는 것이 삼산(三山)에서 특히 성하다"고 했으니, 삼산은 지금의 복주(福州)이다. 《불조통기》 권말에는 종감(宗鑑)[4]의 말을 인용하여 "양저(良渚)가 말하길 …… 현재 마니교가 여전히 삼산에서 흥기하고 있다"고 주석을 달고 있다.

《계륵편(鷄肋編)》[5] 권상에는 "마를 섬기고 채식을 하는 것은 나라에서 법으로 매우 엄히 금하는 것이다. 그러나 근래에 이를 따르는 자들이

....

2) 서현(徐鉉, 916-991): 오대십국시기 남당의 학자로 광릉(廣陵) 출신이다. 남당 후주(後主) 이욱(李煜)에게 출사하였고 이부상서를 지냈다. 남당이 망하자 이욱을 따라 송에 투항하였고 다시 송 태종 때 출사하였다. 전서와 예서를 잘 썼으며 동생인 서개(徐鍇)와 함께 '이서(二徐)'로 불렸다. 《설문해자》의 주석을 달았으며 그 외 《기성집(騎省集)》 등의 저서가 있다.

3) 《이견지(夷堅志)》: 남송 사람 홍매(洪邁, 1123-1202)가 엮은 설화집(說話集). 송대 민간의 이상한 사건이나 괴담 및 사회·민속 등의 자료를 모은 책으로 전 420권 중 현재 약 절반만이 전해지고 있다.

4) 종감(宗鑑, ?-1206): 남송의 임제종 승려. 저서에 《석문정통(釋門正統)》 8권이 있는데, 《사기》의 체례를 모방해 본기·세가·제지(諸志)·열전·재기(載記) 등 다섯 편목을 두었다.

5) 《계륵편(鷄肋編)》: 전 3권으로 북송 말 남송 초 사람인 장작(莊綽, 생몰연도 미상)이 엮은 책. 장작은 복건 혜안(惠安)현 출신이고 자는 계유(季裕)이다. 사적(史迹) 구문(舊聞) 및 각지의 풍토와 전해들은 자질구레한 일을 상술하고 있어 사료가치가 높다고 인정된다.

나날이 많아지고 있다. 복건에서부터 온주까지 흘러들어와 마침내 이절(二浙: 송대의 행정구역인 浙江東路와 浙江西路를 합쳐 부른 말 - 역자)에 퍼졌다고 한다. 목주(睦州)에서 방랍(方臘)의 난6)이 일어나자 그 무리들이 곳곳에서 서로 선동하며 봉기하였다”고 되어있다.

요강(廖剛)7)은 남송 사람으로 그의 《고봉문집(高峰文集)》 권2 〈걸금요교차자(乞禁妖敎劄子)〉에서 “오늘날 채식을 하고 마를 섬기는 것은 요교(妖敎)에서 전해진 것으로 …… 신(臣)이 양절(兩浙)과 강동(江東)·강서(江西)를 방문해보니, 그 풍속이 한창 성행하고 있었습니다”라고 하였다.

《건염이래계년요록(建炎以來繫年要錄)》 권76에는 “소흥 4년(1134) 5월 기거사인(起居舍人) 왕거정(王居正)이 ‘양절의 주현(州縣)을 몰래 살펴보니 채식을 하고 마를 섬기는 풍속이 있습니다’라고 아뢰었다”고 적혀있다.

송 효종 초년(1163) 육유(陸游)는 〈응조조대장(應詔條對狀)〉에서 “몰래 이들과 연을 맺은 사람이 곳곳에 다 있습니다. 회남(淮南)에서는 이회자(二檜子), 양절에서는 모니교, 강동에서는 사과(四果), 강서에서는 금강선(金剛禪), 복건에서는 명교 또는 게체재(揭諦齋) 등으로 부르고 있습니다”고 하였다. 이회자는 이사(二祀)라고도 하며 이종(二宗)을 가

....

6) 방랍(方臘)의 난: 북송 휘종 선화 2년(1120) 강남 지방에서 지배층의 수탈이 심해지자 이에 반발하여 마니교의 우두머리였던 방랍이 농민세력을 규합하여 목주 청계현(靑溪縣: 현 절강성 淳安)에서 일으킨 반란이다. 많은 사람의 호응을 얻어 그 세력이 신속히 확대되어 주변 6개 주(州), 61개의 현성(縣城)을 점령하였으나 다음해 관군에 의해 진압되었다.
7) 요강(廖剛, 1070-1143): 송대의 관료로 복건 순창(順昌) 사람이다. 1106년에 진사가 되었는데, 성품이 강직하여 채경(蔡京)·진회(秦檜) 등 조정 권신에게 미움을 사는 등 관직생활이 평탄하지 못했다. 저서로 《고봉문집》 외에 《어람세채(禦覽世彩)》 등이 있다.

리키는 것이다. 《적성지(赤城志)》8) 권37 〈풍토문(風土門)〉에 실려 있는 이겸(李謙)의 〈계사마시(戒事魔詩)〉에서는 쌍종이회(雙宗二會)라고 불렸다. 사과와 금강선은 분명 마니교가 아니다. 그러나 회남·양절·복건에서 모두 마니교가 성행했음을 알 수 있다. 그 중 복건이 가장 발달했던 것 같은데, 육유는 《노학암필기(老學菴筆記)》 권10에서 "민중(閩中)에 좌도(左道: 즉 邪敎를 말함 - 역자)를 익힌 자들이 있어 이를 명교라 불렀다. 또 명교 경전이 판각 인쇄되어 매우 많이 퍼져있다"고 하였다.

남송시기에는 양절의 마니교가 가장 발달하여 온주에 재당(齋堂)이 40여 곳이나 있었다고 한다(《송회요》). 선거현(仙居縣) 백탑향(白塔鄉)에는 조사당(祖師堂)이 있었고(《적성지》에 수록된 이겸의 〈계사마시〉), 영해현(寧海縣)에는 《이종삼제경(二宗三際經)》을 감추고 있는 신도가 있으며(洪适의 《盤洲集》 권74 〈先君行狀記〉), 자계현(慈溪縣)에는 숭수궁(崇壽宮)이 있었다(《寶慶四明志》 등). "소흥 2년(?) 10월 29일 추밀원에서 아뢰길, 선화연간에 온태(溫台)의 촌민 다수가 요법(妖法)을 배워 채식과 마를 섬길 것을 선전하고 있습니다. ……" "가태 2년(1202) 6월 13일 신료들이 아뢰길, 근년 들어 소위 백의도자(白衣道者)라는 게 있습니다. …… 강절(江浙)이 지금 가장 성행하고 있으며 민(閩)이 그 다음입니다." "경원 4년(1198) 9월 1일 신료들이 아뢰길, 절우(浙右)의 소위 도민(道民)이라는 자들은 사실 채식을 하고 마를 섬기는 무리입니다. ……" "선화 3년(1121) 윤5월 7일 상서성에서 아뢰길, 강절의 채식하고 마를 섬기는 무리를 조사해보니 이미 풍습이 되어버렸습니다." 엄주(嚴

----

8) 《적성지(赤城志)》: 원래 이름은 《가정적성지(嘉定赤城志)》로 남송 진기경(陳耆卿, 1180~1236)이 가정연간에 편찬한 태주총지(台州總志)이다. 태주는 절강성에 속한다.

州)·구주(衢州: 즉 開化)·무주(婺州: 즉 東陽)에도 모두 그런 사람들이 있었다. 이상의 내용은 모두 《송회요집고(宋會要輯稿)》9)에 나온다. 정화 7년(1117)과 선화 3년에는 각각 온주에 칙서를 내려 《마니경》을 구해서 《도장(道藏)》10)에 넣게 하였다.

복건에 마니교가 들어온 것은 양절보다 빠르고 남송 때 와서도 양절 다음으로 성행하였다. 위에서 이미 《이견지》의 "삼산에서 특히 성행했다"는 말을 인용했는데, "특히 성행했다"는 것은 복건에서도 삼산이 가장 성행했다는 말이다. 《송회요》에는 가정 2년(1209) 7월 4일 장주(漳州)의 권지(權知)인 설양조(薛揚祖)가 "장군(漳郡)의 백성 중 도첩(度牒)을 받지 않고 부처를 모신다는 명목 하에 개인적으로 암료(庵寮)를 설치한 자가 있어 그 폐단이 또한 심합니다. 남자는 백의도자라 칭하고 여자는 여도(女道)라 부릅니다"고 한 말이 기록되어있다. 대중상부 9년(1016)과 천희 3년(1019)에는 각각 복주에 칙서를 내려 《마니경》을 구하도록 한 적이 있었다. 복건의 마니교는 원대에 이르러서도 쇠락하지 않았으니, 《민서》 권7 〈방역지〉에 기록된 진강(晉江) 화표산(華表山)의 마니초암(摩尼草庵)은 원대의 것이다.

안휘(安徽)에서는 신주(信州)의 귀계(貴溪)와 선주(宣州)의 경현(涇縣)

---

9) 《송회요집고(宋會要輯稿)》: 청 가경연간 서송(徐松)이 《영락대전》에 수록되어있는 《송회요》의 내용을 찾아 모아 17개 부문으로 분류하여 편집한 책으로 전 366권이다. 《송사》의 각 지(志)에 기록되지 않은 많은 조령(詔令)·법령(法令)·주의(奏議) 등 전장제도(典章制度)의 내용을 보존하고 있어 송대의 법률과 제도를 연구하는데 중요한 자료이다.
10) 《도장(道藏)》: 불교의 《대장경》에 대응하는 개념으로 도교 경전을 집대성한 도교 총서(叢書)를 가리키며 《도장경(道藏經)》 또는 《도일체경(道一切經)》이라고도 부른다.

에 모두 채식을 하고 마를 섬기는 풍습이 있었는데,《건염이래계년요록》권34에 소흥 14년(1144)과 20년(1150)의 일이 각각 기록되어있다.

《송회요》에 있는 선화 원년(1119) 4월 1일의 조서에 따르면 하북로(河北路)의 창주(滄州)·청주(淸州)·은주(恩州)에서 모두 마니교가 유행했음을 알 수 있다. 또 정화 4년(1114) 8월 3일의 조서에서는 "하북의 주현(州縣)에서 요교를 전습(傳習)하는 자가 매우 많다. ……"고 하였다.

《송회요》〈형법문(刑法門)〉의 '금약(禁約)'조에 따르면 천희 3년(1019)·경우 2년(1035)·대관 2년(1107)에 이주로(利州路)의 흥주(興州)·검주(劍州)·이주(利州) 그리고 익재리기로(益梓利夔路)와 신양군(信陽軍) 등지에서 모두 마니교의 흔적을 볼 수 있으니, 그 범위가 상당히 넓었다고 하겠다.

제2절 마니교의 교리(敎理)와 교칙(敎則)

장경연간(821-824)에 세워진〈구성회홀가한비(九姓廻鶻可汗碑)〉에는 "수장(帥將) 예사(睿思) 등 네 명의 승려가 입국하여 이사(二祀)를 천양(闡揚)하니《삼제(三際)》에 통달하였다. 게다가 법사(法師)는 명문(明門)에 정통했고 칠부(七部) 연구에 몰두하여 재화(才華)가 해악(海嶽)만큼 높았고 언변이 물 흐르듯 했다"고 적혀있다. 이사는 이종인 것 같고《삼제》도 마니교의 경전 이름이다. 마니교의 경전은 칠부로 나뉘니,《마니광불교법의략(摩尼光佛敎法儀略)》에도 "마니가 칠부를 타고 항해할 배로 삼았다"는 구절이 있다. 비문 중에는 또 '명교(明敎)'라는 명칭이 나오는데, 이는 '명문'와 같은 뜻이다. 장군방(張君房)[11]의《운급칠첨(雲笈七

籤)》에는 《명사마니경(明使摩尼經)》이라는 명칭이 있다.

중국의 《마니교잔경》에는 "이종의 뜻을 믿으면 마음이 깨끗해져 의심이 없어진다. 어둠을 버리고 밝음을 좇으니 성인이 말씀하신 바와 같다"고 적혀있다.

《불조통기》 권48에서는 《이견지》를 인용하여 마니교의 교리를 다음과 같이 매우 상세하게 소개하고 있다. "끽채사마(喫菜事魔)가 삼산에서 특히 성행하였다. 우두머리는 자색 모자에 통이 넓은 옷을 입고 부녀자는 검은 관(冠)에 흰 옷을 입으며 명교회(明敎會)라 부른다. 모시는 부처는 흰 옷을 입었으니, 경전 중에 인용된 소위 백불(白佛)은 세존(世尊)을 말한다. …… 그 경전의 명칭은 《이종》과 《삼제》인데, 이종이란 밝음과 어둠이고 삼제란 과거·미래·현재이다." 하지만 현재 《사고전서》본과 육간본(陸刊本)12) 《이견지》에서는 위의 인용문이 모두 보이지 않는다. 프랑스에 소장된 《마니교잔경》에는 삼제가 초제(初際)·중제(中際)·후제(後際)라고 되어있다. 또 "죽은 시신을 묻을 때 덮어서 가리고 안보이게 매장하면 파계(破戒)하는 것과 같다"고 했은즉 마니교에서는 시신을

....

11) 장군방(張君房, 생몰연도 미상): 북송 안륙(安陸) 사람으로 대중상부 5년 (1012) 황명을 받들어 비각(秘閣)의 도서(道書)를 교정하는 일을 책임졌다. 조정에서 내린 도교 서적과 소주(蘇州)·월주(越州)·대주(臺州) 등지의 구도장(舊道藏)을 수집하여 도사 10명과 함께 편수 교정했다. 천희 3년(1019) 대송천궁보장(大宋天宮寶藏) 4,565권을 정리했다. 또 그 정요(精要)를 가려 경교종지(經敎宗旨)와 선진위적(仙眞位籍)·재계(齋戒)·복식(服食)·연기(鍊氣)·내외단(內外丹)·방술(方術)·시가(詩歌)·전기(傳記) 등 1만여 조항을 포괄하여 《운급칠첨》 122권을 완성했다.

12) 청말 4대 장서가의 한 명인 육심원(陸心源)이 광서 5년(1879)에 중각(重刻)한 《십만권루총서(十萬卷樓叢書)》본을 가리키는 것 같다. 현재 《총서집성초편(叢書集成初編)》에 그 영인본이 수록되어있다.

나체로 장례 치렀음을 알 수 있다. 또《불조통기》권41와 권54에서는 "그 무리들이 흰 옷을 입고 흰 관을 썼다"고 하였으니, 위에서 소개한 자색 모자나 검은 관과 차이가 있다.

중국의《마니교잔경》에는 "성인(聖人)께서 하루에 한번만 식사하도록 정하였으나 힘들다고 여기지 않았다"고 적혀있다.

《이견지》에서 말한 '끽채(喫菜)'는 채식을 한다는 것이다. 《건염이래 계년요록》권76에는 소흥 4년 5월 기거사인 왕거정의 상소문이 실려 있는데, "양절의 주현을 몰래 살펴보니 채식을 하고 마를 섬기는 풍속이 있습니다. …… 대저 마를 섬기는 자들은 육식을 하지 않고 한 집에 일이 생기면 같은 무리 사람들이 힘을 내어 서로 도와줍니다. 아마도 육식을 하지 않아서 비용을 절감할 수 있었기에 쉽게 만족하는 듯합니다"라고 되어있다. 방작(方勺)[13]의《박택편(泊宅編)》권하에는 방랍(方臘) 역시 "채식을 하고 마를 섬겼다"고 적혀있다. 소흥연간의 복건 사람 장계유(莊季裕)가 쓴《계륵편》권상에서는 "마를 섬기고 채식을 하는 것은 나라에서 법으로 매우 엄히 금하는 것이다. …… 그 교규(敎規)를 들어보니 고기와 술을 끊고 신령과 부처 그리고 조상을 섬기지 않으며, 손님을 만나지 않고 죽으면 나체로 장례를 치른다"고 하였다.

《불조통기》권48에서는 또《이견지》를 인용하여 "수도하는 자는 정오에 한 끼를 먹고 시신을 나체로 장례를 치르며 일곱 번 예배를 드린다"고 하였는데, 하루를 나누어 일곱 차례 경전을 낭송하는 일과(日課)는 천주교 수도사들의 성무일도(聖務日禱)와 실로 동일하다.

....

13) 방작(方勺, 생몰연도 미상): 북송 무주(婺州) 사람으로 자는 인반(仁盤)이다. 저서로《박택편》10권을 남겼는데,《송사》〈예문지〉에 따르면 원우부터 정화연간(1086-1117)까지의 조야(朝野)의 일을 기록한 사료필기라고 한다.

송 건륭 4년(964)에 반포한《형통(刑統)》14) 권18의 '조현서현언(造祆書祆言)'조에 수록된 당 천성 2년(927) 6월 7일 칙서에는 "혹 승속(僧俗)의 구분 없이 남녀가 뒤섞여서 무리를 이루어 밤에 만났다가 날이 밝으면 흩어진다"고 되어있다. 아마도 매일 일곱 번 예배를 드리는 과정에서 밤중에 거행하는 예배가 있었던 것 같다. 현재 천주교 수도원에도 아직 이러한 풍습이 남아있는 곳이 있다.

《송회요집고》〈형법문〉에서 금지하고 있는 사교(邪敎) 항목에는 모두 "밤에 모였다가 날이 밝으면 흩어진다"는 죄명이 있다.

하루에 한 끼만 먹고 육식을 하지 않으며 밤에 모였다가 날이 밝으면 흩어지는 등의 교규에 대해 위에서 인용한 기록보다 더 빠른 중국 측 문헌이 있다.

이조(李肇)의《국사보(國史補)》권하에서는 "그들의 규율에 따르면 해 질 무렵 식사를 하는데, 물은 삼가고[敬水] 육식을 하며[茹葷] 요구르트[乳酪]는 마시지 않는다"고 하였다. 마니교는 채식을 하는데 여기서 "육식을 한다"고 하였으니, 분명 '불(不)'자가 빠졌거나 혹은 채소[素]를 고기[葷]로 잘못 적은 것으로 보인다.《신당서》권217상〈회홀전〉에도 같은 오류가 있다.《불조통기》권42에서는 "그 무리들이 육식과 음주를 하지 않고 밤에 모여 음란한 행동을 한다"고 하였고,《구오대사》권10에서도 "육식을 하지 않고 어리석은 백성들을 유혹하여 뒤섞여서 음란한 행동

....

14)《형통(刑統)》: 즉《송형통》30권으로 원명은《송건륭중상정형통(宋建隆重詳定刑統)》이다. 송 태조 때 공부상서 겸 판대리시(判大理寺)였던 두의(竇儀, 914-966) 등이 편찬한 형법전으로 당나라 율과 율소(律疏)를 대개 답습하여 송초의 제도에 대응하도록 부분적으로 변경한 것이다. 명례(名例)·위금(衛禁)·직제(職制)·호혼(戶婚)·구고(廄庫)·천흥(擅興)·적도(賊盜)·투송(鬪訟)·사위(詐僞)·잡(雜)·포망(捕亡)·단옥(斷獄) 등 12율로 구성되어있다.

을 하며 밤에 모였다가 낮에 흩어진다"고 하였다.

마니교의 교당과 관련하여 《황씨일초(黃氏日鈔)》15) 권86 〈숭수궁기(崇壽宮記)〉에 "그 규율이 계율을 지키고 닦는데[戒行] 특히 엄하여 하루에 한 끼만 먹고 교당에 머물며[齋居] 문을 나서지 않는다"는 기록이 있으니, 그 교규의 엄격함을 충분히 알 수 있다.

교당의 명칭은 원래 따로 없어서 〈숭수궁기〉에서도 "처음에는 도원(道院)이라 불렀다"고 하였다. 《송회요》에 수록된 선화 2년(1120)의 금약(禁約)에서는 '재당(齋堂)'이라고 하였고, 또 무명액불도(無名額佛道)라고도 불렀다. 《석실비보(石室秘寶)》16) 을집(乙集)에 수록된 《마니교잔경》의 '사우의(寺宇儀)'에서는 "오당(五堂: 즉 經圖·齋講·禮懺·教授·病僧)을 두어 수도승들이 함께 거주하며 선업(善業)에 정진한다. 따로 개인의 방이나 주방과 창고를 만들 수 없다. 매일의 식사는 엄숙하게 보시를 기다리고 만약 보시가 없으면 구걸하여 충당한다"고 하였으니, 실로 지극히 엄격한 교파였다. 소위 '오당'이라는 것 역시 천주교 수도원과 대체로 유사하다.

예배를 드릴 때 유향(乳香)을 사용한 것 역시 천주교와 동일하였다. 《(가정)적성지》 권37 〈풍토문〉에 수록된 이겸의 〈계사마시〉에서는 "조석(朝夕)으로 오로지 모든 악행을 못하게 하면서 어찌 금로(金鑪)에다 유향을 태우는가?17)"라고 하였다.

....

15) 《황씨일초(黃氏日鈔)》: 남송의 이학가인 황진(黃震, 1213-1280)이 편찬한 책으로 전 97권이다. 앞의 68권은 유가 경전과 역사서 등을 읽고 느낀 소감을 정리한 것이고 뒤의 29권은 상주문·편지·축문·제문·행장 등을 모은 것이다.
16) 《석실비보(石室秘寶)》: 펠리오가 보내온 돈황문서 사진을 고증 해석하여 1910년 나진옥(羅振玉)이 편찬 간행한 최초의 돈황자료 영인본이다.
17) "朝昏但莫爲諸惡, 底用金鑪爇乳香?"

선화 2년의 금약에 따르면 이미 번역된 경전과 화상(畵像)으로 "《흘사경(訖思經)》·《증명경(證明經)》·《태자하생경(太子下生經)》·《부모경(父母經)》·《도경(圖經)》·《문연경(文緣經)》·《칠시게(七時偈)》·《일광게(日光偈)》·《월광게(月光偈)》·《평문(平文)》·《책한찬(策漢贊)》·《책증명찬(策證明贊)》·《광대참(廣大懺)》·《묘수불정(妙水佛幀)》·《선의불정(先意佛幀)》·《이수불정(夷數佛幀)》·《선악정(善惡幀)》·《태자정(太子幀)》·《사천왕정(四天王幀)》" 등이 있었다. 이수(夷數)는 예수를 가리키는 것으로 대영박물관 소장 돈황본 《마니교잔경》〈하부찬(下部讚)〉의 '수식단게(收食單偈)'에 십이불(十二佛)의 이름이 열거되어 있는데, 그 중 열 번째가 '지은이수불(知恩夷數佛)'이다. 《석문정통(釋門正統)》[18]의 기록에 따르면 마니교의 경전으로 그 밖에 《불불토련사(佛佛吐戀師)》·《불설제루(佛說啼淚)》·《대소명왕출세경(大小明王出世經)》·《개원괄지변문(開元括地變文)》·《제천론(齊天論)》·《오래자곡(五來子曲)》 등이 있었다고 한다.

마니교의 예배도 일요일에 거행되었으니, 선화 2년의 금약에 따르면 "매년 정월 중에 역서(曆書) 속에서 밀일(密日)을 취하여 시자(侍者)·청자(聽者)·고파(姑婆)·재자(齋姊) 등 사람들을 모아 법사(法事)를 열었다"고 한다. 밀일은 강거어로 미르(Mir)이고 일요일을 가리킨다. 파리에 소장되어있는 《칠요성점서(七曜星占書)》에는 '밀(蜜)'로 되어있다. 《수요경(宿曜經)》 권하에서는 "니건자(尼乾子)와 마니교[末摩尼]는 항상 일요일[密日] 정오 이후 금식[持齋]하고 또 이 날을 큰 날[大日]로 여긴다"고 하였다.

18) 《석문정통(釋門正統)》: 남송의 임제종 승려 종감(宗鑑)이 지은 불교역사서.

제3절 교회(敎會)의 인물과 그 조직

중국 마니교의 모사(慕闍)는 막사(幕闍)라고도 하는데, 승법교도자(承法敎道者)라는 뜻이며 대마니(大摩尼)라고도 부른다. 그 다음이 불다탄(拂多誕)인데, 불다탄(佛多誕)으로도 쓰고 '교의를 아는 사람'이라는 뜻이며 소마니(小摩尼)라고도 부른다. 이조의《국사보》권하에서는 "그 대마니는 수년에 한 번 바뀌는데 그 때마다 중국을 왕래하였고, 소마니는 해마다 바뀐다"고 하였다. 그 아래는 묵해실덕(黙奚悉德)으로 번역하면 법당주(法堂主)가 된다. 아라완(阿羅緩)은 일체순선자(一切純善者)라는 뜻인데 일반 전도사인 듯하다. 누사언(耨沙喭)은 천주교 수도회의 청원자[慕道友]에 해당한다.《(마니광불)교법의략》의 '오급의(五級儀)'에서는 "아라완 이상은 모두 백색 관복(冠服)을 입어야 하지만, 누사언만은 예전 복장을 그대로 입도록 허용한다"고 하였다. 또 첫째 막사(幕闍), 둘째 살파새(薩波塞), 셋째 묵해실덕이라 부른다고 하였는데, 살파새가 무슨 뜻인지는 확실하지 않다.

마니교 성직자들은 대부분 천문(天文)을 공부했기 때문에 음양인(陰陽人)이라고도 불렸고 또 자주 기우제를 올렸다.《구당서》권13〈덕종본기〉에는 "정원 15년(797) 4월 정축일에 오랜 가뭄으로 인해 음양인에게 법술로 비를 기원하게 했다"고 되어있는데,《당회요》권49에는 음양인 대신 마니사(摩尼師)로 적혀있다.

비를 기원하는 것 외에 마니사들은 마귀를 쫓기도 했다. 남당 사람 서현의《계신록》권3을 보면 "청원(淸源) 사람 양(楊)모가 서곽(西郭)에 큰 저택을 갖고 있었는데, 귀신이 사방에서 출몰하였다. …… 후에 명교(明敎)라 불리는 마법(魔法)에 능한 자를 청하여 경(經)을 갖고 하룻밤을 지내게 하니 귀신이 곧 없어졌다"고 되어있다. 《민서》권7 〈방역지〉에서는 "지금 민간에서 그 술법을 배운 사람이 부적과 주문을 행하니 명사(名師)씨의 법술이다"라고 하였는데, 이 역시 동일한 것이다. 마니교를 명교라고 부른 것은 〈구성회흘가한비〉에서 처음 보인다.

마니교 신도도 모두가 신분이 낮았던 것은 아니었다. 《불조통기》권39에서는 마니교에 대해 매우 심하게 비방하고 있지만, 반대로 마니교가 얼마나 성행했는지도 충분히 보여주고 있다. 즉 "이 마교(魔敎)의 사악한 법술에 어리석은 백성이 쉽게 물들 수 있다. 여러 왕조의 군신(君臣)부터 현재의 명덕(明德)에 이르기까지 정사(正邪)를 가려서 같고 다름을 구별하지 못했던 까닭에 그 법술이 세상에 유행하고 금지되지 못했다"고 적고 있다. 소위 '현재의 명덕' 중에 분명 신봉자가 있었기에 육유는 《노학암필기》권10에서 "사인(士人)과 황실 자제 중에도 오늘 명교의 교당에 간다고 여러 사람 앞에서 스스로 말하는 자가 있었다. …… 또 간혹 명족(明族) 사대부의 집을 가리키며 '이 집도 명교다'라고 말했다"고 적었다. 육유의 《위남문집(渭南文集)》권5 〈응조조대장(應詔條對狀)〉에서도 "수재(秀才)·이인(夷人)·군병(軍兵)에 이르기까지 서로 전해주고 배운다"고 하였다. 《송회요》에 수록된 소흥 15년(1145) 2월 4일의 금약에는 "최근 전해들은 말에 의하면 군대 내에도 간혹 (마니)교를 믿는[喫敎] 자가 있다"고 되어있다. 그 중 시문에 능하고 박학했던 사람으로 황중청(黃仲清)이 있으니, 《보인학지(輔仁學誌)》 7권 1·2기 합본에 실린 모윤손(牟潤孫) 선생의 〈송대의 마니교(宋代摩尼敎)〉에 그 내용이 나온다.

여기서 잠깐 그들의 단결력에 대해 소개할까 한다. 남송 사람 요강의 《고봉문집》권2 〈걸금요교차자(乞禁妖敎劄子)〉에는 "한 사람이 창시하였으나 그를 따르는 사람들은 천백의 무리가 되어 몰래 완고한 도당을 결성하였다"고 되어있다. 또 소흥연간 장계유가 쓴 《계륵편》 권상에서는 "처음 그 무리에 들어가면 매우 빈곤한 자에게 여러 사람이 돈을 내어 도와주는데, 먹고 살 만할 정도까지 조금씩 모아 준다. 집을 떠나 외지에 나갈 경우 비록 서로 알지 못해도 무리의 사람들이 모두 재워주고 먹여준다. 사람을 씀에 차별이 없고 모두가 한집안이라고 주장하기에 무애피(無礙被:《說郛》본에서는 無礙彼로 되어있음)라는 말이 있으며 이를 통해 그 무리를 유혹한다. 그 우두머리를 마왕(魔王)이라 부르고 그를 보좌하는 사람을 마옹(魔翁)과 마모(魔母)라고 부른다. …… 처음 수계(受戒)할 때 맹서를 매우 엄중하게 한다"고 하였다.《송회요》에 수록된 경원 4년(1198)의 금약에는 "한 향(鄕)에 하나의 무리가 있고 각기 괴숙(魁宿)이 있다. 평상시에는 한가한 날을 보내다가 공적인 일이 있으면 모인다"고 적혀있다.

왕거정의 상소문은 앞에서 소개한 바 있는데, "한 집에 일이 생기면 같은 무리의 사람들이 모두 힘을 내어 서로 도와줍니다"고 하였고, 육유의 〈응조조대장〉에서도 "더욱 서로 결집하고 학습하니 아교와 옻칠[膠漆]의 관계 같다"고 하였다.

'마왕' 혹은 '괴숙'은 이겸의 〈계사마시〉에 나오는 '채두(菜頭)'이다. 왕거정은 마를 섬기는 자들 중에 향(鄕) 혹은 촌(村)마다 한두 명의 걸출(桀黠)한 자가 있어 그들을 마두(魔頭)라 부른다고 하였다.

마니교도가 중국에 들어온 것 중에는 종교 외에 천문역법이 있었다.《책부원구》권971에는 개원 7년(719) "토화라국 지한나왕(支汗那王) 제사(帝賖)가 천문에 정통한 대모사(大慕闍)를 보내면서 '이 사람은 지혜가 심오하여 물으면 모르는 것이 없습니다. 천은(天恩)을 바라옵건대 모사를 불러 직접 저희들의 받드는 뜻과 여러 교법(敎法)에 대해 물어보시면 그 사람이 이와 같은 능력을 갖고 있음을 아시게 될 것입니다. 삼가 그로 하여금 황제를 모시도록 해주시고 아울러 법당 하나를 세워 본교

교의에 따라 공양(供養)할 수 있기를 청합니다'라는 표문을 올렸다"고 되어있다. 또《태평환우기》권186에도 "개원 7년 그 나라의 엽호(葉護) 지한나 제사가 천문인(天文人) 대모사를 보내면서 표문을 올려 그를 시험할 것을 청했다"는 기록이 있다.

　신도는 대부분 상인들이었다. 《국사보》권하에서는 대마니와 소마니에 대해 언급한 다음, "서시(西市)의 상호(商胡) 탁기원(橐其源)은 회홀에서 태어났으나 공(功)이 있었다"고 하였다. 또《신당서》권217상 〈회홀전〉에서는 표현을 조금 바꾸어 "마니가 경사에 이르러 해마다 서시를 왕래하니, 상인들 다수가 그와 결탁하여 나쁜 짓을 저질렀다"고 하였는데, 이는 아마도 그들을 질투한 사람이 모함한 말인 것 같다.

제4절 마니교와 정치의 관계

　마니교는 처음부터 외국의 정치와 관련이 있었다. 천보연간(742-755) 이전에 마니교를 전파한 나라는 페르시아와 토화라였고, 지덕연간(756-757) 이후에는 회홀 세력과 관계가 있었다. 앞에서《승사략》과《불조통기》만을 인용하여 대력 3년(768)과 6년 중국 최초로 세워진 마니교 사원들에 대해 언급하였는데, 호삼성은 《당회요》권19를 인용하여 더욱 상세하게 통합해서 설명하고 있다. 즉 "회홀의 칸이 명교 승려에게 명하여 교리를 가지고 당나라에 들어가도록 했다" 또는 "회홀의 마니에게 칙서를 내리고 그를 위해 사원을 세우게 했다"고 기술함으로써 회홀과 마니의 밀접한 관계를 분명하게 드러내고 있다. 비록 일부만 남아있지만 〈구성회홀가한비〉에서도 그 내용을 찾아볼 수가 있다. 그 외《책부원구

》권979에는 "정원 12년(796) 회흘에서 또 마니 8명을 보내어 도착했다"
고 되어있고, 이조의 《국사보》 권하에도 "회흘은 항상 마니와 정치를
논의했던 고로 경사에 그들을 위한 사원을 세웠다"는 기록이 있다.

　외국의 정치와 관련이 있었기 때문에 중국에 들어온 후 마침내 중국
의 정치와도 관련을 맺게 되었다. 《백씨장경집(白氏長慶集)》 권57 〈한림
제고(翰林制誥)〉에 수록된 '회흘 칸에게 보내는 글(與廻鶻可汗書)'에서
"내외(內外) 재상(宰相) 및 판관(判官)과 마니사(摩尼師) 등에게도 각각
하사한 물건이 있다. …… 내외 재상·관리·사승(師僧) 등에게 아울러
안부를 묻는다"고 하였으니, 그 때는 원화 2년(807) 동도(東都)와 태원에
사원을 건립한 후였다. 《구당서》 권195 〈회흘전〉에는 "원화 8년(813)
12월 2일 귀국하는 회흘 마니 8명에게 연회를 베풀고 중서성에 가서
재관(宰官)을 만나게 했다"는 기록이 있고, 또 "장경 원년(821) 5월 회흘
의 재상·도독(都督)·공주(公主)·마니 등 573명이 입조하여 공주를 맞
이했다"는 기록도 있다. 또 《신당서》 권170 〈왕악전(王鍔傳)〉에는 "왕악
이 하중절도사(河中節度使)로 있을 때 마침 회흘과 마니사의 입조를 맞
아 그들에게 위엄을 보이고 놀라게 하고자, 모든 군대를 동원하여 길에
나가 마중하니 그 길이가 50리나 되었다"고 적혀있다.

　회흘이 패망한 뒤 회창 원년(841)에 당나라와 철병을 논의하면서[19]
세 가지 조건을 제시했는데, "마니를 안존(安存)시키는" 것이 그 두 번째
를 차지하였다. 이 내용은 《회창일품집(會昌一品集)》 권5의 〈사회흘가
한서의(賜廻鶻可汗書意)〉에 나온다. 또 "대대로 회흘과 연을 맺어 존중

----

19) 840년 회흘이 망하고 나서 소례(昭禮)칸의 동생 오개(烏介)가 나머지 13부락
　을 이끌고 당나라 변경 착자산(錯子山)으로 이주한 후 계속 남하하려 하자,
　841년 무종이 사신을 파견하여 위문하고 철수를 요구한 일을 말한다.

하고 믿어왔기에 마침내 허가하여 성행하게 되었으나 …… 최근 각 해당 지역의 상주문을 보면 회흘의 패망 소식을 듣고서 마니[法]를 모시는 자들이 태만해졌다고 하니, 번승(蕃僧)이 저 쪽(즉 회흘 - 역자)에 있어 점점 의지할 데가 없기 때문인 듯하다. …… 그 강회(江淮)지역의 여러 사원을 잠시 폐쇄했다가 회흘 본토가 안정되면 바로 영을 내려 예전과 같게 하겠다"라고 말하였은즉 마니교 신앙의 허가, 교우들의 열정과 냉담, 교당의 폐쇄 등에 있어 회흘과 관련되지 않은 것이 없음을 알 수 있다. 또 이듬해 여름 두 차례에 걸쳐 마니의 호구를 조사하자, 회흘의 지도자가 즉시 이에 항의했다는 내용이 같은 책 권4의 〈논회흘석계직장(論廻鶻石誡直狀)〉에 나온다.

혹자는 회창 5년(845) 무종이 불교사찰을 철폐하면서 "비구와 비구니를 주객사(主客司: 外賓의 접대 사무를 맡은 기관 - 역자)에 예속시켜 관리함으로써 외국 종교임을 명확히 밝히고 대진과 목호 그리고 불(祓: 祆의 오기가 분명함)의 3천여 명을 환속시켜 중화의 풍속을 어지럽히지 못하게 하라'고 말한 기록(《당회요》 권47)을 보면, 중국 마니교의 쇠퇴가 전적으로 외국 정치와의 밀접한 관계가 무너졌기 때문만은 아님을 알 수 있다고 주장한다. 그러나 이는 회창 5년의 일이고 회창 2년의 금지령에는 전혀 불교가 포함되지 않았고[20] 게다가 불교는 후에 바로 부흥했지만[21] 마니교와 대진(의 경교) 등은 다시는 일어나지 못했으니, 어찌 외국인의 비호(庇護)와 여러 종교의 부침(浮沈)이 무관하다고 말할 수 있

....

20) 회창 2년의 금지령에는 천하의 승려 중 죄를 범했거나 계율을 지키지 못한 자의 환속과 주술이나 요술을 행하는 자의 활동금지 등 비록 제한적이지만 불교에 대한 내용도 들어있으므로 불교가 전혀 포함되지 않았다는 저자의 설명은 사실과 차이가 있다.
21) 무종 사후 선종 즉위(846년)와 함께 불교가 바로 부흥된 것을 말한다.

겠는가?

마니교가 정치적 억압을 받은 것은 그들이 정치세력의 힘을 빌려 부흥하고자 했기 때문임은 충분히 짐작할 수 있는 일이다. 그래서 《불조통기》 권42의 기록처럼 "후량(後梁) 정명 6년(920) 진주(陳州: 지금의 하남성 淮陽縣 - 역자)의 마니가 무리를 모아 반란을 일으키고 무을(毋乙)을 천자로 세우자, 조정에서 군사를 보내 무을을 생포하여 참수하는" 일도 벌어졌던 것이다. 《승사략》 권하에도 이 일을 기록하면서 아울러 "후당(後唐) 석진(石晉) 때[22] 다시 몰래 일어나 한 사람을 추대하여 책임자로 삼고 모든 일을 그에게 아뢰고 그의 뜻에 따랐다"고 하였으니, 회창연간의 금지령으로 맥이 끊어진지 7-80년이 지난 후에도 마니의 세력은 여전히 무시할 수 없었음을 알 수 있다.

마니교는 중국에 들어온 후에도 그 이국적 색채가 매우 짙었던 까닭에 회창 3년과 정명 6년의 두 차례 단속[取締]이 있었다. 그럼에도 불구하고 후당 천성 4년(929) 태조는 여전히 이언도(李彥圖: 회흘 왕자 李思忠의 손자)에게 저택을 하사하고 저택 주변에 마니교 사원을 두어 거주하게 하였으니, 그 사원은 태원에 있었다. 이 내용은 《책부원구》 권976에 나온다. 그러나 사망과 장례는 모두 반드시 보고해야 했고 감찰도 매우 엄격했다.

오대와 북송 초에도 서역의 마니사(摩尼師)는 여전히 조공사절을 따라 중국에 들어왔으니, 순서대로 열거하면 다음과 같다.

....

22) 오대 후당 명종의 사위인 석경당(石敬瑭)이 청태 3년(936) 여름 연운16주(燕雲十六州)를 거란에 내주는 대가로 그 도움을 받아 먼저 태원에서 칭제하고, 그 해 말 후당을 멸망시켜 후진을 건국하였으므로 '후당 석진'이란 표현을 사용한 것 같다.

후량 건화 원년(911): 회홀

후진 천복 3년(938): 회홀

후주 광순 원년(951) 2월: 회홀

송 건륭 2년(961) 12월: 호탄

제5절 마니교와 기타 종교와의 관계

도교가 마니교에 의탁한 모습은 돈황에서 발견된 필사본《노자화호경(老子化胡經)》에 보인다. 즉 "나는 자연광명(自然光明)의 도기(道氣)를 타고 진적경(眞寂境)에서 서나옥계(西那玉界)로 날아가 소린국(蘇鄰國: 고대 페르시아 - 역자) 내의 왕실에 강림하여 태자로 태어났다. 집을 나와 도(道)에 입문하여 이름을 말마니라 하고 대법륜(大法輪)을 굴려 경(經)과 계율(誡律: 종교인이 반드시 지켜야 하는 생활 준칙 - 역자) 및 정혜(定慧: 禪定과 지혜 - 역자) 등을 설법하니, 그것이 곧 삼제와 이종문이 되었다. …… 마니 이후에 …… 중국에 들어왔다"고 적혀있다.《국학계간(國學季刊)》1권 2호에 수록된 〈마니교입중국고(摩尼敎入中國考)〉(陳垣 저 - 역자)에서는 이 경전이 개원·천보연간 이후에 만들어진 것이라고 단정하였는데, 그 시기는 바로 마니교가 가장 번성했던 시기였다. 대영박물관에 소장된 돈황본《마니광불교법의략》에 인용된《(노자)화호경》은 이것과 내용상에 차이가 있다.

송 대중상부연간(1008-1016)에 이르러 마니교가 세력을 잃게 되자 이번에는 반대로 마니교가 도교에 의탁하게 되는데,《도장(道藏)》의 주편(主編)을 매수하여 마니교 경전을《도장》에 포함시키게 한 일이《불조통기》권48에 보인다. 대중상부 9년(1016)·천희 3년(1019)·정화 7년(1117)·선화 3년(1121)에는 복주와 온주에서 《마니경》을 찾아서 《도장》에 포함시키라는 정부의 지시가 각각 두 차례 내려졌다. 자세한 내용은 모윤손 선생이 쓴 〈송대의 마니교〉에 나온다.

남송 가태 2년(1202) 여항(餘杭) 백운암(白雲菴)의 마니교 신도[道民]들이 황제의 사액(賜額)을 요청했는데, 《불조통기》권48에서는 이 일을 가지고서 마니교가 도리어 《(노자)화호경》을 빌어 스스로 높이려 했다고 비판하고 있다.

육유는 《노학암필기》권10에서 복건 지역[閩中]의 마니교[明敎]가 경전을 판각한 일을 언급하면서 "마음대로 《도장》 중에서 취하여 관함(官銜)을 교정(校定)해 그 뒤에 덧붙였다"고 하였으니, 이 또한 도교에 의탁하려 했던 하나의 증거이다.

앞에서 소개한 모윤손 선생의 논문에 따르면 절강성 자계(慈溪) 서북쪽의 오뢰산(五磊山)에 있는 숭수궁(崇壽宮)은 본래 마니사로 송 건덕·개보연간(963-975)에 처음 세워졌는데, 도교에 의탁함으로 인해 마침내 건축설비가 완전히 변하여 결국 그 본래의 모습이 사라짐으로써 후세 사람들이 더 이상 그곳이 마니사였음을 알 수 없게 되었다고 한다.

《황씨일초》권86의 〈숭수궁기〉에서는 "노자가 다시 마니로 변신하니, 설법 내용이 자율(自律)에 유독 엄했다"고 하였고, 또 "나의 스승 노자가 서역에 들어가 일찍이 마니불(摩尼佛)이 되었으니, 그의 설법은 계행(戒行)에 특히 엄했다. …… 내가 거주하는 곳은 처음에는 도원(道院)이라 불렀는데, 바로 마니를 모시고 향을 피우던 곳으로 노자를 그 근본으로 삼았다"라고 하여 그 관계를 더욱 분명하게 밝히고 있다.

《송회요》에 기록된 경원 4년(1198) 9월 1일의 금약에서는 "절우(浙右)에 사는 소위 도민(道民)들은 사실 채식을 하고 마귀를 섬기는 무리로 외

람되이 스스로를 부처와 노자에게 의탁하여 사람들의 비판을 가리고 있다'고 하였으니, 이는 세력을 잃은 후에 부득이하게 취한 방법이었다.

마니교 경전에 사용된 명사(名詞) 중에는 불전에서 빌려온 것이 많았다. 그래서 《통전》 권40의 주석에서 이를 두고 "망령되게 불교를 칭했다"고 하였으니, 《불조통기》 권54에서도 확인된다.

《불조통기》 권42에는 마니가 "거만하게 앉아 있는 마왕(魔王)의 발을 부처가 씻기는 모습을 그려놓고 '부처는 대승(大乘)이고 우리 마니는 상상승(上上乘)이다'라고 운운했으니, 그 우두머리의 오만무도함이 이와 같다"고 적혀있다. 이를 보면 마니교가 불교 밑에 위치하는 것을 결코 달가워하지 않았음을 알 수 있다. 《구오대사》 권10에서는 천자를 자칭한 마니교도 무을이 "좌도(左道)를 즐겨 익히고 부처의 교리에 의지하여 스스로 1종(宗)을 세워 상승(上乘)이라 불렀다"고 하였다. 《승사략》 권하에서도 "부처가 발을 씻겼다"고 기록하면서 또 "대개 불교를 흉내 내고 의지하는 것은 이른바 서로 비슷해지려는 이치[相似道]이다. 간혹 일부 비구가 기아와 추위 때문에 종종 그들을 따라 이익을 추구하기도 하지만, 그 내막을 아는 자들은 오히려 그들을 멀리하고 있지 않은가! 이 마니교는 사람을 유혹하여 곧장 지옥으로 보내니 조심해야 할지어다!"라고 하였다. 이는 불교가 마니교를 비방한 말이지만 한편으로는 마니교의 번성을 충분히 반영하고도 있다. 그렇지 않다면 비구가 어찌 개종까지 했겠는가?

《불조통기》 권48에서는 마니가 자신을 '백불(白佛)' 또는 '제오불(第五佛)'이라 칭했다고 하는데, 이 말은 불서(佛書)에서 나온 말이기에 다 믿을 수는 없다. 같은 책 권39와 권40에는 마니교에 대한 비방이 더 많이 있으나 여기에 옮기지 않겠다.

제6절 마니교의 금지와 쇠락

《통전》 권40의 주석에는 "개원 20년(732) 7월, 말마니는 원래 사견(邪見: 불교에서 말하는 인과의 도리를 무시한 妄見 - 역자)으로 함부로 불교를 사칭하여 백성을 미혹시키니 마땅히 엄히 금지시켜야 한다. (다만) 서쪽에서 온 호인[西胡]들은 자기 고향에서 본래 믿던 법술이니 스스로 받들게 하고 죄를 물을 필요는 없다'는 칙령을 내렸다"고 되어있다. 이는 마니교가 중국에 들어온 지 40년이 채 안 되어 맞게 된 최초의 재앙이었다. 그러나 외국인이 마니교를 믿는 것은 전혀 금지하지 않았다.

《회창일품집》 권5의 〈사회홀가한서의〉에는 "마니교는 천보(742) 이전에 중국에서 금지되었다. ……. 최근 각 해당 지역의 상주문을 보면 회홀의 패망 소식을 듣고서 마니를 모시는 자들이 태만해졌다고 하니, …… 그 강회지역의 여러 사원을 잠시 폐쇄했다가 회흘 본토가 안정되면 바로 영을 내려 예전과 같게 하겠다"고 적혀있는데, 이는 회창 원년(841)의 일이다.

회창 3년(843) 관리를 파견하여 마니교 사원의 장택(莊宅)과 재화를 일일이 점검하여 몰수하고 중서문하성(中書門下省)으로 하여금 마니교 승려 명단을 보고하도록 하였으니, 이 내용은 《구당서》 권28 〈무종본기〉 '회창 3년 2월 제서(制書)'에 나온다. 같은 해 또 조서를 내려 "해당 관리는 마니교의 책과 불상을 수거하여 도로에서 불태우고 재산은 몰수하여 관청에 귀속시키도록 하라"고 했으니, 《신당서》 권217하 〈회홀전〉에 그 기사가 보인다. 또 같은 해에 "천하에 칙령을 내려 마니교 사원을 철폐하고 (그 재산을) 궁(宮: 官의 오기로 보임)에서 몰수하게 했다. 경성의 여자 마니 72명이 죽었고, 이 나라에 있는 회흘의 여러 마니 등을 각도(道)로 유배 보내니 죽은 자가 태반이었다"는 기록이 《승사략》 권하에 나온다.

일본 승려 엔닌(圓仁)은 《입당구법순례행기(入唐求法巡禮行記)》 제3에서 "회창 3년 4월 칙령을 내려 천하의 마니사(摩尼師)를 죽이게 했는데, 머리를 깎이고 가사(袈裟)를 입혀 사문(沙門)의 모습으로 만들어 죽였다"고 적었으니, 이는 정신적 학대였다.

《대당조령집(大唐詔令集)》 권10의 회창 5년(845) 〈책존호사(冊尊號赦)〉에는 "어지러운 기풍을 깨끗이 하고 더러운 풍속을 씻어내며 역변(逆弁)을 잘라 고도(故都)를 안정시키고 마니를 쫓아내어 나쁜 법을 영원히 제거하였다"고 되어있다. 이 내용은 《전당문(全唐文)》 권78에도 나온다. 또 《회창일품집》 권수(卷首)에 있는 정아(鄭亞)의 서문에는 "(회창) 2년 추악한 오랑캐를 섬멸하고 북벌(北伐)의 시(詩)를 지었고, 4년 지방 할거세력[狡童]을 주살하고 동정(東征)의 노래를 읊었다. 또 마니의 풍속을 바꾸고 불교의 습속을 폐하니, 전쟁을 그만두고 원래대로 돌아가 사해(四海)가 모두 안정되었다"고 적혀있다. 이 글은 《전당문》 권730에도 보인다. 이상의 기록들은 한편으로 마니교의 쇠락을 확인시켜주지만, 다른 한편 당시 금지된 외래 종교가 상당히 많았음에도 오직 마니교만이 불교와 함께 탄압의 대상으로 거론될 수 있었다는 것은 마니교가 얼마나 번성했었는지를 충분히 증명하고 있다.

오대시기 후량 정명 6년(920) 무을의 난(본장 4절을 참고)으로 인해 재차 금지령이 내려졌다.

《송회요집고》 〈형법문〉에 따르면 사교(邪敎) 금지령이 내려진 해는 천희 3년(1019), 경우 2년(1035), 원우 7년(1092), 대관 2년(1107), 정화 4년(1114), 선화 원년(1119)·2년·3년, 소흥 2년(1132)·3년·11년·12년·15년·20년 등이다.

정화 4년 8월 30일에는 요교(妖敎) 경문(經文)의 인쇄판과 석각을 파괴하라는 조서가 내려지는데, 이 역시 《송회요집고》에 나온다. 정화 6년 홍호(洪皓)[23]가 판결한 《이종삼제경》 소송 관련 내용은 《반주집(盤洲集)》[24]에 보인다.

---

23) 홍호(洪皓, 1088-1155): 송대의 관료이자 학자로 요주(饒州) 파양(鄱陽) 출신이다. 홍적(洪适)·홍준(洪遵)·홍매(洪邁)의 부친이다. 고종 건염 3년(1129) 금에 사신으로 갔는데, 회유와 협박에 굴복하지 않고 여러 차례에 걸쳐 금의 상황을 보고함으로써 15년 간 억류되었다가 풀려났다. 저서로 《춘추기영(春秋紀咏)》·《성씨지남(姓氏指南)》·《송막기문(松漠紀聞)》 등이 있다.

24) 《반주집(盤洲集)》: 홍호의 큰 아들 홍적의 시문집으로 《반주문집(盤洲文集)》이라고도 부른다.

제20장
당·송시기의 경교(景敎)

제1절 기독교 중국 전래의 기원

본 장에서 얘기하는 기독교는 광의의 기독교(Christianism)이지 개신교(Protestantism)에서 자기 자신을 스스로 일컫는 기독교가 아니다.

중국 교회에 관한 가장 이른 기록은 약 3세기 무렵 아르노비우스(Arnobius)[1]가 쓴 교회가 이룩한 모든 성취로서 교회의 진실함을 증명하는 글에 나온다. 그는 교회가 이룩한 성취를 열거하면서 "인도에서, 중국인(絲國人)·페르시아인·메디아인 중에서, 아랍 혹은 이집트에서, 아시아 및 시리아에서, 갈라티아인(Galatians)[2]·파르티아인(Parthians)·프리지아인

....

1) 아르노비우스(Arnobius, ?-330?): 디오클레티아누스 제왕 시절 로마의 수사학자. 아프리카의 로마 식민지 시카 베네리아에서 활약한 변론가로 처음에는 기독교를 심하게 반대했으나, 기독교로 개종한 다음에는 그 변호에 노력하였다. 주저 《제국민에 대하여》(*Adversusnationes*)의 제1-2권에서는 기독교를 변증하였고, 제3-7권에서는 이교(異敎)의 신들을 비난하고 있다.
2) 갈라티아(Galatia): 고대 소아시아의 중앙 내륙 고지대를 일컫는 명칭. 기원전 3세기경 켈트족이 이곳에 왕국을 세운 데서 유래하였다. 기원전 189년

(Phrygians)3) 중에서, 아카이아(Achaia)4)에서, 마케도니아·에피루스
(Epirus)5)에서, 모든 섬과 모든 성(省)에서, 무릇 해가 뜨고 지는 빛이
닿는 땅 모두에서 그러하다"고 말했다. 끝으로 로마 교회를 얘기하면서
"비록 사람들이 모두 누마(Numa)왕6)의 예술과 미신·습속의 영향을 받
고 있지만, 조금의 망설임도 없이 그리스도의 진리를 받들고 고유의 모
든 것을 버렸다"고 하였다. 이 내용은 1542년 로마에서 출판된 《아르노
비우스의 반 이교 논집(反異敎論集)》8권(*Arnobii Disputationum adver-
sus Gentes Libri Octo*)에 나온다. 이는 아르노비우스가 3세기 무렵 중국
에 이미 기독교 복음이 전해졌다고 실제로 믿었음을 증명하지만, 그 증
거가 부족하기 때문에 단지 그 이전부터 전해지던 이야기일 수도 있다.

그 다음은 535년(양 무제 대동 원년) 코스마스(Cosmas)가 쓴 《기독교
세계 풍토기》인데, "내인도(內印度)의 타프로바나(Taprobana: 실론?)섬

....

이후 로마에 종속되었다가 남쪽에 이웃한 류가오니아 지방을 포함시켜 로마
의 속주가 되었다.

3) 프리지아인(Phrygians): 고대 소아시아 중서부 프리지아 지역 및 발칸반도에
거주하던 민족.

4) 아카이아(Achaia): 현 그리스 서부, 펠로폰네소스 반도 북부의 주. 파트레만
과 코린트만에 면해 있다. 고대에 도시 연합인 1, 2차 아카이아동맹을 결성
하였으나 그 후 로마에 정복되었다.

5) 에피루스(Epirus): 그리스 북서부에 있는 지방으로 에페이로스(Epeiros)라고
도 한다. 기원전 5세기부터 몰로소스족(族) 왕가가 이 지역 부족을 지배하고
그리스문화 도입에 힘썼으며, 기원전 3세기 초 피로스 왕 때 전성기를 맞이
했다. 그러나 피로스 사후 왕가가 무너지고 급속히 쇠퇴하여 기원전 168년
로마군에게 정복되었다.

6) 누마 폼필리우스(Numa Pompilius, B.C.753-673): 로마의 전설적인 제2대 왕.
여러 가지 로마 종교의식의 창설자로 일컬어진다. 달력을 개혁하여 1년을
12개월로 만들고 제전일(祭典日)과 작업일을 정하였으며 야누스 신전을 세
우고 최고 신관(神官)을 창설하였다고 전해진다.

즉 인도양이 소재하는 곳에 기독교 교당이 하나 있고 교당 내에 신부와 신도가 있었으나, 나는 그 이후로 여전히 기독교 신도가 있는지에 대해서는 알지 못한다. 같은 길을 따라 가면 후추의 산지인 말레(Male)[7]라는 곳에 이르고, 또 페르시아에서 파견한 주교(主敎)가 머물고 있는 칼리아나(Kalliana)[8]라는 곳이 있다"고 기록되어있다.

이처럼 7세기 이전 기독교의 중국 전교 역사는 단편적인 기록만 있을 뿐더러 매우 불확실하다.

예수의 제자 성 도마(St. Thomas Ap.)가 일찍이 중국에 와서 전교했다고 기록한 문헌은 매우 늦은 시기에 나온 것으로 순전히 후대 사람이 지어낸 이야기이다. 그렇게 된 까닭은 당나라 때 중국에 온 경교도들이 중국을 Cathyo 또는 Serra라 불렀고 중국의 경교도들도 시리아 문자를 사용했는데, 성 도마가 다른 지역 시리아어 교회의 전교자로 널리 알려져 있었기에 마침내 중국 시리아어 교회의 전교자로도 여기게 되었던 것이다. 이에 관해서는 모울(Moule)주교가 쓴 《1550년 이전의 중국 기독교》의 머리말을 참고하라.

모울은 머리말 끝에서 "우리는 635년 중국에 전래된 경교가 중국 최초의 기독교라는 믿을 만한 기록을 반드시 인정하고 만족해야 한다"고 말했다.

....

제2절 경교의 탄생과 그 교의(敎義)

경교의 원래 이름은 네스토리우스교(Nestorianism)로 네스토리우스
(Nestorius)가 창시한 종교이다. 이는 협의의 경교를 가리키는 것이고,
광의의 경교는 기독교의 각파를 포함하는 것으로 당·송시기에도 이와
같은 의미로 받아들인 사람이 있었다. 또 명말의 서광계(徐光啓)와 이지
조(李之藻) 등은 모두 자신을 '경교의 후학(後學)'이라 불렀고, 청말의 학
자들은 이로서 천주교만을 지칭하거나 기독교를 범칭하기도 했는데, 민
국 이후에도 여전히 이런 경향이 남아있었다.

네스토리우스는 시리아에서 태어났고 안티오크(Antioch)성(城: 중국
고적에는 安都로 기록되어있음) 수도원의 원장이었는데, 계율이 매우
엄했고 설교에 능했다. 428년(남조 송 문제 원가 5년) 콘스탄티노플의
총주교(Patriarcha)를 역임했다. 그의 교의는 다음 네 가지로 정리된다.

1) 성모가 낳은 자는 천주성자(天主聖子)가 인간으로 태어난 것이 아
니라 천주성자가 성모가 낳은 자와 결합한 것이다. 그 결합은 윤리적
(Moral)인 것이지 육체적(Physical)인 것이 아니다.

2) 그러므로 성모는 천주의 모친이라 부를 수 없고 단지 천주성자가
결합한 인간의 모친이다.

3) 그리스도는 두 개의 주체를 갖고 있다. 하나는 눈으로 볼 수 있는
형체가 있는 사람이고, 다른 하나는 눈으로 볼 수 없는 형체가 없는 천주
성자이다. 그런 까닭에 그리스도는 비록 인간이지만 천주라고도 부른다.

4) 따라서 그리스도는 사람의 몸으로 Theophore가 된 자이다. Theo
는 신이고 Phore는 담는다는 뜻이니, 그리스도는 신을 담은 그릇이지
진정한 신은 아니라는 의미이다.

431년(원가 8년) 에페소스(Ephesus) 공의회에서 그를 파문하고 전도를 금지시키자, 네스토리우스는 페르시아로 도망갔고 4년 후에 사망하였다.

제3절 현존하는 당·송시기의 경교 문헌

당·송시기 경교 문헌 중 가장 유명하고 가장 중요한 것은 〈대진경교유행중국비(大秦景敎流行中國碑)〉이다. (당) 덕종 건중 2년(781) 음력 정월 초이레, 즉 양력으로 2월 4일에 세워졌으며 대진사(大秦寺) 승려 경정(景淨)이 글을 썼다. 비문은 서(序)와 송(頌)으로 나뉘어져 있고 모두 한문으로 되어있다. 비의 정면과 양 측면에는 시리아 문자로 된 인명과 경교 내 직무가 적혀있고 한자 이름이 첨부된 자도 있다. 명 천계 3년(1623) 혹은 5년에 서안성(西安城)에서 5리 정도 떨어진 숭인사(崇仁寺) 부근에서 출토되었는데, 원래는 주질(盩厔: 현재의 周至 - 역자)현에 있었다고도 한다. 광서 33년(1907) 서안의 비림(碑林)으로 옮겨져 지금까지 남아있다.

비석의 머리 부분[碑額]은 반룡(蟠龍: 하늘에 오르기 전에 땅 위에 서리고 있는 용 - 역자)의 형상이고 가운데에 몰타(Malte) 십자가9)를 새겼으며 전체 높이는 2.79m이다.

....

9) 몰타(Malte) 십자가: 아시리아의 네 신(神)인 라·아누·벨루스·헤아를 의미하며 십자군 전쟁 당시 몰타 기사단의 휘장으로 가로대와 세로대의 길이는 같지만 중심에서 멀어질수록 폭이 넓어지는 십자가이다.

그 다음으로 돈황에서 발견된 장경(藏經)들이 있다.

(1)《대진경교삼위몽도찬(大秦景敎三威蒙度讚)》: 광서 34년(1908) 펠리오(Pelliot)가 돈황 명사산 석실에서 발견한 필사본으로 현재 천주교 미사에 사용되는 〈대영광송[榮福經]〉("Gloria in excelsis")에 〈사은찬미가 [謝恩經]〉("Te Deum laudamus")를 섞은 것이다. 현재 파리 국가도서관에 3847호로 소장되어있다. '삼위(三威)'는 오늘날의 '성삼(聖三)'으로 삼위일체를 말한다. '몽도(蒙度)'는 구원을 우러러 바란다는 뜻이다. 경전 중에 나오는 '삼재(三才)'와 '삼신(三身)'은 모두 삼위일체를 가리킨다. 또 '몽의지(蒙依止)'·'몽성자광(蒙聖慈光)'·'몽윤(蒙潤)'의 '몽(蒙)'자는 모두 받는다는 뜻이며, '광도고계(廣度苦界)'와 '대사능위보구도(大師能爲普救度)'의 '도(度)'자는 모두 구조해 내다는 뜻이다. 따라서《삼위몽도찬》은 바로 성삼에게 구원을 호소하는 경전이다. 일본인 사에키 요시로(佐伯好郞)는 '위몽도(威蒙度)'가 시리아어 imuda(浸禮)를 음역, 의역한 명사이므로 경교도가 세례를 받을 때 낭송하는《조배성삼경(朝拜聖三經)》이라고 주장했지만 그럴 경우 '삼(三)'자를 해석할 수가 없다. 경전의 전체 내용은 〈찬문(讚文)〉·〈존경(尊經)〉·〈안어(按語)〉 세 부분으로 구성되어있다. 이 필사본을 찍은 사진이《성교잡지(聖敎雜誌)》4권 7기에 실려 있다.

(2)《일신론권제삼(一神論卷第三)》필사본: 역시 돈황에서 발견되었으며 높이가 8.5cm이다. 일본의 도미오카 겐조(富岡謙藏)[10]가 소장하고 있었다. 경전의 내용은 〈일천론제일(一天論第一)〉·〈유제이(喩第二)〉·

....

10) 도미오카 겐조(富岡謙藏, 1873-1918): 일본의 동양학자로 한문서적과 금석학에 정통하였다. 대표적인 저서《고경의 연구(古鏡の硏究)》에서 중국의 거울이 때에 따라서 형태나 문양이 변화한다고 최초로 명확하게 이야기하였다. 저서로《사왕오운(四王吳惲)》·《병진수소록(丙辰壽蘇錄)》 등이 있다.

〈세존보시론제삼(世尊布施論第三)〉세 부분으로 구성되어있다. 대략 정관 16년(642)에 번역되었다. 〈일천론〉은 94목(目) 60행(行)에 1,045자이고, 〈유〉는 217목 142행에 2,620자이며, 〈세존보시론〉은 262목 187행 3,360자이다.

(3) 《서청미시소경(序聽迷詩所經)》: 일명 《이서미시하경(移鼠迷詩詞經)》으로 돈황 필사본이며 높이는 8.7cm이다. 일본인 다카쿠스 준지로(高楠順次郎)[11]가 소장하고 있었다. '이서(移鼠)'는 예수의 이역(異譯)으로 《일신론》에서는 '예수(翳數)'로 쓰고 있다. '미시소(迷詩所)' 또는 '미시하(迷詩詞)'는 〈경교비〉와 《삼위몽도찬》에서 '미시하(彌施訶)'로, 《일신론》에서 '미시하(彌詩訶)'로, 《지원변위록(至元辨僞錄)》[12] 권3에서 '미실하(彌失訶)'로 쓰고 있는데, "질설인(迭屑人: 즉 기독교인)이 미실하를 받들면 (죽은 뒤) 천당에서 다시 태어날 수 있다"고 말하고 있다. 《정원신정석교목록(貞元新定釋敎目錄)》에는 '미시하(彌尸訶)'로 적혀있다. 지금은 메시아(黙西亞 혹은 彌賽亞)라고 번역하니 구세주라는 뜻이다. 이 경전은 두 부분으로 나뉘는데, 전반부는 교리를 서술하고 있고 후반부는 예수의 행적이 기록되어있다. 대략 정관 9년(635)에서 12년 사이에 만들어졌다. 모두 11절(節) 160행에 2,830자이다. 이상 두 경전은 경초본(景抄本: 원본의 글자체 및 격식을 그대로 모사한 판본 – 역자)이 있는데, 일본의 하네다 도오루(羽田亨)가 교인(校印)하고 고증한 글이 《동양학보》와

---

11) 다카쿠스 준지로(高楠順次郎, 1866-1945): 도쿄제국대학 교수를 지낸 일본의 인도학·불교학계의 거두로 《대정신수대장경(大正新修大藏經)》을 편찬한 것으로 유명하다.
12) 《지원변위록(至元辨僞錄)》: 원명은 《대원(大元)지원변위록》이고 전 5권이다. 원나라 때 승려 상매(祥邁)가 지원연간 불교와 도교 간의 논쟁과 불경의 진위에 대한 변론을 기록한 책으로 현재 중국 국가도서관에 소장되어있다.

《나이토 박사 환갑기념논총(內藤博士還曆紀念論叢)》에 실려 있다.

(4) 《지현안락경(志玄安樂經)》: 돈황 필사본으로 이성탁(李盛鐸)[13]이 소장하고 있었다. 《삼위몽도찬》의 〈존경〉 목록에 수록되어있다. 원본은 150행이나 제2행에서 제10행까지 약 90여 글자가 탈락되어있다. 경전 중에 보이는 '반혼보향(返魂寶香)'과 '보산(寶山)' 등의 명사가 〈경교비〉에도 나오는 것으로 보아 같은 시기의 것으로 짐작된다.

이상의 네 경전은 간혹 《대진경교삼위몽도찬》 중의 〈존경〉을 따로 떼어 내어 2개의 경전으로 나누고, 또 《일신론권제삼(一神論卷第三)》을 〈일천론제일〉·〈유제이〉·〈세존보시론제삼〉 등 3개의 경전으로 나누기도 한다. 거기에다 나머지 두 경전과 이미 알려진 《대진경교선원본경(大秦景敎宣元本經)》의 앞 10행 그리고 〈대진경교유행중국비〉을 더한 것이 소위 한문경교(漢文景敎) 9종 문헌과 8종 경전이다.

민국 32년(1943) 2월과 11월에 일본인 코지마 야스시(小島靖)가 작고한 이성탁씨의 유품 중에서 《대진경교대성통진귀법찬(大秦景敎大聖通眞歸法讚)》과 《대진경교선원지본경(大秦景敎宣元至本經)》을 발견함으로써 이전까지 학계에 《선원본경》으로 알려졌던 문서가 바로 《선원지본경》임이 밝혀졌다. 아마도 옮겨 적는 과정에서 '지(至)'자가 누락되었고 앞부분 10행만 옮겨 적었던 듯하다(〈존경〉 목록에도 《선원지본경》으로 되어있음). 쇼와 24년(민국 38년, 1949) 사에키 요시로가 쓴 《청조기독교의 연구》에서는 두 경전에 대한 '해설(解說)'을 책 말미에 첨부하

....

13) 이성탁(李盛鐸, 1859~1934): 청말 민초의 정치가 겸 외교관으로 청말 재외 공관의 요직을 두루 거쳤으며 민국 성립 이후에는 참의원 의원이 되기도 하였다. 돈황 장경동(藏經洞) 유물이 발견된 후 출토된 다량의 고서적을 개인적으로 소장하였다. 훗날 그의 자녀들이 이를 일본 기업가에 팔아넘기면서 일본의 돈황학 연구에 이용되기도 하였다.

였는데, 2장(章)으로 나누어 '코지마문서(小島文書) A'와 '코지마문서 B'라고 이름 붙였다. 그러나 불행히도 《대진경교대성통진귀법찬》은 민국 34년(1945) 9월 코지마 야스시가 천진(天津)을 떠날 때 산실되었다. 다만 현재까지도 사진은 남아있어 연구에 참고가 되고 있다. 하네다 도오루도 두 경전에 대해 검토한 논문을 썼는데, 《동방학》 제1집에 수록되어 있다.

(5) 《대진경교대성통진귀법찬》: 필사본으로 총 18행 153자이다. 경전 끝에 "사주(沙州) 대진사(大秦寺) 법도(法徒) 색원정(索元定)이 전사(傳寫)하고 교독(敎讀)하다"라는 서명이 있어서 필사한 사람과 원래 소재지를 알 수 있다. 또 '개원 8년 5월 2일'이라고 기록하고 있는데, 이 해는 서기 720년으로 〈경교비〉보다 60년이 더 빠르며 경교가 중국에 들어온 지 86년이 되는 해이다. 사에키 요시로는 예수의 현성용 축일(Transfiguration)을 찬미한 시라고 단정하였다. 〈존경〉 목록에 수록된 《통진경(通眞經)》과 동일한 경전인지는 불분명하다.

(6) 《대진경교선원지본경》: 필사본 잔권(殘卷)으로 마지막 30행의 458자만 남아있다(사에키 요시로의 책 15쪽에는 30여 행이라고, 22쪽에는 430여 자라고 잘못 적고 있다). 경전 말미에 "개원 5년 10월 26일 법도 장구(張駒)가 사주 대진사에서 전사했다"고 적혀 있어, 《대성통진귀법찬》과 동일한 사원에서 약 3년 정도 먼저 나온 것으로 보인다. 만약 이전까지 《선원본경》으로 알려진 10행, 174자를 합치면 모두 40행에 632자가 된다.

그 외에 사람의 가슴과 이마에 십자가가 그려진 경교의 화상(畫像)이 있는데, 스타인(Stein)이 돈황 천불동에서 발견한 것으로 현재 대영박물관에 소장되어있다. 르 코크(Le Coq)는 신강성 고창국(高昌國) 유적지에서 경교사원의 벽화 조각을, 투루판 부근에서는 소그드 문자 및 시리와

문자로 소그드 문자를 표기한 경교 잔경(殘經)을 발견했으니 10세기에
만들어진 것이다.

경교와 관련 있는 한문 전적은 다음과 같다. 사부(史部)의 정사류로는
《(신·구)당서》, 편년류로는 《자치통감》과 《속자치통감(續資治通鑑)》[14],
조령주의류(詔令奏議類)로는 《대당조령집(大唐詔令集)》, 지리류로는 《양
경신기(兩京新記)》와 《장안지(長安志)》, 정서류(政書類)로는 《통전》과 《당
회요》, 금석류로는 《석묵전화(石墨鐫華)》[15]와 《금석췌편(金石萃編)》[16]
등이 있다. 자부(子部)의 잡가류(雜家類)로는 《능개재만록(能改齋漫錄)》[17]
과 《서계총어(西溪叢語)》[18], 석가류(釋家類)로는 《승사략(僧史略)》·《석
문정통(釋門正統)》·《불조통기(佛祖統紀)》·《불조역대통재(佛祖歷代通
載)》·《송고승전(宋高僧傳)》·《정원신정석교목록》 등이 있다. 집부(集部)

....

14) 《속자치통감(續資治通鑑)》: 청대 사람 필원(畢沅, 1730-1797)이 쓴 편년체 사
서로 전 220권이다. 사마광의 《자치통감》에 이어 960-1368년에 이르는 409
년 동안의 일을 기록했다. 송·요·금·원 등 네 왕조의 정사(正史)에 바탕을
두고 《속자치통감장편(長編)》·《거란국지(契丹國志)》와 문집류 등을 참고하
여 만들었다.
15) 《석묵전화(石墨鐫華)》: 명대 주질(盩厔) 사람 조함(趙崡, 1564-1618)이 지은
석각 자료집으로 전 6권이며 부록 2권이 붙어있다.
16) 《금석췌편(金石萃編)》: 청대 학자 왕창(王昶, 1725-1806)의 저서로 1805년 출
판되었다. 상고시대부터 송·요·금에 이르는 역대의 금석문을 수집, 연구한
책으로 전 160권이다.
17) 《능개재만록(能改齋漫錄)》: 남송 초기 무주(撫州) 숭인(崇仁) 사람 오증(吳
曾, 생몰연도 미상)이 쓴 필기집. 역사사실을 기록하고 시문(詩文)의 전고(典
故)를 변증하며 명물(名物)제도를 해석함에 있어 자료가 풍부하고 인용이
광범위할 뿐 아니라 적지 않은 산실된 문헌을 보존하고 있어 후대 문사(文
史) 연구자들의 중시를 받고 있다.
18) 《서계총어(西溪叢語)》: 전 3권. 남송 승현(嵊縣) 사람 요관(姚寬, 1105-1162)
이 지은 책으로 대부분 전적(典籍)의 이동(異同)을 고증한 내용이다.

의 시류(詩類)로는 두보의 〈석순행시주(石筍行詩注)〉와 소식(蘇軾)[19]의 〈유대진사시주(遊大秦寺詩注)〉, 문류(文類)로는 서원여(舒元輿)[20]의 〈중엄사비(重嚴寺碑)〉와 이덕유(李德裕)의 〈하폐훼제사덕음표(賀廢毁諸寺德音表)〉 등이 있다.

제4절 경교의 중국 전래와 유행

〈경교비〉에 따르면 경교가 중국에 처음 전래된 것은 당나라 정관 9년(635)이다. 즉 "대진국의 상덕(上德) 아라본(阿羅本)[21]이 청운(靑雲)을 점쳐 참된 경전[眞經]을 가지고 바람의 흐름을 따라 고난을 헤친 끝에 정관 9년 장안에 도착하자, 황제께서 재상 방현령(房玄齡)[22]으로 하여

....

19) 소식(蘇軾, 1037-1101): 송대의 문인으로 소동파(蘇東坡)로 잘 알려져 있다. 사관으로 재직 중 왕안석의 신법에 반대하여 지방으로 유배되었다. 당송팔대가 중 한 명으로 꼽힌다. 저서로 《동파전집(東坡全集)》이 있으며 대표작인 〈적벽부(赤壁賦)〉는 불후의 명작으로 널리 애창되고 있다.

20) 서원여(舒元輿, 791-835): 당대 사람으로 절강 금화(金華) 출신이다. 문종 때 중서문하평장사(中書門下平章事)를 역임했으며 정치를 농단하던 환관들을 주살할 계획을 세웠다가 발각되어 죽임을 당하였다.

21) 아라본(阿羅本, Alopen Abraham, 생몰연도 미상): 페르시아 네스토리우스파의 사제로 이단으로 선고된 경교를 중국에 전하였다. 당나라 정부로부터 진국대법주(鎭國大法主)의 칭호를 받았다.

22) 방현령(房玄齡, 579-648): 당대의 저명한 관료로 산동 임치(臨淄) 출신이다. 당나라가 일어나자 태종 세력에 가담, 측근으로 활약했다. 두여회(杜如晦)와 더불어 현상(賢相)이라는 칭송을 받았으며 정관지치(貞觀之治)는 그들에게 힘입은 바가 컸다.

금 의장대를 데리고 서쪽 교외로 마중을 나가 황궁으로 모시게 하였다. 서전(書殿)에서 경전을 번역하게 하고 궁중에서 도(道)를 물었는데, 바른 진리를 깊이 알고 있어 특별히 영을 내려 전수하게 했다"고 기록되어 있다. 또 3년 후에 내린 조서에서 "그 교리를 상세히 알아본 바 …… 사람을 도와 세상을 이롭게 하니 마땅히 천하에 전파해야 한다. 담당 부서는 장안의 의녕방(義寧坊: 원래는 熙光坊인데 의녕 원년에 개칭하였음)에 대진사(大秦寺)를 세우고 승려 21명을 배치하도록 하라"고 명했다고 적혀있다. 이렇게 특별히 대우한 이유는 아마도 틀림없이 누군가 먼저 이를 받아들였기 때문이니, 그렇다면 경교가 중국에 전래된 것은 정관 9년 이전임이 확실하다. 아라본 본인이나 다른 선교사가 장안에 들어오기 전에 일찍이 감숙과 신강 일대에서 활동했었던 것이 분명하다. 이는 명 만력 28년 12월 34일(1601년 1월 27일) 마테오 리치가 입경하여 천주도상(天主圖像)을 바치기 이전에, 이미 마카오와 광동·강서·강소 등지에서 선교활동을 하였을 뿐 아니라 마테오 리치보다 먼저 복건과 절강 등 연해지방에서 선교에 노력했던 사람이 있었던 것과 같은 이치이다.

경교가 중국에 들어온 후 처음에는 조로아스터교와 마찬가지로 파사사(波斯寺) 혹은 파사호사(波斯胡寺)로 불렸고, 천보 4년(745)에 대진사로 이름이 바뀌었다.

〈경교비〉에는 고종연간(650-683) "여러 주(州)에 각각 경사(景寺)를 설치하니, …… 그 법이 10도(道)에 퍼졌고 사원이 100개의 성(城)에 가득 찼다"고 적혀있다. 당나라는 전국을 10개의 도로 나누었는데, 정말 그 말대로라면 이미 전국에 퍼졌다는 것이다. 설령 과장되었다 할지라도 만약 서북 일대에만 국한되었다면 어찌 감히 이런 말을 갑자기 할 수 있었겠는가? 〈경교비〉에는 또 성력연간(698-700) "불교 승려가 장정을 고용하여 낙양[東周]에서 (경교를) 크게 비방하였다"고 기록되어있는데, 이는 당시 낙양에 경교가 있었다는 증거이다. 낙양의 대진사는 수선방(修善坊)에 있었던 것으로 보인다. 《신당서》 권52 〈식화지〉에서는 회창 5년(845) "천하에 폐쇄된 사찰이 4,600개이고 초제난야(招提蘭若: 개인이 세운 사찰 - 역자)가 4만개였다. 비구와 비구니로 환속한 자가 26만 5천 명이고 …… 대진·목호·현(祆)이 2천여 명이었다"고 하였고, 《구당서》 권18상 〈무종본기〉에서는 "대진·목호·현 3천여 명을 환속시켰다"고 하였다. 그 때는 이미 아라본이 장안에 들어온 지 211년이 지난 후인데다, 그 동안 정부의 도움(자세한 내용은 뒤에 나옴)으로 전국에 퍼진 것은 전혀 이상한 일이 아니었다.

장안 의녕방의 첫 번째 경교 사원은 《당회요》에도 보이는데, 후에 숭성사(崇聖寺), 숭인사(崇仁寺), 금승사(金勝寺)로 이름이 바뀐다. 〈경교비〉도 바로 그 옆에서 출토되었으니, 주질에서 출토된 후 이 사원으로 옮긴 것이라고도 한다. 《장안지》 권7에는 성 내에 2개의 파사사와 4개의 호천사(胡天祠)가 있었다고 나온다. 송민구의 《장안지》에서 당 정관 연간 장안의 포정방(布政坊)·예천방(醴泉坊)·보녕방(普寧坊)·정공방(靖恭坊)에 현사(祆祠)가 각각 하나씩 있었다고 하였으니, 이것이 바로 앞에서 말한 4개의 호천사인 것 같다. 요관(姚寬)의 《서계총어》 권상에는 당 정관 5년(631) "칙령을 내려 장안 숭화방(崇化坊)에 현사(祆寺)를 세우게 하고 이름을 대진사라 하였는데 파사사라고도 불렀다"고 되어있다. 정관 5년은 아라본이 장안에 도착하기 이전으로 대진사 건설을 황제가 명했다는 것은 거의 불가능한 일이다. 다만 대진사를 파사사라고도 불렀다고 한 것은 틀린 말이 아니니, 《장안지》에 기록된 '2개의 파사사'는 아마도 대진경교사였던 것 같다.

〈경교비〉에는 또 숙종연간(756-762) "영무 등 오군에 경사를 다시 세웠다(靈武等五郡重立景寺)"고 적혀있는데, 아마도 예전에 지은 경사가 안록산의 난으로 파괴되었기 때문인 듯하다. 또 〈경교비〉에는 숙종연 간 곽자의(郭子儀)23)가 "매년 네 사원의 승려를 모아 예배를 올리고 재 물을 기부했다"고 되어있다. 이 네 사원이 장안에 있는 네 사원을 가리 킨다고 볼 수도 있지만 만약 장안 이외 지역에 있는 네 사원의 승려를 장안의 사원으로 불러 모았다고 한다면 모두 다섯 사원이 되어, "영무 등 오군에 경사를 다시 세웠다"는 구절과 부합이 된다. 사에키 요시로는 〈대진사의 소재지에 대하여(大秦寺所在地考)〉(《동방학보》, 도쿄, 제3 책)24)에서 오군이 주질 동쪽 30리에 있었기 때문에 네 사원은 곧 장안 ·낙양·영무·오군 네 곳을 가리킨다고 했지만, 이는 잘못된 주장이다. 아마도 사에키 요시로가 '등(等)'자를 '등어(等於)' 혹은 '유어(類於)'로 보 아 오군을 모방해 영무에 사원을 세운 것으로 풀이한 듯한데, 한문의 문의(文義)를 헤아려보면 실로 통하지 않는 해석이다. 게다가 《당회요》 에 수록된 천보 4년(745) 9월의 조서에 "양경(兩京)의 파사사를 마땅히 대진사로 개명해야 한다"는 말과 "천하의 여러 부군(府郡)에 설치된 사 원들도 이를 따라야 한다"는 말이 이미 있으니, 낙양과 다른 부군에 대 진사가 있었음은 지극히 분명하다. 사주(沙州)의 사원은 이미 두 경전에 서 증명되었고 주질의 사원은 소식 형제와 양운익(楊雲翼)25)의 시(뒤에

······························

23) 곽자의(郭子儀, 697-781): 당대의 무장으로 섬서 정현(鄭縣) 출신이다. 안록산 의 난이 일어나자 하동절도사(河東節度使) 이광필(李光弼)과 함께 반란군을 토벌하였고 위구르의 원군을 얻어 장안과 낙양을 수복하였다. 이후 대종연간 에는 토번의 침입으로부터 당을 구하였다. 무공을 인정받아 분양군왕(汾陽郡 王)에 봉해졌으며 덕종은 그를 상보(尙父)로 부르며 존숭하였다고 한다.

24) 원제는 〈大秦寺の所在地に就いて〉이고 《동방학보》, 제3책(1932.10)에 수록 되어있다.

25) 양운익(楊雲翼, 1170-1228): 금나라 문학자로 산서 석양(昔陽) 출신이다. 한

나옴)에서 모두 그 존재를 확실히 보여주고 있다.

제5절 교리·교의(敎儀)·교칙 및 조직

경교는 교리상의 견해 차이로 천주교에서 분리되어 나왔지만 외부인이 보기에는 거의 다르지 않았다. 그래서 경교가 처음 중국에 들어왔을 때 그러한 견해 차이는 소개되지 않았고, 현존하는 한문 경교 문헌 속에서도 천주교와 어떤 차이가 있는지 드러나지 않는다. 이는 명말 청초 중국에 건너온 천주교 신부들이 유럽 신교(즉 프로테스탄티즘 – 역자)의 새로운 주장에 대해 전혀 이야기하지 않은 것과 같은 경우로 보인다. 〈경교비〉에는 "경전이 27부 남아있다"는 말이 있는데, 이는 천주교에서 현재 사용하는 《신약성서》의 권수와 일치한다. 네스토리우스파의 《신약성서》는 원래 22권이었으나 27권으로 만든 시기도 있었다. 게다가 경교 역시 상(像)을 설치하였으니, 〈경교비〉에서 정관연간의 조서에 관해 기술하면서 "멀리서 경전과 상을 가지고 경사에 와서 헌상하였다"고 한 것이 바로 그것이다.

경교 경전은 전해지는 것이 매우 드물다. 그러나 〈경교비〉에 "경전을 번역하는 서전(書殿)", "경전을 번역하고 사원을 세웠다"는 등의 말이 적혀있는 것으로 보아 경전 번역이 성행하였음을 충분히 알 수 있다.

....

림학사와 예부상서를 지냈으며 경륜이 풍부하여 세상 물정을 잘 알았고 직언을 잘했다고 전해진다. 그의 문집은 산실되었지만 《중주집(中州集)》·《전금시(全金詩)》 등에서 그의 시를 확인할 수 있다.

《삼위몽도찬》의 〈존경〉 부분에는 35종의 경전이 열거되어있고 목록 뒤에 "삼가 여러 경전의 목록을 살펴보면 대진의 본교(本敎) 경전은 모두 530부인데 전부 패엽범음(貝葉梵音)[26]으로 되어있다. 당 태종 정관 9년 서역의 대덕승 아라본이 중국에 와서 원본 경전을 바쳤다. 방현령과 위징(魏徵)[27]이 마땅히 번역해야 한다고 상주하자, 후에 본교의 대덕승 경정(景淨)을 불러 위에서 열거한 30부를 번역했으나 나머지 대부분은 패피(貝皮)로 된 상자에 들어있고 아직 번역되지 않았다"라는 해설이 있다. 여기서 30부라고 한 것은 우수리 없는 정수를 든 것이고 목록에는 실제 35권이 열거되어있다. 만약 목록 중의 《삼위찬경(三威讚經)》이 《삼위몽도찬》이 아니라면 36권이 된다. 그리고 《서청미시소경》도 목록에 보이지 않는다.

번역된 여러 경전은 모두 말이 어렵고 이해하기가 힘들어 〈경교비〉 비문의 깊고 고상한 맛에 비할 바가 아니니, 그 비문이 분명 중국인의 손을 거쳐 윤색되었음을 알 수 있다.

경교의 교규에 관해서는 현존 사료 중에서 선교사의 규율과 생활방식 및 일부 교의만 확인될 뿐 신도들의 신앙생활은 알 수가 없다. 선교사는

....

26) 패엽의 패는 산스크리트어 pattra(貝多羅)의 준말이고 엽은 그 잎으로 고대 인도에서 불경을 새기던 다라수(多羅樹) 잎을 말한다. 범음은 ①범왕(梵王) 의 음성, ②불보살의 음성, ③부처의 가르침, ④범패(梵唄) 중의 짓소리 등 여러 가지 뜻이 있으나, 여기서는 산스크리트어를 가리키는 것 같다. 즉 경교 경전이 다라수 잎에 산스크리트어로 적혀있다고 하여 중국인에게 익숙한 불경을 연상케 함으로써 최대한 중국문화에 적응하고자 한 것으로 보인다.
27) 위징(魏徵, 580~643): 산동 곡성(曲城) 출신. 태자 이건성(李建成)의 측근으로 이세민(李世民)을 죽일 것을 건의했다. 후에 이건성을 죽이고 당 태종이 된 이세민은 위징의 능력에 끌려 그를 재상으로 중용하였다. 굽힐 줄 모르는 직간(直諫)으로 유명한데, 그가 한 말은 《정관정요(貞觀政要)》에 잘 나와 있다.

대개 반드시 삭발하고 수염을 길러야 하며 노비를 둘 수 없고 재물도 가질 수 없었다. 7일마다 한차례 예배를 드리고 매일 산 자와 죽은 자를 위해 경전을 일곱 차례 낭송해야 했다. 예배를 올릴 때는 항상 동쪽을 향하고 나무를 두드려 신호를 하였다. 세례를 행하고 십자가를 경배하였다. 선교사는 '청절달사(淸節達娑)'와 '백의경사(白衣景士)'로 나뉘는데, 전자는 규칙에 따라 수도원에 상주해야 하는 수사(Monk)이고 후자는 지금의 '재속사탁(在俗司鐸, Secular Priest)'에 해당한다.

네스토리우스파 선교사의 삭발 의식은 502년 카샤르의 아브라함(Abraham de Caschar)이 만들었다. 매일 경전을 일곱 차례 낭송하는 일은 오늘날 천주교의 일과가 조과(早課: 즉 Matins, 朝課라고도 함 - 역자)와 만과(晚課: Vespers - 역자), 찬미경(讚美經: 즉 Lauds, 讚課 라고도 함 - 역자)과 사시경(四時經)[28]으로 구성되는 것과 같다. 예배를 올릴 때 나무를 두드려 신호하는 것은 원대(元代)의 경교도들도 그렇게 하였으니, 그 내용이 《루브룩(Rubruck)의 여행기》에 보인다.

당시 중국 경교의 주교와 사탁은 모두 가정을 이루었던 것 같다. 〈경교비〉 시리아어 제명(題名)에 행통(行通)은 사탁 미리사(彌利斯)의 아들이고 행통에게도 아들이 있는데 6품 수사에 임명되었다고 분명하게 적혀있다.

경교 선교사는 종교 업무 외에 교육과 자선사업도 수행하였다. 〈경교비〉에서 "굶주린 자가 오면 밥을 먹이고, 헐벗은 자가 오면 옷을 입히고,

....

28) 사시경(四時經): 오전 중간에 기도하는 삼시과(三時課, Terce), 정오에 기도하는 육시과(六時課, Sext), 오후 중간에 기도하는 구시과(九時課, None) 및 밤 기도인 종과(終課, Compline)를 말하는 것 같다. 종과는 수도원에서 비롯된 것인데, 1964년에 없어지기 전에는 일시과(一時課, Prime)와 마찬가지로 이른 아침에 하던 것이었다고 한다.

병든 자는 치료하여 회복시키고, 죽은 자는 시체를 묻어 안장시킨다"고 말한 것이 바로 그것이다. 두환(杜環)의 《경행기(經行記)》에서 "불름국에는 대식법(大食法)·대진법(大秦法)·심심법(尋尋法)이 있다. …… 대진(사람)은 눈과 이질 치료에 뛰어나서 혹 발병하기 전에 먼저 발견하거나 뇌를 절개하여 벌레를 꺼내기도 한다[或開腦出蟲]"고 하였으니, 대진이 분명 의술을 선교에 이용했음을 알 수 있다. 《통지》에서는 위의 글을 인용하면서 '대진'을 '토인(土人)'이라고 썼으나, 여기서는 《통전》과 《통고》 등의 인용에 따랐다. 왕국유의 교정본에서는 '개(開)'자 위에 '부(剖)'자가 덧붙여져 있으나, 여기서는 《통전》·《통지》·《통고》·《태평환우기》의 인용에 따랐다. 《신당서》에는 "뛰어난 의사가 있어 뇌를 절개하여 벌레를 꺼낼 수 있고 그렇게 함으로써 눈에 낀 백태를 치료한다"고 요약되어있다. 게다가 대진의 의사는 당 고종의 눈병을 치료하기도 했다. 《자치통감》〈당기19〉의 '홍도 원년(683)'조에는 "황제께서 머리가 무겁고 눈까지 안 보여 고생하였다. 시의(侍醫)인 대진[秦] 출신의 명학(鳴鶴)을 불러 진단하게 하니, 명학이 머리에 침을 놓아 피를 뽑으면 치료할 수 있다고 하였다. …… 이에 백회(百會)와 뇌호(腦戶) 두 혈에 침을 놓았다. 황제께서 내 눈이 밝아진 것 같다고 말했다"는 기록이 있다. 비문에 적혀있는 시리아어 '박사(博士)'는 편사원(編史員) 또는 교사(敎師)로 번역하기도 하는데, 그렇다면 학교 내지 수도원도 설치되어있었던 것 같다. 또 비문의 "승려 길화(佶和)는 별을 쳐다보고 향화(向化)하고 해를 바라보고 조존(朝尊)했다"는 기록을 근거로 길화를 천문가로 여기기도 하지만 확인할 순 없다. 시리아어로 된 제명 중에 '6품 수사장(修士長)' 2명이 나오는데, 이는 네스토리우스파의 주교 아래 가장 높은 직책으로 의례(儀禮)를 관장하고 파견 순서를 지명하며 분쟁을 해결하고 기부하는 등의 일을 관리하였다. 《책부원구》 권546에 보면 승려 급렬(及烈)이

기이한 기물(器物)을 만들 수 있었다고 하니, 그렇다면 그 선교 방식 또한 후세의 마테오 리치 등과 유사하다고 하겠다.

당대 중국의 경교 교회 조직 내에서는 〈경교비〉를 쓴 경정의 지위가 아마도 가장 높았던 것 같다. 한문으로는 단지 '승(僧)'이라 불렸지만 시리아어 문장에서는 '성주교(省主敎) 겸 중국 총감독 아담(Adam) 사탁'이라 부르고 있으니, 아담은 경정의 원래 이름이다. 아마도 그는 중국 북부 교회의 책임자였으며 그 지위는 사탁(Kasisa)이지만 성주교(Korepiskopa)를 겸했던 것 같다. 페르시아어로 Sinestan은 중국 북부를 가리키는데, Tocharistan, Pharsistan, Kurdistan 등과 같은 표기 방식이다. 총감독은 원래 Papas라고 썼다. 성주교 위에는 종주교(宗主敎, Patriarkis) 1명만 있었으니, 〈경교비〉 마지막에서 "법주승(法主僧) 영서(寧恕)가 동방의 경교 신도를 알았다"고 한 바로 그 사람이다. 그는 한자 이름을 갖고 있지만 실제 중국에 체재했던 것은 아니었다. 시리아어 문장에는 "당시 여러 사탁 중의 사탁인 Hanan-ishu(訶南尼穌)가 Katolika(加特利加)의 종주교를 맡았다"고 되어있다.

경정과 함께 성주교로 불린 사람으로는 행통·업리(業利)·경통(景通)이 있는데, 모두 사탁의 신분으로 겸직했다. 시리아어 제명에는 "희랍 기원 1092년 사망한 토화라(Thahouristhan) 대하(大夏, Balkh)성 사탁 노(老) 밀리스(Milis)의 아들인 장안(長安, Khoumdan: 중세시기 시리아인과 아랍인이 장안을 지칭하던 명칭) 경도(京都)의 성주교 겸 사탁 행통(Yazedbouzid)이 이 비석을 세워 구세주의 계율과 우리 사탁들이 중국 제왕의 치하에서 천도(闡道)한 사적을 새겼다"고 되어있다. 업리의 원명은 가브리엘(Gabriel)로 사탁 겸 6품 수사장(arkediakon) 겸 장안 및 낙양(Sarag)의 교회장(敎會長)으로 불리었다.

주교(Episkopa)로 불린 자는 1명으로 한자 이름은 요륜(曜輪)이다. 또

'6품 수사장'은 2명인데, 한 사람은 현람(玄覽)이고 다른 한 사람은 업리이다. '6품 수사'로 불린 사람은 1명으로 시리아 이름은 경정과 같으나 한자 이름은 없고 행통의 아들이다. '사제(司祭, Masmasia)'로 불린 자는 1명이고 이름은 혜통(惠通)이다. '사탁'으로 불린 자는 31명이나 이름이 전부 다 기록되어있지는 않다. 수사(修士, Ikhâdaîa: 書記라고도 번역함)로 불린 자는 4명으로 숭경(崇敬)과 연화(延和)가 있고 나머지 2명은 한자 이름이 없다. 박사(博士, Makrine) 1명은 승(僧) 현람(玄覽)이고, 수묘(守墓) 1명은 한자 이름이 없다. 당대의 경교 조직은 아마도 시리아 교회의 규제(規制)를 그대로 모방한 것 같다.

한문 칭호를 확인할 수 있는 사람은 '상덕(上德)' 및 '대덕(大德)' 1명(아라본), '대덕' 1명(급렬), '승' 및 '대덕' 1명(길화), '승' 및 '승수(僧首)' 1명[나함(羅含)], '법주승' 1명(寧恕)이 있고 나머지는 모두 간단히 '승(僧)'이라고 불렀다. 다만 비석 측면 제명에 있는 야구마(耶俱摩)는 '노숙(老宿)'이라 불렀다. 자색 가사를 하사받은 2명은 이사(伊斯)와 업리였다. 2명은 관함(官銜)을 갖고 있었는데, 이사는 금자광록대부(金紫光祿大夫) 동삭방절도부사시전중감(同朔方節度副使試殿中監)이고 업리는 시태상경(試太常卿)이었다. 한문 칭호는 대부분 존칭으로 교단 내부의 품계와는 무관하였다. 경교의 조직을 이해하려면 마땅히 시리아어 문장을 준거로 삼아야 한다.

비문에 보이는 시리아 이름의 선교사는 77명인데, 그 중 한자 이름이 없는 사람은 10명뿐이고 아라본·나함·길화·보론(普論)·이사 등 5명은 시리아 이름이 없다. 따라서 이름을 알 수 있는 선교사는 82명이다. 시리아어 제명 중에서 4명만이 '사탁 겸 수사'로 불렸으니, 나머지는 모두 '재속사탁'이었던 것 같다.

제6절 경교의 정치적 활동

종교가 정치와 무관할 수는 없으나 관계가 너무 밀접해지면 그 자체의 운명이 반드시 국가 정책에 따라 변하게 된다. 당대의 경교는 정치와의 인연이 너무나 깊었다. 아라본이 입경하였을 때 황제가 재상으로 하여금 교외로 나가 영접하게 하였고, 궁에 들여 접견하며 궁내에서 경전을 번역시키고 도를 물었다. 길화가 왔을 때도 궁내에 들여 접견했고, 급렬 역시 조공을 명목으로 들어왔다. 선교할 때도 특별히 황제의 명으로 허가를 받았고, 장안 의녕방의 사원도 칙령으로 건설되었다. 고종은 각 주에 경교 사원을 설치하게 했고, 숙종은 영무 등 5군에 경교 사원을 중건하게 했다. 그 후 조정에서는 또 각 사원의 벽에 제왕의 모습을 그려 넣게 했고, 현종은 영국(寧國) 등 다섯 왕(즉 황제의 형 1명과 동생 4명)에게 직접 교당에 가서 예배를 드리게 했다. 천보 초에는 또 대장군 고력사(高力士)[29]에게 명하여 태종·고종·예종·중종·현종의 초상화를 경교 사원에 보내 안치하게 했다. 아라본은 '진국대법주(鎭國大法主)'에 봉해졌고, 이사는 '대시주(大施主) 금자광록대부 동삭방절도부사시전중감'이었으며 자색 가사도 하사받았다. 업리는 '시태상경'이었고 역시 자색 가사를 하사받았다. 천보 초 황제는 교당에 견(絹) 1백 필을 하사했고, 대종은 매번 '탄생의 날[降誕之辰: 제왕의 탄신일이라고도 하고 예수

---

29) 고력사(高力士, 684-762): 환관으로 위황후(韋皇后)와 태평공주(太平公主) 세력을 제거하는 데 공을 세워 당 현종의 두터운 신임을 받고 이를 바탕으로 권세를 부려 당 후기 환관정치의 길을 열었다는 평가를 받는다. 환관의 권한 확대의 일환으로 군 통수권을 부여받으면서 표기대장군(驃騎大將軍)의 지위에 오르기도 했다.

의 성탄일이라고도 함에 천향(天香)을 하사하고 어찬(御饌)을 나누어주
었다. 사액(寺額) 역시 어제(御題)였다. 선교사는 교지(敎旨)를 받들어
흥경궁(興慶宮)에서 공덕을 닦았다. 이러한 모든 것을 당시 경교 선교사
들은 황제의 은총으로 여겼고 이로 인해 종교의 장엄함이 실추된 것은
알지 못했다. 조맹(趙孟)이 귀하게 만든 것은 조맹이 천하게 바꿀 수
있으니[30], 수·당·송 왕조 교체에 따라 경교가 흔적도 없이 사라지게
된 주요한 원인은 바로 그들이 정치에 의존했기 때문이었다.

경교는 선교 대상국의 정권에 의탁했을 뿐만 아니라 동쪽으로 오는
과정에서 그 출발지와 경유지의 국가와도 밀접한 관계를 맺었다. 풍승
균은 《경교비고(景敎碑考)》 56-58쪽에서 아라본이 호탄국 시자(侍子)와
함께 입조했다고 하였는데, 이는 아주 정확한 설명이다. 《책부원구》 권
971에는 개원 20년(732) 9월 페르시아 왕이 급렬을 파견하여 수령 반나
밀(潘那密)과 함께 진공했다고 되어있다. 《구당서》 권198 〈열전〉148에
는 개원 7년(719) 불름국 왕이 토화라의 대수령을 보내 사자와 영양 각
두 마리를 헌상하였고, 몇 달 지나지 않아 또 대덕승을 보내 입조하였다
고 기록되어있다. 대덕은 경교 선교사의 존칭으로, 이들은 모두 선교사
가 정치사절을 겸임한 사례이다.

경교 선교사는 또 사회 명사 및 고위 관리와 관계 맺기를 즐겼다.
방현령과 고력사가 경교와 왕래한 것은 모두 황제의 명에 따른 것이지
만, 풍승균의 앞의 책 69쪽에 의하면 곽자의가 이사와 서로 사이가 좋았

························

30) 본인의 힘으로 흥하지 못하고 남에게 의지하여 흥한 경우, 그 남에 의해 다
시 망할 수 있다는 말이다(출전: 《맹자》 〈고자(告子)상(上)〉의 "孟子曰, 欲貴
者, 人之同心也. 人人有貴於己者, 弗思耳矣. 人之所貴者, 非良貴也. 趙孟之所
貴, 趙孟能賤之").

던 이유는 이사가 전쟁에 참여하고 통역도 맡았기 때문이라고 한다. 한편 곽자의에게 목호(穆護)란 이름의 아들이 있었는데, 목호는 조로아스터교의 명사로 라틴어 마구스(Magus)의 음역이다. 따라서 그 부자가 외래 종교의 영향을 깊이 받았음이 분명하다. 《삼위몽도찬》에서는 방현령과 위징이 아라본을 위해 경전의 번역을 상주했다고 적혀있다. 또 위징의 이름은 주질의 대진사에 있는 명 정통 9년(1444)의 주철(鑄鐵) 종명(鐘銘)에서도 확인되는데, 거기에 이 사원이 당 태종의 칙령에 의해 세워졌고 승상 위징과 대장군 위지공(尉遲恭)[31]이 감독했다고 기록되어있다. 그렇다면 이 두 사람과 경교와의 관계가 어쩌면 방현령·고력사·곽자의 보다 더 깊었을 수도 있다.

이백은 조지국(條支國) 사람으로 사천(四川)에 흘러들어와 살았다는 것은 이미 결론이 난 사실이다(풍승균, 〈唐代華化蕃胡考〉, 《東方雜誌》 27권 17호; 〈李太白氏族之疑問〉, 《淸華學報》 10권 4기). 《태백전집(太白全集)》 권3의 〈상운락(上雲樂)〉은 범운(范雲)[32]과 주사(周捨)[33]가 쓴

----

31) 위지공(尉遲恭, 585–658): 당대의 무장. 처음에는 당에 대항했던 송금강(宋金剛) 휘하의 장수였으나 후에 당 태종 이세민에게 항복하였다. 현무문의 변이 일어났을 때 70기의 기병을 이끌고 이세민의 동생 이원길(李元吉)을 활로 쏘아 죽였다. 이세민이 황제에 오르자 우무후대장군(右武侯大將軍)에 임명되었다.

32) 범운(范雲, 451–503): 남조 양나라의 문인으로 하남성 심양(沁陽) 사람이다. 양나라에서 상서좌복야(尙書左僕射)의 자리에까지 올랐으며 시인으로 그의 청려한 시풍은 당시부터 높은 평가를 받았다.

33) 주사(周捨, 469–524): 남북조 시대의 관료로 남안(南安) 출신이다. 문장의 내용이나 이치를 이해하는 능력이 뛰어났다고 전해진다. 양 무제 시기에 상서사부랑(尙書祠部郎)에 임명되었다. 저서로 문집 20권이 있었다고 전해지지만 현존하지는 않는다. 다만 《전상고삼대진한삼국륙조문(全上古三代秦漢三國六朝文)》과 《선진한위진남북조시(先秦漢魏晉南北朝詩)》 등에 글과 시 몇

〈노호문강사(老胡文康辭)〉를 모방한 것이다. 이것은 원래 악인(樂人)의 가사(歌辭)로, 노래할 때 늙은 호인[老胡]의 모습으로 분장하고 진귀한 금수를 끌고나와 호무(胡舞)를 추면서 천자의 만수무강을 축원하는 내용이다. 이태백이 이를 모방해 지은 것은 한 경교도의 부탁을 받아서였는데, 그렇다면 경교의 교의에도 상당히 익숙했을 듯싶다. 그러나 이를 근거로 이태백이 경교 신도였다고 말하는 것은 증거가 여전히 부족하다는 생각이 든다.

제7절 경교와 다른 종교 간의 관계

당대의 경교는 다른 모든 종교와 잘 융합하였던 듯하다. 단지 〈경교비〉에 성력연간(698-700) 불교 승려가 장정을 고용하여 (경교를) 비방하였다고 언급되어있지만, 이는 아주 특수한 경우의 풍파였을 뿐이다. 도리어 경정은 불교 경전의 번역을 도왔다. 서명사(西明寺) 승려 원조(圓照)가 집록한 《정원신정석교목록》에 보면 "법사의 산스크리트어 이름은 프라즈나(Prajna, 般刺若)이고 북천축 경내의 카피사(Kapisa, 迦畢試)국 사람이다. …… 호심(好心)[34]이 삼보(三寶)를 믿고 중시하여 불경 번역을 부탁하자, 이에 프라즈나가 대진사의 페르시아 승려 경정과 함께 호본(胡本)《육바라밀경(六波羅密經)》을 7권으로 번역했다. 당시 프라즈나는 호어(胡語)에 익숙하지 않았고 당나라 말도 이해하지 못했으며, 경정도

편이 남아있다.
34) 호심(好心): 프라즈나의 고향 친척으로 정원 2년(786) 당시 신책군 장군이었던 나호심(羅好心)을 말한다.

산스크리트어를 모르고 불교에 대해 알지 못했기 때문에 말이 번역이지 진주 반개도 얻지 못하고 헛된 이름만 훔치려 하였으니, (대중의) 복리(福利)를 위한 것이 아니었다"고 되어있다. 당시는 당 덕종연간(780~804)으로 〈경교비〉가 세워진 것과 같은 시기였다. 다만 불교 내부에서는 경정의 역경 참여를 옳지 않다고 여겼다. 《정원신정석교목록》에는 또 "현명하신 황상께서 불전을 진실로 섬기며 그 번역된 문장을 살펴보시니, 논리가 흐리고 말이 거칠었다. 게다가 무릇 석씨(釋氏)의 가람은 대진의 승사(僧寺)와 거지(居止)에 차이가 있을 뿐 아니라 법을 행하는 것도 완전히 다르니, 경정은 미시하(彌尸訶)교를 전도해야 하고 사문석자(沙門釋子)는 불경을 널리 전파해야 한다. 교법(敎法)을 구분하면 사람들이 혼동하지 않게 되니, 정파와 사파가 다르고 경수(涇水)와 위수(渭水)가 따로 흐르는 것은 그물에 벼리[綱]와 조리[條]가 있어야 어지럽지 않는 이치와 같다. 천인(天人)이 우러르는 바이면 사부대중(四部大衆)이 귀속을 알게 된다"고 적혀있다. 종교 간 파벌에 사로잡힌 편견이 비록 깊으나, 경정이 불경 번역을 도왔다는 사실은 결코 숨길 수 없다.

경교 선교사의 한자 이름은 아라본과 야구마(耶俱摩)를 제외하고 모두 두 글자이고 한자 성(姓)을 쓰지 않았으며 대부분 음역이지만 불교 색채가 매우 농후하다. 또 〈존경〉 목록을 언뜻 보면 모두 다 불경으로 오해할 만하다. 또 지금의 '성(聖)'으로도 번역할 수 있는 '법왕(法王)' 22명이 있는데, 예컨대 요한[瑜罕難, 若翰 또는 約翰], 누가[魯伽, 路加], 모세[牟世, 梅瑟 또는 摩西], 마가[摩矩辭, 瑪爾谷 또는 馬可] 등이다. 또 의역한 경우로는 천안법왕(千眼法王: 즉 수호천사)과 보신법왕(報信法王: 즉 가브리엘천사) 등이 있다. 각 경전에 사용된 글자 역시 대부분 불경에서 흔히 보이는 것들이다. 《서청미시소경》은 특히 불교의 명사를 많이 사용하였으니, 심지어 천주(天主)를 '불(佛)'이라고 불렀다.

경교의 아라하(阿羅訶)는 원래 헤브라이어 엘로힘(Elohim)의 음역으로 동 시리아(네스토리우스파)에서는 알라하(Alaha), 서 시리아(야곱파)에서는 알로호(Aloho)라고 부른다. 개봉 일사락업교(一賜樂業敎: 즉 유태교)의 명·청시기 각 비문에 나오는 아무나한(阿無羅漢)이 바로 그것이며 나한이라 줄여 부르기도 한다(《開封一賜樂業敎考》[35]를 참고). 정관 23년(649) 현응(玄應)이 편찬한 《일체경음의(一切經音義)》와 남송 소흥 21년(1151) 법운(法雲)이 편찬한 《번역명의집(翻譯名義集)》[36]에서는 아라한(阿羅漢)과 아로한(阿盧漢)으로 표기하고 있다. 고종 조로 원년(679) 두행개(杜行凱)가 번역한 《불정존승다라니경(佛頂尊勝陀羅尼經)》에서는 "여래아라하삼막삼불타(如來阿羅訶三藐三佛陀) 외에 능히 구원할 수 있는 자는 없다"고 하였다. 당시는 〈경교비〉가 세워지기 102년 전이고 아라본이 장안에 도착한지 44년이 지난 때로, 불교의 《수호국계주다라니경(守護國界主陀羅尼經)》에도 이 이름이 등장한다. 불교의 아라하는 산스크리트어 아르하트(Arhat)의 음역이지만, 두 종교에서 쓰고 있는 글자가 똑같다는 것은 당연히 서로가 베껴 사용했기 때문이지 우연히 그렇게 된 것은 아니다. 《삼위몽도찬》에서 "대진의 본교 경전은 모두 530부인데 전부 패엽범음으로 되어있다"고 하였고, 또 "나머지 대부분은 패피로 된 상자에 들어있고 아직 번역되지 않았다"고 하였는데, 경교의 경전을 양피(羊皮)에 적는 것은 가능하나 인도에서 나는 다라수잎에 적는 것은 불가능해 보인다. 범음은 호어(胡語)로 해석되기도 하나

....

35) 《개봉 유태교 연구(開封一賜樂業敎考)》: 1923년 상무인서관에서 출판한 진원(陳垣)의 유태교 연구서.
36) 《번역명의집(翻譯名義集)》: 전 7권. 남송의 승려 법운(1088-1158)이 불전에 나오는 산스크리트어를 종류별로 분류하여 그 뜻을 풀이한 책이다.

패엽과 범음을 함께 씀으로써 불경을 연상케 한다. 주질의 대진사에 진선보탑(鎭仙寶塔)이란 이름의 탑이 있는데, 7층8각[七級八稜]으로 그 제작 방식이 장안의 대안탑(大雁塔)과 유사하다. 스타인은 돈황 천불동에서 발견한 경교 인물화상의 이마와 가슴에 〈경교비〉식의 십자(즉 몰타 십자가 - 역자)가 그려져 있지 않으면, 대개 그것을 전부 흔히 볼 수 있는 지장왕보살(地藏王菩薩)로 의심하였다. 따라서 선교사를 승(僧)이라 부른 것은 아주 사소한 일에 불과했다.

경교는 마니교·조로아스터교와 함께 '삼이사(三夷寺)'로 불렸는데, 〈경교비〉 뒷면에 적힌 '대요삼문일(大耀森文日)'은 바로 마니교 역명(譯名)으로, 요삼문(耀森文)은 요삼물(耀森勿)의 이역(異譯)이고 칠요 중의 일요일이다. 그리고 《삼위몽도찬》의 〈존경〉 목록에 있는 《삼제경(三際經)》과 《영사경(寧思經)》 역시 모두 마니교 경전 이름이다. 《사문경(四門經)》은 인도의 점성술 서적이다. 한편 미국인 티모시 리처드(Timothy Richard)는 〈경교비〉의 글씨를 쓴 여수암(呂秀巖)이 바로 금단교조(金丹敎祖) 순양조사(純陽祖師) 여암동빈(呂嚴洞賓)이라고 하였고, 사에키 요시로도 이에 동의하였다. 경교사가 있었다고 전해지는 주질의 누관대(樓觀臺) 부근에는 여선동(呂仙洞) 등 여순양(呂純陽)의 유적이 있다. 《당대 장안과 서역문명(唐代長安與西域文明)》[37]의 부록2 〈주질대진사략기(盩厔大秦寺略記)〉에서는 새로 출토된 여동빈(呂洞賓)[38]의 부친 여양(呂

....

37) 《당대 장안과 서역문명(唐代長安與西域文明)》: 상달(尚達, 1900-1966)의 대표작으로 1933년 하버드대학 연경학사에서 처음 출판되었다.

38) 여동빈(呂洞賓, 798-?): 당나라 사람으로 이름은 암(巖)이고 자가 동빈이다. 호는 순양자(純陽子)이고 회도인(回道人)이라 자칭했다. 종남산(終南山)에서 수도한 팔선(八仙)의 한 사람으로 도교 전진북오조(全眞北五祖)의 한 사람이 되었다고 한다.

讓)의 묘지(墓誌)를 민국 22년(1933) 5월 1일 낙양에서 보았는데, 그의 다섯 아들 중 셋째의 이름이 여욱(呂煜)이었다. 한편 《신안여씨가승(新安呂氏家乘)》에는 여동빈의 원명이 욱(煜)이었으나 후에 암(巖)으로 바꾸었고, 순양과 동빈 등도 그 후에 바꾼 이름이라고 되어있다. 하지만 언제 수암으로 바꾸었는지는 둘 다 언급하고 있지 않다고 하였다. 따라서 여수암이 여동빈이라는 주장은 아직 더 확실한 증거가 필요하다. 〈정석증사(貞石證史)〉[39]에서는 그 주장이 틀렸다고 단언하고 있다. 그러나 《지현안락경》 중에 '무욕(無慾)'·'무위(無爲)'·'무덕(無德)'·'무문(無聞)'·'무증(無證)' 등의 명사가 나오는 것을 보면 도교를 모방해 만든 것이 분명하다. 《서청미시소경》과 《일신론》에서는 천주를 '천존(天尊)'이라 했으니, 이 역시 도교의 명사이다. 대개 당나라 때 중국은 종교가 전에 없이 발달하여 서역으로 통하는 길에 각종 종교 인사의 왕래가 끊이지 않았다. 아라본이 동쪽으로 온 게 현장이 서쪽으로 간지 8년 후라는 점만으로도 그러한 자취가 분명해서 번거롭게 증명할 필요조차 없다.

제8절 당·송시기의 금지령과 쇠락

《구당서》 권18상 〈무종본기〉에는 "회창 5년 가을 7월 경자일에 칙명을 내려 천하의 불교사찰을 합병하고 없애게 하였다. …… 그 대진과

....

39) 〈정석증사(貞石證史)〉: 《중앙연구원역사어언연구소집간(中央硏究院歷史語言硏究所集刊)》 8:4(1940)에 실린 잠중면(岑仲勉)의 논문.

목호 등의 사원도 불교가 이미 제거된 마당에 사악한 종교[邪法]를 홀로 남겨 둘 수 없다. 그 사람들을 모두 환속시켜 차례로 본관(本貫)으로 돌려보내 세호(稅戶)에 충당하고, 외국인의 경우 본국으로 송환하여 관리토록하게 하라"고 되어있다. 또 "8월 제서(制書)를 내려 …… 천하의 철폐된 사찰 4,600여 곳에서 환속한 비구와 비구니 26만 5백 명을 모두 양세호(兩稅戶)에 충당하고 초제난야 4만여 곳을 철폐하라. 비옥한 상등 농지[上田] 수천만 경(頃)을 몰수하고 거두어들인 노비 15만 명을 양세호로 삼도록 하라. 비구와 비구니를 주객사에 예속시켜 관리함으로써 외국 종교임을 명확히 밝히고 대진과 목호 그리고 불(祆: '祆'의 오기가 분명함)의 3천여 명을 환속시켜 중화의 풍속을 어지럽히지 못하게 하라"고 적혀있다.

《신당서》 권52 〈식화지〉의 기록은 약간 차이를 보인다. 또 이 일은 《자치통감》 권248에도 기록되어있다. 다만 《(신·구)당서》에서는 경교도(景敎徒)를 모두 '인(人)'으로 부르고 있는데 반해 《자치통감》에서는 '승(僧)'이라 부르고 있다. 《구당서》에서 "불교가 이미 제거된 마당에 사악한 종교를 홀로 남길 수 없다"고 말한 것은 경교에 대한 금지가 실로 불교의 영향을 받았음을 보여준다. 이는 당시 경교와 조로아스터교를 합쳐 겨우 2~3천 명에 불과했으나 불교 승려는 26만 5백 명이나 되었기 때문이다. 다만 당시 불교는 이미 중국화 된 정도가 깊었으나 경교 등은 여전히 외국 색채를 띠고 있었던 것도 불교와 동시에 금지된 하나의 큰 원인이었다. 이 점은 《구당서》에서 "외국 종교임을 명확히 밝힌다"고 한데서도 확인된다. "외국인의 경우 본국으로 송환하여 관리토록하게 하라(如外國人, 送還本處收管)"는 말에서 '여(如)'는 가설의 의미이기 때문에 당시 경교에 설령 외국인 선교사가 아직 남아있더라도 그 숫자가 분명 많지는 않았음을 알 수 있다. 게다가 당시는 이미 토번이 안서

·북정·하농(河隴) 지역을 점거하고 있던 때라 여행이 자유롭지 못했으므로 이들 소수의 페르시아 국적의 선교사를 본국으로 돌려보낼 수 있었을지 매우 의문스럽다. 혹 쫓겨났다가 다시 몰래 들어왔을 가능성도 극히 높다. 아랍인 아부 자이드 하산(Abu Zaid Hassan)은 방훈의 난 때 Khanfou(廣府: 즉 廣州府)의 회교도·유태인[40]·기독교도 및 배화교도 12만 명이 살해당했다고 했으니, 당말 송초 연해지역과 서북지역에 아직 남아있던 경교도가 분명히 있었고 그 수도 틀림없이 상당했을 것이다.

송대에도 경교가 여전히 존재했음은 송대 사람 송민구의 《장안지》에서 확인할 수 있으니, "의녕방 거리 동쪽의 북편에 페르시아 호사(胡寺)가 있는데, 정관 12년 태종이 대진국 호승 아라사(阿羅斯)를 위해 세운 것이다"고 되어있다. 이 문단에서 송민구는 사원의 이름이 바뀌었다거나 무너졌다거나 다른 용도로 쓰였다는 언급 없이, 자신이 살던 당시 알고 있는 실제 상황을 직접 서술하고 있다는 점에서 이 사원이 여전히 존재했음은 분명하다. '아라사'는 곧 '아라본'이다.

그러나 송대 경교의 교운(教運)이 쇠락하는 것은 주질 대진사의 주인이 바뀌는 데서 확인된다. 《삼소전집(三蘇全集)》[41]에는 소동파의 〈오군(五郡)〉[42]시와 소철[子由]의 화답시가 수록되어있다. 소동파는 "옛 도관

<hr />

40) 원서에는 유태교도로 되어있으나 본편 5장 1절에 인용된 하산의 진술에 따라 바로잡았다.

41) 《삼소전집(三蘇全集)》: 전 204권. 삼소는 소순(蘇洵)과 그의 두 아들 소식(蘇軾)·소철(蘇轍)을 가리키는데, 청 도광연간 이들의 고향인 사천성 미주(眉州)에서 판각된 《삼소전집》에는 소순의 《가우집(嘉祐集)》, 소식의 《동파집(東坡集)》, 소철의 《난성집(欒城集)》 및 소과(蘇過)의 《사천집(斜川集)》이 함께 수록되어있다.

은 바로 숲 언덕 끊어진 곳에 자리 잡았고, 살던 주민들은 맛 좋은 물 마시러 오지. 어지러이 흐르는 냇물 위수에 이르기 위해 다투어 북쪽으로 치달리고, 나는 새는 산을 만나 남쪽으로 돌아올 줄 모르네. 도사들 의관 갖춰 입은 모습 조정에 조회하는 관원들 같고, 시골 사람들은 향을 피워 봄 누에농사를 축원하네. 너의 스승 어찌 하늘의 계시를 이해하며, 산신(山神)이 어찌 노자에 의탁임을 알리[43]"라고 읊었다. 이에 소철은 화답시의 끝에서 "오직 손님 맞아 웃는 도인 있나니, 흰 수염 누런 소매 노자가 아닐는지[44]"라고 읊었다. 시에 나오는 '고관(古觀)'·'우객(羽客)' ·'부명(符命)'·'노담(老聃)'·'도인(道人)'·'황수(黃袖)'·'기비담(豈非聃)' 등의 표현은 소씨 형제가 대진사에 들렀을 때 그 소유권이 이미 도교의 수중에 넘어갔음을 증명하고 있다.

소씨 형제가 시를 지은 것이 언제일까? 가우 7년(1062) 2월 17일 소동파는 남산(南山)을 유력하다가 태평궁(太平宮) 도사 조종유(趙宗有)와 함께 식사를 하고 〈대진사〉라는 시를 지은 적이 있다. 만약 앞의 시가 같은 해에 지어졌다면, 이는 경교가 중국에 들어온 지 428년 되는 해이고 〈경교비〉가 세워진지 이미 280년이 지난 때이다.

가우 7년의 소동파 시에서는 "시냇물 번쩍이며 지평선으로 사라지고 비스듬한 산기슭엔 푸른 숲이 비꼈네. 갑자기 마주친 외로운 탑 멀리 있는데 저 홀로 난산(亂山: 산줄기를 이루지 않고 여기저기 솟은 산 – 역자)을

....

42) 오군성(五郡城): 《섬서통지(陝西通志)》에 따르면 섬서성 주지현(周至縣) 동 쪽 30리에 있다. 중국의 역사학자 상달(向達)은 오늘날의 탑욕촌(塔峪村)이 오군성 유지(遺址)라고 한다.

43) "古觀正依林麓斷, 居民來就水泉甘. 亂溪赴渭爭趨北, 飛鳥迎山不復南. 羽客衣冠 朝上象, 野人香火祝春蠶. 汝師豈解言符命, 山鬼何知託老聃."

44) "獨有道人迎客笑, 白鬚黃袖豈非聃."

향해 훤히 빛나는구나. 발길 따라 아득히 찾아가다가 바람을 맞아 멈칫
서서 깜짝 놀랐네. 들녘의 토지는 바다처럼 넓고 콸콸 흐르는 물 모조리
동쪽으로 흘러가구나45)"라고 읊었고, 소철이 그 운을 이어서 "대진사
사라진지 요원하다지만 말할 수 있으니 높은 곳 위치하여 진천(秦川:
秦嶺 이북의 渭水 평원지대 - 역자)도 볼 수 있지. 초목만이 깊은 골짜기 차지
했고 소와 양은 저문 땅에 흩어졌네. 산이 평평하니 보리 파종할만한데
노둔한 승려는 선(禪)에 관심도 없지. 북쪽으로 장안 시가지 바라보니
높은 성곽은 아득히 연운(煙雲) 같아라46)"고 화답했다. 그렇다면 당시
대진사에는 승려도 함께 거주하면서 불교와 도교가 공동 관리하는 형세
를 이루었던 듯하다. 비록 오랜 시간이 지나긴 했어도 사람들 모두 '대
진사'의 옛터임을 알고 있었기에 "대진사 사라진지 요원하다지만 말할
수 있으니"라고 했던 것이다.

　　남송 영종 경원 5년(1199)에서 가태 원년(1201) 사이에 금나라 양운익
이 섬서동로병마도총관(陝西東路兵馬都總管) 휘하의 판관(判官)으로 임
명되어 장안에 거주할 때 주질을 찾아 대진사를 참관한 적이 있는데,
그곳은 이미 완전히 폐허가 되어있었다. 《중주집(中州集)》 권4 〈정자집
(丁字集)〉에 수록된 양운익의 시에는 "사원은 폐허가 되어 빈터만 남았
는데 사람들마저 돌아가고 절터만 한가롭구나. 초록 이끼 끼어 푸른 기
와 색 희미해지고 흰 탑만이 청산에 비추이네. 어두운 계곡엔 떠도는
구름만 왔다 갔다 하고 어둑어둑한 운무 사이엔 새들만 되돌아오네. 속

....

45) "晃蕩平川盡, 坡陀翠麓橫. 忽逢孤塔逈, 獨向亂山明. 信足幽尋遠, 臨風卻立驚.
　　原田浩如海, 滾滾盡東頃."
46) "大秦遙可說, 高處見秦川. 草木埋深谷, 牛羊散晚田. 山平堪種麥, 僧魯不求禪.
　　北望長安市, 高城遠似烟."

세의 꿈에서 깨어 돌아와 다만 맑은 물줄기만 즐기리[47)"라고 묘사되어
있다.

제21장
당·송시기의 회교(回教)

제1절 회교의 탄생 및 최초의 중국 전래

회교는 대식법(大食法), 대식교도(大食敎度), 회회교문(回回敎門)이라고도 부르고, 또 유일한 진주(眞主)의 가르침이라는 의미에서 청진교(淸眞敎)라고도 부른다. 간혹 천방교(天方敎)라고도 하는데, 현재의 아랍지역을 예전에 천방이라 불렀기 때문이니 천방은 땅의 가운데에 있음을 말한다. 원래 명칭은 이슬람(Islam)으로 복종이란 뜻이다. 이를 음역하여 이실란(伊悉爛), 의사란(依斯蘭), 이사란(夷斯蘭) 등으로 표기한다. 아살란(阿薩蘭), 아실란(阿悉爛), 아사라(阿思欄), 아시란(阿廝蘭), 아석란(阿昔蘭) 등은 아슬란(Arslan)의 음역으로 돌궐어의 사자(獅子)란 뜻이다. 중앙아시아 일대에서는 이를 대부분 인명으로 사용하지 종교 이름으로는 사용하지 않는다. 북송 중엽에 이미 회회(回回)라는 명칭이 나오는데, 심괄(沈括)의 《몽계필담(夢溪筆談)》 '악률(樂律)'조를 보면 하나의 종족을 가리키는 것이었다. 원나라가 호라즘(Khorazm)을 멸한 이후로 이슬람교를 믿는 사람을 모두 회회라고 불렀으며 바다를 통해 중국에 온 이슬람교 상인은 남번(南蕃)회회라고 불렀다. 오늘날 회회라는 호칭은 이미 종교와 종족이 하나로 합쳐진 상태이다. 다만 《원사》 곳곳에 보이는 소위 회흘(回紇) 또는 회홀(回鶻)은 사실 회회를 가리키나, 일부에서는 외오(畏吾)[아(兒)] 또는 외올(畏兀)[아(兒)]를 가리키기도 한다. 즉 회회도 회흘을 부르는 말이고 외오와 외올 역시 회흘을 부르는 말이지만, 회회와 외오(올)은 《원사》에서 함께 등장하는 경우가 대부분이기 때문에 둘을 동일한 것으로 볼 수는 없다. 대개 회회인은 이슬람교를 믿었고 외오(올)인은 불교를 믿었다. 이는 《원사》에서 볼 수 있는 내용이다. 《흑달사략(黑韃事略)》[1]에 나오는 회회의 경우 대부분 외올아를 가리키는데, 이는 별도로 논할 문제이다. 원대 사람의 저술 중에는 '외오(外五)'라고 표기한 경우도 있다.

회회교도는 마사람(摩思覽) 또는 목사림(穆士林)으로 불렸는데, 아랍어 Muslim의 음역으로 복종자라는 뜻이다. 몰속로만(沒速魯蠻), 모속로만(謨速魯蠻), 보속완(普速完), 포속알(蒲速斡), 포속만(舖速滿), 목속아만(木速兒蠻), 목속만(木速蠻)은 페르시아어 Muslemen의 음역이고, 대석마(大石馬), 답실만(答失蠻), 달실만(達失蠻), 달식만(達識蠻)은 페르시아어 Danishmound의 음역으로 명철(明哲)한 사람이라는 뜻이다.

회교의 창시자는 무함마드(Muhammad, 謨罕默德: 暮門, 摩訶末, 摩霞勿, 馬合麻, 謨罕驀德, 穆哈麥德, 穆德 등으로도 번역함)로 서기 570년 전후에 태어나 유태교과 천주교를 연구한 성과를 바탕으로 새로운 종교를

---

1) 《흑달사략(黑韃事略)》: 팽대아(彭大雅)와 서정(徐霆)이 남송 이종의 명에 따라 1232년과 1235-1236년 각각 몽고에 갔을 때의 견문록으로, 칭기즈칸 시대의 풍속·역사·제도 등을 기록하고 있다. 팽대아는 서장관으로 먼저 원고를 작성하였는데, 서정은 귀국 후 팽대아의 원고를 저본으로 삼고 그것과 다른 자신의 기록을 주석으로 붙여 가희 원년(1237) 책을 완성하였다.

창시하여 아랍의 다신교와 우상숭배를 개혁하고자 했다. 일찍이 반대에 부딪혀 도피생활을 했으나, 얼마 지나지 않아 아랍의 여러 민족이 그를 따르게 되었고 63세로 사망하였다.

회교 경전은 코란(Koran)이라 부르는데, 역시 신약·구약성서에서 발췌하여 완성한 것이다. 알라(Aallah)를 숭배하는 것은 유태교에서 여호와를 숭배하는 것과 같다. 예수 이전까지의 계보는 유태교와 동일하며 예수 이후로 6백년간 실전(失傳)되었다가 무함마드가 이를 계승하여 교주가 되었으니, 모세와 예수는 다만 선지자일 뿐이라고 한다. 교규에서는 가난한 자를 구제하고 위급한 사람을 도와주며 고난을 견디라고 주장하고 있다. 또 사음(邪淫)·도박·살육·절도를 금하고 살아있는 동물의 피와 돼지고기를 먹는 것 및 음주를 금하였다. 기도하는 것을 염진공(念眞功)이라 하고 매일 5시에 예배하는 것과 7일에 한 번 모이는 것 등을 예진공(禮眞功)이라 한다. 음식의 금기 외에 매년 한 달의 재기(齋期)가 있는데, 이를 재계공(齋戒功)이라 한다. 빈민구제를 위해 보시하는 것을 과부공(課賦功)이라 하며 신도들이 반드시 한 차례 성지 메카를 순례해야 하는 것을 조근공(朝覲功)이라 한다.

회교 원년은 서기 622년으로 당 고조 무덕 5년에 해당하는데, 그 이전에는 회교가 아직 정식으로 창립되었다고 할 수 없으므로 수대에 회교가 중국에 들어왔다는 주장은 당연히 믿을 수가 없다.

당대에 전래된 시기도 무덕연간(618~626), 정관 2년(628)·3년·6년 등 여러 설이 있다. 《동방잡지(東方雜誌)》 25권 1호에 실린 〈회회교입중국사략(回回敎入中國史略)〉[2]에서는 영휘 2년(650)설을 주장하며 "《구당서》 본기 및 《책부원구》에 모두 영휘 2년 대식에서 처음으로 사신을

---

2) 저자는 진원(陳垣)이고 간기는 1928년 6월이다.

파견하여 조공했다고 적고 있는데, 처음인지를 어떻게 알 수 있는가? 당대에 외국 사절이 입조하면 항상 동어(銅魚)제도에 따라 암수 각 한 마리에 그 나라 이름을 새겨 자기 나라에 두었다가 다음에 올 적에 가져오게 하였다고 《당회요》에 기록되어있기 때문이다. 처음 입조한 사신은 당연히 그것이 있을 수 없기 때문에 당나라에 처음 왔다고 한 것이다"고 하였으니, 회회를 대식(아랍)의 종교로 본 것이다. 그러나 이는 종교와 정치의 관계를 지나치게 중시한 주장으로 경우에 따라 꼭 그렇지 않을 수도 있다.

제2절 당·송시기 광주의 회교

송나라 악가(岳珂)가 편찬한 《정사(桯史)》권11에 수록된 〈번우해료(番禺海獠)〉에는 (광주의 회교에 대해) 상당히 자세한 내용이 기록되어 있다.

> "번우에는 해료들이 뒤섞여 살았는데, 가장 부유한 자는 포(蒲)씨 성을 가진 사람이다. …… 성 안에 정주(定住)했는데, 사는 집이 점차 사치가 심해져 금령을 넘었으나 외국상인을 불러와 나라 경제를 부유하게 하였고, 또 그가 우리나라 사람이 아닌 관계로 이를 추궁하지 않았다. 그런 까닭에 그 집의 특이하고도 웅장한 모습이 나날이 더 장대해졌고 그 부의 창성함은 당시 최고였다. 소희 임자년(1192) 부친이 광주에 부임했을 때, 나는 겨우 열 살로 일찍이 그곳을 돌아본 일이 있었다. 지금도 아직 그 옛 터를 기억하고 있으니, 높이 솟은 건물의 웅장한 경관이 끝없이 이어지는 모습은 하나하나 다 열거할 수가 없다. …… 해료는 귀신을 숭

배하고 청결한 것을 좋아했다. 평상시에는 종일토록 서로 더불어 엎드려 절하며 복을 기원하고 사당이 있어 그곳에서 제사를 올렸다. 이름은 중국의 부처 같았으나 실제로 불상을 설치하지는 않았다. 이름을 오아(聱牙)라고 부르는데, 무슨 뜻인지 이해할 수가 없고 도대체 무슨 신인지도 알 수가 없었다. 사당 가운데에 있는 비석은 높이가 수 장(丈)이고 그 위에 전주문(篆籀文)처럼 생긴 이상한 글자가 가득 새겨져 있으니, 이것이 상주(像主)로 절하는 자들이 모두 이것을 향했다. …… 집 뒤에 있는 솔도파(窣堵波)는 구름을 뚫고 나올 만큼 높았고 다른 탑과는 비교할 수 없는 양식을 하고 있었다. 벽돌로 둘러싼 큰 터를 만들고 중첩하여 쌓아 올렸으며 바깥 둘레에는 회를 칠해 장식하여 마치 은필(銀筆)처럼 보였다. 아래에는 문이 하나 있고 계단을 따라 한층 씩 올라가는데, 안에서 나선형으로 빙빙 돌아 바깥에서는 더 이상 그 계단이 보이지 않았다. 수십 번째 계단마다 하나씩 작은 구멍을 만들어두었다. 매년 4~5월 선박이 들어올 즈음이면 많은 해료들이 탑에 올라 구멍으로 나가 시끄럽게 떠들며 남풍을 기원하면 번번이 효험이 있었다. 꼭대기에는 매우 큰 금계(金鷄)가 있어 상륜(相輪)을 대신하였는데, 지금은 그 발 하나가 없어졌다."

명나라 엄종간(嚴從簡)의 《수역주자록(殊域周咨錄)》[3] 권11 '묵덕나국

....

3) 《수역주자록(殊域周咨錄)》: 전 24권. 명 가정연간 해외사절 파견업무를 주관하는 행인사(行人司) 관리였던 절강 가흥(嘉興) 출신 엄종간(생몰연도 미상)이 행인사에 보관되어있는 외국 관련 자료에 근거해 1574년 찬술한 책으로 1583년 정식 간행되었다. 세계 각국을 동이·남만·서융·북적 4대 부류로 나누고 총 38개 조항을 설정해 저술하였는데, 중국 주변 여러 소수민족과 중앙아시아·서아시아·동남아시아·남아시아의 여러 나라 및 그 지역의 지리·정치·풍속·물산은 물론, 명조와의 관계 및 관련된 시문(詩文)도 상세히 기술하고 있으며 저자의 의견까지 개진하고 있다. 그밖에 새로 유입된 불랑기총(佛狼機銃)의 제조법과 성능 등도 구체적으로 소개되어있다.(《실크로드 사전》, 426-427쪽)

(黙德那國)'조에서는 "지금 광동 회성사(懷聖寺) 앞에 있는 번탑(番塔)은 당나라 때 처음 만들어졌다. 빙빙 돌아서 곧게 서있는데 무려 16장 5척이나 된다"고 하였다. 청나라 구지석(仇池石)의 《양성고초(羊城古鈔)》 권3에 기록된 높이도 이와 같다. 송 영종 개희 2년(1206) 방신유(方信孺)가 편찬한 《남해백영(南海百詠)》에서는 높이가 615장(丈)이라고 했는데, 이는 명백한 오류이다. 선통 2년(1910) 일본인 이토 츄우타(伊東忠太)가 실측한 결과 역시 160여 척이었다는 내용이 《건축잡지(建築雜誌)》[4] 제370호에 실려 있다.[5] 다만 기풍제를 올린 시기에 대해 《양성고초》 권3에서는 '매년 5~6월', 권7에서는 '매년 5월'로 되어있지만, 둘 다 5고(五鼓: 즉 5경으로 새벽 4시 전후 - 역자) 때 거행한다고 하였다. 또 탑 이름을 광탑(光塔)이라 기록하고 있다. 송나라 때 도둑이 금계의 한 쪽 발을 훔쳐갔는데, 자세한 내용은 《정사》에 소개되어있다. 《양성고초》에 따르면 명 홍무연간(1368-1396) 금계가 바람에 떨어져 나중에 동(銅)으로 교체했으나, 역시 세찬 바람에 흔들려서 만력 28년(1600) 중수하면서 조롱박[葫蘆] 모양으로 바꾸었는데, 강희 8년(1669)에 다시 떨어졌다고 한다.

　세계 각지의 회교 예배 사원에는 모두 긴 첨탑이 세워져있으니, 이를 미나레트(Minaret)라 부른다. 중국에서는 광탑이라고 불렀는데, 혹 매끄럽다는 뜻으로 해석하여 마샬 브룸홀(Marshall Broomhall)[6]은 《중국의

<hr />

4) 《건축잡지(建築雜誌)》(*Journal of architecture and building science*): 1887년 7월에 창간된 일본에서 가장 오래되고 권위 있는 건축학회 전문잡지로 현재도 월간지로 발간되고 있다. 건축과 관련된 여러 문제에 대해 논점, 특집, 연재, 뉴스, 연구 성과 자료 등 다각적으로 접근하는 내용으로 구성되어있다.
5) 논문명과 간행연월은 伊東忠太, 〈廣東に於ける回敎建築三〉, 《建築雜誌》第370號, 1917.10이다.

이슬람》(*Islam in China*)[7]에서 Smooth Pagoda로 번역하였다. 또 흰색으로도 해석되었으니, 《정사》에서 "마치 은필처럼 보였다"고 한 것이 바로 이 뜻이다. 그 외에도 혹자는 회교도가 달을 숭배하기 때문에 중국의 회교 예배 사원에는 '월(月)'자가 들어간 건물 이름이 많고, 달을 맞이하기 위해서는 반드시 등(燈)이 있어야하기에 '광탑'이라 불렀다고 한다. 나는 당초 기풍제가 거행되는 5경은 아직 날이 밝지 않을 때라서 반드시 등을 휴대해야 했기 때문이지 달을 맞이하기 위해서가 아니라고 생각했다. 《건축잡지》 제362호에 실린 나카무라 테이엔(中村提圓)의 〈거설집(鋸屑集)〉(12)에서는 미나레트를 '조탑(照塔, Light Tower)'이라고 번역하면서, 회교도들이 제사를 지내는 날 밤에 탑 위에 분명 채색 등을 걸었을 것으로 추측하고 있다. 같은 잡지 같은 호에 실린 이토 츄우타의 논문에서는 중국인들이 이미 습관적으로 이 이름을 쓰고 있을 뿐 아니라 그 단어가 원래 빛이라는 뜻의 아랍어 마나라(Manarah)에서 나온 것이기 때문에 '광탑'으로 번역해야 한다고 주장하였다. 최근 나의 친구 나향림(羅香林)[8]이 편지를 보내 《광주포씨가보(廣州蒲氏家譜)》을 구해 보았다는 소식과 함께 그 일부 구절을 보내왔는데, "공의 휘(諱)는 날고

....

6) 마샬 브룸홀(Marshall Broomhall, 海恩波, 1866-1937): 중국내지선교회 소속의 영국인 선교사로 1890년 중국에 와서 10년간 선교활동을 하였다. 신해혁명 이후 재차 중국을 방문하여 내지선교회의 간행물인 《백만 중국인》(*China's Millions*)을 편집하였고 그 외에도 중국에 관한 많은 저서를 남겼다.

7) 전체 서명과 서지사항은 *Islam in China: A Neglected Problem*, Morgan & Scott, Limited, 1910이다.

8) 나향림(羅香林, 1906-1978): 중국 근대 역사가로 청화대학 역사학과를 졸업한 후 여러 대학과 기관에 재직하였고 1949년 이후 홍콩으로 이주하여 중문대학 등에서 교직을 맡았다. 역사학·민속학·민족학 등에 관한 40여 종의 전문서적과 200여 편의 논문을 출간하였다.

백(哩咕哪)이고 선증대중대부(宣贈大中大夫) 포홀선애(蒲唿咾呪)공의
아들이다. …… 당시 숙조부(叔祖父) 마합주(瑪哈哞)와 마합막(瑪哈嘆)
두 분이 양성(羊城)의 광탑 축성을 주도하여 낮에는 깃발을 걸고 밤이면
횃불을 올려 시박(市舶)의 왕래에 편의를 제공했다. 공은 특히 거금을
기부하여 그 완공에 큰 도움을 주었으니, 서쪽에서 오는 상인과 여행자
들이 모두 그 은혜를 입었다. …… 양성 대북문(大北門) 밖 지부륭(知府
窿)에서 장례를 치루고 매장하였다"고 적혀있었다. 이를 통해 광탑이
실제 오늘날의 등대와 같은 역할을 했음이 분명해졌다. 다만 기풍제를
지내는 장소로도 사용되었다는 점은 이미 선인들이 확실하게 말했음은
물론이다.

제3절 당·송시기 천주의 회교

천주의 회교에 대한 가장 이른 시기의 기록은 《민서(閩書)》 권7 〈방역
지(方域志)〉 중의 '진강현(晉江縣) 상령산(上靈山)'조이다.

"군(郡)의 동남쪽에서 동쪽으로 꺾어져 호강(湖岡)을 따라 남으로 가면
영산(靈山)이 나온다. 그곳에는 묵덕나국(默德那國) 출신의 두 사람이 묻
혀있으니, 그들은 회회의 조상이다. 회회 집안의 말에 따르면 …… 문도
(門徒) 중 대현(大賢) 4명이 당 무덕연간에 입조하여 중국에서 전교하였
는데, 첫 번째 현자는 광주에서, 두 번째 현자는 양주(揚州)에서 전교하였
고, 세 번째와 네 번째 현자는 천주에서 전교하다가 사망하여 이 산에
묻혔다고 한다. 그런 즉 두 사람은 당나라 때 사람이다. …… 군성(郡城)
에 청정사(淸淨寺)가 있었다고 한다."

《민서》권7에 수록된 원 지정 9년(1249) 민현(閩縣) 사람 오감(吳鑒)이 지은 〈청정사기(淸淨寺記)〉에는 "송 소흥 원년(1131) 납지복목자희로정 (納只卜穆妓喜魯丁)이라는 자가 살염위(撒郍威)에서 상선을 타고 천주 에 와서 천주의 남성(南城)에 이 사원을 창설하였다. 은등(銀燈)과 향로 를 만들어 하늘에 공양하고 토지와 건물을 매입하여 무리에게 주었다" 고 적혀있으니, 매우 신뢰할 만한 자료이다.

오감의 이 기록은 비록 원대의 것이지만 송 보경연간 조여괄(趙汝适) 이 편찬한 《제번지(諸蕃志)》 권상 '대식국'조의 기록과 실상이 부합하고 있다. 《제번지》에는 "원우연간에서 개희연간(1086-1207)사이에 각기 사 신을 보내 입공하였다. 시나위(施那幃)라는 번상이 있었는데, 대식 사람 으로 천주 남쪽에 거주하였다. 그는 재물을 가벼이 여겨 보시하는 것을 즐겼으며 서역의 기질과 습속이 있어 성 밖 동남쪽 모퉁이에 공동묘지 를 만들어 호족 상인의 유해를 매장하였으니, 제박(提舶) 임지기(林之 奇)[9]가 그 사실을 기록했다"고 되어있다.

시나위는 바로 살염위로 원래 페르시아만 입구의 유명한 항구인 시라 프(Siraf)의 음역인데, 《제번지》에서 그가 출발한 곳을 그의 성씨로 잘못 적은 것이다. 《정사》 권11 〈번우해료〉에서는 "천주에도 시나위(尸羅圍) 라 불리는 박료(舶獠)가 있었는데, 재산이 포(蒲)씨 다음으로 많아서 주 위 사람들에게도 재물을 나누어주었다"고 하였으니, 이 시나위 역시 살

---

9) 임지기(林之奇, 1112-1176): 남송 복주 후관(侯官) 출신으로 교서랑(校書郎) ·상서랑(尙書郎)·종정승제거민박(宗正丞提擧閩舶) 등을 지냈다. 경학 연구 에 진력하여 《상서》와 《주례》에 해설을 했는데, 신의(新意)가 많았다. 제자 여조겸(呂祖謙)이 창립한 무학(婺學)에 많은 영향을 주었다. 저서에 《상서집 해(尙書集解)》·《춘추주례강의(春秋周禮講義)》·《논어주(論語注)》·《맹자주 (孟子注)》·《졸재문집(拙齋文集)》 등이 있다.

염위의 이역(異譯)으로 《제번지》와 같은 착오를 범하고 있다. (이에 대해서는) 쿠와바라 지츠조(桑原隲藏)가 《포수경(蒲壽庚)의 사적》에서 자세히 고증하고 있다.

천주의 청정사에도 탑이 있었으니, 만력 《천주부지》 권24에서는 "만들어진 누탑(樓塔)이 높고 널찍하였다"고 하였다. 원 지정 9년(1349) 사원이 무너져 마을 사람 금아리(金阿里)가 이를 수리하였다. 명 정덕연간(1506-1521)에 또 중수하였고, 융경 원년(1567) 목탑이 무너져 다시 5층으로 수리했으며, 만력 37년(1609) 누각(樓角)이 지진으로 훼손되어 다시 중수하였다.

당·송시기 광주의 대식인이 회성사의 광탑에서 기풍제를 지냈음은 앞에서 이미 언급하였다. 천주에도 탑이 있었을 뿐 아니라 원래 '높고 널찍하였'으며 만력 《천주부지》에서 또 "층루(層樓)가 우뚝 솟아 수려했다"고 하였으니, 송·원시기 회교도들이 기풍제를 올리는 곳으로 사용되었음은 거의 의심할 여지가 없다.

제4절 양주와 해남도(海南島)의 회교

《신당서》 권140 〈등경산전〉에는 "평로절도부사(平爐節度副使) 전신공(田神功)의 군대가 양주에 이르러 주민을 대량 약탈하고 무덤을 파헤치니, 대식과 페르시아 등지에서 온 호상들 중 죽은 자가 수천 명에 달했다"고 되어있고, 권144 〈전신공전〉에도 같은 내용이 나온다. 이는 당나라 때 양주의 회교도 중 재난을 당한 사람이 분명히 있었다는 말이다. 현재 이슬람 사원은 태평교(太平橋) 북쪽에 있는데, 《부지(府志)》에는

"송 덕우연간(1275-1276)에 보호정(補好丁)이 지었다"고 되어있다. 보호정은 보합정(普哈丁)으로 번역되기도 한다. 그의 묘는 대동문(大東門) 밖 관하(官河) 동안(東岸)의 소위 이슬람 묘지[回回墳]에 있다.

명나라 사람 전여성(田汝成)의 《서호유람지(西湖遊覽志)》 권18 '진교사(眞敎寺)'조에서 "먼저 송나라 황실이 옮기자 서역 이인(夷人)으로 중원에 정착했던 사람들도 대부분 어가(御駕)를 따라 남으로 이동했다"고 하였으니, 남송 이후 강남으로 이주했던 회교도가 양주에만 살았던 것은 당연히 아니었다. 전여성의 의도는 항주의 회교 역시 분명 남송대에 시작되었음을 말하고자 한 것 같다. 그런 까닭에 《서호유람지여(西湖遊覽志餘)》[10] 권23에서 "쇄무견(鎖懋堅)은 서역인으로 (그 선조가) 송 황실을 따라 남쪽으로 건너와 마침내 항주 사람이 되었는데, 대대로 시(詩)로 유명하였다. 쇄무견은 특히 감정을 묘사하여 읊는데 능하여 …… 한 시대를 풍미했다"고 적고 있다.

《태평광기》 권286에는 "당나라 진주(振州: 지금의 崖縣)의 백성 진무진(陳武振)이라는 자는 집에 만금(萬金)을 쌓아놓은 해중(海中)의 대부호로 서각과 상아·대모가 가득한 창고가 수백 개나 되었다. 그 전에 표류하던 서역 상선 중 그곳에 이른 것들이 있어 그로 인해 갖게 되었다. 해중 사람은 주술(呪術)에 능하여 …… 무릇 상선이 해로를 지나다가 …… 불행히 바람을 만나 길을 잃고 진주 경내에 들어오면 진주 백성은 산에 올라 산발을 하고 주문을 걸어 바람과 파도를 일으켜 배가 떠날 수 없게 하고 반드시 주문을 건 곳으로 표류하여 멈추게 하였다. 진무진

....

10) 《서호유람지여(西湖遊覽志餘)》: 전 26권. 전여성이 《서호유람지》를 편집하는 과정에서 수집한 서호의 범위를 벗어난 일부 자료를 정리하여 만든 산문집으로 대부분 항주와 관련된 일을 기록하고 있다.

은 이를 통해 부자가 되었다"는 기록이 있다.

그 내용이 비록 이치에 맞지 않으나, 당나라 때 외국 선박이 그 땅에 표류했을 가능성은 매우 높다. 아래에 인용한 글에서 해남도에 회교 사원이 있었다고 한 것을 보면, 위의 글에서 말한 상선과 해중 사람 역시 아마도 회교에 속한 자들이었을 것이다.

《제번지》 권하에서는 "창화(昌化)는 여모산(黎母山) 서쪽에 있으니 옛날의 담주(儋州)이다. …… 성 서쪽으로 50여 리에 석봉(石峯) 하나가 해주(海洲)의 큰 물결 사이에 있는데, 모양이 사자(獅子)와 비슷하여 속칭 사자(바위)라고 하나 실은 정리후묘(貞利侯廟)로 상선들이 이곳에서 바람을 기원했다"고 하였고, 또 "만안군(萬安軍)은 여모산 동남쪽에 있고 …… 성 동쪽으로 박주도강묘(舶主都綱廟)가 있는데, 사람들이 경건히 믿고 기도하면 즉시 효험이 있어 선박이 왕래할 때 먼저 (그곳에서) 제사를 지내고 출발 한다"고 하였다.

위의 내용은 해남도에 상선이 바람을 기원하고 평안을 비는 곳이 두 군데 있었다는 말이지만, 그것이 회교사원인지는 아직 알 수가 없다.

《고금도서집성》 〈직방전(職方典)〉 권1380에서는 《경주부지(瓊州府志)》(판본은 알 수 없음)를 인용하여 이르기를 "소응사(昭應祠)는 주(州) 동북쪽 35리의 연당항문(蓮塘港門)에 있는데, 그 모시고 있는 신을 박주(舶主)라고 한다. …… 제사를 지낼 때는 돼지고기를 피하고 왕래하는 선박들은 꼭 여기서 제사를 지내니, 이름을 번신묘(番神廟)라 부른다"고 하였다. 제사에 돼지고기를 쓰지 않는 것은 회교의 풍속이고 사당 이름이 번신인 것은 최소한 이전에 분명 회교사원이었음을 말해준다. 같은 책에는 또 애주(崖州)의 풍속을 기록하고 있어서 그들이 회회임을 더욱 확정할 수 있다. 즉 "애주의 번속(番俗)은 참파인으로부터 기원한 것이다. 송·원시기 참파인들이 동란을 피해 가족을 이끌고 배를 타고 와 해안에 흩어져 정박했는데, 이를 번촌(蕃邨) 또는 번포(番浦)라 불렀다. 지금은 호적에 편성돼 들어가 있으니, 삼아리(三亞里)에 사는 사람은 모두 그 종족이다. 그 사람들은 포(蒲)씨 성이 많고 돼지고기를 먹지 않으며 집에서 조상에게 제사지내지 않는다. 함께 불당(佛堂)을 설치하여 경을 읽으며 절을 한다. 그 언어와 생김새가 회회와 유사하다. …… 토착인과는 결혼하지 않고 그들과 혼인하는 토착인도 없다'고 되어있다. 다만 여기서 "회회와 유사하다"고 하였으므로 실제로 회회인지는 알 수 없다. 어쩌면 (그들이) 섬에 피신해 산지 너무 오래되어 한족 풍속의 일부가 뒤섞여서 마침내 다른 회회와 똑같지 않게 되었을 수도 있다.

제5절 제박사(提舶使) 포수경(蒲壽庚)의 선조

당대의 번상 중에는 중국에 오래 거주하다가 귀국하지 않은 사람도 있었다. 《송사》 권490 〈외국전6〉에는 지도 원년(995) 대식국 박주(舶主)[11] 포압타려(蒲押陁黎)가 한 말이 실려 있는데, "부친 포희밀(蒲希密)은 무역을 위해 배를 타고 광주에 와서 지금까지 5년 동안 돌아가지 않았습니다. 모친께서 저에게 멀리 계신 부친을 찾아뵙게 하여 어제 광주에 도착하여 그를 만났습니다"고 되어있다. 그들 중 중국에서 태어난 사람을 토생번객(土生蕃客)이라 불렀으니, 《송회요》에 수록된 조령(詔

....

11) 박주(舶主): 당대 중국 남방에서 페르시아인(아랍인 포함) 선장을 부르던 말. 외국 선박 중 페르시아 선박이 가장 많고 인도양을 항해하는 중국 선박에 유능한 페르시아인을 선장으로 기용한 데서 유래하였다.

令)에서 중국에 온 지 5대가 지난 번객을 언급하고 있음은 이미 앞에서 소개한 바 있다.

그러나 당·송시기의 회교 번객 가운데 중국 역사상 가장 유명한 사람은 포수경이다. 그는 송나라 말 해적 평정에 공을 세워 관직이 복건안무연해도제치사(福建安撫沿海都制置使)에 이르렀고 경염연간(1276-1278)에는 복건·광동초무사(招撫使)를 제수 받아 해양 선박을 총괄하였으니, 당시 중국과 남양 사이의 무역을 30년간 관장하였다. 포수경이 원나라에 항복한 후, 몽고군은 포씨 선박의 도움을 얻어 범이 날개를 단 격으로 대륙의 나머지 지역을 일소하고서 해상으로까지 그 위엄을 떨칠 수 있게 되었다. 송나라 황실은 재정상의 가장 큰 수입을 잃고 해군 역시 사분오열되어 결국 어쩔 수 없이 광동으로 물러났다가 멸망에 이르게 되었다. 쿠와바라 지츠조가 《포수경의 사적》을 저술함으로써 포수경과 포수성 형제의 행적, 포씨가 중국에 오게 된 과정 그리고 대식인이 동방에서 생활하던 모습 등이 마침내 세상에 널리 알려지게 되었다.

쿠와바라 지츠조는 포씨의 내력을 연구한 결과 아랍인으로 추정된다면서 《송사》 〈대식전〉에 나오는 포씨 성을 가진 5명의 사신을 열거하여 자신의 주장을 뒷받침하고 있다. 그러나 송대에 포씨 성을 가진 참파인이 대식인보다 많았다는 점에서 포씨라는 이유만으로 포수경을 아랍인으로 단정하는 것은 증거가 부족한 듯하다.

쿠와바라 지츠조는 또 명나라 사람 하교원(何喬遠)12)의 《민서》 권152

....

12) 하교원(何喬遠, 1558-1631): 명대의 관료이자 방지사가(方志史家)로 복건성 진강현(晉江縣) 출신이다. 광록경(光祿卿)·통정사(通政使)·광서포정사(廣西布政使) 등을 역임하였다. 1597년 아내 사망 후 경산(鏡山)에 은거하여 분야를 가리지 않고 여러 책을 다독하였다. 저서로 《민서》를 비롯해 《명산장(名山藏)》·《황명문징(皇明文徵)》·《하경산선생전집(何鏡山先生全集)》 등이 있다.

에 나오는 "포수경은, 그 선조가 서역인으로 제번(諸蕃)의 호시(互市)를 총괄하며 광주에 거주하다가 수경의 부친 개종(開宗) 때 천주로 이주했다"는 기록을 근거로 포수경의 조부가 《정사》에 기록된 광주의 부호 포씨였다고 보았다. 그러나 악가의 《정사》에는 광주의 "가장 부유한 자는 포씨 성을 가진 사람으로 백번인(白番人)이라 불렸고 본래 참파의 귀인(貴人)이었다"[13]고 분명하게 적혀있다. 조상이 참파의 귀인이면 그 자손도 자연히 참파의 후예일 수밖에 없다. 악가의 말이 너무나 명백하기에 쿠와바라 지츠조는 "한 때 참파에 이주해 살던 아랍 상인"이라고 굳이 해석하려 했지만 아무래도 억지스럽다는 생각이 든다.

《민서》에 나오는 "그 선조가 서역인으로"라는 말은 하교원이 살았던 때가 명나라 말로 송나라 말로부터 이미 3-4백년이 지난 후이기 때문에 생긴 착오였다. 따라서 《정사》의 기록을 믿는 것만 못하다. 게다가 송말의 유민 정소남(鄭所南)[14]도 그가 쓴 《심사(心史)》[15]에서 "포수경(蒲受畊)의 조상은 남번인(南蕃人)으로 양광지역의 최고 부자였고 천주에서 반란을 일으켰다. ……"고 하였다. 쿠와바라 지츠조 본인도 《심사》의

....

13) 원서에는 거두절미하고 "番人, 本占城之貴人也"로 되어있으나, 이해를 돕기 위해 《정사》의 원문을 추가하여 번역하였다.

14) 정소남(鄭所南: 1241-1318): 송말 원초의 시인이자 화가로 복건 연강(連江) 출신이다. 송 멸망 후 송 황실의 성인 조씨(趙氏)를 기억한다는 의미로 사초(思肖)로 개명했다. 소남(所南)은 호이다. 화가로서 묵난법(墨蘭法)을 처음 시도했다고 알려져 있다. 저서로 《심사》외에 《소남옹일백이십도시집(所南翁一百二十圖詩集)》등이 있다.

15) 《심사(心史)》: 남송 말 혼란한 정국과 몽고군의 침공으로 망국에 이르는 과정을 목도한 정사초가 중국의 유가문화가 언젠가 승리할 것이라는 믿음으로 쓴 책이다. 책이 완성된 뒤 쇠로 만든 상자 안에 넣어 밀봉하고 석회를 여러 겹 둘러서 소주의 한 사찰 우물에 던져 넣었던 것을 명말에 이르러 우연한 기회에 발견되어 세상에 알려졌다.

내용이 거짓이 아님을 증명하여 《사고제요》의 조작설을 반박하고 포수경(蒲受畊)이 바로 포수경(蒲壽庚)임을 고증했을 뿐 아니라 이 책이 포수경의 혈통을 기록하고 있는 가장 오래된 자료임을 밝혔다. 그렇다면 포수경의 조상은 실로 '남번'인이지 '서역'인이 아닌 것이다. 그리고 송나라 사람 주밀(周密)이 지은 《계신잡식속집(癸辛雜識續集)》권하에도 "천주 남쪽에 남번 회회의 거상(巨商) 불련(佛蓮)이라는 자가 있는데 포씨의 사위이다"고 되어있으니, '남번'은 곧 남방에서 중국을 찾아온 번방(番邦)을 가리킨다. 그럼에도 쿠와바라 지츠조가 또 대식인이 남방에서부터 항해하여 중국에 왔기 때문에 그들을 '남번'이라 부를 수도 있다고 해석하려 한 것은 역시 곡해(曲解)에 가깝다.

게다가 포씨와 같은 시기 경주(瓊州) 해구포(海口浦)에 거주하던 '남번병(南蕃兵)' 역시 참파인이었다. 남번이 참파를 가리킨다는 것은, 악가가 번인은 "본래 참파의 귀인이다"고 말했기 때문에 더 이상 부언할 필요가 없다. 《함풍경산현지(咸豊瓊山縣志)》권11에는 "지원 초에 부마(駙馬) 사도(唆都)16) 우승(右丞)이 참파를 정벌할 때, 그 나라의 항복한 사람들을 받아들여 그 부모와 처자식까지 모두 해구포에 보내 안치하고 영적(營籍)을 만들어 남번병으로 삼았다"라는 기록이 있다. 따라서 정소남과 주밀이 말한 남번인 포씨와 포씨의 사위는 곧 참파인이고 포수경 형제와 그 조상 역시 참파인임이 틀림없다.

포수경 형제의 사적과 그 후예의 상황에 대해서는 원대의 중서교통사

....

16) 찰랄역인 사도(札剌亦儿 唆都, ?-1285): 남송 정벌과 복건 경영에 공을 세운 몽고의 장수로 남해제국을 초유(招諭)하는 책임을 맡아 참파를 귀순시켰다. 세조 지원 18년(1281) 설치된 점성행성의 우승직을 맡았는데, 다음해 참파가 반란을 일으키자 그 정벌에 나섰고 이어 안남과의 전쟁에 참여했다 전사하였다.

부분에서 자세히 소개하겠다.

제6절 남해를 통해 중국에 온 회교 인물

쿠와바라 지츠조가 쓴《포수경의 사적》제13장의 주14에서는 스리비
자야에 포씨 성이 많다고 하면서《송사》권489의 '삼불제'조에 나오는
포멸(蒲蔑)·포타한(蒲陁漢)·포압타려(蒲押陁黎)·포파람(蒲婆藍)·포모
서(蒲謀西) 등 5명을 들고 있다. 최근 연구에 의하면 포모서는 회교도의
인명 아부 무사(Abu Musa)의 대음인 것 같고, 포압타려는 그에 해당하
는 대음을 알 수 없지만 대식에서 조공 온 사람들 다수가 이 이름을
쓰고 있어 그 역시 회교도임을 믿을 수 있으나, 나머지 3명은 함부로
확정할 수 없다고 한다.《송사》'삼불제'조에는 이들 외에 회교도라고
믿을만한 다른 4명이 있는데, 소개하면 다음과 같다.

(1) 당 천우 9년(904) 특산물을 바치자 그 사신 도번장(都蕃長) 포하율
(蒲訶栗)에게 영원(寧遠)장군 직을 제수하였다. 포하율은 아부 알리(Abu
Ali)의 대음에 해당한다.

(2) 건륭 3년(962) 봄 스리비자야[室利烏耶]에서 또 사신 이여림(李麗
林)과 부사 이아말(李鵶末), 판관(判官) 타타벽(吒吒璧) 등을 보내 조공
하였다.

(3) 개보 4년(971) 사신 이하말(李何末)을 보내 수정(水晶)과 화유(火
油)를 공물로 바쳤다(鵶末이나 何末은 모두 Muhammad의 異譯일 수 있
고 Mahmud나 Ohmud의 대음이 될 수도 있는데, 그 이름 앞에 당나라의
國姓을 붙인 것임).

(4) 대중상부 원년(1008) 그 왕 사리마라피(思離麻囉皮)가 사신 이미지(李眉地)와 부사 포파람(蒲婆藍), 판관 마하물(麻河勿)을 보내 조공하였다.

마하(麻河) 역시 무함마드의 대음이 될 수 있다. 임지기가 쓴 〈천주동파장번상기(泉州東坡葬蕃商記)〉[17]에는 천주의 청정사를 창건한 납지복(納只卜)이라고 되어있다. 목자희로정(穆玆喜魯丁) 역시 스리비자야 사람이나 대부분의 학자는 그를 시라프 사람으로 보고 있다.[18]

쿠와바라 지츠조의 책 제3장 주19에 참파의 회교도에 대해 서술하고 있는데,《송회요》〈번이(蕃夷)7〉에 보면 더 보충할 수 있는 자료가 충분히 있다. 예컨대 희녕 원년(1068) 참파에서 조공 온 사신으로 포마물(蒲麻勿)이 있고 원우 원년(1086) 입조한 사신의 이름 역시 동일한데, 역시 회교도의 이름인 아부 마흐무드(Abu Mahmud)의 대음인 것 같다.

《송회요》의 같은 권에 기록된 발니(勃泥)와 주련(注輦)의 사신 중에도 다수의 회교도가 있었으니, 예를 들면 다음과 같다.

태평흥국 2년(977) 9월 20일 발니국 왕 향타(向打)가 사신 시노(施弩)와 부사 포아리(蒲亞利), 판관 가심(哥心)을 보내 조공하였다.

대중상부 8년(1015) 9월 2일 주련국 사신 사리삼문(娑里三文)과 부사 포가심(蒲加心), 판관 옹물(翁勿)이 와서 조공하였다.

....

17) 송대 중국에 거주하던 무슬림이 세운 공동묘지에 관한 기록으로《졸재문집(拙齋文集》권15에 실려 있던 것을 《사고전서》에서 수록하고 있다.
18) 저자는 본장 3절에서 〈청정사기〉의 소흥 원년(1131) 납지복목자희로정(納只卜穆玆喜魯丁)이 시라프에서 배를 타고 와서 천주에 사원을 세웠다는 내용을 인용하면서 매우 신뢰할 만한 자료라고 말했는데, 여기서 갑자기 납지복을 언급한 다음 아무런 설명 없이 목자희로정을 스리비자야 사람으로 단정하고 있어 혼란스럽다. 또 납지복과 목자희로정이 동일인인지 별도의 두 사람으로 보아야 하는지도 의문이다.

명도 2년(1033) 10월 21일 주련국의 왕 시리라차인타라주라(尸離囉茶印陁囉注囉)가 사신 포신타리(蒲神陁離) 등을 보내 이금(泥金)으로 쓴 표문을 올리고 진주삼모(珍珠衫帽)와 진주상아(珍珠象牙)를 진상하였다.

포아리는 아부 알리(Abu Ali)의 대음이고 가심은 카심(Qashim)의 대음이며 포가심은 아부 카심(Abu Qashim)의 대음으로 세 명 모두 회교도임이 분명하다. 포신타리는 포압타리(蒲押陁離)의 오기일 수도 있다. 그에 해당되는 아랍어 대음은 알 수 없지만, 그것이 회교식 이름의 하나임은 확신할 수 있다.

제22장
수·당·송시기 전래된
서방의 예술과 유희

제1절 조각·건축·그림

수대에는 문제가 불교를 부흥시킴에 따라 불교예술도 발달했으니, 석굴의 개착은 그 중 한 사례이다. 산서성 천룡산(天龍山)[1]의 제16굴에는 유럽 전통의 인동당초(忍冬唐草)[2]가 새겨져 있고, 나머지 운강(雲岡)[3]

....

1) 천룡산(天龍山) 석굴: 동위와 북제시기의 석굴로 태원시 서남쪽에 있는 천룡산 산정 부근의 동봉(東峯)과 서봉(西峯)에 있다. 동봉에 8개, 서봉에 13개, 총 25개 굴로 이루어져 있다. 동봉은 제1굴부터 제8굴까지, 서봉은 제9굴부터 제21굴까지만 번호가 매겨져 있다. 가장 오래된 것은 동위 때 개굴된 제1굴부터 제3굴까지이고 나머지는 북제나 그 뒤를 이은 수·당대에 조영된 것들이다.

2) 인동당초(忍冬唐草): 화문(花文)과 덩굴무늬가 결합되어 만들어진 초화(草花)형식의 장식문양. 당초문(唐草文)의 일종으로 인동문(忍冬文)이라고도 부르는데, 고대이집트의 화문형식에서 시작하여 그리스미술에서 완성을 보았다. 그 사용지역이 광범위하여 북아프리카·시리아·메소포타미아·소아시아·페르시아 등을 비롯하여 인도와 동남아시아, 중국 및 한국·일본 등지에

제3굴의 불상 등에서 보이는 것도 모두 소위 그리스인도식(Graeco-Indian Style) 조각이다. 이러한 양식은 또 인도박트리아식(Indo-Bactrian Style)이라고도 불리는데, 바로 간다라식 조각(Gandhara Sculpture)이다.

수대에 불화를 잘 그린 화가로는 전자건(展子虔)[4]·정법사(鄭法士)[5] 등이 있고, 당대의 오도현(吳道玄: 즉 吳道子 - 역자)은 처음으로 요철법(凹凸法)[6]을 인물화 속에 도입하였다. 산수화와 수석화(樹石畵) 역시 새로운 국면을 맞이하게 되었다. 왕유(王維)[7]는 훈염법(暈染法)[8]을 중시했

....

서 사용되었다.

3) 운강(雲岡) 석굴: 산서성 대동시 서쪽 무주강(武州江) 북안의 사암(砂岩) 낭떠러지에 조영된 중국에서 가장 큰 석굴사원. 동서로 약 1km에 이르며 석굴 수는 총 42개이다. 동쪽 언덕에 제1-4굴, 중앙 언덕에 제5-13굴, 서쪽 언덕에 제14-42굴이 있다. 사문통(沙門統) 담요(曇曜)가 북위의 문성제에게 석굴 조영을 주청한 데서 비롯되었다고 한다.

4) 전자건(展子虔, 생몰연도 미상): 북제·북주·수 왕조에 봉직한 화가로 산동 사람이다. 도석(道釋)의 인물과 고사(故事)를 잘 그렸고 긴밀한 선묘와 색훈(色暈)에 의한 인물 표현은 당대 으뜸이었으며, 정묘한 누각과 인마(人馬)를 배열한 산수화는 뛰어난 원근 표현으로 '지척천리(咫尺千里)'라고 평가되었다. 전해지는 작품으로는 〈유춘도(游春圖)〉(북경고궁박물원)가 있다.

5) 정법사(鄭法士, 생몰연도 미상): 북주와 수 왕조에 봉직한 화가로 강소성 소주 사람이다. 장승요(張僧繇)의 제자였으며 도석의 인물과 고사를 잘 그렸다. 기골 있는 선묘와 의관 등의 기법에서 이전에 볼 수 없었던 정밀한 표현에 의한 인물묘사는 평판이 높았고 동생인 법륜(法輪)도 아들 덕문(德文)과 함께 수대 회화의 일파를 이루었다.

6) 요철법(凹凸法): 일명 '음영훈염법(陰影暈染法)'이라고도 한다. 색채의 진하고 흐린 것으로 명암을 표시해 화면에 입체감을 주는 화법을 말한다. 원래는 고대 그리스의 화법인데, 인도 간다라 미술에 유입된 후 중앙아시아를 거쳐 북조시기부터 중국에 전파되기 시작하여 불교미술에 많이 도입되었다.

7) 왕유(王維, 701-761): 당대의 시인이자 화가로 산서성 분양(汾陽) 출신이다. 자연을 소재로 한 서정시에 뛰어나 '시불(詩佛)'이라 불리며, 수묵(水墨) 산수

고, 미불은 발묵법(潑墨法)9)으로 유명했으니 모두 서방의 영향을 받은 것이다. 또 호탄에서 온 화가 위지(尉遲)의 화법은 확실히 중국과 달랐는데, 기록에 따르면 유럽식 음영법(陰影法)을 채용한 것 같지만 안타깝게도 작품이 한 점도 남아있지 않아 연구에 참고할 수가 없다. 다만 같은 시기의 화법이 고구려에 전해져 지금도 고분벽화 속에서 확인할 수 있다. 장식용 그림 중에서도 그리스와 동로마 계통의 인동당초를 볼 수 있고 사산왕조의 영조(靈鳥)와 영수(靈獸) 도안도 표현되어있다.

당나라가 건국된 후 강역이 확대되어 페르시아와 접하게 되면서 사산왕조 말기 및 굽타왕조의 예술 외에 유럽계통의 예술도 대량 수입되었다. 그리하여 남북조와 수대 이래의 중국 예술과 서로 융화되었다.

당나라 초기의 건축은 대체로 주(周)·한(漢) 이래의 전통 양식을 유지하였지만 일부 장식은 중인도와 페르시아의 기풍을 채택했는데, 이는 현장과 왕현책 등 여러 사람의 인도 여행 및 인도 예술의 수입과 밀접한 관계가 있다. 소위 굽타왕조의 예술은 인도 특유의 개성을 이미 충분히 보여주고 있지만 여전히 그리스와 간다라 예술의 형식에서 완전히 벗어나지는 못했으니, 이 점은 인체(人體)의 자세나 음영에서 볼 수 있다.

당대의 조각 역시 천룡산 등의 석굴에서 확인할 수 있다. 풍만한 가슴과 팔, 몸매가 보일 듯 말 듯 드러나는 얇은 옷, 곡선미가 강조되는 자태 등이 모두 중인도 굽타양식의 기법을 받아들인 것으로 극히 정교하게 표현되어있다.

....

　화에도 뛰어나 남종문인화의 창시자로 평가를 받는다.
8) 훈염법(暈染法): 움푹한 곳은 붓질을 거듭하고 도드라진 부분은 붓질을 덜 하는 그림 기법.
9) 발묵법(潑墨法): 먹을 쏟거나 뿌리고 떨어뜨리면서 먹의 농담과 수분의 변화 에 따라 다양하게 번지는 자유분방한 효과를 내는 그림 기법.

당대 동경(銅鏡)의 주조가 가장 번성했을 때는 개원 17년(729) 전후인데, 동경 뒷면에 주조된 익마(翼馬)·공작·사자·해수(海獸)·포도 등의 문양은 분명 서방의 영향을 받은 것이다. 해수는 대부분 기린(麒麟)의 형상을 하고 있었다.

당대의 경교 사원도 그 자체가 서방 기독교 예술이 전래될 수 있는 좋은 기회였으나, 아쉽게도 현재 남아있는 것은 〈경교비〉 상의 몰타식 십자가와 연화운기(蓮花雲氣)가 서로 어울려 있는 조각뿐이다. 돈황 벽화동굴에서 최근 또 경교의 그림이 발견되기도 했는데, 자세한 내용은 앞에서 이미 언급하였다.

《역대명화기(歷代名畵記)》에 거명된 당대의 외국화가로는 승려 길구(吉俱)와 승려 마라보리(摩羅菩提: 외국인), 승려 가불(迦佛: 천축인), 위지발질나(尉遲跋質那)와 그 아들 위지을승(尉遲乙僧)(大小尉遲라고도 불리는데, 아버지는 수대 사람으로 '凹凸花'에 능했고 호탄국 사람임), 승려 담마졸차(曇摩拙叉: 수나라 때의 천축인), 강살타(康薩陀: 기이한 禽獸를 잘 그렸음), 승려 금강삼장(金剛三藏: 사자국인) 등이 있다.

제2절 음악·무용·백희(百戱)

《구당서》〈음악지(音樂志)〉에 보면 "북위[後魏] 때 조바라문(曹婆羅門)이 있었는데, 상인에게서 쿠차의 비파를 받아 그 연주를 업으로 삼아 대대로 전하였다. 특히 손자 묘달(妙達)은 북제의 고양(高洋)[10]에게 중

....

10) 고양(高洋, 529-559): 북제의 문선제(文宣帝). 고환(高歡)의 둘째 아들로 형

용되어 고양이 항상 직접 호고(胡鼓)를 치며 비파와 합주하였다"고 되어 있다. 북제는 호악(胡樂)을 중시하여 조묘달·안말약(安末弱)·안마구(安馬駒) 등 여러 호악 명가들이 왕(王)으로 봉해지거나 관아를 설치하여 속관을 두기까지 하였다. 조바라문과 조묘달의 성이 조씨인 것은 그들의 모국 이름이 조(漕)였기 때문이다. 《수서》〈서역전〉에 조국(漕國)이 나오는데, 파미르 남쪽에 위치한 한대의 계빈국이었다. 윗글의 내용을 살펴보면 북위와 북제시기에 이미 쿠차 음악이 유행했음을 알 수 있다. 그러나 서역 음악은 사실 천축 즉 인도에서 나온 것이니,《수서》〈음악지〉에는 천축 음악으로 〈사석강무곡(沙石疆舞曲)〉과 〈천곡악무(天曲樂舞)〉가 있다고 적혀있다. 《통지》〈악략(樂略)〉에는 범축사곡(梵竺四曲)인 〈사리불(舍利弗)〉·〈법수악(法壽樂)〉·〈아염괴(阿郍壞)〉·〈마다루자(摩多樓子)〉가 기재되어있다. 호탄국 출신의 위지씨 중에 음악을 잘 한 사람으로는 위지청(尉遲靑)이 있는데, 필률(觱篥: 피리의 일종 – 역자)에 정통하여 당시 사람들로부터 고금을 통틀어 가장 뛰어난 연주가로 칭찬받았다고 한다. 또 위지장(尉遲章)은 생(笙)을 잘 불었다.

북주의 무제가 돌궐 여인을 황후로 맞이하자 서역 여러 나라에서 모두 축하 사절을 보냈는데, 쿠차·카슈가르·안국·강국의 음악도 이들을 따라 유입되었다. 무제는 또 갈인(羯人) 백지통(白智通)에게 장안에 있는 호인의 아이들을 가르치게 함으로써 새로운 소리가 섞이게 되었다. 수대에는 '서국구자(西國龜玆)'·'제조구자(齊朝龜玆)' 등 3부(部)가 있었는데, 당시 음악에 정통했던 사람으로 조묘달·왕장통(王長通)·이사형

고징(高澄)이 살해되자, 그 살해자를 포살하고 제왕(齊王)으로서 동위(東魏)의 실권을 장악하였다. 550년 효정제(孝靜帝) 원선견(元善見)를 위협하여 황위를 물려받아 북제 왕조를 세웠다.

(李士衡)·곽전락(郭全樂)·안진귀(安進貴) 등이 있었다. 이들은 자주 새로운 음악을 만들어내었고 이를 왕공(王公)들이 좋아함으로써 한동안 유행하기도 했다. 수 문제가 "집안에서부터 나라를 이루었지만 풍속은 남의 것으로 바뀌었다"고 한탄하였지만 끝내 고칠 수 없었다. 양제 때는 악정(樂正: 음악과 관련된 관리들의 책임자 – 역자) 백명달(白明達)이 〈선선마니해곡(善善摩尼解曲)〉·〈파가아무곡(婆伽兒舞曲)〉·〈소천(小天)〉·〈소륵염(疏勒鹽)〉 등을 만들었다. 이상의 내용은 모두 《수서》〈음악지〉에 나온다. 《구당서》〈음악지〉에는 북주와 수 이래로 관현잡곡(管絃雜曲)에 서량(西涼)의 음악이 많이 사용되었고 고무곡(鼓舞曲)에는 쿠차의 음악이 많이 사용되었다고 적혀있는데, 서량의 음악 역시 쿠차에서 변화해 나온 것이므로 수·당 이후의 악곡은 사실 쿠차의 세계였다.

서량은 부(苻)씨(前秦을 가리킴 – 역자) 말에 흥기하였는데, 북위와 북주 교체기 때 이미 (그 음악을) 국기(國伎)[11]로 불렸다. 서량의 음악은 당나라 사람의 시사(詩詞) 중에 자주 언급되고 있는데, 간혹 그 명칭이 양주(梁州)로 바뀌기도 했다. 예컨대 "창(唱)으로 양주곡을 부르니 뜻밖의 소리일세", "〈예상(霓裳)〉곡 연주 끝내고 양주곡을 부르네", "소리마다 옛 양주곡 날아오르네", "한 곡조 양주곡 지금은 청아하지 않네", "어찌 양주곡 다시 연주함을 견디랴!"[12] 등은 모두 잘 알려진 구절들이다.

....

11) 국기(國伎): 수대의 구부악(九部樂)과 당대의 십부악(十部樂) 중 하나이다. 전진 부견(苻堅) 말엽에 여광(呂光) 등이 감숙 양주(涼州)를 중심으로 음악활동을 하면서 쿠차악을 개조 변형하여 이른바 진한기(秦漢伎)를 창안한데서 비롯한 춤곡이다. 북위 태세연간 하서(河西)가 평정된 후 서량악(西涼樂)으로 개명되었다가 북위와 북주 때 다시 국기라 부르기도 했지만 세칭 서량악으로 전해져왔다.
12) "唱得涼州意外聲""霓裳奏罷唱涼州""聲聲飛出舊涼州""一曲涼州今不淸""那堪更奏梁州曲"

우리가 반드시 알아야 할 것은 당나라의 호악이 대부분 수나라에서 기인하였고 수나라의 호악은 북제에서 전해진 것이며, 북제의 호악이 발달하게 된 것은 북위시기 낙양의 호화(胡化)와 밀접하게 관련되어있다는 사실이다. 그러므로 수·당의 호악은 북주에만 그 근원이 있었던 것은 아니다.

《수서》권14 〈음악지〉에 기록된 서역 7음조[調]의 유입 과정을 요약하면 다음과 같다. 북주 무제 때 소지파(蘇祇婆)라는 쿠차 사람이 돌궐 황후를 따라 중국에 들어왔는데 호족의 비파를 잘 탔다. 그가 연주하는 바를 들어보니 한 곡조 안[一均之中]에 7성(聲)이 들어있어서 이를 묻자, 그가 답하기를 자신의 부친은 서역에서 지음(知音)으로 불렸으며 집안 대대로 비파를 배웠는데 음조에는 일곱 종류가 있다고 하였다. 그 7음조를 7성과 비교해보니 은은하게 서로 부절을 맞춘 듯 꼭 들어맞았다. 첫째는 사타력(娑陁力)으로 중국어로는 평성(平聲)이니 즉 궁성(宮聲)이다. 둘째는 계지(雞識)로 중국어로는 장성(長聲)이니 즉 남궁성(南宮聲) 또는 상성(商聲)이다. 셋째는 사지(沙識)로 중국어로는 질직성(質直聲)이니 즉 각성(角聲)이다. 넷째는 사후가람(沙侯加濫)으로 중국어로는 응성(應聲)이니 즉 변치성(變徵聲)이다. 다섯째는 사랍(沙臘)으로 중국어로는 응화성(應和聲)이니 즉 치성(徵聲)이다. 여섯째는 반섬(般贍)으로 중국어로는 오성(五聲)이니 즉 우성(羽聲)이다. 일곱째는 사리첩(俟利捷)으로 중국어로는 곡우성(斛牛聲)이니 즉 변궁성(變宮聲)이다. 산스크리트어로는 Sadarita, Kaisiki, Sadji, Sahagrama, Sadja, Pancama, Vrsa라고 한다.

돌궐 황후의 이름은 아사나(阿史那)로 북주 무제 천화 3년(568) 중국에 시집왔다. 《구당서》〈음악지〉에서 "주 무제가 오랑캐 여자를 황후로 삼자 서역 여러 나라에서 시녀를 보내왔고, 이에 쿠차·카슈가르·안국

·강국의 음악이 장안에 모두 모였다"고 한 것을 보면 당시 호악이 얼마나 성행했는지를 짐작할 수 있다. 원진(元稹)은 "호음(胡音)과 호기(胡騎) 그리고 호장(胡妝)이 50년 동안 경쟁하듯 뒤엉켜서 자리 잡았고[13]", 또 "여자는 호부(胡婦)로 성장해 오랑캐 화장을 배우고 기생은 호음을 배워 호악에 힘쓰네[14]"라고 하였으며, 왕건(王建)은 "성두산(城頭山)[15]의 닭은 각각(角角)거리며 울고 낙양에선 집집마다 호악을 배우네[16]"라고 하였으니, 사실대로 실감나게 묘사한 것 같다.

《영묵신전(零墨新箋)》에 수록된 〈소지파의 일생에 관한 하나의 가설(關於蘇祗婆身世的一個假說)〉에서는 소지파가 바로 조묘달이라고 의심하고 있는데, 상당히 일리가 있는 주장이다. 북주 무제 건덕 6년(577)에 북주가 북제를 멸하고 나서 2년 후[17] 선제가 즉위했다. 얼마 지나지 않아 정제가 즉위하고 연호를 대상(579년)으로 바꾸었다. 그 해에 조묘달 즉 소지파는 국인(國人) 만보상(萬寶常)[18]과 함께 부름을 받고 장안

....

13) "胡音胡騎與胡妝, 五十年來競紛泊."
14) "女成胡婦學胡妝, 伎進胡音務胡樂."
15) 성두산(城頭山): 현재 호남성 예현(澧縣)에 위치해 있는 산으로 성벽을 비롯하여 대규모 주거지와 수공업 작업장, 넓은 대로, 넓게 퍼져있는 고분군 등 고대 유물이 많이 발견된 장소이다.
16) "城頭山雞鳴角角, 洛陽家家學胡樂." '學' 대신 '敎'라고 쓴 경우도 있음.
17) 북주 선제가 즉위한 해는 578년 6월이므로 북제가 망한 바로 다음해이다. 저자는 578년이 무제의 새 연호인 선정 원년이므로 선제가 대성이란 본인의 연호를 사용한 579년을 즉위년으로 간주한 것 같다. 선제는 대성 원년 2월 정제에게 황위를 물려주니 연호도 대상으로 바뀌게 된다.
18) 만보상(萬寶常, ?-595?): 수대의 음악가로 강남(江南) 사람이다. 그의 부친 만대통(萬大通)은 양나라 부장(部將)으로 북제에 귀부하였다가 나중에 강남으로 달아나려다 발각되어 피살되었다. 만보상 역시 이에 연루되어 악호(樂戶)로 충당되어 악공(樂工)이 되었다. 이후 북주와 수에서 악공을 지냈는데, 수문제의 명에 따라 각종 악기를 제작하고 《악보(樂譜)》 64권을 지어 유명한

에 도착했다. 2년 후인 대정 원년(581) 북주가 수 문제에게 선양을 하자 두 사람은 다시 수나라에 귀부했다. 그러나 문제가 외국인 기용을 반대했기에 서악(西樂)도 수용되지 못했다. 결국 개황 14년(594)이 되어서야 조묘달은 처음으로 황명을 받아 태악(太樂)에서 청묘(淸廟)[19]가사(歌辭)를 가르치게 되었다. 조씨 일족은 당대에도 유명한 가문이었다. 조강(曹鋼)은 비파의 명수로 "연주함이 능란하여 마치 비바람이 치는 듯했고 현을 튕기지 않는 것 같았다." 조강의 부친 선재(善才)와 조부 보(保) 모두 《악부잡록(樂府雜錄)》에 이름이 보인다. 백거이의 〈비파인(琵琶引)〉에서 비파 연주에 뛰어난 상인 부인이 일찍이 목선재(穆善才)와 조선재(曹善才)에게서 배웠다고 했는데, 조선재가 바로 조보의 아들이다. 카슈가르 출신의 배신부(裴神符)와 배흥노(裴興奴) 역시 비파 연주에 탁월하였다.

그러나 호악의 성행은 사실 북제에서 그 뿌리를 찾아야 한다. 《수서》 권14 〈음악지〉에는 북제시기의 음악에 대해 "적(笛)을 불고 비파나 오현금(五弦琴)을 타며 노래 부르고 춤추는 기예는 문양(文襄)[20] 이래로 모두가 좋아하던 것이었다. (북제 무성제) 하청연간(562~565) 이래로 전습(傳習)함이 특히 성했으니, 후주(後主)는 유독 호융(胡戎)의 음악을 좋

84조(調)를 제시함으로써 이후 당대의 찬란하고 화려한 음악에 중요한 역할을 하였다.

19) 청묘(淸廟): 엄숙 청정한 영전(靈殿)이란 뜻으로 본래 주나라 문왕의 사당(祠堂)을 말하는데, 주공이 동쪽에 낙읍(洛邑)을 열은 후 제후들을 거느리고 문왕을 제향할 때 쓰던 아악을 지칭하기도 한다. 《시경》 주송(周頌)의 한 편명이 되었다.

20) 문양(文襄): 동위의 권신으로 상국(相國)에서 올라 제(齊)왕에 봉해진 고징(高澄, 521-549)의 시호이다. 고징은 주벽에 의한 포악한 행동을 자주해서 549년 8월 난경(蘭京)에게 살해되었다.

아하여 끝없이 탐애하였다. …… 그래서 조묘달·안말약·안마구와 같은 이들이 왕으로 봉해지거나 관아를 설치하여 속관을 두기까지 하였다"고 기술되어있다. 《북제서》 권50 〈은행전(恩倖傳)〉 서문에서도 이를 스스로 인정하며 "서역의 비천한 오랑캐가 쿠차의 잡기로 왕에 책봉된 자가 발에 채이고 관아를 설치하여 속관을 둔 자가 어깨를 부딪칠 정도로 많았는데, 호인 악공으로 황제의 총애를 훔친 자가 지금도 나오고 있다"고 하였다. 〈은행전〉 끝에서는 "또 사추다(史醜多)의 제자로 춤과 노래에 뛰어난 호인 아이 수십 명도 모두 관아를 설치하여 속관을 두거나 왕에 책봉된 자들과 똑같은 예우를 받았다. 그 호인 아이들은 눈이 깊고 코가 오뚝하여 아무데도 쓸 데가 없었다"고 하였다.

〈은행전〉 중의 한봉(韓鳳)[21] 전기에는, 수양현(壽陽縣)이 함락되었을 때 한봉은 목제파(穆提婆)와 함께 패전 소식을 들었지만 악삭(握槊: 주사위 놀이와 유사함 - 역자) 놀이를 멈추지 않았다고 되어있다. 악삭은 서호(西胡)의 놀이 중 하나이다. 또 (북제) 후주가 여양(黎陽)[22]의 황하 가에서 성(城)을 쌓고 지키는 병사들에게 "사정이 위급하니 잠시 이곳을 지키면 쿠차의 국자(國子: 공경대부의 자제 - 역자) 같이 될 수 있을 것이다. 가련한 인생 금세 지나가버리니 마땅히 즐겁게 지내야지 무엇 때문에 근심하는가!"라고 말했다고 한다. 나라가 위급한 존망의 기로에 있을 때 북제의 군신이 모두 이와 같았으니, 그 서역 오랑캐화[西胡化]의 정도가 어떠했는지 짐작할 수 있으며 그것이 수대에 미친 영향도 전혀 기이

....

21) 한봉(韓鳳, 생몰연도 미상): 북제 후주 고위(高緯)의 권신으로 고아나굉(高阿那肱)·목제파와 함께 북제 '삼귀(三貴)'로 불렸다. 권력을 쥐고 있는 동안 조정의 기강을 망가뜨려 북제의 멸망을 재촉하였다.

22) 여양군(黎陽郡): 북위 효창연간에 급군(汲郡)을 쪼개어 설치한 군으로 치소는 여양현(현 하남성 浚縣 동북)에 있었다. 수나라 개황 초년에 폐지되었다.

한 일이 아니리라! 그러나 북제의 호풍은 사실 북위시기 낙양의 유산으로 《낙양가람기(洛陽伽藍記)》를 읽어보면 그 인과관계를 바로 쉽게 파악할 수 있다. 아마도 동위가 업(鄴)으로 천도할 때 낙양의 호인들 가운데 따라간 자들이 당연히 있었고, 그런 까닭에 북제 업도(鄴都)의 서역 오랑캐화가 마침내 이처럼 전성기를 맞게 된 것으로 보인다.

수·당시기 음악과 무용은 거의 서역에 의해 독점되었다. '강국악(康國樂)'23)은 사마르칸트의 음악이고, '안국악(安國樂)'은 부하라의 음악이었다. '구자악(龜玆樂:《구당서》에는 邱玆 혹은 屈玆로,《대당서역기》에는 屈支로 적혀있음)'24)은 쿠차 일대의 음악이고, 투루판 음악은 '고창악(高昌樂)'이라 불렸다. 또 카슈가르 부근의 음악은 '소륵악(疏勒樂)'25)이라 불렸으니, 이들 모두 서역 계통의 음악으로 이란(伊蘭: 즉 페르시아 – 역자)의 정서를 띠며 궁정에서 유행했다. 당 고조는 특히 호악을 좋아

....

23) 강국악(康國樂): 일명 '강국기(康國伎)'라고도 함. 당나라 십부악에 들어있는 중앙아시아 사마르칸트 지방의 악무(樂舞)로 정고(正鼓)·적(笛) 등 5가지 악기가 사용되며 무희 2명이 등장한다고 한다.(《실크로드사전》, 14쪽)

24) 구자악(龜玆樂): 한대부터 수·당대에 이르기까지 쿠차 일원에서 유행한 음악. 서역악 중 주류로 수대의 구부악이나 당대의 십부악을 막론하고 시종 수위를 유지할 정도로 뛰어난 음악이었다. 북주 무제 이후 장안에 유입되어 급속하게 전파되었으며 수나라 개황연간에는 장안의 골목마다 그 음악소리가 그칠 날이 없을 정도로 인기를 끌었다고 한다. 쿠차 악기나 쿠차악 음률은 인도나 페르시아·아랍의 영향을 받아 형성된 것으로 동서양 음악 간의 가교 역할을 한 것으로 본다.(《실크로드사전》, 42-43쪽)

25) 소륵악(疏勒樂): 한대부터 수·당대에 이르기까지 카슈가르 지방에서 유행한 음악. 전해오는 악곡에는 〈항리사양악무곡(亢利死讓樂舞曲)〉·〈원복해곡(遠服解曲)〉·〈감곡(監曲)〉이 있다. 악기로는 수공후(豎箜篌)·비파·오현(五絃)·적(笛)·소(簫)·필률(篳篥)·답랍고(答臘鼓)·요고(腰鼓)·갈고(羯鼓)·계루고(鷄婁鼓) 등 10종이 있으며 한 조(組)에 12명의 악사로 구성된다. 수대의 구부악, 당대의 십부악의 하나이다.(《실크로드사전》, 414쪽)

해서 쿠차 사람 백명달과 부하라 사람 안질노(安叱奴)가 모두 음악으로 이름을 날렸다. 그 후에도 셀 수 없을 만큼 많은 호인 음악가들이 궁정에 중용되었다. 예를 들면 미가영(米嘉榮)과 미화랑(米和郞) 부자는 미국(米國, Marmargh) 사람이고, 미화가(米禾稼)와 미만추(米萬槌)는 비록 미씨이기는 하나 조국(曹國, Kabdana) 사람으로 조보·조선재·조강 등과 같은 나라 사람이다. 또 강곤륜(康崑崙)과 강회(康廻)는 사마르칸트 사람인 듯 하고, 안만전(安萬全)과 안비신(安轡新)은 부하라 사람이다. 당 중엽의 시인 원진은 당시 장안과 낙양의 심각한 호화(胡化)현상에 대해 "기생은 호음을 배워 호악에 힘쓰네"라고 읊었고, 또 〈비파시(琵琶詩)〉에서는 "말 배우는 호족 아이 옥을 흔드는데, '감주파(甘州破: 西涼의 악곡명 – 역자)' 악곡에서 가장 빛나네[26]"라고 하였다. 왕건은 "낙양에선 집집마다 호악을 배우네"라고 하였고, 백거이는 조강의 비파 소리를 듣고 "현을 튕기고 현을 튕길 때마다 다른 의미를 드러내는데, 어떨 때는 호인의 울음소리 같고 어떨 때는 이역의 말 같으니 둘 모두 정교하기도 하네[27]"라고 읊었다. 원진의 시에 나오는 '호(胡)'는 원래 북적(北狄)을 포함하는 것이나 그 시대 배경을 놓고 보면 실제 중앙아시아 지역을 지칭한 것이니, 설령 북적을 가리킨다 해도 북적을 통해 전래된 중앙아시아의 음악을 가리키는 것이 분명하다. 이기(李頎)[28]가 〈안만선의 필

----

26) "學語胡兒撼玉玲, 甘州破裏最星星."
27) "撥撥絃絃意不同, 胡啼番語兩玲瓏."
28) 이기(李頎, 690~751): 당대의 시인으로 하북 조현(趙縣) 출신이다. 천보와 개원연간에 활동하였으며 왕유(王維)·왕창령(王昌齡) 등과 교유했다. 정치적으로 뜻을 얻지 못해 산림에 은거해 살았고 방랑생활을 통해 신선세계를 동경하면서 단사(丹砂)를 복용했다. 때문에 작품 대부분이 현언시(玄言詩)이다. 작품으로 〈고종군행(古從軍行)〉·〈고의(古意)〉·〈새하곡(塞下曲)〉 등이 있다.

률 연주를 듣고 지은 노래(聽安萬善吹觱篥歌))에서 "양주의 호인이 나를 위해 부는구나[29]"라고 묘사한 것을 보면, 안만선이 분명 안국 출신임을 알 수 있다.

서역에서 전래된 무용에 대해 당나라 사람 단안절(段安節)은 《악부잡록》 '무공(舞工)'조에서 "무용이란 음악의 모습[容]이다. …… 뛰어난 옛 무용은 기록할 수 없을 정도로 많은데, 크게 건무(健舞)·연무(軟舞)·자무(字舞)·화무(花舞)가 있었다. 건무곡에는 〈능대아(稜大阿)〉·〈연자지(連柘枝)〉·〈검기(劍器)〉·〈호선(胡旋)〉·〈호등(胡騰)〉이 있고, 연무곡에는 〈양주(涼州)〉·〈녹요(綠腰)〉·〈소합향(蘇合香)〉·〈굴자(屈柘)〉·〈단원선(團圓旋)〉·〈감주(甘州)〉 등이 있다"고 하였다. 혹자는 〈호등〉이 곧 〈혼탈(渾脫)〉[30]이고, 〈혼탈〉은 〈취혼탈(醉渾脫)〉이라고도 하며 송대에는 〈취호등(醉鬍騰)〉으로 불렀다고 한다. 그 외 〈보살만무(菩薩蠻舞)〉·〈양류지무(楊柳枝舞)〉 등도 모두 〈호등〉에서 변화되어 나온 것이다. 〈자지무(柘枝舞)〉[31]는 두 명의 여자가 오색으로 수놓은 옷을 입고 호족 모자에 은대(銀帶)를 차고 장단에 맞춰 동령(銅鈴)을 울리는 춤이다.

....

29) "涼州胡人爲我吹"
30) 〈혼탈(渾脫)〉: 즉 혼탈무(渾脫舞)를 말하는데, 원래 이름은 〈발한호희(潑寒胡戲)〉이며 〈소막차(蘇莫遮)〉로도 불린다. 북주와 당나라 초에 유행한 춤으로 페르시아에서 쿠차를 통해 중국에 전해진 것이다. 물을 서로 몸에 뿌리기 때문에 〈걸한(乞寒)〉이라고도 하며 당나라 측천무후와 중종 때 가장 성행하여 궁정에서도 이 춤을 추게 했다고 한다.
31) 〈자지무(柘枝舞)〉: 당대에 중앙아시아 타슈켄트에서 유입된 춤. 이 춤의 특징은 모자 끝에 작은 방울을 달아서 무용수가 돌거나 뛸 때 방울소리를 나게 하는 것이다. 방울소리는 반주악사의 연주와 화음을 이루는데, 악사는 무용수와 어울려 함께 돌기도 한다. 송대까지 유행하다가 점차 중국화 되었다.(《실크로드사전》, 665쪽)

당대의 악공(樂工)과 무인(舞人) 중에도 석국 사람이 많았다. 당 중엽의 시인 유언사(劉言史)[32]의 시 〈왕중승 집에서 밤에 호등무를 관람하다(王中丞宅夜觀舞胡騰)〉는 《당시유원(唐詩類苑)》[33]에 수록되어있는데, "석국의 호인 아이는 사람들이 보기 드문데, …… 머리에 쓴 직성(織成: 채색실과 금실로 무늬를 넣어 만든 귀중한 비단 - 역자) 번모(蕃帽)는 끝이 뾰족하고, 고운 모직물로 만든 호삼(胡衫)은 두 소매가 짧구나. 수중에 포도잔 내던지며 (춤을 추는데), 서쪽 돌아보지만 생각나는 것은 고향 길 아득함[34]"이라고 읊고 있다. 석국은 중앙아시아 북부의 타슈켄트(Tashkand)이다. 〈소막차(蘇莫遮)〉는 사마르칸트에서 온 것으로 〈걸한(乞寒)〉 또는 〈발한(潑寒)〉이라고도 불린다. 〈걸한〉은 《주서》 권7에 처음 등장하는데, 대상 원년(579) 12월 갑자(7일)에 "또 호인에게 〈걸한〉 춤을 추게 하니 몸에 물을 뿌리면서 즐기는 놀이이다"고 되어있다. 《구당서》 권7에서는 중종 신룡 원년(705) 11월 기축(13일)에 "황제가 낙양성의 남문 누각에서 〈발한호희(潑寒胡戲)〉를 보았다"고 하였으며, 또 경룡 3년(709) 12월 을축(3일)에는 "각 관청의 장관에게 명하여 예천방(醴泉坊)에 가서 〈발호왕걸한희(潑胡王乞寒戲)〉를 보게 했다"고 되어있다.

....

32) 유언사(劉言史, ?-812): 당나라 한단(邯鄲) 사람. 과거에 응시하지 않은 채 사방을 떠돌아 다녔고 이하(李賀)·맹교(孟郊) 등과 친하게 지냈다. 일찍이 진기절도사(鎭冀節度使) 왕무준(王武俊)의 막료로 있으면서 조강령(棗强令)으로 발령을 받자 병을 핑계로 나가지 않았다. 나중에 한남(漢南)절도사 이이간(李夷簡)의 사공연(司空掾)으로 있다가 얼마 뒤 죽었다. 저서에 시가(詩歌) 6권이 있었지만 산실되고 《전당시(全唐詩)》에 시 79수만 남아있다.

33) 《당시유원(唐詩類苑)》: 명대 장지상(張之象)이 찬집(纂輯)하고 조응원(趙應元)이 편차(編次)한 당시 모음집으로 만력 29년(1601)에 쓴 서문이 붙어있다.

34) "石國胡兒人見少, …… 織成蕃帽虛頂尖, 細氈胡衫雙袖小. 手中抛下蒲萄盞, 西顧忽思鄕路遠."

따라서 이것이 북주 이래 백여 년간 장안 주민들이 추운 날에 꼭 거행했던 놀이였으며 심지어 중종은 백관들과 함께 이를 즐겼음을 알 수 있다. 몇 년이 지난 개원 원년(713) 12월 7일 이를 금지하는 칙령이 내려지는데, 그 내용 중에 "섣달의 〈걸한〉은 외번(外蕃)에서 온 것으로 점차 풍속이 되어 이미 오랫동안 행해져 왔다"는 구절이 있다.

장열(張說)이 지은 〈소마차(蘇摩遮)〉 시 5수(首) 중 제4수에서 "섣달이라 제대(帝臺)는 싸늘하기만 한데, 높은 노래 소리와 빠른 북소리에 찬 기운만 밀려오네[35]"라고 하였으니, 북 치고 노래하는 것이 반드시 있어야 하는 놀이임을 알 수 있다. 《신당서》 권118에 나오는 신룡 2년 여원태(呂元泰)의 상소문에서 그 놀이의 방법을 엿볼 수 있는데, "최근 방읍(坊邑)에서 〈소막차〉란 이름의 호복 차림에 준마(駿馬)를 탄 혼탈대(渾脫隊)를 앞 다투어 만들고 있습니다. 깃발과 북이 서로 어울리는 것이 군대가 진을 친 듯하고, 달리고 쫓으며 소란스러운 것이 전쟁을 하는 듯합니다. …… 호복을 입고 서로 기뻐하는 것은 고상한 즐거움이 아니고, 〈혼탈〉이라 부르는 것도 아름다운 이름이 아닙니다. …… 어찌 맨몸을 드러내고 길거리에서 물을 뿌리며 북치고 춤추면서 추위를 구할 필요가 있겠습니까"라고 하였다.

혜림의 《일체경음의(一切經音義)》 권41에는 "〈소막차〉는 서융(西戎)의 호어(胡語)로 곧 〈삽마차(颯磨遮)〉를 말한다. 이 놀이는 본래 서쪽 쿠차[龜慈: 龜玆로도 씀]국에서 나온 것으로 지금도 여전히 이 곡이 남아 있는데, 이 나라의 〈혼탈〉·〈대면(大面)〉[36]·〈발두(撥頭)〉[37]와 비슷한

....

35) "臘月凝陰積帝臺, 齊歌急鼓送寒來." '齊'는 '豪'의 오기이고 제4수가 아니라 제3수이다.
36) 〈대면(大面)〉: 북제 때 서역에서 전래된 일종의 가무극으로 당나라 오기(五

것이다. 짐승 얼굴이나 귀신을 닮은 여러 가지 가면을 쓴 모습을 하고
흙탕물을 행인에게 뿌리거나 줄로 올무를 만들어 사람을 잡으며 놀았
다. 매년 7월 초에 공식적으로 이 놀이를 하는데 7일 만에 멈추었다.
전해 내려온 토속(土俗)에 의하면 항상 이 방법으로 나찰(羅刹) 악귀가
사람을 잡아먹는 재난을 물리치고 쫓는다고 한다"라고 되어있다. 놀이
방식 뿐 아니라 그 놀이에 종교적 의미도 포함되어있음을 알 수가 있다.
그러나 쿠차국에서 나온 것이라는 얘기는 사실과 다르다. 장열의 〈소마
차〉 시 제1수에서 "해서(海西)의 오랑캐에서 나왔다는 〈소마차〉, 유리
로 만든 보배로운[寶] 눈, 붉은 수염38)"이라고 하였는데, '보(寶)'는 '벽
(碧)'의 오기임이 분명하다. '해서'에서 나왔다고 하면서 놀이를 하는 자
의 '눈'과 '수염' 형상을 묘사한 것을 보면 원래 페르시아에서 나와 인도
로 전해졌다가 다시 쿠차를 거쳐 중국에 전해진 듯하다. 이 놀이를 하는
사람은 대부분 호인들이었기에 장열은 시에서 또 "수(繡)로 장식하여
이마를 두른 보화관, 오랑캐의 노래 소리와 말 타고 추는 춤에 군중이
모여 들었네39)"라고 하였으니, 앞 구절은 호복을 묘사한 것이다. 소마차

伎)의 일종이다. 황금빛 탈을 쓴 사람이 구슬 채찍을 들고 귀신을 부리면서
빠른 걸음이지만 조용한 모습으로 봄철의 붉은 봉(鳳)새처럼 운치 있게 춤을
춘다. 《악부잡록》〈고가부(鼓架部)〉에 따르면 대면이 역신(疫神)을 구축(驅逐)
하는 구나무(驅儺舞)이지만 희극의 소재로 쓰이기도 한다고 되어있다.(《실크
로드사전》, 91-92쪽)

37) 〈발두(撥頭)〉: 당대에 서역에서 전래된 민간 가무극으로 拔頭 혹은 鉢頭로도
부른다. 어떤 서역인이 호랑이에게 잡혀간 아버지를 구하러 산속으로 들어
가 아버지의 시신을 찾고 호랑이를 잡아 죽인다는 내용이다. 산은 여덟 굽
이이고 가곡도 여덟 첩(疊)이며 연기자는 머리를 풀어 헤친 채 소복을 입고
울부짖는 얼굴을 하였다고 한다.
38) "摩遮本出海西胡, 琉璃寶眼紫髥鬚."
39) "繡裝帕額寶花冠, 夷歌騎舞借人看."

의 마(摩)자는 막(幕)으로 쓰기도 한다.

《문헌통고》〈악고(樂考)〉권21에서는 이 놀이를 음악으로 잘못 이해
하여 "〈걸한〉은 본래 서국(西國) 외번(外蕃)인 강국의 음악인데, 대고(大
鼓)·소고(小鼓)·비파·오현(五絃)·공후(箜篌)·적(笛) 등의 악기를 사용
한다. 그 음악은 대체로 11월에 맨몸을 드러내고 길거리에서 물을 뿌리
며 북치고 춤추면서 추위를 구하는데 썼다"고 하였으니, 강국의 음악이
본래 〈걸한〉에만 사용된 것이 아님을 알지 못했다.

〈걸한〉은 단지 여러 놀이 중 한 종류일 뿐으로 한대부터 전해져 내려
온 백희(百戱)가 수나라 건국 직전까지 더욱 발달하였다. 《수서》〈음악
지〉에는 "예전 북제 무평연간(570-576)에 어룡난만(魚龍爛漫)[40]·배우
(俳優)·주유(朱儒)[41]·산거(山車)·거상(巨象)[42]·발정(拔井)[43]·종과(種
瓜)[44]·살마(殺馬)·박려(剝驢)[45] 등 기괴하고 이상한 것들이 백 가지 넘

....

40) 어룡난만(魚龍爛漫): 원서에는 난만(瀾漫)으로 되어있으나 《수서》 원문을 확
   인하여 바로잡았다. 만연어룡지희(蔓延魚龍之戱)라고도 하는데, 황금을 토
   한다고 해서 함리(含利)라고 불리던 상서로운 동물이 외눈박이 물고기인 비
   목어로 변신한 후, 비목어가 다시 용으로 변신하는 대형 환술이다.
41) 배우(俳優)·주유(朱儒): 익살스런 공연 곧 골계희(滑稽戱)를 대표한다.
42) 산거(山車)·거상(巨象): 상형기(象形技)의 일종으로 수레 위에 산·바위·인
   물 같은 것을 꾸미거나 큰 코끼리로 가장하여 행하는 연희로 짐작된다.
43) 발정(拔井): 원서에는 발비(拔非)로 되어있으나 《수서》 원문을 확인하여 바
   로잡았다. 이정(移井)이라고도 하는데, 모두 우물을 옮긴다는 뜻으로 사물을
   감쪽같이 옮기는 반운술(搬運術)의 일종으로 추정된다.
44) 종과(種瓜): 오이를 심은 다음 잠깐 사이에 그 열매를 따 먹을 수 있는 환술
   의 일종.
45) 살마(殺馬)·박려(剝驢): 말과 당나귀를 죽였다가 살리는 환술이다. 말을 토막
   내어 죽였다가 다시 살리는 절마(截馬), 소와 말의 머리를 바꿔 놓았다가
   원상태로 복귀시키는 역우마두(易牛馬頭), 사람이 말의 항문을 통해 뱃속에
   들어갔다가 입으로 나오는 입마복무(入馬腹舞)도 분형의 일종이라 할 수 있다.

게 있었는데, 이를 백희라 불렀다"는 기록이 있다. 수 문제는 처음으로 잡악(雜樂)과 백희를 금지시키고 정월 보름의 씨름놀이[角抵戱]도 금지시켰으니, 이는 유욱(柳彧)의 건의를 따른 것이었다. 유욱이 상주문에서 "제가 몰래 수도 장안과 외주(外州)를 살펴보니 매번 정월 보름날 밤이면 온 거리에 사람들이 모여 놀이를 하는데, 북 소리가 하늘을 찌르고 횃불이 땅을 훤히 밝히고 있습니다. 사람들은 짐승 얼굴모양의 가면을 썼고 남자가 여자 옷을 입고 노래와 잡기를 하는 광대들이 기이한 모습에 이상한 치장을 하고 있습니다"고 말한 것을 보면, 백희가 실로 전국적으로 유행하고 있었음을 짐작할 수 있다.

양제는 음락과 사치를 좋아하여 매년 정월 여러 나라에서 조공하러 오면 보름까지 머물게 하고 큰 놀이판을 벌였는데, 그 길이가 무려 8리나 되었다. 대업 2년(606)부터 6년(610)까지 가장 성대하게 벌어졌으니, 자세한 내용은 《수서》〈음악지〉에 나온다.

당나라 건국 후 수나라의 실패를 거울삼아 맨 먼저 백희를 금지시켰지만 오래된 습관을 되돌리기 쉽지 않아서 예전 행태가 그대로 이어졌다. 《구당서》〈태종제자전(太宗諸子傳)〉에 따르면 항상 집안의 노비 수십 백 명에게 기예와 음악을 전문적으로 익히게 하였고, 호인의 모습을 따라 상투를 틀고 비단을 재단하여 춤출 때 입는 옷을 만들었으며 동심(橦尋)46)과 도검(跳劍)47)이 밤낮으로 끊이지 않았다고 한다. 《신당서》〈고종본기〉에는 고종 현경 원년(656) 호인의 환희(幻戱)를 금지시켰다

---

46) 동심(橦尋): 심동(尋橦)이라고도 하며 한대에 성행했던 잡기(雜技)의 하나이다. 사람의 손이나 머리에 긴 장대를 올려놓고 재인(才人)들이 그 장대위에서 연기를 시행하였다.
47) 도검(跳劍): 칼을 여러 개 공중으로 던졌다가 받는 묘기로 농검(弄劍)이라고도 불렀다.

고 되어있다.

그 당시 천축에서 온 환인(幻人)은 한대의 여헌(黎軒)을 훨씬 뛰어넘었다. 현종 이후 호악과 백희는 모두 크게 성행하였으나 이미 서로 분리되어 거행되었다. 당대에 유행했던 백희로는 발하(拔河: 줄 달리기 - 역자)·타구(打球: 擊毬의 다른 말 - 역자)·등희(燈戲: 등불놀이 - 역자)·수희(水嬉: 수상에서 펼치는 갖가지 기예 - 역자)·진면희(瞋面戲: 손으로 다리를 들어 목 위에 갖다 붙이는 기예 - 역자)·충협희(衝狹戲)48)·투검문희(透劍門戲)49)·축국희(蹴鞠戲: 오늘날의 축구와 유사한 놀이 - 역자)·답담희(踏毯戲)·장협기(藏挾伎)50)·잡선기(雜旋伎)51)·농창기(弄槍伎)52)·축병기(蹴瓶伎)53)·요요기(拗腰伎)54)·비탄기(飛彈伎)55)가 있었다. 이상의 내용은 《문헌통

....

48) 충협희(衝狹戲): 대자리를 둥글게 엮고 거기에 창날을 끼운 다음 예인이 몸을 던져 그 사이를 통과하는 기예. 후대에는 이것을 찬권(鑽圈)이라 불렀으며 굴렁쇠에 창날 대신 불을 붙여 사용하기도 했다.

49) 투검문희(透劍門戲): 굴렁쇠 대신 검을 모아 문을 만들고 예인이 나체로 그 사이를 통과하는 기예.

50) 장협기(藏挾伎): 관객들이 눈치 채지 못할 정도로 재빨리 사물을 옮기는 수법을 가리킨다. 명·청대에는 이런 재주를 당채(堂彩)라 불렀고 지금도 속칭 고채희법(古彩戲法)이라고 부른다. 큰 색종이나 모포 따위로 가린 상태에서 술안주·완구·물그릇·동물 등을 생겨나게 하는 재주를 말한다.

51) 잡선기(雜旋伎): 버나돌리기로 가는 대가지 위에 올린 큰 그릇을 박자에 맞추어 가며 손이나 작대기로 쳐서 돌리는 기예. 전반(轉盤)이나 궁정에서 벌인 완주기(梡珠伎)도 같은 종류이다.

52) 농창기(弄槍伎): 두 사람이 연출하는 기예로, 한 명이 여러 개의 둥근 표적을 들고 있으면 다른 한 명이 수십 보 떨어진 곳에서 십여 대의 창을 던져서 표적을 맞추는 것.

53) 축병기(蹴瓶伎): 발로 차 올린 병을 쇠를 입힌 작대기 끝에 놓고 돌리는 기예.

54) 요요기(拗腰伎): 몸을 뒤로 젖혀서 두 손으로 땅을 짚고 입으로 땅위의 물건을 무는 기예.

고》에 나오는데, 그 대부분 서역에서 온 것이었다.

대업 8년(612) 백제 사람이 서역의 악무(樂舞)와 백희를 일본에 전하러 가면서 이를 '오락(吳樂)'이라 불렀다.

오늘날의 용춤[玩龍]과 사자춤[舞獅]은 당나라 때 이미 있었을 뿐 아니라 그 역시 외국에서 전래된 것으로, 백거이의 〈서량기(西涼伎)〉 시에서 "서량의 놀이, 가면 쓴 오랑캐 사자 가면을 썼구나, 나무 깎아 머리 삼고 실로 꼬리 만들었네, 금으로 눈동자 칠하고 은으로 이빨 붙이고[56]"라고 한 것이 바로 이 놀이를 가리킨다.

제3절 환술(幻術)·구희(毬戲)·쌍륙(雙陸)

《자치통감》'대업 9년(613) 12월'조에 보면 "당현(唐縣) 사람 송자현(宋子賢)은 환술에 뛰어나 부처의 모습으로 변할 수 있어 스스로 미륵불이 출세(出世)했다고 말하며 원근의 사람들을 미혹시켰다"고 적혀있다. 호삼성은 이에 대해 "환술이란 없는 것을 만들어 내어 사람을 놀라게 하고 미혹시킨다"고 주석을 달았으니, 여기서 말하는 환술은 바로 현재의 마술이다. 당대 사회에서 유행했던 환술은 대부분 서역에서 온 것이고 그중 인도가 유명했다. 《구당서》권29 〈음악지〉에 따르면 "대저 산악(散

---

55) (飛彈伎): 탄궁 쏘기를 가리키는데 타탄(打彈)이라고도 한다. 탄환을 땅에 놓아두고 탄궁으로 탄환을 쏘아서 그것을 맞히는 방식으로 연출되었다. 이 기예는 이후 명·청대에도 꾸준히 성행했으며 청대에는 사지구(射地毬)로 불리기도 했다.
56) "西涼伎, 假面胡人假獅子, 刻木爲頭絲作尾, 金鍍眼睛銀帖齒."

樂)57)과 잡헌(雜獻: 《통전》 권146에는 雜戲로 되어있음)에는 환술이 많은데, 환술은 모두 서역에서 나왔고 천축이 특히 성하다. 한 무제가 서역으로 통하는 길을 개척하고 나서 처음으로 환술을 잘하는 사람이 중국에 왔다. 안제 때 천축에서 보낸 재주꾼은 능히 스스로 손과 발을 자르고 위와 장을 갈랐으니, 이때부터 역대로 계속 있어왔다. 우리 고종께서는 그 사람을 놀라게 하는 풍속을 싫어하시어 서역의 관령(關令: 《통전》과 《당회요》 권33에는 關津으로 되어있음)에게 칙령을 내려 중국에 들어오지 못하게 하셨다"고 되어있다. 위와 장을 가르는 마술은 아마도 현재 남방의 강호에서 약을 파는 자들이 하는 소위 장을 주물러 배를 가르는 마술[揉腸破肚術]인 듯하다. 《당회요》 권33 '산악'조에서 "환기(幻伎)는 (한) 무제 때 처음 중국에 들어온 이래 사라지기도 하고 나타나기도 했는데, 건국 초 서역과 통하면서 다시 등장하였다"고 하였으니, 당나라 초 전래된 서역의 환술 역시 서역과의 교류로 말미암은 것임을 알 수 있다. 환술은 현경 원년(656)에 금지되었으니, 《당회요》 권34의 '잡록(雜錄)'조에는 "현경 원년 정월 황제가 안복문(安福門)에서 큰 연회를 관람하고 있는데, 한 기인(伎人)이 칼을 들고 스스로 찌르려 하자 이를 환희(幻戲)로 여겨 조서를 내려 이를 금지시켰다"고 되어있다. 그 기인은 천축에서 온 환술사였고, 그래서 《신당서》 〈고종본기〉 '현경 원년 정월 병술'조에서 "호인의 환희를 금지하였다"고 했던 것이다. 고종이 비록 그 유입을 금지했지만, 예종 때 다시 환술사를 진상한 자가 있었다. 그 춤은 마치 부견(苻堅)58)이 보았던 물구나무서서 추는 춤[倒舞伎]과 유사

....

57) 산악(散樂): 곡예(曲藝) 및 기예(技藝)의 총칭으로 종묘 제사나 조정 의례(儀禮)에 쓰이는 고아(高雅)한 정통음악인 '아악(雅樂)'에 대칭되는 말이다.
58) 부견(苻堅, 338-385): 전진의 제3대 황제(재위 357-385). 한인학자 왕맹(王猛)

했고, 그 기예는 또 인도의 환술과 비슷하였다. 《구당서》〈음악지〉에는 "예종 때 바라문에서 악무인(樂舞人)을 바쳤는데, 물구나무서서 걸으며 발로 춤추면서 땅에 꽂힌 아주 날카로운 칼날을 향해 나아가 얼굴 가운데로 통과하였다. 또 피리 부는 사람이 칼날 위에 누워있는 그의 배 위에서 곡이 끝날 때까지 서있었으나 아무런 상처도 없었다"고 적혀있다. 이 바라문 무인(舞人)은 환술에 뛰어난 인도 사람이었다.

《유양잡조(酉陽雜俎)》권5 '괴술(怪術)'에는 "승상 위국공(魏國公) 장연상(張延賞)59)이 촉(蜀) 땅에 있을 때 난타(難陀)라는 범승(梵僧)이 여환삼매(如幻三昧)60)를 얻어 물불 속에 들어가고 금석을 관통하는 등 변화가 끝이 없었다. 처음 촉 땅에 들어갔을 때 세 명의 어린 비구니와 함께 다녔는데, 어느 날 비구니들이 크게 취하여 미친 듯 노래하자 수장(戍將)이 이를 저지하려 하였다. 이 때 승려(즉 난타 – 역자)가 다가와 '잠시 지나는 중[蕃僧]인데 특별한 약술(藥術)이 있습니다'고 말하고는 수장이 차고 있던 칼을 빼앗았다. 그러자 사람들이 술 취한 미치광이라 하며 놀라 달아났다. 이에 승려가 칼을 빼어 내려치니 비구니 세 명 모두가 땅에 쓰러졌고 피가 수 장(丈)이나 튀었다. 수장이 크게 놀라 수하를

....

의 보필로 국세를 크게 떨쳤고 전연과 전량을 멸했다. 또 장군 여광(呂光)에게 타림분지의 서역 여러 나라를 정복하게 함으로써 그 위세가 고구려로부터 타림 남서부 호탄에까지 미쳤다. 383년 대군을 거느리고 동진을 공략하였으나 비수(淝水)전투에서 대패하였다.
59) 장연상(張延賞, 726-787): 당대 산서 포주(蒲州) 사람이다. 음서로 입사하여 여러 관직을 거쳤고 대력 14년(779) 서천(西川)절도사로 부임하여 촉 지역의 부흥에 진력하였다. 정원연간 조정에 돌아와 동평장사(同平章事)로 임명되었다.
60) 여환삼매(如幻三昧): 여러 가지 삼매 중 하나로 마술사가 마술을 부리는 것처럼 작용이 자유자재한 삼매.

불러 승려를 포박하려 하자, 승려가 웃으며 '놀라지 마시오'라고 하면서 천천히 비구니를 들어 올리니 세 개의 대나무 지팡이였고 피는 술이었다. 또 한 번은 술자리에서 사람에게 자기 머리를 자르게 하고 귀에 못을 박아 기둥에 걸어놓게 했는데, 그 몸은 자리에 앉아 있었다. 술이 나오자 잘려진 목 상처 안으로 술을 부으니, 얼굴이 벌게지면서 노래를 불렀고 손은 박자를 맞추었다. 술자리가 끝난 뒤 직접 일어나 머리를 들어 제자리에 놓자 처음처럼 아무런 흔적이 없었다"고 적혀있다. 《태평광기》 권366에서는 《왕씨견문(王氏見聞)》을 인용하여 "당나라 말 촉인(蜀人)이 기(岐)를 공격하다 마침내 백석진(白石鎭)에 이르러 비장(裨將) 왕종신(王宗信)이 보안선원(普安禪院)의 승방에 들었다. 당시는 엄동설한이라 방안에 큰 화로가 있어 탄이 뜨겁게 타고 있었고 왕종신이 데리고 온 기녀 10여 명은 각기 승려 침대를 차지하고 잠이 들었다. 그런데 갑자기 한 기녀가 화로 속으로 뛰어들어 타오르는 탄 위에서 데굴데굴 구르는 모습을 보고 왕종신이 급히 가서 구해냈는데, 불에서 떨어진 후에 보니 옷이 전혀 타지를 않았다. 또 한 기녀가 앞서처럼 불 속으로 날아 들어가자 다시 구해냈다. 잠깐 사이에 모든 기녀들이 누구는 들어가고 누구는 빠져나오기를 반복하니, 도초토사(都招討使) 왕종주(王宗儔)가 도착해서 한명씩 팔을 붙잡아 꺼냈지만 모두 놀라서 잠을 자지 못했다. 기녀들에게 어찌된 일이냐고 물으니, 다들 '호승(胡僧)이 불 속으로 집어넣었다'고 똑같이 답하였다. 이에 왕종신이 크게 노하여 모든 승려를 불러 앞에 세우고 기녀들에게 확인하게 했다. 주(周)씨 성의 한 승려가 키가 크고 용모가 호인(胡人) 같았는데, 모두들 '바로 이 사람'이라고 지적하였다. 왕종신은 그가 환술을 한다고 의심하여 바로 채찍으로 수백 대를 때렸다"고 적고 있다. 이런 것들은 비록 기이한 일에 속하지만 범승 중에도 환술에 뛰어난 자가 있었음이 분명하다. 《자치통감》 권195 '정관 13년(639)'조 말미에 "태사령(太史令) 부혁(傅奕)이 천문·역법·점복의 책을 열심히 연구했으나 평생 그것을 믿지는 않았다. 병이 나도 의사를 불러 약을 먹지 않았는데, 서역에서 온 한 승려가 주술(呪術)에 능하여 사람을 즉시 죽일 수도 있고 또 주술로 다시 살릴 수도 있다고 하였다. 황제가 매우 날쌘 기병[飛騎] 중에서 건장한 자를 골라 시험을 하니 과연 그 말과 같아서 이를 부혁에게 알렸다. 그러자 부혁이 '이는 사술(邪術)입니다. 신이 듣기로 사(邪)가 정(正)을 이길 수 없다고 하니, 그로 하여금 신에게 주술을 걸도록 명하여 주시면 분명 실패할 것입니다'고 말했다. 황제가 승려를 시켜 부혁에게 주술을 걸게 했으나, 부혁은 처음부터 아무런 느낌이 없었다. 잠시 후 승려가 갑자기 쓰러졌는데, 마치 어떤 물건으로 맞은 것 같았고 끝내 다시 깨어나지 못했다"는 기록이 있다. 여기서 말하는 주술이 바로 환술이다.

장작(張鷟)의 《조야첨재(朝野僉載)》 권3(원래 30권이나 현재 6권만 남아있는데, 여기서는 《寶顏堂秘笈》본에 의거하였음)에는 "하남부(河南府)의 입덕방(立德坊)과 남시(南市) 서쪽에 모두 호인의 요신묘(祆神廟: 祆는 祆으로 써야 함)가 있어 매년 호상들이 복을 기원하였다. 돼지와 양을 삶고 비파와 고적(鼓笛)을 연주하며 음주가무를 즐기는데, 신에게 제사를 올린 후 호인(《사고전서》본에는 僧으로 되어있음) 1명을 뽑아서 요주(祆主)로 삼고 구경하는 사람들의 돈을 모아 모두 그에게 주었다. 그 요주는 터럭도 지날 수 없을 듯한 서릿발 같이 날카로운 칼을 빼어들고 그 칼로 배를 찔러 등으로 나오게 한 후 이리저리 뒤흔들어 위와 창자에서 피가 나오게 하였다. 한 식경이 지나 물을 뿜어내고 주문을 외우니 다시 예전처럼 돌아갔다. 이것은 아마도 서역의 환법(幻法)일 것이다"고 되어있다. 또 같은 권에 "양주(涼州)의 요신사(祆神祠)에서는 기도하는 날이 되면 요주가 이마에 쇠못을 박아 관통시켜 피가 흘러내리는 상태에서 문을 나서는데, 마치 나는 듯 몸이 가벼워 순식간에 수백 리를 달려 서요신(西祆神: 西는 본디 胡로 써야 함) 앞에 가서 춤 한곡을 추고 곧바로 원래의 요신사로 돌아와 못을 빼내니 아무런 상처가 없었다. 10여 일 누워있자 원래대로 돌아오니 어찌 된 까닭인지 알 수가 없다"고 적혀있다(《畿輔叢書》본에는 위의 두 내용이 없음). 요신은 조로아스터교에서 숭배하는 신이고 조로아스터교는 페르시아에서 나온 종교인데, 서역 여러 나라에도 이를 믿는 사람이 있었다. 이러한 환술은 페르시아와 대식의 여러 나라에서 기도하며 경신(敬神)하는 습속이라 의심된다. 당시 중국에서 유행하던 풍속은 아마도 서역의 환술을 본받은 것인 듯하다. 《조야첨재》의 같은 권에는 "함형연간(670~674) 조주(趙州)의 조진검(祖珍儉)이 요술(妖術)을 부렸다. 밀폐된 빈 방 안에 한 항아리의 물을 놓고 칼을 그 위에 가로로 놓았는데, 사람들이 한참 지나 들어가 보니 조진검의 몸이 다섯 조각 나 있고 항아리에는 피가 가득 차 있었다. 사람들이 가고 난 후에 다시 원래대로 돌아왔다"고 되어있다. 또 "육공관(陸空觀)의 섭도사(葉道士)가 칼에 주문을 외우고 힘껏 환자의 배를 내리쳤는데, 환자 배 위에 가로질러 놓은 복숭아와 버드나무 가지는 부러졌으나 살은 상처를 입지 않았다. 또 한 번은 칼 2자루로 어떤 여자를 내려쳐 칼을 막던 여자의 손이 두 동강이 나 피가 사방으로 튀자 가족들이 큰 소리를 내며 울었는데, 도사가 잘린 손을 들고 잇대고는 물을 뿜고 주문을 외우니 순식간에 다시 예전처럼 돌아왔다"고 적혀 있다. 법술의 신기함을 과장한 면도 있겠지만, 오늘날 서양 마술이 중국에서 유행하고 있는 것처럼 서역의 환술이 당대에 널리 퍼졌음을 짐작하게 한다.

당대의 구희(毬戲)에는 마구(馬毬)와 보구(步毬) 두 종류가 있었다. 보타(步打: 현대의 하키와 유사한 중국의 고대 구기운동 – 역자)나 발로 차는 공놀이는 춘추전국시대 이래 중국에 원래 있던 것으로 축국(蹴鞠) 또는 답국(蹋鞠) 내지 타구(打毬)라 불렀다. 마구는 말을 타면서 막대기로 공을 치는 것으로 당 태종 때 서역에서 전래되었는데, 폴로(Polo, 波羅毬)라 불렀다. 단 간혹 '타구(打毬)'라고도 하였으니, 봉연(封演)[61]의 《문견록(聞見錄)》 권6에는 "태종이 일찍이 안복문(安福門)에 행차하여 수행하는 신하에게 '듣자니 서번(西蕃) 사람들이 타구를 좋아한다고 하여 근자에 이를 배우도록 명하고 한 차례 이를 관람하였다. 어제 승선루(昇仙樓)에서 번인들이 거리에서 타구하는 것을 보았는데, 짐에게 보이고자 하는 듯했다. 이들 번인은 짐이 그것을 좋아한다고 착각하여 열심히 내달렸다. 이를 놓고 생각해보니 제왕의 거동이 어찌 가벼워서야 되겠는가. 짐은 이미 이 공을 불살라 스스로 경계하였다'고 말했다"는 기록이 있다. 여기서 태종이 '배우도록 명했다'는 말을 보면 이것이 처음 전래된 것임을 알 수 있다.

이 놀이는 페르시아에서 발원하여 서쪽으로 콘스탄티노플에 전해졌고 동쪽으로는 투르키스탄으로 전해졌으며, 거기서 다시 중국·티베트·인도로 전해진 다음 중국을 통해 일본과 고려로 전해졌다.

두환(杜環)의 《경행기(經行記)》에서는 발한나국에 "바라(波羅) 숲이 있고 그 숲 아래 구장(毬場)이 있다"고 하였다. 바라는 식물이름이고 발한나는 페르가나의 음역이다. 《수서》 권83 〈서역전〉 '조국'조에 "금파라

....

61) 봉연(封演, 생몰연도 미상): 당대 발해(渤海)사람으로 천보 15년(756) 진사가 되어 덕종 때까지 여러 관직을 두루 거쳤다. 저서인 《봉씨문견록(封氏聞見錄)》 10권은 당대의 문화를 연구하는데 중요한 필기소설집으로 《봉씨문견기(聞見記)》라고도 부른다.

(金破羅)는 폭이 1장 5척이고 높이도 폭과 비슷하다"고 나오는데, 이것이 같은 식물인지는 잘 모르겠다. 그 외에 발음이 비슷한 명사가 몇 개 더 있다. 구(毬)는 페르시아어로 gui인데, 그렇다면 구(毬)자는 그것을 거의 그대로 음역해 사용한 것 같다.

《신구당서합초(新舊唐書合鈔)》[62] 권258 〈서융전(하)〉의 '안국'조에는 개원 22년(734) 불름의 수구구(繡氍毬) 하나를 진상했고, 그의 아내 가돈(可敦)은 자벽대구구(柘辟大氍毬) 하나와 수구구 하나를 진상했다고 기록되어있다.

또 《금사(金史)》 권35 〈예지(禮志)〉에서 "구의 모양은 주먹만큼 작으며 가볍고 질긴 나무로 만드는데, 그 속은 비었고 붉은 색을 칠했다"고 하였으니, 구가 원형이고 나무로 만들었으며 바깥을 가죽으로 싸서 주홍색을 칠하거나 채색하기도 했음을 알 수 있다. 혹자는 글자 모양을 보고 원래 털을 짜서 둥글게 만든 것이라고 추측하지만, 만약 그 글자가 음역된 것임을 인정한다면 더 이상 이런 주장을 해서는 안 될 것이다. 구장(毬杖)은 길이가 수 척(尺)에 화려한 문양을 장식했고 끝은 만월형(彎月形)으로 만들었다. 구장을 잘 만드는 사람은 그 대가로 금(金)을 요구했다. 구를 치는 사람은 반드시 말을 타야 했기 때문에 잘 달리는 말을 귀하게 여겨 말의 선택과 훈련에 가장 주의를 기울였다. 또 여자의 경우 대부분 당나귀를 타고 이 놀이를 하였으니, 이를 '소타(小打)'라고 불러 남자가 말을 타고 하는 '대타(大打)'와 구별하였다.

....

62) 《신구당서합초(新舊唐書合鈔)》: 청나라 초 심병진(沈炳震, 1679-1737)이 명말 청초 이청(李清)이 쓴 《남북사합주(南北史合注)》의 체례를 참조하여 10여 년의 노력 끝에 완성한 책으로 전 260권이다. 《구당서》와 《신당서》를 다시 정리하고 상호 대조하여 교감한 저작이다.

구희는 가끔 큰 거리에서 하는 경우도 있지만 대부분 특별히 마련된 구장에서 진행되었는데, 구장은 반드시 평평하고 커야 했다. 번진(藩鎭)에는 자신들이 만든 구장이 있었고 장안의 군신(君臣)이 사용하는 구장은 특히 땅을 잘 메우고 다져서 만들었으니, 이를 위해 유료(油料)를 뿌리기도 했다.

타구는 두 팀으로 나누어 진행하고 각 팀에는 '붕두(朋頭)'가 있었다. 붕두는 '구두(毬頭)'라고도 부르는데, 옷 장식이 특별했다. 그 규칙은 지금의 축구와 상당히 유사하여 구가 문에 들어가면 승리하는 것이다. 《송사》〈예지(禮志)〉에서는 문의 높이가 1장 남짓이라고 하였고, 《동경몽화록(東京夢華錄)》에서는 높이 약 3장에 그물이 있다고 했다. 구가 문에 한차례 들어가면 1주(籌)를 얻어 구문(毬門) 양옆에 있는 깃발 위에 꽂는다. 깃발은 모두 24개로 1주를 얻을 때마다 반드시 '좋다'고 외치니, 이를 창주(唱籌)라고도 한다. 주를 얻은 자는 말에서 내려 감사의 뜻을 표하는데, 3주를 (먼저) 얻으면 승리하게 된다. 구문은 '과(窠)'라고도 부르며 구장 사방에는 공이 구장 밖으로 나갔는지 살피는 사람이 있었다. 당·송의 제왕들이 이 놀이를 할 때는 반드시 호악을 연주하게 했는데, 보통 백성들이 놀이할 때 음악이 있었다는 얘기는 듣지 못했다. 자세한 내용은 《송사》 권121 〈예지24〉 '타구'조에 나온다. 그 중에는 황제가 구를 치는 모습도 기록되어있지만 여기서는 생략하겠다. 나향림이 쓴 〈당대의 폴로 놀이 연구(唐代波羅毬戲考)〉는 그의 《당대문화사연구(唐代文化史硏究)》(상무인서관, 1944 - 역자)에 수록되어있다.

쌍륙(雙陸)은 아랍의 놀이로 《오잡조(五雜俎)》에는 "본래 호인들의 놀이이다"고 되어있다. 송나라 소흥 21년(1151) 홍준(洪遵)[63]이 지은 《보

---

63) 홍준(洪遵, 1120-1174): 남송의 관료이자 학자로 형인 적(適)과 동생 매(邁)와

쌍(譜雙)》권5에서는 유존(劉存)과 풍감(馮鑑)이 모두 위나라 조식(曹植) 때 시작되었다고 말했다면서 "쌍륙은 천축에서 나왔으니 바라새희(波羅塞戲)라 부른다"고 하였다. 《오잡조》에서는 또 안수(晏殊)[64]의 《유요(類要)》를 인용하여 "서천축에서 시작되었으니 바로 《열반경》에 나오는 바라새희이다"고 하였다. 그 종류가 매우 많아서 대식 쌍륙, 회회 쌍륙, 삼불제·사바·진랍의 사가팔쌍륙(四架八雙陸), 남피(南皮)와 여성(呂城)의 쌍륙, 광주(廣州) 쌍륙, 일본 쌍륙 등이 있었다. 놀이판은 상아나 화석(花石)으로도 만들었고, 광주에서는 종이로 만든 널빤지를 사용하거나 땅에 그리기도 했다. 알[子]은 탑(塔)처럼 생겼는데 상아로 백자(白子)를, 오매목(烏梅木)이나 홍아(紅牙)로 흑자(黑子)를 만들었다. 광주에서는 황양목(黃楊木)으로 백자를, 광랑목(桄榔木)으로 흑자를 만들었다. 대식에서는 푸른색 바탕에 흰색 길[路]을 낸 담요[毯][65]를 짜서 놀이판[局]으로 삼았다. 흔히 볼 수 있는 놀이 방식은 흑백 2팀으로 나누어 각각 (좌우) 한쪽[方]을 차지하는데, 한쪽마다 양(梁)이라 부르는 12개의 길이 있고 각기 맬[馬]이라고도 부르는 15개의 알을 가진다. 백마는 우측에서 좌측으로, 흑마는 좌측에서 우측으로 나아간다. 주사위 2개를 던져

....

함께 '삼홍(三洪)'으로 일컬어진다. 저서로 《보쌍》외에 《한원군서(翰苑群書)》·《한원유사(翰苑遺事)》·《정정사기진본범례(訂正史記眞本凡例)》·《송홍씨집험방(洪氏集驗方)》등이 있고 고대 화폐[古泉] 수집에 관심이 많아 1149년 《천지(泉志)》를 완성하기도 하였다.

64) 안수(晏殊, 991-1055): 송대의 관료이자 문인으로 강서 임천(臨川) 출신이다. 후배 양성에 힘쓰고 인재 발굴에 능하여 문하에 범중엄(范仲淹), 사위에 부필(富弼)이 있고 한기(韓琦)와 구양수(歐陽修)도 그에 의해 등용되었다. 문집 240권을 남겼다고 하나 전해지지 않으며, 그가 편찬한 백과사전 《유요》도 《사고전서》목록에 나타나 있을 뿐이다.

65) 원서에는 구(毬)라 적혀있으나 담(毯)자의 오기임이 분명해서 바로잡았다.

서 나온 색깔 또는 숫자에 따라 말을 이동시키는데, 두 경우 모두 말 1개만 이동해도 되고 2개를 함께 이동해도 된다. 말이 혼자 서 있으면 상대 팀이 공격할 수 있으나, 말 2개가 함께 있으면 1양(梁)이 되어 상대 팀의 말이 공격할 수 없을 뿐 아니라 같은 길로 갈 수도 없다. 한 팀의 말이 먼저 (놀이판에서) 다 나오면 승리하는데, 만약 상대 팀의 말이 아직 귀량(歸梁)[66]하지 못했거나 귀량했더라도 한 말도 놀이판을 나오지 못했으면 두 번[雙籌] 승리한 것으로 친다.

---

66) 놀이판 좌우의 12개의 길을 전일량(前一梁)부터 전육량(前六梁)까지, 후일량 (後一梁)부터 후육량(後六梁)까지 각각 이름 붙이는데, 좌우의 육량을 말량 (末梁)이라 부르며 말이 이곳에 모이는 것을 귀량이라 한다.

| 저자 소개 |

방호(方豪, 1910-1980)

중국의 역사학자이자 신부(神父). 자는 걸인(杰人)이고 절강성 항주(杭州) 태생으로 영파(寧波) 성 바오로 신학원에서 공부한 뒤 선교활동을 하면서 중국역사를 연구하였다. 절강대학과 복단대학 교수 및 단과대 학장 등을 지냈고, 1949년부터 대만대학 역사학과 교수로 재직하면서 청사(淸史)편찬위원회 위원, 대만 중국역사학회 이사장, 중앙연구원 원사 등을 역임하였다. 주요 저서로 《송사(宋史)》,《중외문화교통사논총(中外文化交通史論叢)》,《중국천주교사논총(中國天主敎史論叢)》,《방호육십자정고(方豪六十自定稿)》 등이 있다.

| 역자 소개 |

손준식

현 중앙대학교 역사학과 교수. 대만국립정치대학 역사연구소 문학박사. 중국근현대사와 대만사 전공. 저서로는 『식민주의와 언어』(아름나무, 2007, 공저), 『식민지 · 점령지하 협력자 집단과 논리 비교』(선인, 2008, 공저), 『대만을 보는 눈』(창비, 2012, 공저), 『한중관계의 역사와 현실』(한울, 2013, 공저), 『중국근현대사 강의』(한울, 2019, 공저) 등이 있고, 역서로는
『대만 : 아름다운 섬 슬픈 역사』(신구문화사, 2003), 『중국군 포로의 6.25전쟁 참전기』(국방부 군사편찬연구소, 2009), 『중국근현대 영토문제 연구』(국방부 군사편찬연구소, 2012) 등이 있다.

유진희

현 한세대학교 중국어학과 교수. 대만 국립정치대학 중문연구소 문학박사. 청대 궁정희곡 전공. 저서로는 『이지 차이니즈 300』(동양북스, 2019), 역서로는 『第四度屬靈世界』(臺灣以斯拉出版社, 2004), 『早晨眼淚』(臺灣以斯拉出版社, 2007), 『傳遞幸福的郵差』(臺灣以斯拉出版社, 2011), 『開啓摩西五經的亮光』(臺灣以斯拉出版社, 2014) 등이 있다.

한 국 연 구 재 단
학술명저번역총서
[동 양 편] 622

중서교통사 中西交通史 ❷

초판 인쇄 2019년 12월 15일
초판 발행 2019년 12월 31일

저 자 | 방호(方豪)
역 자 | 손준식·유진희
펴 낸 이 | 하운근
펴 낸 곳 | 學古房

주 소 | 경기도 고양시 덕양구 통일로 140 삼송테크노밸리 A동 B224
전 화 | (02)353-9908 편집부(02)356-9903
팩 스 | (02)6959-8234
홈페이지 | http://hakgobang.co.kr/
전자우편 | hakgobang@naver.com, hakgobang@chol.com
등록번호 | 제311-1994-000001호

ISBN   978-89-6071-941-5 94910
        978-89-6071-287-4 (세트)

값 : 38,000원

이 책은 2011년도 정부재원(교육과학기술부 인문사회기초연구사업비)으로 한국연구재단의 지원을 받
아 연구되었음(NRF-2011-421-A00008).
This work was supported by National Research Foundation of Korea Grant funded by the Korean
Government(NRF-2011-421-A00008).

이 도서의 국립중앙도서관 출판예정도서목록(CIP)은 서지정보유통지원시스템 홈페이지
(http://seoji.nl.go.kr)와 국가자료공동목록시스템(http://www.nl.go.kr/kolisnet)에서 이용
하실 수 있습니다. (CIP제어번호 : CIP2019053785)